STATISTICAL QUALITY CONTROL

제 2 판

Minitab을 이용한
통계적 품질관리

김평구 · 김희철 지음

KYOWOOSA 교우사

머리말

사회가 발달함에 따라 통계적 품질관리 분야는 제조현장 및 서비스업뿐만 아니라 학문 영역 등 모든 분야에서 빠르게 응용, 발전되어 가고 있다. 이에 따라 통계적 품질관리의 중요성이 인식되어 대학에서나 실무에서는 이에 대한 준비가 점차 요구되고 있다.

이러한 필요성과 요구에 따라 본서는 통계학의 기초 이론과 자료분석기법을 여러 예제와 미니탭 실습을 통하여 습득하도록 하였으며, 통계적 품질관리의 개념을 명확히 이해하고 나아가 실무에 응용할 수 있도록 집필하였다. 또한 과거의 품질경영기사 출제문제를 예제와 연습문제로 소개하고 풀이를 제시함으로써 기사 시험준비에 만전을 기하도록 하였다.

본서의 주요 내용은 품질관리의 핵심기술인 대표치와 산포관리, 품질특성치의 확률현상인 확률분포, 이에 대한 관심 대상인 모집단에 대한 추검정, 안정된 공정관리를 위한 관리도 및 공정능력분석 그리고 샘플링 검사 등으로 구성되었다. 본서는 저자의 경험이 일천한 관계로 여러 가지 오류가 있을 것으로 사료된다. 독자 여러분의 지도 편달을 받아 수정 보완해 나갈 것을 약속하면서 여러분의 많은 조언을 부탁드린다. 조그만 바람이 있다면 본서가 통계적 품질관리를 쉽게 이해하고 학생들에게 조금이나마 도움이 되었으면 한다. 끝으로 출판하는데 애써 주신 교우사 여러분께 감사를 표한다.

2008. 8

월곡 연구실

차 례

제4장 분포 / 75

제5장 추 검정 / 119

제6장 관리도 / 195

제7장 공정능력분석 / 251

제8장 샘플링 검사 / 271

제 1 장

품질관리

1 품질 및 품질관리

1. 품질의 개념

품질이 무엇인가 하는 규정은 품질관리활동에 있어서 중요한 요인이다. 품질의 의미는 시대와 더불어 변해가고 있고, 또한 사용하는 상황에 따라서 서로 다른 의미로 해석되는 경우가 많다. 산업시대 초창기에 검사부서의 검사 요원만이 책임지던 검사 위주의 품질에서, 생산부서 공정관리 중심으로 품질에 대하여 책임지는 생산 위주의 품질로, 또 설계 단계에서의 설계 위주의 품질로 바뀌고 있다. 과거에는 '요구조건에 대한 일치(크로스비)'을 품질이라 정의한 생산자 관점의 품질 개념에서, 최근에는 '사용 용도에 대한 적합성(쥬란)', '고객이 기대에 부응 충족하는 특성(파이겐 바움)'이라고 품질을 정의하고 있는 소비자 관점의 품질로 발전하고 있으며, '사회적 손실을 회피하는 특성(다꾸찌)'로 사회적 관점의 품질로 확대되고 있다. 이와 같이 품질에 대한 여러 정의를 종합할 때 품질은 제품 자체의 물리적, 화학적 특성인 제품품질 뿐만 아니라 제품에 대한 서비스 사용상의 적합성, 신뢰성 마케팅의 특성 등을 포함한 의미를 갖고 있다.

수명, 색상, 치수, 강도 등과 같이 고객이 요구하는 것을 제품의 특성으로 나타낸 것을 품질 특성이라 한다. 이 특성치를 수치로 표시한 것을 품질특성치라 한다. 품질 특성에는 일반적으로 길이, 무게, 인장강도 등과 같은 물리적인 특성, 맛, 외관, 색, 냄새 등과 같은 감각적(감성적)인 특성, 신뢰도, 유지 가능성, 가용성 등과 같은 시간과 관련된 특성, 그 외 인간공학적 특성, 기능적 특성, 행위적 특성 등이 있다. 품질은 제품 및 서비스가 만들어지는 단계에 따라서 다음과 같이 분류할 수 있다.

(1) 시장품질

소비자가 기대하는 품질로서 당연히 있어야 할 품질을 의미하며 바로 제품에 대한 소비자의 요구(needs)라 할 수 있다. 설계품질에 반영되는 품질이다.

(2) 설계품질

제품을 생산하기 위한 제품의 시방, 성능, 외관 등을 규정지어주는 품질규격을 표시한 것을 말한다. 설계품질을 결정할 때는 소비자가 요구하는 품질(시장품질), 공정능력, 기술수준, 제품의 경제성 등을 고려하여 품질을 기획하고 설계해야 한다. 제조의 목표로 설정된 품질이다. 다음 그림에서 품질가치와 품질비용에서 차이가 가장 큰 q_0가 최적의 설계품질이다.

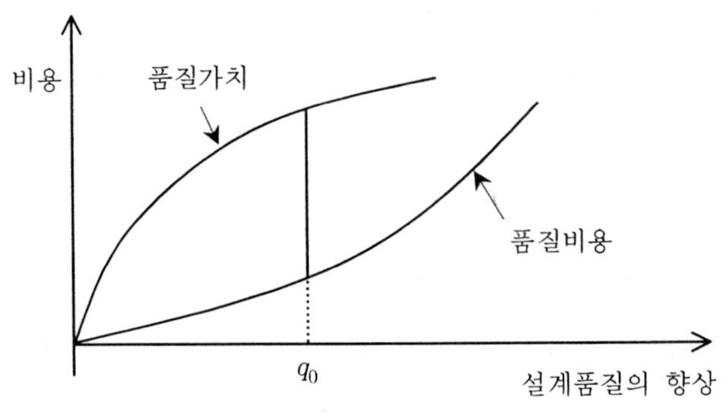

[그림 1.1] 설계품질의 최적수준

(3) 제조품질

실제로 제조된 품질로 생산 공정에서 제조된 제품이 설계품질에 어느 정도 적합한가를 나타내는 품질이다. 제조단계에서는 생산 공정, 원자재, 기술수준, 작업자, 품질보증체계 등의 여러 요인으로 인해 품질이 균일하지 않은 제품이 생산되게 된다. 생산현장에서 말하는 품질향상이란 이 품질을 말하는 것으로 기술적, 경제적으로 가능한 범위에서 설계품질에 일치하도록 노력하는 것이 제조분야에서의 품질관리이다. 다음 그림에서 p_0는 최적의 제조품질이다.

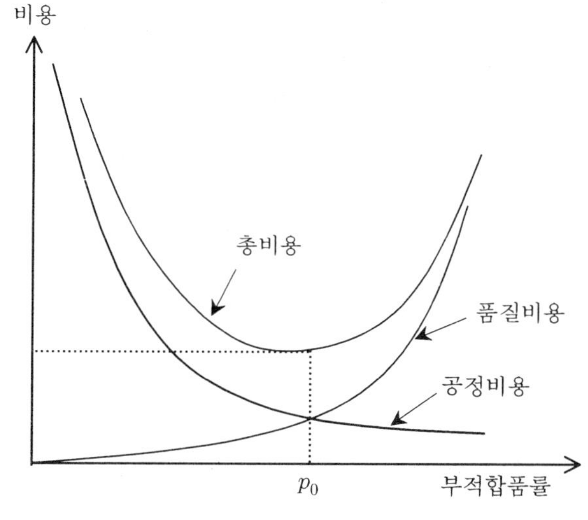

[그림 1.2] 제조품질의 최적수준

2. 품질관리의 개념

품질관리에서 관리(control)란 영어의 매니지먼트(management)와 컨트롤(control)의 뜻을 갖고 있다. 매니지먼트는 경영의 어떤 목표를 달성하기 위하여 조직을 만들어 그 활동을 계획하고 지시하고 통제하는 것을 말하고, 컨트롤은 어떤 표준이나 한계를 정해놓고 이에 맞도록 어떤 행동을 제어하여 나가는 것을 뜻한다. 관리의 의미를 기업 경영에서 살펴보면 다음 [그림 1.3]과 같이 계획(plan), 실행(do), 검사(check), 조치(action)의 4단계를 반복적으로 수행하고 있으며, 이를 PDCA관리 사이클이라 한다.

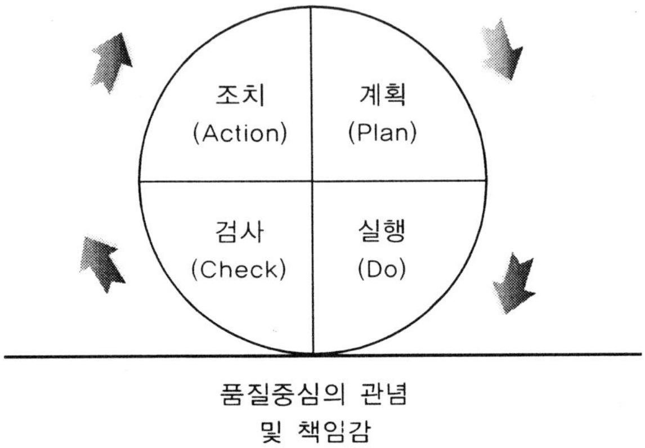

[그림 1.3] 품질경영관리 기능 사이클

① 계획(plan) : 경영의 방침에 기초를 두고 목표로 하는 품질을 만들기 위해 필요한 방법 및 조건 등에 대하여 계획하는 것을 말한다.

② 실행(do) : 계획에 입각하여 작업활동을 실행시킨다.

③ 검사(check) : 작업이 올바르게 진행되고 있는가 또는 목표로 하는 품질이 잘 만들어지고 있는가를 측정하고 평가한다.

④ 조치(action) : 평가한 결과가 계획에 비해 차이가 발생하면 그 원인을 찾아내어 수정조치를 취하고 다음 계획 과정에 반영시킨다.

이상과 같은 관리기능의 개념으로부터 품질관리란 품질의 표준을 설정하고 이것을 달성하기 위하여 PDCA 사이클을 수행하는 체계라 할 수 있다.

품질관리는 시대의 변천에 따라 새로운 품질관리 운동이 전개되어 제품의 품질향상에 크게 공헌하였다. 대표적인 품질관리를 소개하면 다음과 같다.

(1) 통계적 품질관리(statistical quality control)

통계적 품질관리는 미국의 벨 연구소에 근무하던 슈하트(W.A. Shewart)로부터 시작되었다 할 수 있다. 1924년 그는 품질 특성값의 산포를 관리하기 위하여 관리도법을 창안하였다. 생산 공정에서 일어나는 문제를 해결하는데 관리도법을 적용함으로써 품질관리에 통계적 방법을 적용하는 큰 업적을 남겼다. 1928년 닷지(H.G. Dodge)와 로밍(H.G. Roming)이 샘플링 검사 개념을 도입하였고, 2차 세계대전에서 통계적 품질관리 기법들이 군수산업에 성공적으로 적용된 후 통계적 품질관리 개념은 제조 산업으로 널리 수용되게 되었다. 근대의 통계적 품질관리에 크게 기여한 대표적인 학자로는 데밍(W.E. Deming)과 쥬란(J.M. Juran)이 있다. 이들은 특히 일본의 품질관리에 큰 영향을 끼쳤다.

(2) 전사적 품질관리(total quality control)

통계적 품질관리에서의 생산관리자의 직무는 생산계획을 수립하고 제품울 생산하여 이것을 고객에게 출하시키는 것이다. 이에 따라 제품 품질에 대한 책임은 생산부서에 속해 있는 품질부서가 지는 것이다. 이 시스템에서의 품질관리활동은 통계적 기법을 이용하여 표본검사 · 표본크기결정 · 부품 및 완제품 lot의 불량 여부를 결정하는 것이다. 이러한 사후검사에 크게 의존하는 통계적 관리 방법에 대립되는 새로운 개념이 전사적 품질관리(total quality control)방법이다. 이것은 소비자가 만족할 수 있는 제품 및 서비스를 경제적으로 생산하고 제공할 수 있도록 기업 내의 모든 부서와 조직 구성원이 수행하는 품질개발 · 품질유지 · 품질향상 노력을 통합시킨 효과적인 시스템을 말한다. 파이겐바움(A.V. Feigenbaum)은 1956년도에 이 관리방법을 제창하였다. 전사적 품질관리방법에서 품질에 대한 책임은 품질부서가 책임을 지는 통계적 품질관리방법과 달리 제품을 생산하고 있는 생산현장 작업자가 직접 책임을 진다. 다만 품질부서는 작업자의 품질관리훈련 및 자문, 완제품에 대한 최종검사감독, 기업 내 품질관리 아이디어 실천 협조 등에 대한 책임을 가지면서, 품질표준절차가 잘 지켜지고 있는지 생산 공정을 감시하고 납품업자의 공장 감사에 참여하는 역할을 수행한다.

(3) 전사적 품질경영(total quality management)

전사적 품질경영이란 최고경영자의 리더십 아래 품질방침 및 계획(quality policy & planning), 품질관리(quality control), 품질보증(quality assurance), 품질개선(quality improvement) 등과 같은 수단으로 전사적으로 전략적인 차원에서 추구하는 활동을 말한다.

1980년도부터 시장경제는 생산자 중심에서 고객 중심주의로 급격히 전환됨에 따라 시장은 소비자 욕구를 충족시키는 양질의 제품을 생산하는 기업만이 생존할 수 있는 곳으로 변화되었다. 따라서 소비자를 위한 품질보증, 제품책임, 제품의 신뢰성 등은 품질관리의 중요한 문제로 부각되었으며, 이 같은 문제에 대하여 현장 작업자 또는 품질관리부서가 책임을 지는 종래의 TQC 방법으로는 그 근본적인 문제를 해결할 수 없게 되었다.

데밍과 쥬란의 품질철학들을 토대로 시작된 전사적 품질경영(total quality management)은 TQC의 한계점을 극복하기 위하여 1985년도에 미국에서 일어난 새로운 품질운동이다. 여기서 전사적이란 최고경영층의 강력한 리더십 하에서 전 종업원이 품질에 관한 여러 노력 등을 추구하는 것을 의미하고 품질이란 조직의 모든 측면에서의 우수성을 뜻하며 경영이란 품질의 방침 및 계획을 정하고 조직을 만들어 이것을 전략적 과정으로 운영한다는 것을 말한다.

품질경영을 수행하는 데는 활동 및 관리기법 등이 사용되어야 그 운영의 효율성을 증대시킬 수 있다. 주요 활동 및 관리기법은 다음과 같다.

· Taguchi 품질공학

Taguchi 품질공학은 1980년 초 제품과 공정 개선을 위한 실험설계가 산업전반에 도입되었다. 공정문제 해결, 새로운 공정의 설계, 새로운 제품 설계의 평가, 제품들의 신뢰성과 현장성능 개선, 부품과 시스템 공차 등 실험설계를 체계적으로 제시하였다.

· 품질보증(quality assurance) 및 제품책임(product liability)

품질보증은 제품이나 서비스가 주어진 품질요구를 만족하고 있다는 타당한 신뢰감을 주는 데 필요한 모든 계획적이고 체계적인 활동을 말한다.

제품책임은 제품에 의해 발생한 인적상해, 재산손상 등 손실을 배상해 주는 생산자의 책임으로 제조물 책임이라고도 한다. 품질보증에서는 결함제품에 대해 교환 또는 수리로서 그 책임을 다하면 되지만 제품책임에서는 손해배상이 뒤따른다는 점이 차이가 있다.

· 6시그마(six sigma)

6시그마는 1987년 미국의 모토로라에서 시작한 과학적 품질경영의 전략으로 21세기 기업생존을 위하여 모든 프로세스에서 무결점을 지향하는 과학적 경영 혁신 전략이다. 좀 더 구체적으로 정의하면, 6시그마는 최고경영자의 리더십 아래 모든 프로세스의 품질수준을 정량적으로 평가하여 품질을 혁신하고, 문제 해결과정 및 전문가 양성 등 효율적인 품질문화를 조성하여 가며, 고객 만족을 달성하기 위하여 프로세스의 질을 6시그마 수준으로 높여 기업경영성과를 획기적으로 향상시키고자 하는 종합적인 기업의 경영전략이다.

2 품질관리 체계 및 업무

1. 품질관리 활동의 체계

품질관리는 수요자가 요구하는 상품을 경제적으로 생산 공급하기 위해, 개발단계에서 기획(조사 연구), 설계(시작 시험), 생산(검사 구매), 공급(보관 수송 판매), 서비스(점검 보수 폐기)를 걸쳐 이뤄지는 모든 활동의 체계라 할 수 있다. 품질관리 활동은 기업 내의 모든 조직과 연관되어 있으며, 이중 어느 단계에서 소홀히 하는 경우는 구매자에게 좋은 품질의 제품을 제공하기가 어렵게 된다. 다음 그림은 품질관리 활동을 체계적으로 나타낸 예이다.

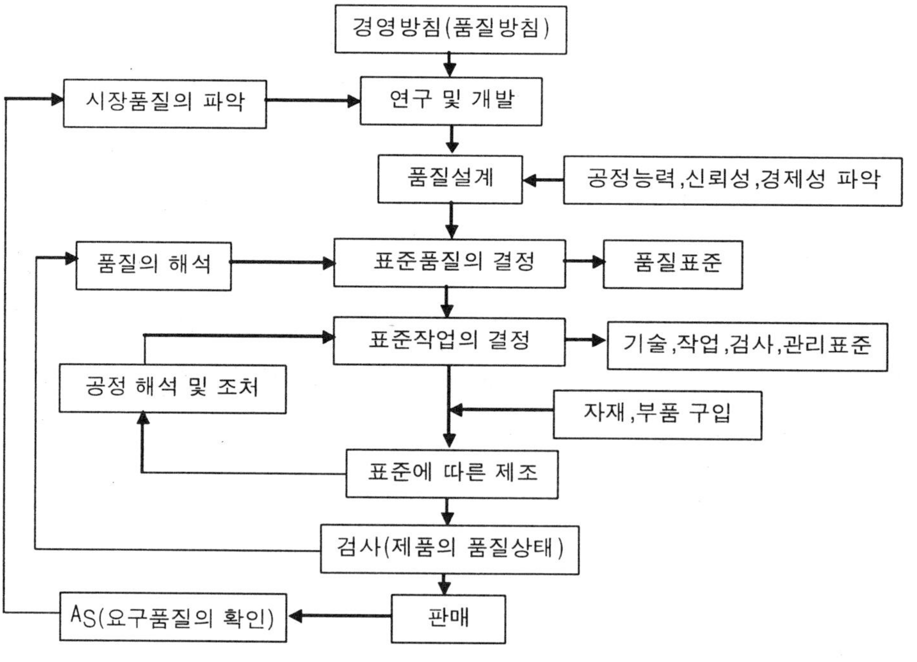

[그림 2.1] 품질관리 활동 체계

(1) 품질방침의 수립

최고경영자에 의하여 공식적으로 표명된 품질에 관한 조직의 전반적인 의도 및 방향을 말한다. 경영방침의 한 요소를 이룬다. 품질방침은 조직의 목적에 적절하고, 요구사항의 의지와 품질경영의 효과성에 대해 지속적인 의지를 포함하며, 품질목표의 수립과 검토의 틀을 제공하고, 조직 내에서 의사소통이 이뤄져야 한다.

(2) 품질목표의 설정

품질목표는 측정 가능해야 하고 품질방침과 일관성이 있어야 한다. 품질목표를 구체적으로 나타낸 것을 표준품질이고, 이를 기술한 것이 품질표준이다.

품질목표는 현상유지, 즉 관리를 위한 품질목표와 현상타파, 즉 품질개선을 위한 품질목표로 구분된다.

(3) 표준작업의 결정

표준품질이 정해진 후 그것을 구현하기 위한 표준작업이 결정된다. 표준작업을 구체적으로 기술할 때 분야에 따라 기술표준, 작업표준, 검사표준, 관리표준 등이 정해진다.

2. 품질관리 업무

(1) 개발단계- 설계품질의 관리

시장조사 및 연구 개발을 통하여 시장성이 높은 품질 특성을 파악하고 이를 달성하기 위해 제품 설계를 한 후, 제품설계상의 품질 및 신뢰성 파라미터들을 시작시험(prototype)이나 인정시험(qualify test) 등으로 확인하고, 합리적인 수준에서 품질표준이나 시방을 정하고, 사용 원자재, 보증사항, 검사특성, 허용차 등을 결정한다.

(2) 구매단계- 조달품질의 관리

제품설계의 시방이나 품질표준에 맞추어 시장에서 구매하거나 외주 조달된 원자재 및 부품을 가장 경제적인 품질수준으로 수입 보관 관리하는 것을 말한다. 구체적인 업무는 납품공장에 대한 품질평가, 납품회사 측의 품질보증능력에 대한 평가, 수입자재에 대한 샘플링검사 등이다.

(3) 생산단계- 제조품질의 관리

설계품질 시방에 일치하도록, 공정에 대한 공정능력의 평가를 실시하고, 품질표준에 대한 제조품질의 적합정도를 파악한다. 또 품질산포와 산포의 원인을 파악하여 공정을 개선시킨다. 부문별 구체적인 품질관리업무는 다음과 같다.

① 제조기술 부문

생산의 공정 및 절차의 개발을 위해, 공정의 선정 및 개발과 공정능력의 결정, 제품설계에 대한 검토를 한다. 그밖에 적절한 작업방법과 작업장소를 선택하고 공구 및 설비에 대한 설계 및 보전을 한다.

② 제조현장 부문

시방에 일치하는 제품을 생산하기 위해, 일선 감독자는 작업방법 및 작업수단을 제공하고, 품질의식을 높이고, 자주적인 품질개선을 가능하게 하는 분위기를 조성한다.

③ 검사 및 시험 부문

자재 및 생산품의 품질평가를 위해, 계측기의 유지, 보전 및 정도관리와 검사활동의 능률과 경제성 확보에 주력한다.

④ 포장 및 운송 부문

제품의 인도까지의 품질보전과, 운송 및 보관 중 품질손상을 방지하기 위해 포장 및 안전 수송에 주력한다.

(4) 판매단계- 사용품질의 관리

소비자(고객)에게 인도된 제품이 당초의 사용목적에 적합한 기능을 충분히 발휘하도록 서비스를 통하여 제품의 품질을 관리한다. 주요 업무는 시장품질정보의 수집 및 활용 전달, 서비스체제의 정비, 사용자에 대한 품질 PR, 판매 후 품질상황조사 및 AS, 고객 불만 처리 등이다.

3 품질 비용

품질관리의 목표는 최저의 품질비용(quality cost)으로 소비자(고객)가 만족할만한 품질을 추구하는 것이라 할 수 있다. 따라서 이러한 목표를 효과적으로 수행하기 위해서는 품질비용에 대한 올바른 이해가 필요하다.

품질비용은 좋은 품질의 제품을 보다 경제적으로 만들기 위한 방법을 꾀하고, 품질관리 활동의 효과와 경제성을 평가하기 위한 방법이다. 이 방법은 품질관리 활동을 위하여 사용되는 모든 비용을 원가로 계산하여 품질관리 활동의 개별 효과를 파악하고, 이를 분석하여 품질관리 활동의 문제점을 찾아 경제성과를 증대시키고자 하는 방법이다.

품질비용은 보통 예방비용(prevention cost), 평가비용(appraisal cost), 실패비용(failure cost)으로 구분된다.

(1) 예방비용

예방비용은 불량을 예방하기 위하여 설계나 제조단계에서 지출되는 비용으로, 품질계획, 신제품 설계 검토, 공정관리, 품질교육, 품질자료 수집 및 분석 등에 들어가는 비용이다.

(2) 평가비용

평가비용은 규격에 맞는가를 확인하기 위하여 구입 원자재, 반제품, 완성품 등의 품질을 측정, 평가 및 감사하는 데 드는 비용이다. 수입검사, 공정검사, 시험검사 등에 들어가는 비용이다.

(3) 실패비용

실패비용은 제품이 규격에 맞지 않음으로 인해 발생되는 비용이다. 실패비용은 실패가 소비자에게 넘어가기 전의 내적실패비용과 소비자에게 넘겨진 후의 외적실패비용으로 나눈다. 내적실패비용으로는 폐기처분, 재작업, 재검사, 불량분석, 작업중단, 설계변경, 공정변경 등으로 인한 비용이며, 외적실패비용으로는 클레임 처리, 반품, 보증수수료, 제품책임, 평판저하 등으로 인한 비용이다.

품질비용이 차지하는 비중은 업종에 따라 매출액의 4~5%부터 35~40% 정도라 한다. 대부분의 기업에서는 필요 이상으로 품질비용이 차지하는 비중이 높기 때문에 이에 대한 대책 마련이 요구된다.

4 품질개선 활동

1. 현장개선의 요소

[표 4.1] 현장 개선 활동 요소

개선요소	개선활동 point
quality (품질의 유지 향상)	- 공정불량을 줄인다. - 부주의에 의한 불량을 없앤다. - 산포를 줄인다. - 불만의 재발을 방지한다. - 공정능력을 높인다. - 신뢰성을 향상시킨다.
cost (원가절감)	- 재료 부품의 로스를 없앤다. - 공수를 절감한다. - 재 손실 및 재작업을 감소시킨다. - 수율을 향상시킨다.
delivery (납기준수)	- 납기를 지킨다. - 재고를 줄인다. - 생산량을 증가시킨다. - 계획에 맞추어 진도관리를 한다.
productivity (생산성 향상)	- 작업시간을 단축시킨다. - 설비가동률을 높인다. - layout를 개선한다. - 치공구를 개선한다.
safety (안전확보)	- 재해 사고를 감소시킨다. - 작업장과 자신의 위해요소를 없앤다.
morale (사기앙양)	- 출근율을 높인다. - 개선제안의 질적 양적 수준을 높인다.

2. 대표적인 현장개선활동

(1) 3정5S

(2) QC분임조 활동

(3) VE활동

(4) 무결점(ZD)운동

(5) 6시그마

3. 개선활동의 추진 순서

QC 분야에 있어서는 데이터에 입각한 실증적인 문제 해결법이 널리 활용되고 있으며, 이를 QC적 문제해결법 혹은 QC스토리라 한다. 일반적으로 문제해결의 기본적 7단계로서는 ① 테마선정(개선해야 할 대상선정) ② 개선 목표설정 ③ 활동계획 작성(팀 편성) ④ 원인분석(문제점에 대한 실험분석) ⑤ 대책검토 및 실시 ⑥ 효과확인 ⑦ 표준화와 사후관리의 순서로 진행한다. QC스토리는 PDCA사이클을 돌린 내용으로 되어 있으며, 일정한 형식은 없다. 다음은 분임조 활동과 6시그마 활동의 개선활동을 비교한 표이다.

[표 4.2] 분임조 활동과 6시그마 활동의 비교

<table>
<tr><th>PDCA</th><th>분임조 활동</th><th>DMAIC(식스시그마)</th></tr>
<tr><td rowspan="3">plan(계획)</td><td>테마선정</td><td>정의(define)</td></tr>
<tr><td>활동계획수립
현상파악</td><td>측정(measure)</td></tr>
<tr><td>원인분석
목표설정</td><td>분석(analyze)</td></tr>
<tr><td>do(실시)</td><td>대책수립
대책실시</td><td rowspan="2">개선(improve)</td></tr>
<tr><td>check(체크)</td><td>효과파악</td></tr>
<tr><td>action(조치)</td><td>표준화 및 사후관리
반성 및 향후계획</td><td>관리(control)</td></tr>
</table>

제 2 장

QC 7가지 수법

1 파레토그림

1. 파레토그림의 정의

파레토그림이란 분류항목을 나타내는 가로축에는 항목별(부적합품(불량), 결함, 공정, 기계, 재료, 치공구, 작업자, 시간 등)로 분류해서 중요한 순서로 놓고 세로축에는 금액(손실금액, 인건비 등), 품질척도(부적합품수(불량개수), 부적합수(결함수), 반품수 등), 시간(작업시간, 고장시간 등) 등을 히스토그램처럼 정렬한 그림이다. 파레토그림은 막대를 가장 큰 것에서 작은 쪽으로 나열함으로써 소수이지만 중요한 부적합(vital few)은 무엇이며 다수이지만 별로 중요하지 않은 부적합(trivial many)들은 무엇인지를 파악하는 데 사용된다. 파레토 그림을 쓰면 어떤 항목에 문제가 있는가, 그 영향은 어느 정도인가를 쉽게 알 수 있다.

2. 파레토그림의 용도

(1) 문제가 어디에 있는가?

많은 분류항목이 있어도 큰 영향을 주고 있는 것은 2~3항목이다. 즉 'trivial many, vital few'라는 원칙이라면 어느 항목이 문제점인지 파악할 수 있다.

(2) 중점관리 차원에서

분류항목을 대별하면 결과(특성)의 분류(부적합품, 고장유형 등)와 원인(요인)의 분류(4M)로, 분류 결과에 의해 문제점을 중점관리 차원에서 선정하고 대책을 수립하기 위해서 파레토그림을 그린다.

3. 파레토그림의 작성순서

1단계 : 데이터를 결과(특성)와 원인(요인)으로 분류항목을 정한다.

① 결과(특성)의 분류: 부적합품 항목별, 고장유형별, 공정별 등

② 원인(요인)의 분류: 작업자별, 기계별, 재료별, 작업방법별 등

2단계 : 기간을 정해서 분류항목별 데이터를 집계한다.

① 데이터시트에는 분류항목별 데이터수가 큰 것부터 차례로 기록한다.

② 영향이 적은 여러 항목을 묶어서 '기타' 항목으로 하고 분류항목 맨 끝에 기록한다.

③ 분류항목 전체의 데이터수를 100%로 보고 해당 분류항목별 데이터수를 비율(%)로 계산한다.

④ 분류항목별 누적수를 구하고, 전체 데이터에 대한 누적비율(%)을 계산한다.

[표 1.1] 부적합품 데이터 시트 예

부적합품 항목	부적합품수	비율(%)	누적수량	누적비율(%)
흠	410			
크롬불량	271			
바닥불량	145			
얼룩	92			
벗겨짐	50			
기타	33			
합계				

3단계 : 다음 그림과 같이 그래프 용지에 세로축 좌측에는 데이터수의 눈금을, 우측에는 비율(%)을 기록하고 가로축에는 분류항목을 적는다.

4단계 : 데이터의 막대그래프, 누적수를 꺾은선으로 그리며, 끝으로 데이터 수집기간, 기록자, 목적 등을 작성한다.

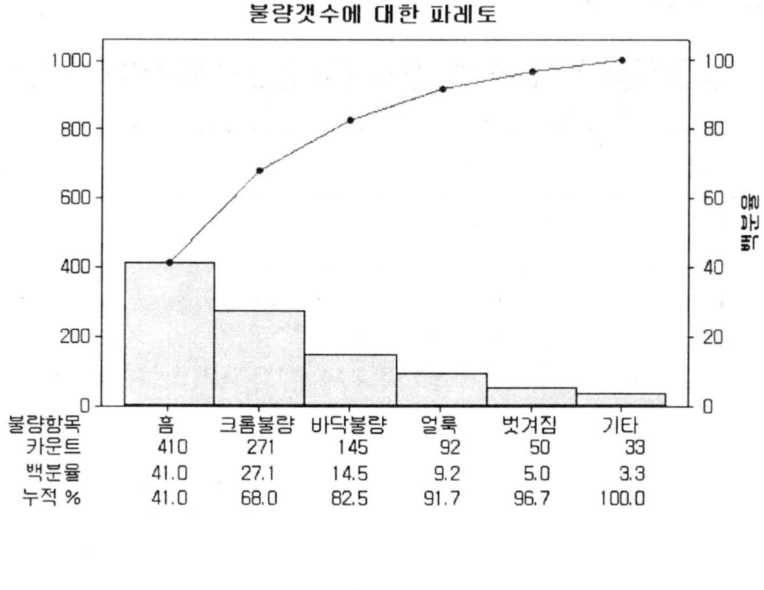

예제 1.1

자동차 부품의 도금공정에서 최근 도금 불량을 조사하였더니 다음과 같은 결과를 얻었다. 이러한 부적합품(불량품)을 재가공하여 사용한 결과 손실금액은 다음과 같다. 부적합품수와 손실금액에 대한 파레토를 각각 작성하라.

부적합품항목	부적합품수	1개당 재가공비	손실금액
흠	410	48	19,680
크롬불량	271	690	186,990
바닥불량	145	463	67,135
얼룩	92	480	44,160
벗겨짐	50	480	24,000
수세불량	10	30	300
탈색	23	25	575

미니탭을 이용

c1열에 부적합품항목, c2열에 부적합품수, c3열에 1개당재가공비, c4열에 손실금액을 입력

통계학 ▶ 품질도구 ▶ Pareto차트

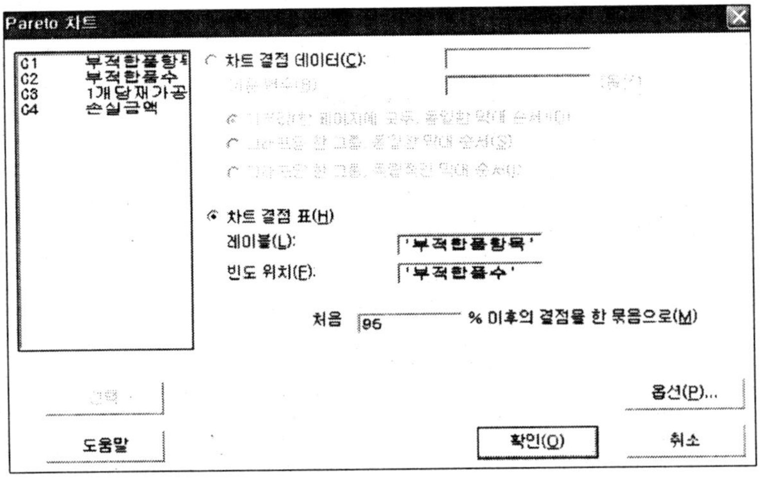

【 실행결과 】

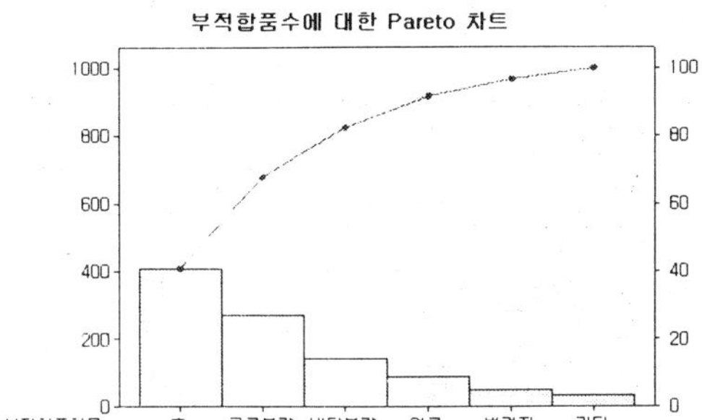

부적합품항목	흠	크롬불량	바닥불량	얼룩	벗겨짐	기타
카운트	410	271	145	92	50	33
백분율	41.0	27.1	14.5	9.2	5.0	3.3
누적 %	41.0	68.0	82.5	91.7	96.7	100.0

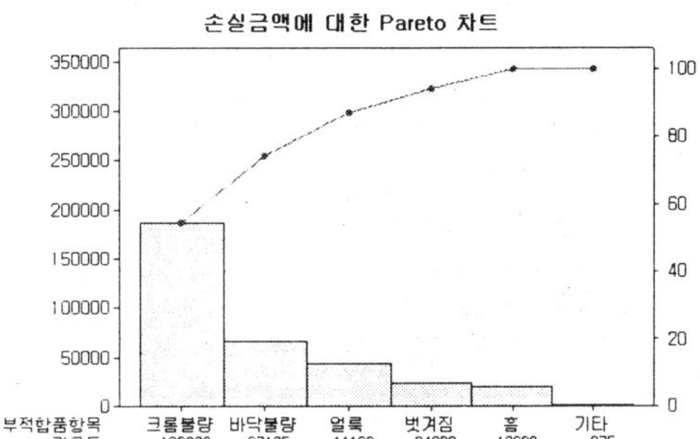

부적합품항목	크롬불량	바닥불량	얼룩	벗겨짐	흠	기타
카운트	186990	67135	44160	24000	19680	875
백분율	54.5	19.6	12.9	7.0	5.7	0.3
누적 %	54.5	74.1	87.0	94.0	99.7	100.0

※ 부적합품수에 대한 파레토에서는 부적합품 항목으로 흠이 가장 크며, 손실금액에 대한 파레토에서는 크롬불량이 50% 이상으로 가장 크고, 반면 흠은 5% 정도로 작다. 여기서 품질개선의 효과를 극대화하기 위해서는 금액으로 환산하여 나타내는 것이 합리적임을 알 수 있다.

2 체크시트

1. 체크시트의 정의

체크시트(check sheet)는 현장에서 자료를 수집정리하기 위해 사용되는 양식이다. 주로 부적합품수나 부적합수 데이터가 분류항목별로 어디에 집중되어 있는가를 표나 그림으로 알아보기 쉽게 나타내는 데 사용된다. 이렇게 수집된 데이터는 히스토그램, 파레토그림, 관리도 등을 그리는 데 사용될 수 있다.

(1) 부적합품 항목 체크시트

다음 [그림 2.1]은 플라스틱 주물제품의 최종 검사공정에 사용된 체크시트다. 이 체크시트에서는 어떤 종류의 부적합이 자주 발생하는지 알 수 있기 때문에 공정개선을 하는 데는 유용한 자료가 된다. 다음 그림의 경우에 1251개 중 40개가 부적합품이지만 총 부적합수는 두 개 이상의 부적합이 한 제품에서 발견되기 때문에 48개가 된다.

체크시트

제품: 플라스틱 주물제품 일자: 07. 2. 8
제조단계: 최종검사 검사원: 김명구
부적합의 종류: 흠, 균열, 불안전, 조작 로트번호: K123
총 검사수: 1251 주문번호: 34

종 류	체 크	소 계
흠	𝍸 𝍸	10
균열	𝍸 𝍸 𝍸 𝍸 /	21
불안전	𝍸	5
조작	//	2
기타	𝍸 𝍸	10
	계	48
기각총수	𝍸 𝍸 𝍸 𝍸 𝍸 𝍸 𝍸 𝍸	40

[그림 2.1] 플라스틱 주물제품의 체크시트 예

(2) 부적합 위치 체크시트

이 체크시트는 제품의 부적합 위치와 성질을 제품의 그림에 표시하는 방법이다. 이를 사용하면 부적합 위치를 알기 때문에 부적합의 원인이 쉽게 파악되어 품질개선이 가능하다.

(3) 부적합 원인 체크시트

이 체크시트는 예를 들어 기계, 작업자, 불량유형, 시간 등 발생하는 유형과 불량원인을 파악하기 위해 표시하는 방법이다. 다음 그림은 기계, 작업자, 요일, 작업시간대 및 부적합의 유형별로 작성된 체크시트이다. 이 그림에서 보면 금요일 오후는 주말이라 작업 집중도가 떨어지며, 수요일은 새로운 원부자재의 투입에 따라 부적합이 집중되어 있다. 그리고 작업자 A와 F는 비교적 다른 작업자에 비해 미숙한 듯싶다. 이밖에 여러 체크시트가 용도에 따라 현장에서 쓰이고 있다.

설비	작업자	월		화		수		목		금	
		오전	오후	오전	오후	오전	오후	오전	오후	오전	오후
기계1	A	○ ∗∗ △	○ ∗ △	○ ∗	○	○○ ∗∗∗	○○ ∗∗	○	∗	○ ★	○ ∗∗
	B	○ ∗ △				∗	∗				∗∗∗ △
기계2	C	○				○○	○○○				∗ △
	D	○			○	○ ∗	○○			∗	○ ∗∗ △
기계3	E					△				△	∗
	F	○ △				○○	○○○ ∗∗	○		∗ △	○ ∗∗∗ △

[그림 2.2] 요인별로 작성된 체크시트 예

2. 체크시트 작성방법

1단계 : 데이터의 분류항목을 정한다.

데이터와 분류항목은 특성요인도의 특성과 요인의 관계와 같다. 특히, 점검용 체트시트는 '해야 할 일', '조사해 두어야 할 일' 등을 점검순서대로 항목을 나열한다.

2단계 : 기록용지의 양식을 정한다.

표를 사용하는 기록용지는 많은 데이터의 분류항목을 취급할 수 있다. 또한 그림을 사용하는 기록용지는 위치를 분명히 표시할 수 있다.

3단계 : 데이터를 표시한다.

표시방법은 //// ●△ 등을 사용하여 한 장의 체크시트에 여러 가지 데이터를 기입할 수 있다.

4단계 : 체크시트 작성 후

체크목적, 체크기간, 일시 체크자, 체크장소 등을 기록한다.

예제 2.1

카메라 조립공정에서 최근 2개월간의 결함발생 상황을 조사한 결과 다음 표와 같은 체크시트가 만들어졌다. 이 데이터를 이용하여 파레토그림을 그려라.

결함항목	10월 1주	2주	3주	4주	11월 1주	2주	3주	4주	합계
납땜불량		1	2		7	8	2		20
쇼트	1		1				1	2	5
나사풀림	6	15	13		10	7	7	5	63
간격불량	2		1	1		4			8
부품누락			1					2	3
접착불량	1	2	3		3		2	3	14
작동불량			2						2
흠	4	9	9	2	2	2	1	2	31
합계	14	27	32	3	22	21	13	14	146

미니탭을 이용

C1열에는 결함항목을, C2열에는 2개월간의 결함수를 입력한다.

통계학 ▶ 품질도구 ▶ Pareto 차트

【 실행결과 】

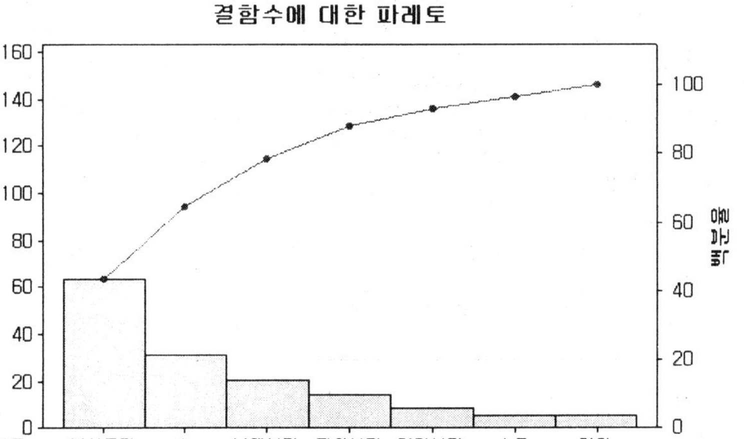

결함항목	나사풀림	홈	납땜불량	접착불량	간격불량	쇼트	기타
카운트	63	31	20	14	8	5	5
백분율	43.2	21.2	13.7	9.6	5.5	3.4	3.4
누적 %	43.2	64.4	78.1	87.7	93.2	96.6	100.0

※ 결함항목 나사풀림, 홈 순으로 집중관리가 요망된다.

3 특성요인도

1. 특성요인도의 정의

특성요인도(cause-and-effect diagram)는 품질특성의 결과에 영향을 주는 요인들이 어떤 관계를 가지고 있는지를 전체적으로 파악하고자 할 때 사용한다. 특성요인도의 특성(effect)은 일의 결과로, 예를 들면 제품의 성질, 생산량, 안정상황 등 일의 결과이며, 현장에서는 '문제점' 즉 '개선 대상'인 경우가 많다. 한편 요인(Cause)이란 여러 원인 중에서 특성(특성)에 영향을 미치는 것으로 인정되는 것을 말한다. 흔히 4M(작업자(men), 기계(machines), 원료(materials), 방법(method))에 근거하여 도출하게 된다.

특성요인도는 많은 의견을 한 장의 그림에 요약할 때 바람직한 방법이며 그룹 활동이나 QC분임조 활동 중에서 분임조원으로부터 제시된 의견을 특성요인도로 묶고, 이 중에 중요한 항목을 찾아서 대책 수립이나 개선의 상황을 발견하는데 사용되어진다. 이 그림이 생선뼈와 유사하다고 하여 생선뼈 그림(fish-bone diagram)이라고 부르기도 한다.

2. 특성요인도의 작성순서

1단계 : 문제로 삼고 있는 특성을 정한다.

2단계 : 특성과 큰 가지를 그린다.
먼저, 특성을 오른쪽에 적고, 왼쪽에서 오른쪽으로 큰 가지가 되는 굵은 화살표를 그린다.

3단계 : 중간 가지의 요인을 적는다.
특성에 영향을 미친다고 생각되는 큰 요인을 중간 가지에 적어 넣고 □로 둘러싼다. 가능한 4~5개 정도로 4M을 중간 가지로 한다.

4단계 : 요인의 그룹마다 작은 요인을 작은 가지에 적어 넣는다. 필요하면 작은 가지를 향해서 새끼가지를 적어 넣는다.

5단계 : 특성요인도를 작성한 목적, 시기, 작성자 등을 기입한다.

다음은 XX불량 발생에 영향을 미치는 요인을 4M1E로 구분하여 특성요인도의 예를 소개한 것이다.

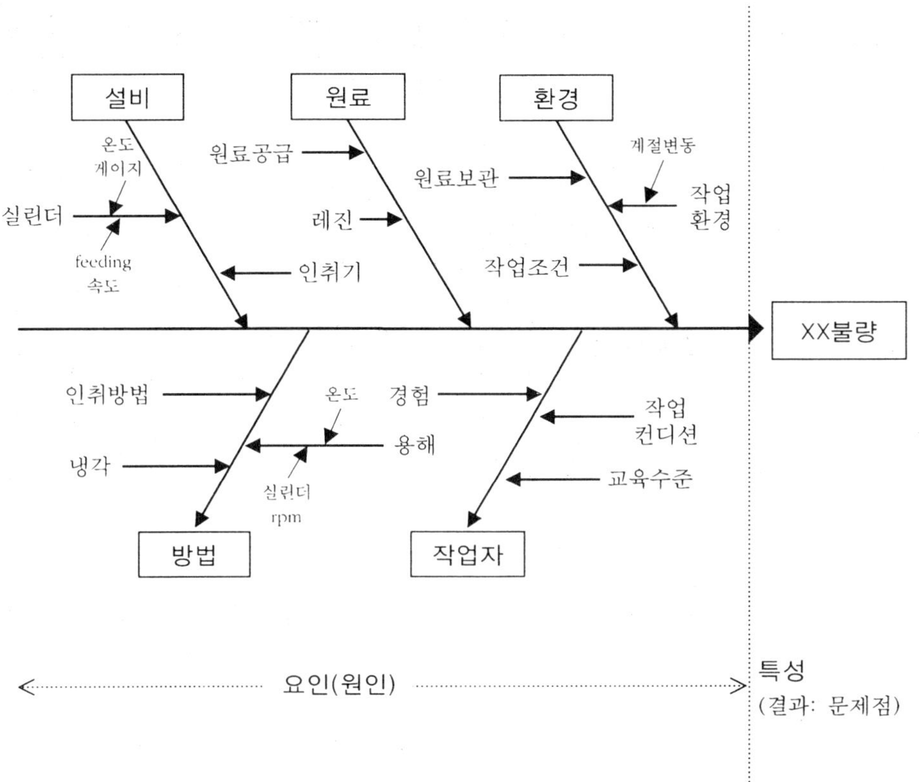

[그림 3.1] XX불량의 특성요인도 예

예제 3.1

치수불량의 특성요인도를 미니탭으로 그려라.

미니탭을 이용

통계학 ▶ 품질도구 ▶ 특성요인도

미니탭 워크시트에 다음과 같이 자료를 입력한다.

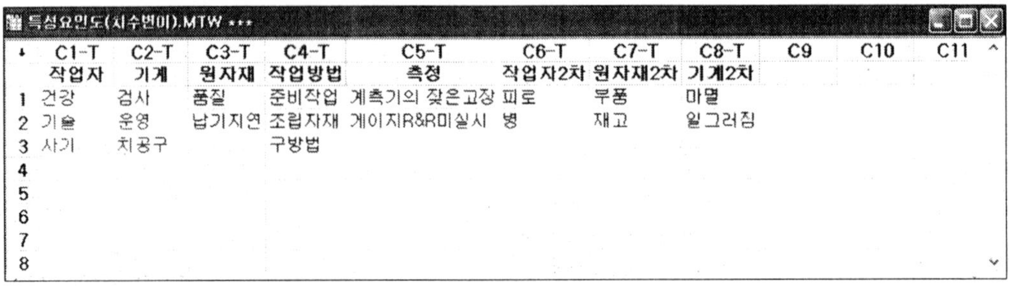

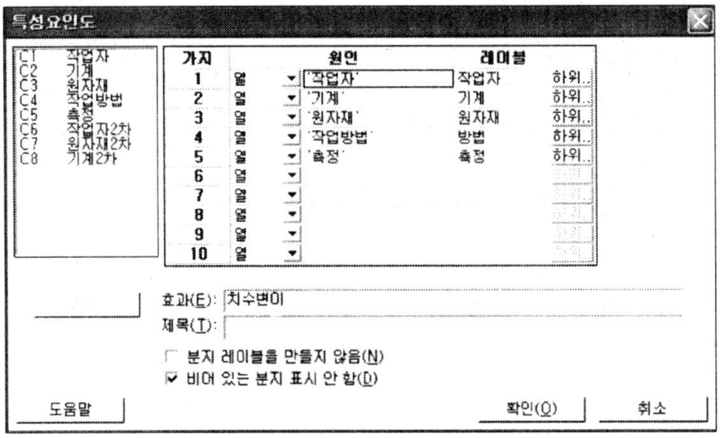

【실행결과】

치수불량에 대한 특성요인도

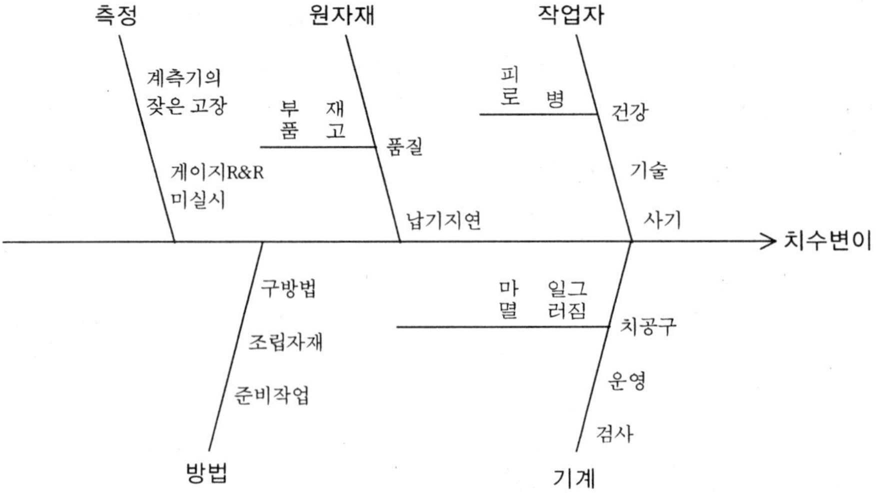

4 히스토그램

1. 히스토그램의 정의

히스토그램이란 길이, 무게, 강도 등과 같은 계량치의 데이터가 어떤 분포를 하고 있는지 알아보기 위하여 작성하는 그림으로서 도수분포표를 작성한 이후 기둥(확률)도표의 형태로 그린 것이다. 예를 들어 생산현장의 공정에서 발생되는 데이터에서는 히스토그램을 작성하면 대체적인 평균이나 산포의 크기를 알 수 있으며, 이로부터 공정의 안정도를 판별할 수 있다. 안정공정은 좌우대칭인 정규분포의 모습으로 나타나곤 한다.

2. 히스토그램의 작성법

1단계 : 일정기간을 정해서 데이터를 모은다.

데이터의 수는 100개 이상이 좋으나 그렇지 못한 경우는 최소한 30개 이상은 되어야 신뢰성 확보 차원에서 좋다.

2단계 : 계급의 수를 정한다.

데이터의 크기에 따라 5개 내지 20개 정도의 계급의 수를 정하거나 다음의 Sturges 공식을 이용해 정한다.

계급의 수는 $1+\dfrac{\log n}{\log 2}=1+3.32\log n$ (여기서 n은 데이터의 수)

3단계 : 계급의 폭을 정한다.

계급의 폭=범위/계급의 수 (여기서 범위=최대값−최소값)

4단계 : 계급의 경계치를 정한다.

제1계급의 하한 경계치=최소치−(최소측정단위/2)

여기서 최소측정단위는 수집된 데이터의 최소자리수를 말함

5단계 : 계급의 중앙값을 구한다.

(계급의 아래쪽 경계치+계급의 위쪽 경계치)/2

6단계 : 도수분포표를 작성한다.

계급번호	계급구간	중앙값xi	도수fi	상대도수

7단계 : 히스토그램의 좌표를 기입하고 그린다.

가로축은 측정치로 눈금은 계급의 중앙값으로 기입, 세로축에는 도수

8단계 : 수집기간, 데이터의 종류, 총 데이터의 수 등 필요한 정보를 기입한다.

3. 도수분포표에 의한 계산

자료가 계급값으로 분류된 도수분포표로 되어 있을 때 평균, 분산을 구하는 방법을 알아보자. 이와 같은 경우 대표값은 계급의 중앙값을 사용하는 것이 일반적이다.

(1) 가중평균

$$\bar{x} = \frac{1}{n}(x_1 f_1 + x_2 f_2 + \cdots\cdots + x_g f_g) = \frac{1}{n}\Sigma^{g}_{i=1} x_i f_i$$

여기서, 계급의 수는 g개

(2) 분산

$$V = \frac{1}{n-1}\Sigma^{g}_{i=1} f_i (x_i - \bar{x})^2$$

예제 4.1

다음의 도수표는 어떤 부품의 치수를 측정하여 작성한 것이다. 규격이 10.00±0.10mm일 때 도수표를 완성하고 평균($\bar{x}$) 및 표준편차(s), 공정능력지수 Cp를 구하라.

번호	급의 중앙치	도수(f)	u	fu	fu^2
1	9.87	1			
2	9.92	3			
3	9.97	6			
4	10.02	8			
5	10.07	12			
6	10.12	10			
7	10.17	8			
8	10.22	1			
9	10.27	1			
계		50			

풀이

번호	급의 중앙치	도수(f)	u	fu	fu^2
1	9.87	1	−4	−4	16
2	9.92	3	−3	−9	27
3	9.97	6	−2	−12	24
4	10.02	8	−1	−8	8
5	10.07	12	0	0	0
6	10.12	10	1	10	10
7	10.17	8	2	16	32
8	10.22	1	3	3	9
9	10.27	1	4	4	16
계		50		0	142

$$\bar{x} = x_0 + \left(\frac{\Sigma fu}{\Sigma f} \times h\right) = 10.07 + \left(\frac{0}{50} \times 0.05\right) = 10.07$$

$$s = h\sqrt{\frac{\Sigma fu^2 - \frac{(\Sigma fu)^2}{\Sigma f}}{\Sigma f - 1}} = 0.05\sqrt{\frac{142 - \frac{0^2}{50}}{50-1}} = 0.08512$$

$$Cp = \frac{S_U - S_L}{6s} = \frac{10.10 - 9.9}{6 \times 0.08512} = 0.3916(\text{4등급, 불합격})$$

예제 4.2

다음 데이터는 어느 공정에서 제조된 100개의 부품 무게 데이터이다. 부품 무게 데이터에 대한 히스토그램을 그려라. (단위: mg).

60.7	60.2	59.6	60.9	59.7	60.0	59.3	58.1	60.6	59.4
60.2	61.7	61.1	60.1	58.8	58.1	61.3	59.3	59.8	59.5
60.4	62.4	58.8	60.2	61.4	59.0	59.1	61.6	61.0	58.9
59.2	59.9	59.6	61.2	60.2	58.7	59.7	59.3	59.9	60.1
61.2	60.8	59.0	60.4	60.4	59.6	59.9	59.6	58.8	60.9
60.9	60.3	60.3	60.2	59.9	59.6	60.1	59.3	60.4	59.8
58.5	59.8	60.2	59.9	59.0	60.7	59.7	59.9	58.8	60.7
59.8	58.8	60.9	57.6	59.2	60.7	60.3	58.4	58.5	60.4
60.3	62.0	59.5	59.6	60.1	60.2	60.1	61.5	61.0	59.1
60.1	59.3	59.2	61.6	61.5	60.0	58.3	59.9	61.0	60.9

미니탭을 이용

그래프 ▶ 히스토그램

【실행결과】

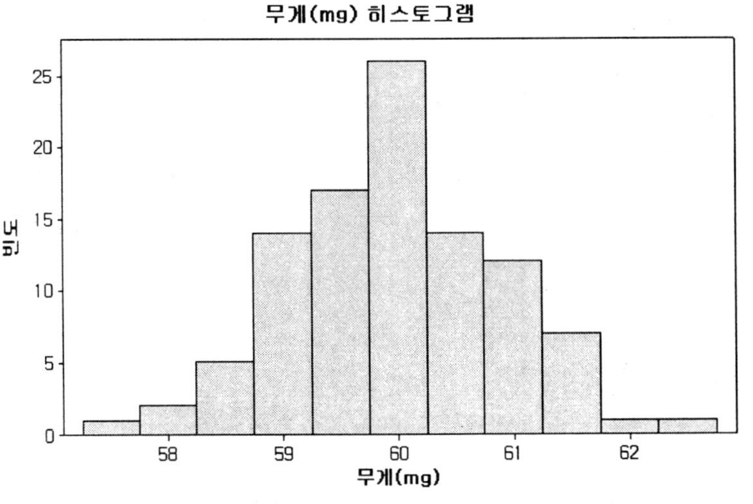

예제 4.3

앞의 예제의 데이터에 대해 계급의 수를 5개, 11개, 16개, 21개로 히스토그램을 그리고 의미를 설명하라.

【 실행결과 】

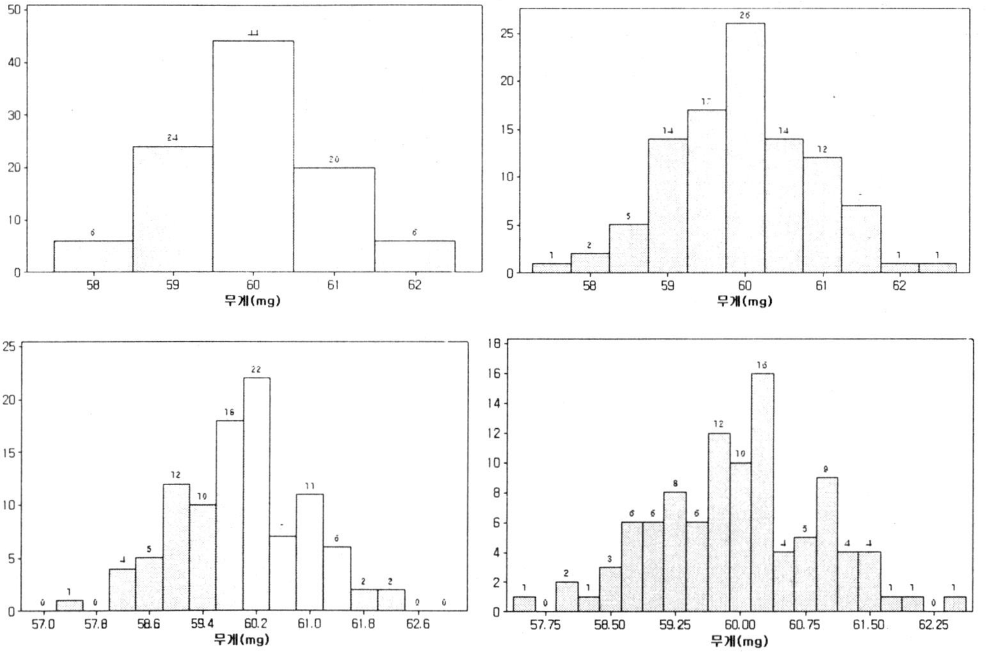

[그림 4.1] 계급의 크기(개수)에 따른 히스토그램의 유형

※ 위 히스토그램은 계급의 수를 5개, 11개, 16개, 21개로 하면서 그린 그림이다. 여기서 계급의 수에 따라 그래프의 모양이 크게 바뀜을 알 수 있다. 계급의 수를 크게 하면 전반적인 자료의 형태를 파악하기 어렵고, 작게 하면 모호해짐을 알 수 있다. 히스토그램에서는 계급의 수의 결정이 중요함을 알 수 있다. 위의 그림에서 숫자는 계급 내의 도수를 나타낸 것이다.

위 미니탭의 디폴트 계급 수는 11개이며, 위의 계급의 수 결정은 출력 그래프에서 'x축을 실행 ▶ 척도모수 편집 ▶ 빈(Bin) 만들기 ▶ 구간개수' 이다.

5 층별

1. 층별의 정의

층별(stratification)은 모든 현상을 정확하게 파악하고자 끼리끼리 분류하는 것을 말한다. 즉 목적하는 재료별, 기계별, 작업자별 기간대별 등으로 구분함으로써 불필요한 정보의 혼입을 막고자 하는 일을 말한다. 이렇게 구분함으로써 품질의 변동원인 등을 쉽고 빠르게 파악할 수 있다.

2. 층별 항목

산포의 원인에는 여러 가지가 있으므로 어떤 원인이 크게 작용하는지 추측되는 요인으로 전체 품질을 다양한 집단으로 구분한다. 현장에서 적용될 수 있는 층별 항목은 매우 다양하다. 대상이 되는 항목은 다음과 같다.

시간대별 : 날짜별, 오전, 오후, 주야별, 작업개시별, 업무교대별, 월별 등
작업자별 : 숙련 정도별, 성별, 근무년수별, 연령별 등
기계, 설비별 : 기계별, 치공구별, 라인별, 금형별, 성능별 등
원재료별 : 메이커별, 구입처별, 브랜드별, 수입로트별 등
측정별 : 측정기, 측정자별, 측정방법별 등
검사별 : 검사원별, 검사장소별, 검사방법별 등

예제 5.1

6시그마 컨설턴트는 직원들에게 6시그마 교육을 실시하면서 다음과 같은 데이터를 얻었다. 종속변수는 6시그마의 분석(추검정)을 이해하는 데 소요되는 시간이고, 독립변수는 교육을 실시하기 전 적성검사의 성적과 통계전공과 비 통계전공으로 구분했다.

통계전공		비 통계전공	
소요시간	적성검사 점수	소요시간	적성검사 점수
160	16	163	28
89	27	271	14
176	22	294	11
31	30	68	38
105	22	85	31
278	2	224	21
211	12	166	20
120	19	305	13
290	4	124	30

미니탭을 이용

① 통계전공과 비통계전공으로 층별된 경우

통계전공자의 소요시간은 C1열에, 통계전공자의 적성검사점수는 C2열에, 비통계전공자의 소요시간은 C3열에, 비통계전공자의 적성검사점수는 C4열에 입력한다.

그래프 ▶ 산점도 ▶ (다중그래프 ▶ '동일그래프에 겹쳐짐' 선택)

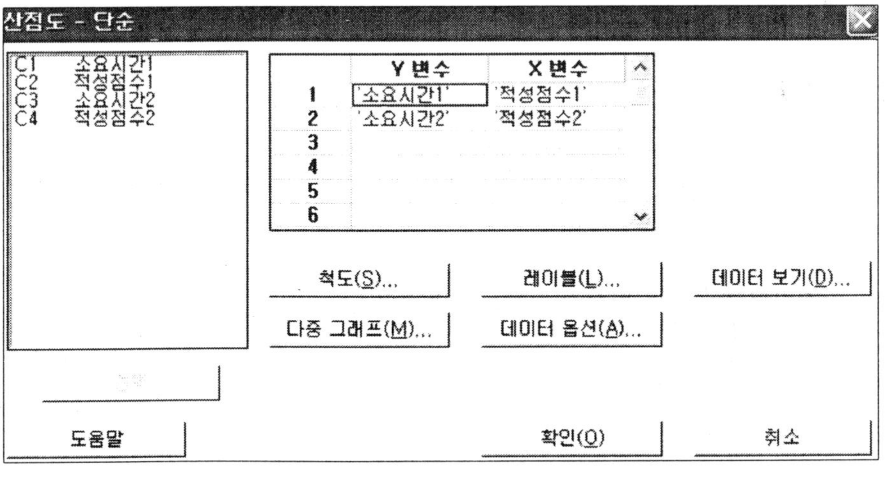

【실행결과】

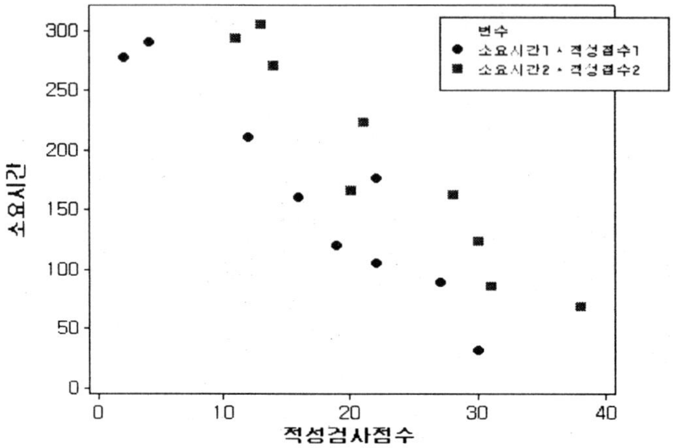

※ 통계전공과 비 통계전공으로 층별된 산점도로 정보를 잘 제공해주고 있다. 층별의 필요성이 요구되는 예이다.

② 층별되지 않은 경우

통계전공자와 비 통계전공자의 소요시간은 C1열에, 통계전공자와 비 통계전공자의 적성검사점수는 C2열에 입력한다.

그래프 ▶ 플롯

【실행결과】

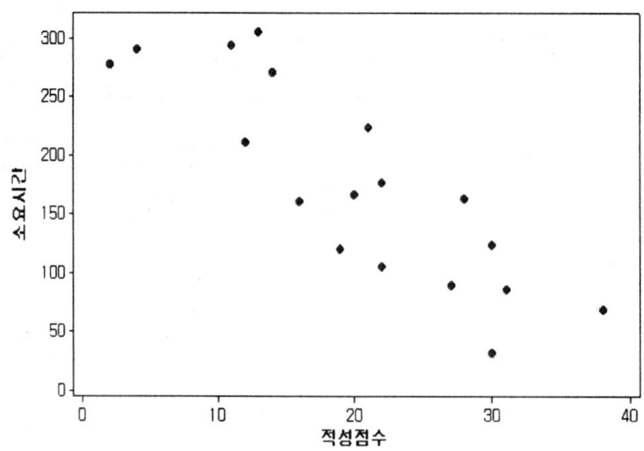

※ 층별되지 않은 산점도로 정보의 손실이 있음을 알 수 있다.

6 산점도

1. 산점도의 정의

산점도(scatter diagram)란 대응되는 두 종류의 데이터를 좌표 상에 점으로 나타내어, 품질특성과 그 요인과의 관계를 파악하는 그림을 말한다. 따라서 산점도는 점의 산포된 상태를 관찰하여 품질특성이 요인과의 관계가 있는지 없는지, 관계가 있다면 요인을 어떻게 조절해야 좋은지를 조사하는데 사용된다.

2. 산점도 작성방법

1단계 : 데이터 수는 최소한 30쌍 이상으로 데이터시트를 작성한다.
2단계 : 그래프의 좌표축을 작성한다.
3단계 : 데이터를 타점한다. 중복되는 점은 ◉로 한다.
4단계 : 관리를 위해 데이터 기간, 기록자, 목적 등을 기입한다.

3. 산점도 판별법

대응되는 2종류 이상의 요인이나 특성 사이에 직선적인 관계에 있을 때 '상관이 있다'고 한다. 상관에는 x의 값이 증가함에 따라 y값이 증가하는 경우를 '양의 상관'이라 하며, x의 값이 증가함에 따라 y값이 감소하는 경우를 '음의 상관'이라 한다.

(1) 강한 양의 상관

x가 증가하면 y도 증가하는 경향이 뚜렷하며 점의 산포상태가 직선 형태를 띠고 있는 경우이다. 이 경우 x를 바르게 관리하면 y도 관리할 수 있다.

(2) 약한 양의 상관

x가 증가하면 대체적으로 y도 증가하는 약한 양의 상관있는 경우다. 점의 산포상태가 직선 형태가 약한 경우로, y가 x 이외에도 경향을 받고 있다고 볼 수 있다. 이 경우 x 이외의 요인도 찾아 관리할 필요가 있다.

(3) 무상관

x가 증가해도 y에는 영향이 없으므로 x와 y는 상관이 없다고 판단한다. 점의 산포는 대체로 원모양에 가깝게 나타난다.

(4) 강한 음의 상관

x가 증가하면 y는 감소하는 경향이 뚜렷하며 점의 산포상태가 직선 형태를 띠고 있는 경우이다. 이 경우 x를 바르게 관리하면 y도 관리할 수 있다.

(5) 약한 음의 상관

x가 증가하면 대체적으로 y는 감소하는 약한 음의 상관있는 경우다. 점의 산포상태가 직선 형태가 약한 경우로, y가 x 이외에도 경향을 받고 있다고 볼 수 있다. 이 경우 x 이외의 요인도 찾아 관리할 필요가 있다.

(6) 직선이 아닌 경우

x와 y가 2차 함수의 형태로 나타날 때

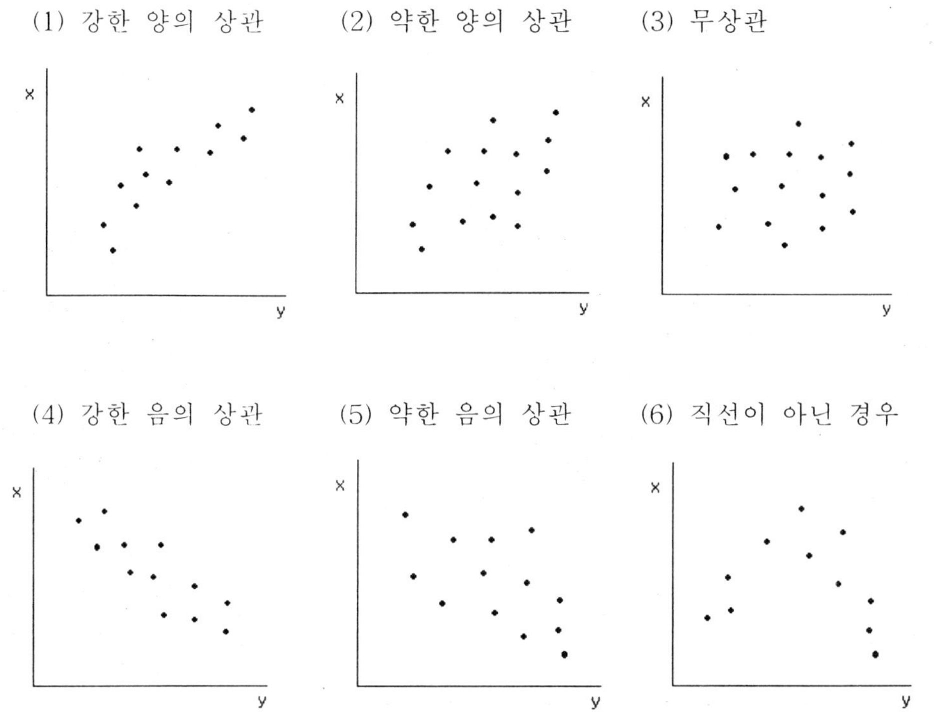

[그림 6.1] 두 변수 간의 상관관계 유형들

(7) 이상점

산점도 위에 동떨어진 이상한 점이 있으며, 먼저 그 원인을 조사해 보아야 한다. 원인이 판명되면 그 점을 제외하고 판단하되, 만약 원인이 불분명하면 그 점을 포함해서 판단한다. 이상한 점은 대개 측정의 착오나 부적합품의 혼입 등 특별한 원인에 기인되는 경우가 많다.

(8) 층별의 필요

전체로 보아 상관이 없어 보이지만, 층별 해보면 상관이 있는 경우가 있다. 또 반대로 전체적으로 상관이 있을 것 같아 층별 해보면 상관이 없는 경우가 있다.

예제 6.1

다음 자료는 원료의 특성(x)과 이 원료를 써서 만든 제품의 특성(y)에 관한 조사 결과 자료가 다음과 같다. 산점도를 그려라.

원료의 특성(x) :

36 40 34 44 33 36 40 33 26 36 31 44 41 29 42 35 45 31
32 38

제품의 특성(y) :

29 32 29 40 31 29 34 30 25 31 28 34 34 27 33 33 34 27
30 33

미니탭을 이용

원료의 특성(x)을 C1열에 입력하고, C2열에 제품의 특성(y)를 입력한다.

그래프 ▶ 산점도

【실행결과】

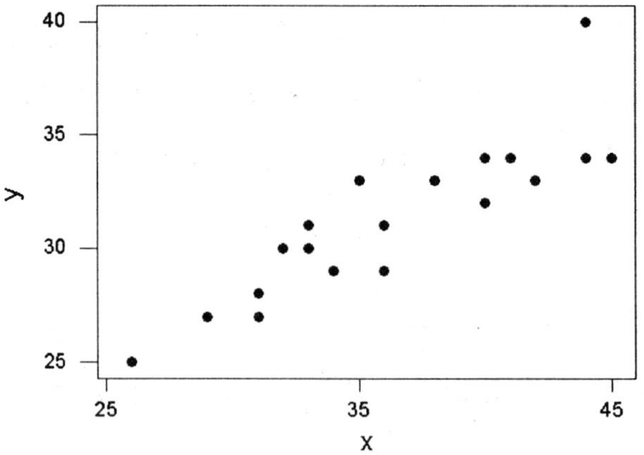

※ 원료의 특성(x)와 제품의 특성(y)에는 양의 상관관계가 존재함을 보여주고 있다.

7 그래프 및 관리도

1. 그래프의 정의

그래프는 데이터를 그래프화하여 쉽고, 빠르게, 요약하여 전달하는 것이다. 즉, 숫자나 기호문자로 데이터를 보다 알기 쉽게 선, 원, 막대모양 등으로 시각화한 것을 말한다.

2. 그래프의 종류

그래프의 통계도표는 통계관찰에 근거한 점의 수, 선의 길이, 막대의 길이, 도형의 면적 등으로 나타낸 것이다.

- 막대 그래프 : 일정한 폭의 막대를 나열한 것으로 길이에 의해 수량의 크기를 비교하는 그래프이다. 작성법이 간단하고 보기 쉬우나, 그래프의 균형, 그림 전체의 밸런스를 잡기가 분명하지 않다.
- 꺾은선 그래프 : 일반적으로 시간의 흐름, 추이, 경향 등을 쉽게 표시하는 그래프이다. 즉, 시계열적인 상황을 한 눈에 알 수 있도록 나타낸다.
- 면적그래프 : 사물의 크기 비교를 면적으로 나타내는 방법이다. 원형, 직사각형, 정사각형 등이 주로 쓰인다.
- 점그래프 : 점의 Plot을 통하여 산포상태, 모양을 나타내는 그래프로 대표적으로 산점도가 있다.
- 삼각 그래프 : 세 가지 요소로 구성되어 있는 전체에 대해서 각각의 구성 명세가 어떻게 되어 있는가 나타내는 것으로 정삼각형 내의 점의 위치로 여러 경우를 비교한다.

· 그림 그래프 : 해당 목적 데이터의 그림을 통하여 알기 쉽게 나타내고자 하는 그래프이다.

3. 미니탭 그래프

(1) 닷플롯

예제 7.1

앞의 예제 4.2의 데이터에 대해 점 그래프를 그려라.

미니탭을 이용

그래프 ▶ 닷플롯

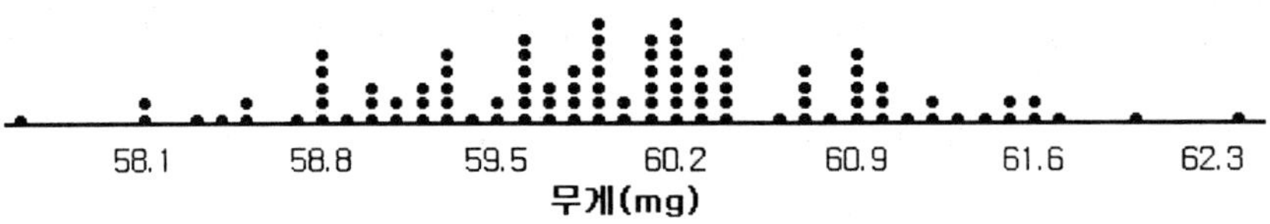

(2) 파이 차트

데이터를 빈도에 따라 구분해 주는 그래프로 시각적인 효과가 있다. 앞 2절의 [그림 2.1] 플라스틱 주물제품의 체크시트 자료에서 부적합 종류별 파이 차트를 그려보자.

미니탭을 이용

그래프 ▶ 파이 차트

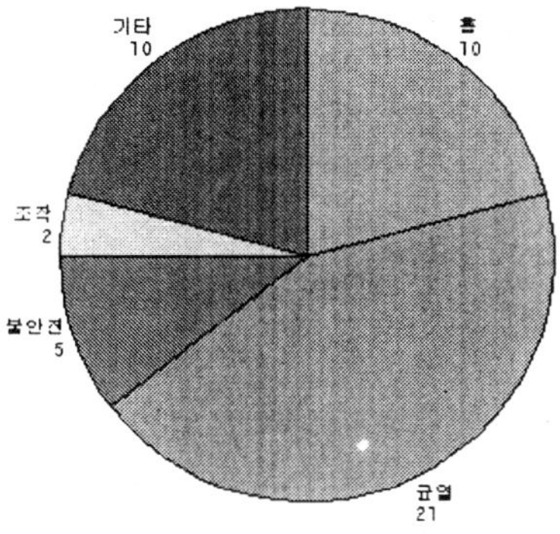

(3) 주변분포도

X,Y 데이터의 plot과 함께 X, Y의 산포와 크기를 함께 볼 수 있다.

예제 7.2

합판공장에서는 최종검사를 위해, 제품 20개를 랜덤 샘플링하여 무게, 길이, 결함수(부적합수)를 다음과 같이 각각 측정하였다. 무게와 길이에 대한 주변분포도를 그려보자.

	제품1	제품2	제품3	제품4	제품5	제품6	제품7	제품8	제품9	제품10
길이	79.7	79.1	80.3	80.5	79.4	82.0	80.6	79.8	81.0	79.4
무게	99.7	99.4	99.3	100.3	99.3	101.1	99.4	99.1	99.7	98.8
결함수	0	1	1	0	2	0	1	0	0	0
	제품11	제품12	제품13	제품14	제품15	제품16	제품17	제품18	제품19	제품20
길이	79.5	81.0	79.5	82.0	80.0	79.6	80.1	81.2	80.1	81.0
무게	99.2	99.3	100.6	101.7	99.7	98.4	99.2	99.8	100.0	100.7
결함수	4	0	0	1	1	1	0	3	0	0

미니탭을 이용

그래프 ▶ 주변분포도

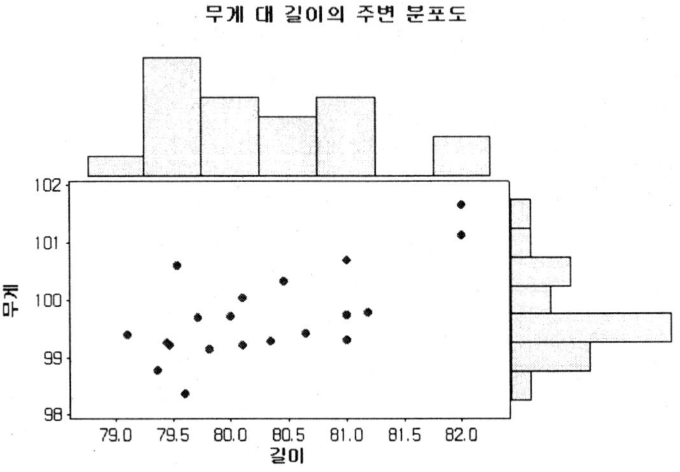

※ 제품의 길이와 무게에는 양의 상관관계가 존재함을 보여주고 있다. 길이의 분포는 산포가 커 보이며, 무게는 비대칭을 이루고 있다.

(4) 행렬도

여러 변수들 간의 관계를 파악하고자 할 경우 사용된다. 한번에 20개의 변수까지 동시에 볼 수 있다. 앞 예제 7.2의 자료에서 길이, 무게 및 결점수에 대한 행렬도를 그려보자.

미니탭을 이용

그래프 ▶ 행렬도

【 실행결과 】

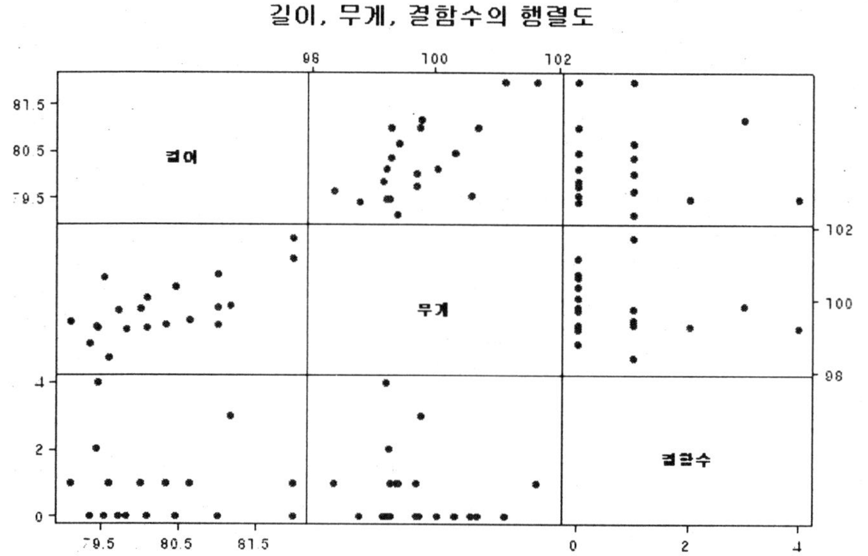

(5) 등고선플롯

예제 7.2의 자료에서 길이, 무게 및 결점수에 대한 등고선플롯을 그려보자.

미니탭을 이용

그래프 ▶ 등고선플롯

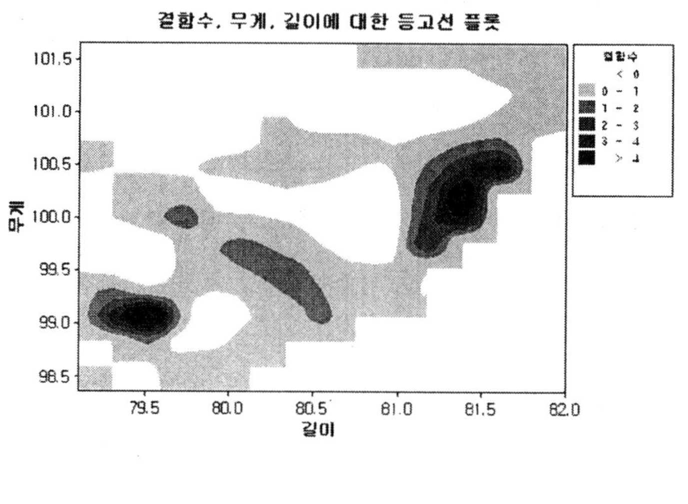

(6) 3D산점도

예제 7.2의 자료에서 길이, 무게 및 결점수에 대한 3D산점도를 그려보자.

미니탭을 이용

그래프 ▶ 3D산점도 ▶ (x, y, z축의 회전 실행)

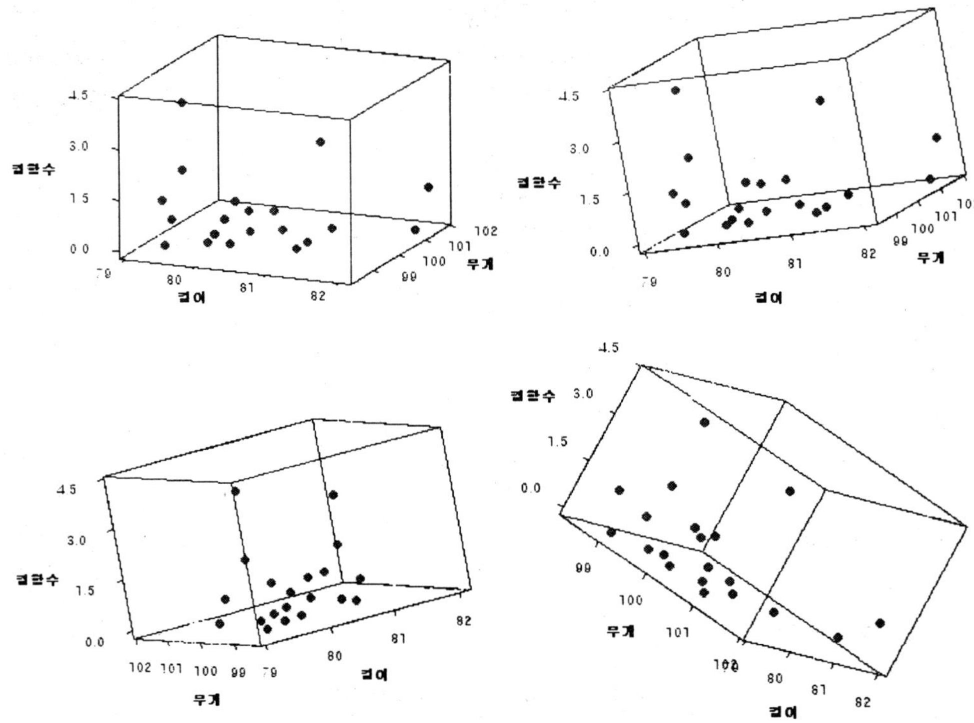

(7) 3D표면 플롯

예제 7.2의 자료에서 길이, 무게 및 결점수에 대한 3D표면 플롯을 그려 보자.

미니탭을 이용

그래프 ▶ 3D 표면 플롯 ▶ (표면, 와이어 프레임)

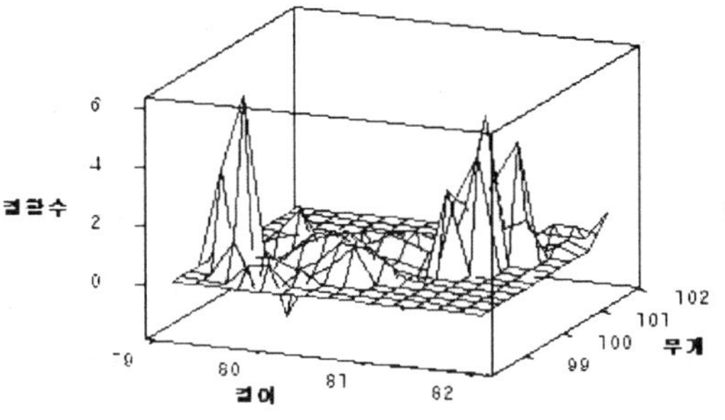

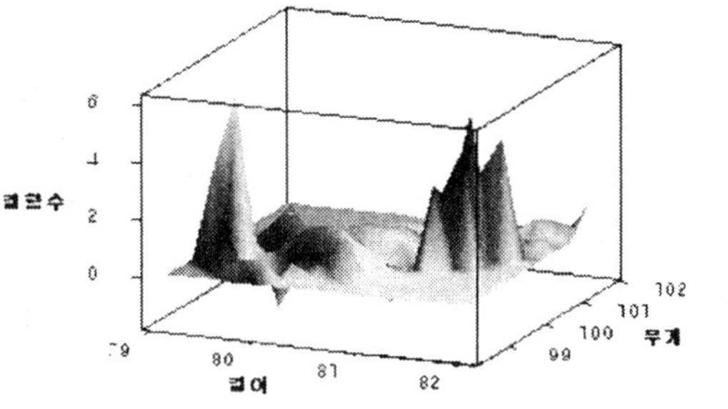

4. 관리도

공정관리의 핵심 도구의 하나인 관리도는 통계 분포의 원리를 활용하여 공정의 상태를 안정되게 관리하는 그래프이다. 본 장에서는 생략하고 관리도 단원에서 자세히 설명하기로 한다.

8 QC 7가지 수법의 적용

QC 7가지 수법은 현장관리, 개선활동과 관리업무에서 유효하게 사용할 수 있는 도구이다. 현장에서의 문제해결의 활동은 '현상파악 → 원인분석단계 → 대책수립과 실시 확인 → 표준화 및 사후관리'라는 순서로 실행되므로 이러한 단계에서 QC 7가지 도구가 어떻게 적용되는가 살펴본다.

활동순서	활동내용	QC수법
현상파악	지금까지의 상태는 어떤가? 문제점은 무엇인가?	히스토그램, 체크시트, 산점도, 파레토그림
원인분석	원인과 결과의 관계는? 층별하면 어떤가? 상호 관계는?	특성요인도 층별, 히스토그램 산점도, 그래프
대책 수립 및 실시	대책수립은 적정한가? 대책효과는 있었는가?	그래프 파레토그림
표준화 관리	공정은 안정되었는가?	관리도, 체크시트, 그래프

연습문제

[1] 다음 데이터는 카메라 윗덮개 생산 공정에서 1개월간 발생한 부적합품을 부적합 항목별로 부적합품수와 1개 당 손실금액에 대하여 데이터를 수집한 것이다. 부적합 항목별로 부적합품수와 손실금액의 파레토 그림을 작성하라.

부적합 항목	부적합품수	1개당 손실금액
도금불량	320	121
연마 남음	63	314
연마주름	154	610
연마	31	148
때린 흠	207	84
흠	109	21
흐름	110	8
기타	49	49

[2] XXX 라는 문제에 대해 5M1E를 기준으로 볼 때, 다음과 같은 원인들이 요약되었다. 이를 기준으로 특성요인도를 그려보라.

사람	원료	기계	방법	측정	환경
미숙련 교육부족 감독소홀	당도 굳기 속엿	각도 노즐 찌꺼기 막힘	투입기 선단을 누름 투입량	계측기고장	온도 습도

[3] 다음의 특성에 관한 특성요인도를 그려라.

① 잦은 교통사고

② 출근 지각

③ 어느 부서의 서비스 시간

[4] 어느 공장의 생산 라인에서 자동차 부품을 생산하고 있다. 다음은 생산 라인으로부터 나온 부품을 모아놓은 로트에서 60개를 랜덤하게 추출하여 품질특성을 측정한 데이터이다.

27	33	34	40	30	28	31	30	28	28	27	31	22	35	39	27	29	28	29	30
37	20	33	39	34	25	29	24	33	28	31	29	27	34	28	22	32	34	32	38
33	32	28	29	31	29	24	34	33	26	22	33	32	32	27	29	27	23	30	36

① 도수분포표를 작성하고 평균과 표준편차를 구하라.

② 히스토그램을 그려라.

③ 히스토그램의 모양을 보고 생산 라인 공정은 어떻다고 할 수 있는가?

[5] 어느 공정에서 데이터를 취하여 히스토그램을 그려본 결과 다음과 같은 모양이 나왔다. 예상되는 원인과 필요한 조치에 대해 설명하라.

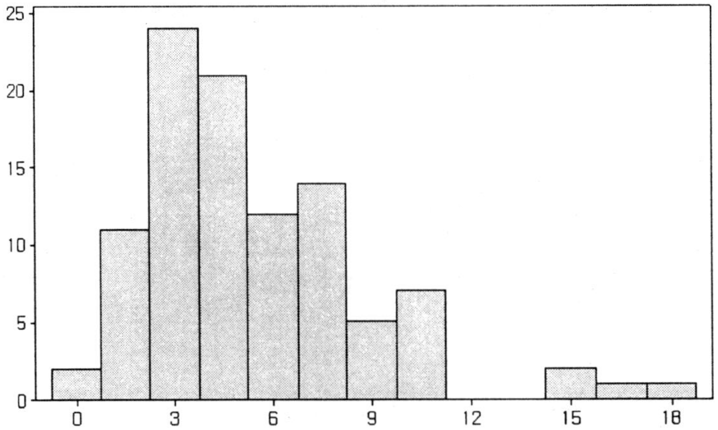

[6] 다음의 두 변량(품질특성치) 간의 상관과 히스토그램을 보고 데이터의 의미를 설명하라.

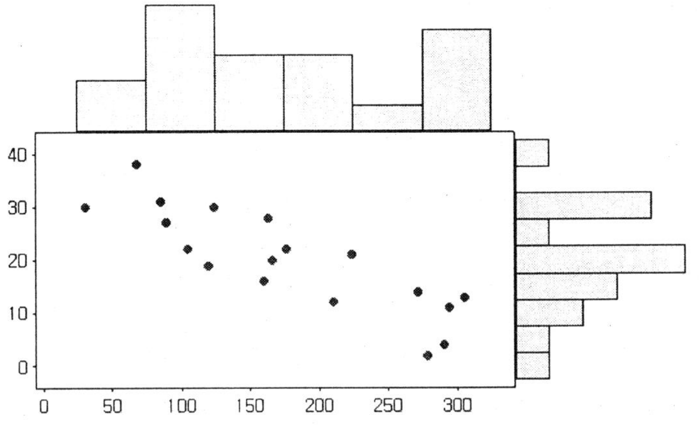

[7] 다음은 어느 회사의 부서별, 직위별에 대한 기본급 급여 명세서이다. 미니탭을 이용하여 물음에 답하라.

사번	부서명	직위	근무연수	기본급
2011	경리과	대리	10	970,000
2012	기획팀	대리	9	1,050,000
2013	기획팀	사원	6	830,000
2014	기획팀	사원	5	870,000
2015	영업팀	대리	9	920,000
2016	기획팀	과장	11	1,250,000
2017	관리과	과장	13	1,580,000
2018	관리과	사원	5	630,000
2019	영업팀	대리	8	943,000
2020	영업팀	사원	4	555,000
2021	관리과	사원	8	880,000
2022	영업팀	대리	12	110,8000
2023	영업팀	과장	12	132,5000

① 부서별, 직위별 도수분포표를 작성하라.

② 근무연수별 도수분포표를 작성하라.

③ 부서와 직위에 대한 분할표를 작성하라.

④ 근무연수와 기본급에 대한 점그래프와 주변분포도를 그려라.

⑤ 부서와 직위 각각에 대해 파이 차트를 그려라.

[8] 다음 특성치의 분포를 보고, 산포의 원인과 문제가 있다면 어떤 조치를 취해야 하는가 논하라.

①

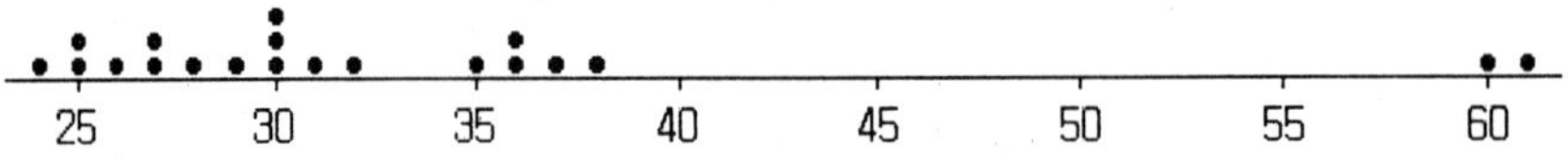

②

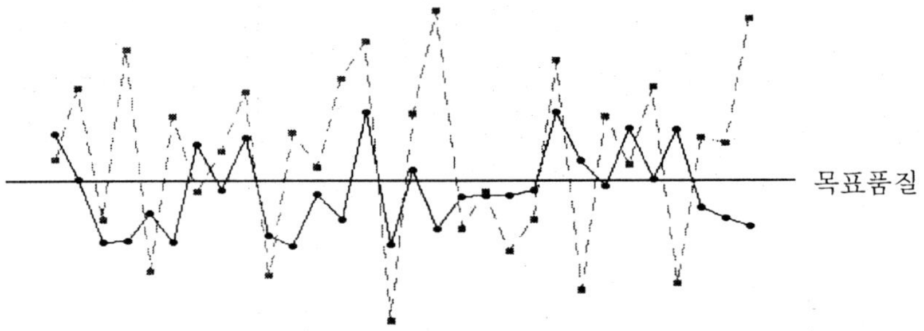

제 3 장

데이터의 정리

1 통계학이란?

통계학(statistics)이란 합리적인 의사 결정을 내리기 위해 자료를 수집, 정리 요약하고 분석하는 방법을 연구하는 학문이라 한다. 실험이나 조사를 하고자 할 때 먼저 무엇을 대상으로 하느냐, 즉 관심이 있는 대상을 정할 필요가 있다. 예를 들면 한국인 남성의 신장, 공장에서 생산되는 제품의 수명 등이다. 여기에서 흥미의 대상이 되는 것은 한국 남성 전체, 생산품 전체이다. 이렇게 관심 있는 대상의 전체를 모집단(population)이라고 한다. 그런데 이 조사를 위해서는 한국의 남성을 전부 조사하거나, 생산품 전부를 조사해야 한다. 이것은 비용과 시간이 많이 소비되기 때문에 불가능하다. 즉 관심의 대상인 모집단이 무한이라면 현실적으로 실험을 몇 회 하거나, 몇 개를 임의로 추출한 다음 이 자료에 의해 모집단을 추론하게 된다. 이를 통계적 추론(statistical inference)이라고 하고, 추출된 자료를 표본(sample)이라고 한다. 모집단에서 표본을 취하는 것을 표본추출이라 하고 표본추출은 임의로 추출(random sampling)이 되어야 한다.

통계조사의 목적은 모집단에 대한 정보를 알아내는 일이다. 여기서 모집단에 대한 정보란 일반적으로 모집단의 평균, 분산 같은 모집단의 특성을 말한다. 이러한 모집단의 특성값을 모수(parameter)라고 한다. 모집단의 특성값은 모집단 전체를 조사하여야만 알 수 있다. 그러나 대부분의 연구에서는 모집단 전체를 조사한다는 것은 불가능하므로 일반적으로 모수는 미지의 수가 된다. 이 경우 모집단을 대표할 수 있는 일부를 택하여 표본을 조사하게 되며, 표본으로부터 계산되는 표본의 평균 또는 표본의 분산과 같은 표본의 특성값 즉, 통계량(statistic)을 이용하여 모수를 추정하게 된다.

통계학은 모집단의 어떤 성질에 대하여 측정한 자료를 과학적 방법으로 다루는 학문으로 기술통계학과 추측통계학으로 구분된다. 기술통계학이란 관심을 갖고 있는 집단으로부터 자료를 수집하여 도표나 통계량 등을 통해 자료를 요약하는 통계이며, 추측통계학은 관심을 갖고 있는 집단으로부터 자료를 수집하여 여러 가지 특성을 관찰하여 분석한 후 분석된 결과에 대하여 집단의 특성을 파악하여 미래의 현상을 예측하는데 도움을 얻고자 하는 통계이다. 이상으로부터 통계학에서 사용되는 기본 용어를 정리하면 다음과 같다.

용 어	의 미
모집단 (population)	관심을 갖고 있는 집단을 구성하는 모든 개체로 이루어진 집단
유한모집단	모집단을 구성하는 개체의 수가 유한 (로트)
무한모집단	모집단을 구성하는 개체의 수가 무한 (공정)
표본(sample)	모집단으로부터 임의로 추출된 부분 집단
모수 (parameter)	모집단의 특성을 나타내는 양적인 측도 모평균 μ, 모분산 σ^2, 모표준편차 σ, 모비율 p, 모부적합수 m 등
통계량 (statistic)	모수에 대응되는 표본의 특성을 나타내는 양적인 측도 표본평균 $\bar{x}$, 표본분산 V, 표본표준편차 $s=\sqrt{V}$, 표본비율 $\hat{p}$, 표본부적합수 $\hat{m}$ 등

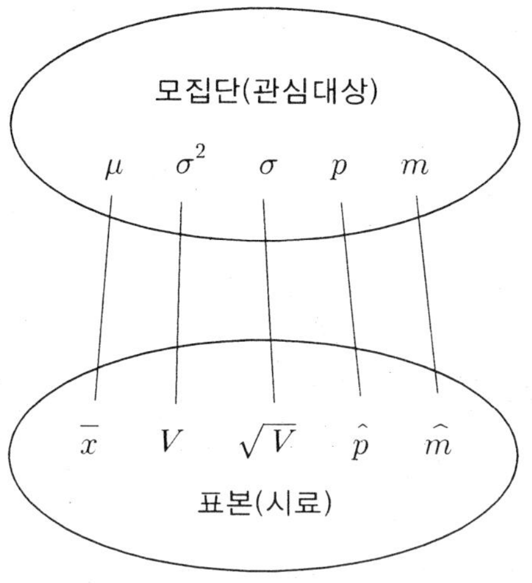

[그림 1.1] 모집단과 표본, 모수와 통계량의 관계

다음은 실제 예를 중심으로 위의 모집단과 표본, 모수와 통계량 등에 대한 개념을 설명한 것이다.

예 1

다음은 고등학교 어느 반 30명의 수학능력시험 성적 자료라 한다.

343 340 334 342 345 346 334 344 340 338
340 341 340 336 343 344 350 344 344 339
341 339 352 337 332 343 342 342 338 343

여기서 어느 반 30명의 수학능력시험이 어느 정도인지 알고자 5명의 성적을 임의로 표본 추출하여 다음의 자료를 얻었다.

336 343 344 350 340

모집단 : 고등학교 어느 반 30명의 수학능력시험 성적 자료의 모임

모평균 : $\mu = \frac{1}{N}(x_1 + x_2 + \cdots + x_N)$

$= \frac{1}{30}(343 + 340 + 334 + \cdots + 343) = 341.19$

모분산 : $\sigma^2 = \frac{1}{N}\Sigma_{i=1}^{N}(x_i - \mu)^2$

$= \frac{1}{30}((343 - 341.19)^2 + (340 - 341.19)^2 + \cdots + (343 - 341.19)^2) = 18.749$

모표준편차 : $\sigma = \sqrt{\sigma^2} = \sqrt{18.749} = 4.33$

표본 : 5명의 성적을 표본 추출

336　343　344　350　340

표본평균 : $\bar{x} = \frac{1}{n}(x_1 + x_2 + \cdots + x_n)$

$= \frac{1}{5}(336 + 343 + 344 + 350 + 340) = 342.65$

표본분산 : $V = \frac{1}{n-1}\Sigma_{i=1}^{n}(x_i - \bar{x})^2$

$= \frac{1}{5-1}((336 - 342.65)^2 + (343 - 342.65)^2 + \cdots + (340 - 342.65)^2)$

$= 25.20$

표본표준편차 : $s = \sqrt{V} = \sqrt{25.20} = 5.02$

예 2

2003년 500개 기업으로부터 임의로 선정한 30개의 기업에 대한 주당 순이익 자료의 평균은 4.08이고, 표준편차는 2.1이다.

모집단 : 500개 기업의 주당 순이익자료의 모임

모평균 : 500개 기업의 주당 순이익자료들의 평균

모표준편차 : 500개 기업의 주당 순이익자료들의 표준편차

표본 : 30개 기업의 주당 순이익자료의 모임

표본평균 : 30개 기업의 주당 순이익자료들의 평균

표본표준편차 : 30개 기업의 주당 순이익자료들의 표준편차

예 3

모집단 : 전체 유권자들의 자신이 지지하는 후보자의 관측값들의 모임

모비율 p : 예를 들어 모집단에서 A 후보를 지지하는 유권자가 100,000명 이라 한다면, A 후보를 지지하는 지지율 $p = \frac{100,000}{\text{전체유권자수}}$ 이다.

표본 : 뽑힌 3,000명에 대하여 실제로 관측된 관측값들의 모임

표본비율 $\hat{p}$: 예를 들어 표본에서 A 후보를 지지하는 유권자가 2,000명이 라 하면 $\hat{p} = \frac{2,000}{3,000}$ 이다.

예 4

> 어떤 기계공장에서 프레스된 부품을 제조한다 한다. 제조공정의 일부를 변경하고 10개의 표본을 추출하여 프레스된 부품의 지름을 측정하였다.

모집단 : 프레스된 부품을 일정한 환경에서 무한 생산한다고 할 때 부품의 지름을 측정한 측정치들의 모임

모평균 : 모집단(제조공정)에서 무한 생산한 부품의 지름을 측정한 측정치들의 평균

표본 : 10개의 표본을 추출하여 프레스된 부품의 지름을 측정한 측정치들의 모임

표본평균 : 10개의 프레스된 부품의 지름을 측정한 측정치들의 평균

예 5

어느 식물이 꽃을 피우는 데 걸리는 기간을 알아보기 위해 20그루의 식물을 선택하여 조사하여 본 결과 평균이 38일이고 표준편차는 4.3일이었다.

모집단 : 무수히 많은 어느 식물의 꽃을 피우는 데 걸리는 기간을 측정한 측정치들의 모임

모평균 : 모집단의 측정치들의 평균

모분산 : 모집단의 측정치들의 분산

표본 : 선택된 20그루의 꽃을 피우는 데 걸리는 기간들을 측정한 측정치들의 모임

표본평균 : 선택된 20그루의 측정치들의 평균

표본분산 : 선택된 20그루의 측정치들의 분산

위의 예에서 (예 1), (예 2), (예 3)은 유한 모집단의 예이며, (예 4), (예 5)는 무한 모집단의 예이다.

2 자료의 정리

자료의 정리방법에는 관측값으로부터 통계량을 구하여 자료의 특성을 파악하는 통계적인 자료 정리 방법과 도표나 그래프에 의한 자료의 정리가 있다. 본 장에서는 통계적인 자료 정리와 도표나 그래프에 의한 자료의 정리로 나누어 설명한다.

1. 통계량에 의한 자료의 정리

통계량에 의한 자료의 정리는 중심위치를 나타내는 평균, 중위수, 최빈수 등이 있고, 관측값의 흩어진 정도를 측정하는 분산, 표준편차, 범위 등이 있다.

(1) 자료의 중심위치를 측정하는 척도

자료의 중심위치 측정이란 자료를 대표할 수 있는 대표값을 측정하는 것을 말한다. 대표값은 평균과 같은 계산적 대표값과 중위수, 최빈수 등과 같은 위치에 의해 판단되는 위치적 대표값으로 나뉜다. 계산적 대표값은 극단값에 영향을 받지만 위치적 대표값은 극단값에 영향을 받지 않는다.

① 평균값(mean)

중심위치의 측도로서 가장 많이 사용되고 있다. 모든 데이터 값의 합을 데이터의 개수로 나누어 구한다. 데이터 $x_1, x_2, \cdots, x_n$에서 평균은 다음과 같다.

$$\bar{x} = \frac{1}{n}(x_1 + x_2 + \cdots + x_n) = \frac{1}{n}\Sigma x_i$$

② 중위수(median)

전체 데이터를 크기 순서로 배열했을 때 중앙에 위치하는 값이다. 데이터의 수가 홀수이면 중앙에 위치하는 데이터이고, 짝수이면 중앙에 위치하는 두 개의 데이터의 평균값이다. 아주 큰 데이터나 아주 작은 데이터, 즉 극단적인 값에 비교적 영향을 받지 않는다.

예 1 3 5 7 9 14

위의 데이터는 데이터의 개수가 홀수로 중위수는 7

예 2 3 5 7 9 14 15

위의 데이터는 데이터의 개수가 짝수로 중위수는 $\frac{(7+9)}{2}=8$

예 3 3 5 7 9 14 85

위 데이터의 경우는 중위수 $\frac{(7+9)}{2}=8$로 극단적인 값인 85에 영향을 받지 않음을 알 수 있다.

③ 최빈수(mode)

전체 데이터에서 가장 자주 나오는 값을 말한다. 대표치로 양적자료, 질적자료에 두루 쓰인다. 기성복을 생산하는 공장에서는 많은 고객들이 원하는 의복, 즉 최빈수에 해당되는 의복을 많이 생산해야 될 것이며, 안방에 놓을 가구를 만들 때도 최빈수에 해당하는 가구를 생산해야 될 것이다. 그 외에 최빈수가 적용되는 예는 구두, 책상 등이 있다.

예 4 3 5 5 5 7 9 9 14

위 데이터는 5가 3개로 최빈수는 5

(2) 자료의 흩어진 정도를 측정하는 측도

대표적인 평균값만 가지고는 자료의 전체적인 분포 상황을 알 수 없다. 예를 들어 자료 48, 50, 52와 자료 2, 50, 98의 평균은 각각 50이다. 그러나 자료의 흩어진 정도는 전혀 다르다. 여기서 자료의 중심위치인 평균만으로는 자료에 대한 충분한 정보가 되지 못함을 알 수 있다. 따라서 자료가 평균값 주변에 어떻게 퍼져 있는지를 알려주는 지표, 즉 산포도가 필요하다. 자료의 흩어진 정도를 나타내는 측도는 분산, 표준편차, 범위 등이 있다.

① 분산과 표준편차(variance, standard deviation)

각 자료의 값에서 평균을 빼고 제곱시킨 합을 제곱합(sum of square)

$$S = \Sigma_{i=1}^{n}(x_i - \bar{x})^2$$

이라 하며, 제곱합을 자료의 총합으로 나누어 계산된 통계량을 분산이라 한다. 분산은 다음과 같이 정의된다.

$$V = \frac{1}{n-1}\Sigma_{i=1}^{n}(x_i - \bar{x})^2$$

표준편차는 분산의 제곱근으로

$$s = \sqrt{V} = \sqrt{\frac{1}{n-1}\Sigma_{i=1}^{n}(x_i - \bar{x})^2}$$

된다. 분산의 간편한 계산식은 다음과 같다.

$$V = \frac{1}{n-1}\Sigma_{i=1}^{n}(x_i - \bar{x})^2 = \frac{1}{n-1}\left\{\Sigma_{i=1}^{n}x_i^2 - \frac{(\Sigma_{i=1}^{n}x_i)^2}{n}\right\}$$

예 5

다음 자료의 점그래프를 그리고 분산, 표준편차를 계산하여 비교하라.

자료1 : 20.1 20.1 20.0 20.0 20.1 20.0 20.0 20.1 19.9 20.2

자료2 : 18.4 18.4 18.9 20.8 19.5 18.2 22.1 23.3 19.2 22.5

자료3 : 24.0 26.9 22.9 15.4 17.3 23.0 25.6 20.1 20.4 15.7

위 자료에 대해 점그래프를 그리면 다음과 같다.

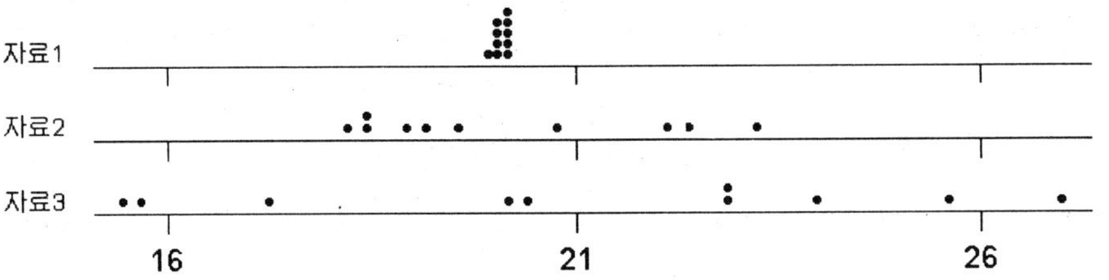

자료 1의 분산과 표준편차의 계산은

$$V_1 = \frac{1}{n-1}\left\{\Sigma_{i=1}^{n} x_i^2 - \frac{(\Sigma_{i=1}^{n} x_i)^2}{n}\right\}$$

$$= \frac{1}{9}\left\{(20.1^2 + 20.1^2 + \cdots + 20.2^2) - \frac{(20.1 + 20.1 + \cdots + 20.2)^2}{10}\right\}$$

$$= 0.0072$$

$$s_1 = \sqrt{V_1} = 0.085$$

같은 방법으로 자료 2와 자료 3의 분산과 표준편차를 각각 계산하면

$$V_2 = 3.61, \qquad s_2 = \sqrt{V_2} = 1.90$$

$$V_3 = 16.32, \qquad s_3 = \sqrt{V_3} = 4.04$$

이상으로부터 데이터의 흩어짐이 크면 산포의 측도인 분산이나 표준편차는 값이 크고, 데이터의 흩어짐이 작으면 분산이나 표준편차는 값이 작아짐을 점그래프와 함께 알 수 있다.

② 범위(range)

데이터에서 최대값(x_{max})과 최소값(x_{min})의 차를 범위라고 한다. 범위는 계산하기는 간편하여 현장에서 많이 사용하나, 극단적인 값이 존재할 때는 올바른 산포의 측도가 못되는 단점이 있다.

$$R = x_{max} - x_{min}$$

③ 사분위수와 사분위 범위(quartile range)

사분위수는 데이터를 크기 순서에 따라 늘어놓은 데이터에 대해 4등분한 값을 말하며, 그 중 첫째를 제1사분위수이고, 셋째를 제3사분위수라 한다. 여기서 제2사분위수는 중위수에 해당된다. 제1사분위수를 Q_1, 제3사분위수를 Q_3로 표기할 때 사분위 범위는

$$QR = Q_3 - Q_1$$

으로 정의한다. 사분위 범위는 극단적인 값에 영향을 덜 받는다.

예 6 3 5 7 9 14 15 17 19

먼저 크기순으로 나열하고, 자료를 반으로 나누면

1군 : 3 5 7 9

2군 : 14 15 17 19

된다. 여기서 1군에서의 중위수 Q_1은 $\frac{1}{2}(5+7)=6$이며, 2군에서의 중위수 Q_3은 $\frac{1}{2}(15+17)=16$이 된다. 따라서 사분위 범위는

$QR = Q_3 - Q_1 = 16 - 6 = 10$

④ 변동계수(coefficiant of variation)

변동계수는 평균에 대한 상대적인 퍼짐의 정도를 백분율로 나타낸다. 측정 단위가 다르거나 중심위치가 아주 다른 두 종류의 데이터를 비교하고자 할 때 사용한다.

$$CV = \frac{s}{\bar{x}} \times 100$$

예제 2.1

다음 자료는 금속판의 두께를 측정한 40개의 데이터이다. 데이터의 형태를 파악하기 위한 점그래프를 그려라. 통계량 평균, 표준편차, 분산, 제1사분위수, 중위수, 제3사분위수, 사분위범위, 범위, 제곱합을 구하라 (단위 mm).

89	71	65	93	77	81	96	76	90	73
59	73	64	92	76	84	80	80	63	75
96	85	77	99	60	65	83	79	74	60
80	87	72	82	76	79	87	90	75	85

미니탭을 이용

1단계 : 점그래프를 그린다.

그래프 ▶ 돗플롯

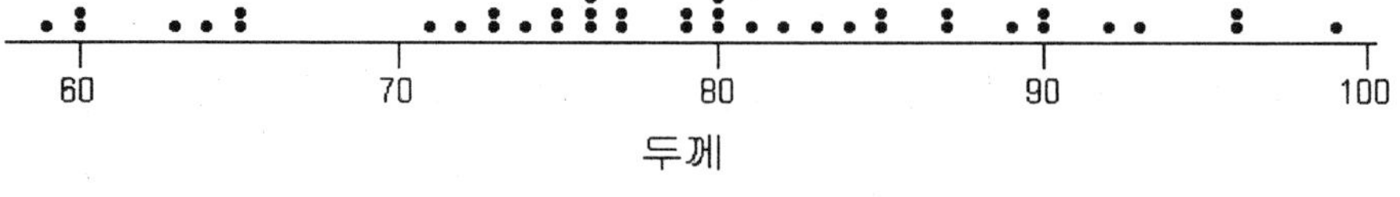

2단계 : 통계량을 구한다.

통계학 ▶ 기초통계학 ▶ 기술통계량 표시 ▶ 통계량 선택

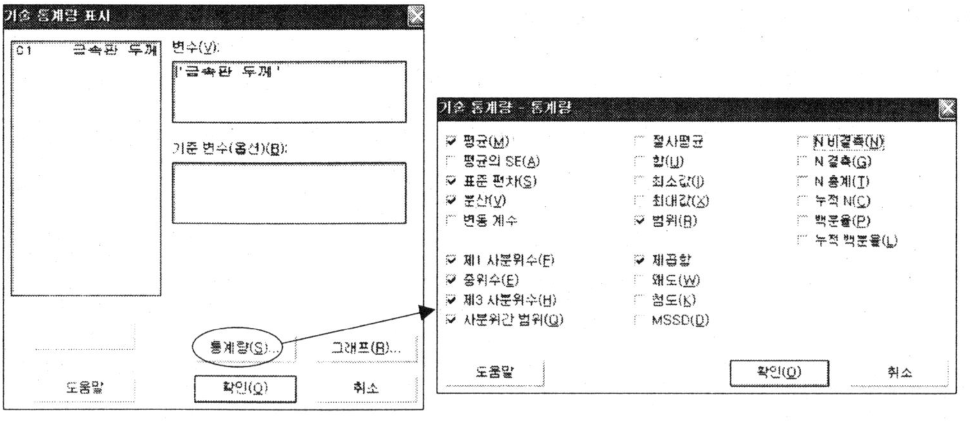

※ 평균은 78.70, 표준편차 10.3903, 분산 107.959, 제1사분위수는 73.00, 중위수는 79.00, 제3사분위수는 86.50, 사분위범위 13.5, 범위 40, 제곱합 251958이다.

2. 도표와 그래프에 의한 자료의 정리

자료를 분석할 때에 수치적인 방법 즉 통계량에 의한 방법과, 도표나 그래프에 의한 방법이 상호보완적으로 사용된다. 자료를 분석할 때 도표나 그래프에 의한 자료의 정리가 많이 활용되고 있는데, 이는 도표가 주는 시각적인 효과에 의해 자료의 성격을 쉽게 파악할 수 있기 때문이다. 본 절에서는 도표에 의한 자료의 정리 방법으로 현장에서 많이 사용되고 있는 기본도구를 중심으로 설명한다. QC의 7가지 도구는 제2장의 내용으로 대신한다.

(1) 도수분포표

예제 2.1의 금속판의 두께를 측정한 자료가 있다 한다. 이 양적자료의 도수분포표를 작성하기 위해서는 먼저 서로 인접한 자료들을 계급(class)화하여 전체자료의 집합을 몇 개의 계급으로 나눈다. 금속판의 두께를 측정한 자료를 이용하여 그 방법을 알아보자.

먼저 계급간격을 정한다. 만약 계급의 수를 6으로 하고 싶으면 계급간격은 (가장 큰 자료값-가장 작은 자료값) / 계급의 수 = (99-59)/6 = 6.6≒7이 된다. 여기서 반올림하는 이유는 양쪽 극단값 즉, 가장 작은값과 가장 큰 값을 도수분포에 포함시키기 위해서이다. 다음으로 첫 번째 계급의 하측 경계값을 정해야 하는데 어떤 자료값도 경계값에 속하지 않게 하기 위해서 일반적으로 최소단위 1의 반을 최소값으로부터 뺀 값을 많이 사용한다. 금속판의 두께를 측정한 자료에서 (첫 번째 계급의 하측 경계값) = 59-1/2×1 = 58.50과 같이 구한다. 계급간격이 7이므로 첫 번째 계급은 58.50~65.50이 될 것이고 두 번째 계급은 65.50~72.50이 된다. 같은 방법으로 구한다. 각 계급도수를 전체자료의 수로 나누어 상대도수를 계산하고 계급값은 중위수(midpoint)를 사용하여 즉 (58.50+65.50)/2 = 62, (65.50+72.50)/2 = 69 등과 같은 방법으로 구한다. 도수분포표의 작성결과는 다음과 같다.

계급번호 i	계급구간	계급값 x_i	도수 f_i	상대도수
1	58.50~65.50	62	7	0.18
2	65.50~72.50	69	2	0.05
3	72.50~79.50	76	12	0.30
4	79.50~86.50	83	9	0.22
5	86.50~93.50	90	7	0.18
6	93.50~100.50	97	3	0.07
총계			40(n)	1

이상의 도수분포표 작성 절차를 요약하면 다음과 같다.

① 자료의 최대값과 최소값을 찾아 범위(최대값-최소값)을 구한다.

② 자료의 크기에 따라 5개 내지 20개 정도의 계급의 수를 정하거나 H.A. Sturges 공식을 이용해서 결정한다.

$$\text{즉, 계급수} = 1 + \frac{\log n}{\log 2} = 1 + 3.32\log n$$

③ 위에서 정한 계급의 수만큼 동일한 간격의 계급구간을 정한다.
이때 각 계급구간은 서로 중복되는 구간이 없어야 하며 어떠한 자료값도 계급 간의 경계점에 놓이지 않게 한다.

④ 각 계급에 속하는 자료값의 개수를 세어 계급의 도수를 구한다.

⑤ 각 계급의 도수를 전체자료의 수로 나누어서 상대도수를 구한다.

자료를 정리하기 위해서는 먼저 자료의 형태를 파악하여야 한다. 자료의 형태를 구분하는 방법을 다음 예를 통해 살펴본다. 자료는 사원의 신체 상태에 따라 부서별로 근무복을 지급한 자료다.

번호	부서	성별	근무복	키	몸무게
1	기획실	남	B	171	64
2	홍보실	남	B	163	56
3	홍보실	여	C	174	67
4	홍보실	여	C	168	64
5	생산부	남	A	169	62
6	기획실	남	D	162	54
7	홍보실	남	C	173	79
8	홍보실	남	C	166	56
9	생산부	남	A	175	71
10	생산부	남	B	179	74
11	생산부	남	C	161	53
12	기획실	여	A	157	50
13	홍보실	여	D	169	65

위 자료에서 부서, 성별, 근무복은 질적변수이고 키, 몸무게는 양적변수이다. 여기서 질적변수란 측정값이 문자로 표시되어 몇 개의 범주로 나타내며, 양적변수란 크기, 무게 등과 같은 양을 숫자로 표시하는 변수를 말한다. 양적변수는 다시 이산형 변수와 연속형 변수로 구분한다. 이산형 변수는 셀 수 있는 것으로, 예를 들어 부적합품의 개수, 오늘 전화가 걸려온 횟수, 고객으로부터 크레임 횟수 등이고, 연속형 변수는 길이, 무게 등 셀 수 없는 변수를 말한다.

예제 2.2

위 예의 사원에 대한 신체상태 자료를 이용하여, 부서별, 성별, 근무복별 도수분포표를 작성하고, 두 개의 변수(부서와 근무복)에 대한 분할표를 작성하라.

미니탭을 이용

부서 c1, 성별 c2, 근무복 c3, 키 c4, 몸무게 c5에 위 자료를 입력한다.

① 부서별, 성별, 근무복별 도수분포표를 각각 작성

통계학 ▶ 표 ▶ 개별변수에 대한 계산표

【실행결과】

이산형 변수에 대한 계산표: 부서, 성별, 근무복

부서	카운트	백분율	성별	카운트	백분율	근무복	카운트	백분율
기획실	3	23.08	남	9	69.23	A	3	23.08
생산부	4	30.77	여	4	30.77	B	3	23.08
홍보실	6	46.15	N=	13		C	5	38.46
N=	13					D	2	15.38
						N=	13	

② 부서와 근무복에 대한 분할표 작성

통계학 ▶ 표 ▶ 교차표

【실행결과】

제표 통계량: 부서, 근무복

행: 부서 열: 근무복

	A	B	C	D	모두
기획실	1	1	0	1	3
생산부	2	1	1	0	4
홍보실	0	1	4	1	6
모두	3	3	5	2	13

셀 내용: 카운트

(2) 줄기 잎 그림

줄기-잎 그림(stem-leaf)을 그리기 위해서는 먼저 자료의 줄기부분을 선택하고, 잎이라 부르는 줄기부분을 제외한 나머지 부분을 선택한다. 다음 [그림 2.1]의 예와 같이 먼저 줄기 값을 크기순으로 세로로 나열한 다음 각 줄기에 해당하는 각 자료의 잎의 값을 오른쪽에 가로로 나열한다. 각 줄기에 해당되는 잎의 값을 순서대로 다시 배열한다. 이 그림은 자료를 크기 순으로 용이하게 구별해주는 장점이 있는 반면에 자료집합의 크기가 크게 되면 제한된 공간에 많은 자료들을 다 적는 것은 불편하다는 단점을 가지고 있다. 이 경우는 히스토그램을 그리면 더 효과적이다.

예제 2.3

예제 2.1의 금속판 두께 데이터에 대한 줄기-잎 그림을 그려라.

미니탭을 이용

그래프 ▶ 줄기-잎 그림

【실행화면】

줄-잎 그림: 금속판두께

```
줄기-잎 그림: 금속판두께 N=40
잎 단위=1.0

 1     5  9
 5     6  0034
 7     6  55
 12    7  12334
(9)    7  556667799
 19    8  0001234
 12    8  55779
 7     9  0023
 3     9  669
```

[그림 2.1] 줄기-잎 그림의 예

(3) 박스 플롯

박스 플롯(box plot)은 5가지 순서통계량(최소값, 제1사분위수, 중위수, 제3사분위수, 최대값)을 이용하여 자료를 요약 정리하는 그래프적 표현방법으로, 줄기-잎 그림이나 히스토그램은 자료가 모여 있는 위치나 자료의 범위 등에 관한 대략적인 내용을 한 눈에 볼 수 있는 장점이 있으나 중위수, 사분위수 등의 수치를 쉽게 알아볼 수 없다는 단점이 있다. 이에 대해 박스플롯은 5가지 순서통계량을 가지고 그린 그림으로 히스토그램에서 찾을 수 없는 수치적 정보를 제공해준다. 박스플롯을 그리는 절차는 다음과 같다. 먼저, 제1사분위수 Q_1과 제3사분위수 Q_3 사이를 중앙부분이라 생각하여 상자형태로 나타내고 중위수 위치에 선을 그려 넣는다. 그리고 Q_1보다 작거나 Q_3보다 큰 수는 손-발 부분으로 생각하여 Q_1, Q_3를 나타내는 선에서 $1.5(Q_3-Q_1)$을 넘지 않는 최대값과 최소값까지 실선으로 연결한다. 이보다 큰 수는 중심으로부터 멀리 떨어진 점 즉 이상점 혹은 극단값으로 간주하여 *표로서 표시되고 그 사이를 점선으로 연결한다. 이렇게 만들어진 그림을 박스 플롯, 혹은 상자그림이라고 한다.

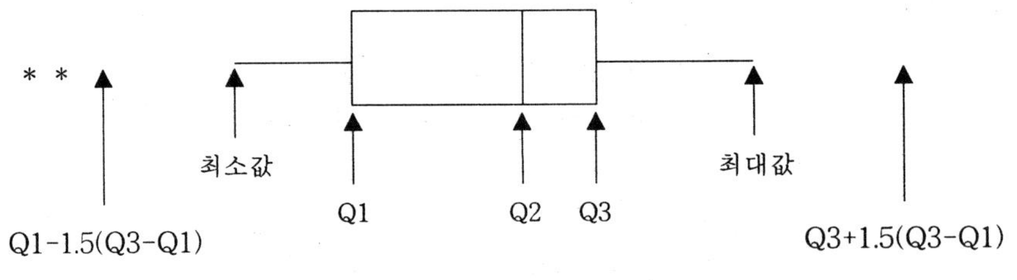

Q_1 : 제1사분위수(데이터를 순서대로 나열했을 때 1/4에 위치하는 값)

Q_2 : 중위수(데이터를 순서대로 나열했을 때 가운데에 위치하는 값)

Q_3 : 제3사분위수(데이터를 순서대로 나열했을 때 3/4에 위치하는 값)

Q_3-Q_1 : 사분위범위

* : 이상치

[그림 2.2] 상자그림 작성의 예

예제 2.4

자동차 부품의 치수가 열처리의 전후에 변화가 있는 것 같아서 10개의 시료를 뽑아서 열처리 전에 한 번 측정하고 같은 시료에 대하여 열처리 후에 짝을 지어 측정한 결과 다음과 같은 데이터를 얻었다.

부품	열처리 전 x_i	열처리 후 y_i	차 $d_i = x_i - y_i$
1	1.94	2.00	−0.06
2	1.99	1.99	0.00
3	1.98	1.95	0.03
4	2.03	2.07	−0.04
5	2.03	2.03	0.00
6	1.96	1.98	−0.02
7	1.95	2.03	−0.08
8	1.96	2.02	−0.06
9	1.92	2.01	−0.09
10	2.00	1.99	0.01
			$\bar{d} = -0.031$

박스플롯으로 열처리 전후의 평균치의 차가 있는가를 비교하라.

미니탭을 이용

C1열에 열처리 전, C2열에 열처리 전후 데이터를 입력한다.

그래프 ▶ 박스플롯

【실행결과】

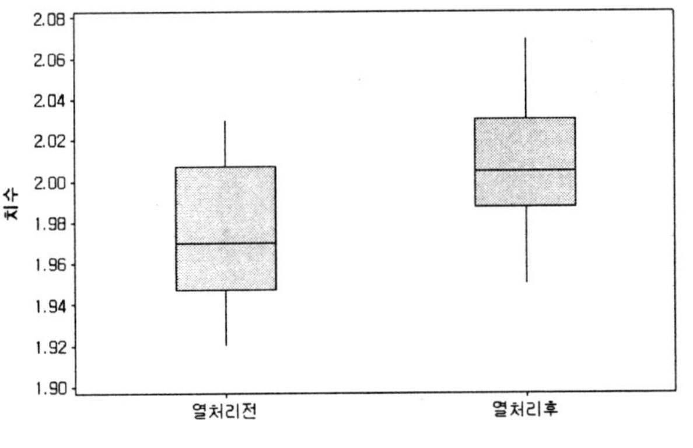

※ 열처리 전보다 후에 치수가 커졌고 산포는 약간 작아졌다는 것을 알 수 있다.

본 장의 주요 내용을 정리하면 다음과 같다.

통계량	자료의 중심위치를 측정하는 측도	평균	$\bar{x} = \frac{1}{n}\Sigma x_i$
		중위수	중앙에 위치하는 데이터
		최빈수	빈도가 제일 많은 데이터
	자료의 흩어진 정도를 측정하는 측도	분산, 표준편차	$V = \frac{1}{n-1}\Sigma_{i=1}^{n}(x_i - \bar{x})^2$, $s = \sqrt{V}$
		범위	$R = x_{\max} - x_{\min}$
		사분위 범위	$QR = Q_3 - Q_1$
		변동계수	$CV = \frac{s}{\bar{x}} \times 100$
도표 그래프	도표와 그래프	도수분포표	
		히스토그램 줄기 잎 그림 박스 플롯 산점도 QC7가지 도구	

자료의 종류

자료의 종류		의미	예
질적변수		관측된 값이 문자로 표시, 범주형	남 1, 여 2 야구선수 백넘버
양적변수	이산형	셀 수 있는 형	부적합품수
	연속형	크기, 무게, 길이, 시간 같은 세는 것이 불가능한 경우	신장, 무게

연습문제

[1] 다음 자료들의 질적자료와 양적자료를 판단하라. 양적자료인 경우는 이산형변수인지 연속형변수인지를 말하라.

① 축구선구의 백넘버
② 출근시간
③ 하루 결근자 수
④ 남자는 1, 여자는 2로 표시
⑤ 최종학력 고졸, 대졸, 대학원졸
⑥ 어느 회사의 상반기 매출실적
⑦ 공정에서 부적합품 수

[2] 한 음식점에서 자장면을 주문하여 집에 배달되는 데 시간을 조사하였다. 다음 물음에 답하라. (단위: 분)

10　17　20　33　15　22　19

① 평균	② 중위수	③ 제곱합	④ 분산
⑤ 표준편차	⑥ 범위	⑦ 사분위범위	⑧ 변동계수

[3] 다음 자료 1과 극단적인 값이 있는 자료 2 데이터에 대해, 점그래프를 보면서 물음에 답하라.

8　8　9　10　11　11　12
8　8　9　10　11　11　24

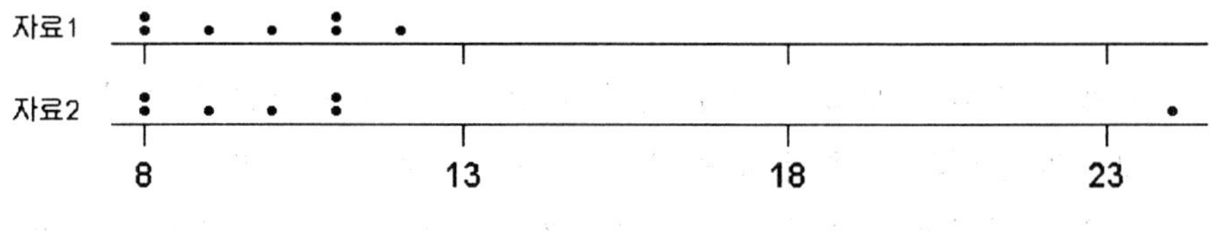

① 자료 1과 자료 2 데이터 각각에 평균을 구하라.

② 자료 1과 자료 2 데이터 각각에 중위수를 구하라.

③ 자료 1과 자료 2에 있어서 대표치로 적당한 통계량을 제시하고, 의미를 설명하라.

[4] 다음 자료 1과 자료 2의 데이터에 대해 점그래프를 보고 물음에 답하라. 여기서 자료 2 데이터는 자료 1 데이터에 각각 3씩을 더했다.

자료 1 :	8	9	9	10	10	10	11	11	11	12
자료 2 :	11	12	12	13	13	13	14	14	14	15

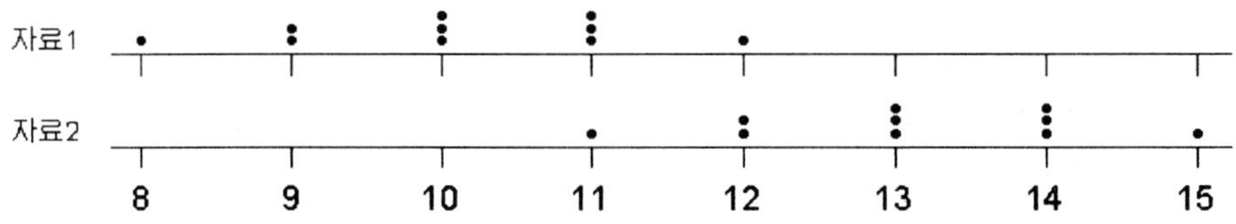

① 자료 1의 평균과 분산을 구하라.

② 자료 2의 평균과 분산을 구하라.

③ 자료 1과 자료 2의 평균과 분산을 비교하고, 의미를 점그래프를 통해 설명하라.

[5] 다음은 어느 부품의 길이와 무게를 측정한 데이터이며, 이에 대한 점그래프이다.

자료 1(부품의 길이 : cm) :	3.6	3.4	3.5	4.0	3.0
자료 2(부품의 무게 : g) :	66	59	67	64	71

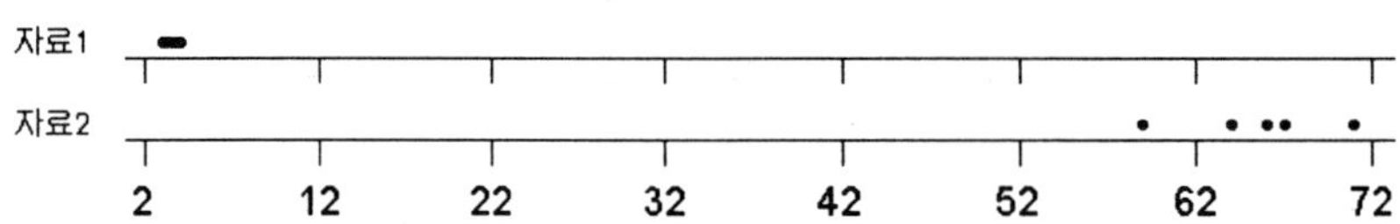

① 부품의 길이와 부품의 무게 각각의 평균과 표준편차를 구하라.

② 부품의 길이와 부품의 무게 각각의 변동계수를 구하라.

③ 부품의 길이와 부품의 무게의 점그래프와 변동계수를 비교하고 의미를 설명하라.

[6] 연구개발부서는 길이가 200mm인 부품을 개발했다고 한다. 양산 전 시제품에 대하여 임의로 부품 100개를 추출하여 길이를 측정했다 한다. 4가지 case에 대해 대표치와 산포관리를 어떻게 해야 할 것인지, 또 각 case에 대해 의미를 설명하라.

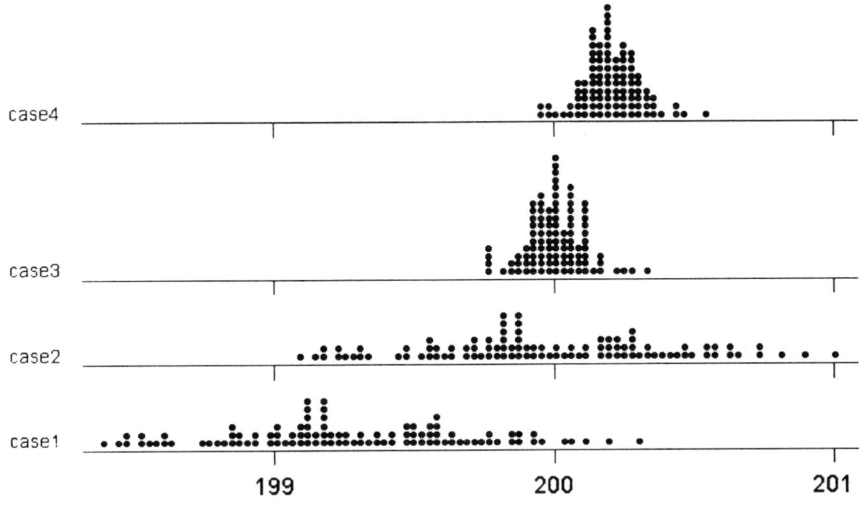

[7] 다음 자료는 어느 회사의 입사 시험에 응시한 30명의 적성검사 결과를 나타내고 있다.

50	56	88	78	78	94	66	96	78	56
78	88	99	56	65	78	67	78	88	90
88	67	56	98	56	78	88	78	77	69

① 도수분포표를 작성하고, 이로부터 평균과 분산을 구하라.

② 도수분포표로부터 히스토그램을 그려라.

③ 줄기-잎 그림을 그리고 히스토그램과 비교하라.

④ 박스플롯을 그려라.

[8] 추운 겨울에 운동부족으로 체중이 증가할 것이라는 예상을 하고 이 예상을 확인하기 위해 8명을 임의로 선정하여 여름과 겨울에 체중을 측정한 결과 다음과 같다. 산점도를 그려라.

여름 :	52	60	63	43	46	56	62	50
겨울 :	58	62	62	48	50	55	68	57

[9] 다음 그림은 어느 부품 공장에서 100개의 부품의 길이를 측정하여 그린 히스토그램이다. 그림에서 계급 내의 숫자는 해당되는 계급에서의 부품의 개수이다. (단위: mm)

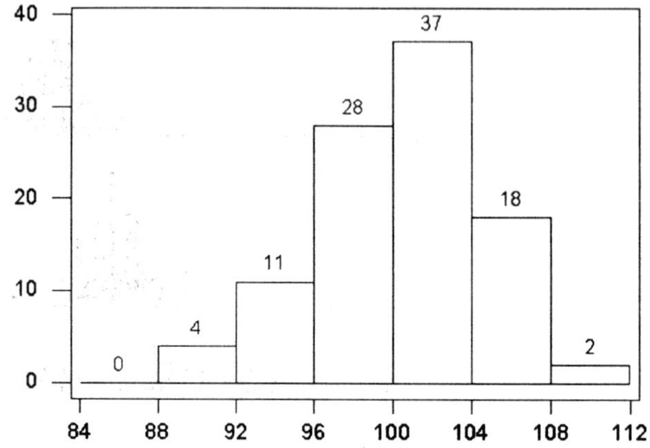

① 부품의 길이가 108mm 이상은 몇 %인가?

② 부품의 길이가 92mm 이하는 몇 %인가?

③ 부품의 길이가 88mm 이하 108mm 이상은 부적합품(불량품)이라 한다면 부적합품률(불량률)은?

[10] 다음은 어느 공정에서 출하된 제품의 최종검사에서, 로트로부터 샘플링을 한 시료다. 다음 모수, 통계량을 계산하라. (단위: mg)

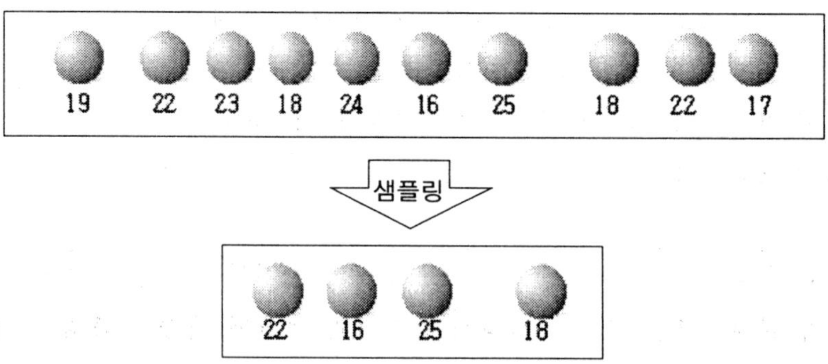

① 모평균, 모분산, 모표준편차

② 표본평균, 표본분산, 표본표준편차

제 4 장

분 포

1 확률분포

1. 확률변수

주사위를 던질 때 나타나는 눈의 수에 대한 확률실험을 살펴보자. 이때 예상되는 모든 결과를 나타내는 표본공간은 다음과 같다.

$$S = \{1, 2, 3, 4, 5, 6\}$$

주사위의 눈의 수를 X라는 변수로 표시하면 X는 1, 2, 3, 4, 5, 6 중 어느 하나의 값을 가질 수 있으며 각 값에는 확률이 부여된다. 여기서 확률이 부여되는 X를 확률변수(random variable)라고 한다. 즉 표본공간 S에서 정의된 실수치 함수를 확률변수라고 정의할 수 있다. 확률변수는 일반적으로 대문자로 표시하고 소문자는 구체적인 측정값을 의미한다. 확률변수에는 이산확률변수와 연속확률변수가 있다. 이산확률변수는 확률변수가 취할 수 있는 실수값으로 셀 수 있는 변수가 된다. 이에 대한 예는 다음과 같다.

· 동전을 3번 던질 때 앞면이 나오는 횟수
· 어느 주말 고속도로에서 교통사고 건수
· 하루 동안 어느 은행을 방문한 고객의 수
· 공장에서 생산한 100개의 완성품 중 부적합품의 개수

한편 연속확률변수는 확률변수가 취할 수 있는 실수값으로 어느 특정구간의 전체에 해당되며 그 수는 셀 수 없는 변수가 된다. 이에 대한 예는 다음과 같다.

· 주유소에서 한 달 동안 판매한 휘발유의 양
· 근로자가 직장에 도착하는 시간
· 어느 공장에서 생산되는 전구의 수명
· 생산되는 벽돌 한 개의 무게

2. 확률분포, 기댓값 및 분산

(1) 이산확률분포

이산확률변수의 확률분포를 이산확률분포라 한다. 확률변수 X가 취할 수 있는 값을 $x_1, x_2, \cdots, x_n$이라 할 때, 이때 X가 x_i를 취할 확률은

$$P(X = x_i) = p(x) \qquad i = 1, 2, \cdots, n$$

와 같이 정의하자. 그러면 확률변수 X의 확률구조를 나타내는 함수 $p(x)$를 확률분포함수(probability distribution function)라 하며, 이러한 확률분포함수는 다음 조건을 만족한다.

$$① \text{ 모든 } x \text{ 값에 대해 } p(x) \geq 0$$
$$② \ \Sigma_{\text{모든 } x}\, p(x) = 1 \qquad (1.1)$$

예제 1.1

1개의 동전을 3번 던지는 확률실험에서 앞면이 나오는 횟수를 확률변수 X라 하자. 확률분포를 구하고 확률분포함수임을 확인하라.

풀이

확률변수 X를 앞면이 나오는 횟수라 하고, 앞면은 H, 뒷면은 T라 할 때 표본공간은 다음과 같다.

표본공간	TTT	TTH THT HTT	HHT HTH THH	HHH
X=x	0	1	2	3

따라서 확률분포는

$$P(X=0)=\frac{\text{앞면이 한번도 나오지 않는 사건의 원소 갯수}}{\text{표본공간의 원소 갯수}}=\frac{1}{8}$$

같은 방법으로

$$P(X=1)=\frac{3}{8}, \qquad P(X=2)=\frac{3}{8}, \qquad P(X=3)=\frac{1}{8}$$

이며, 이를 그래프로 표현하면 다음과 같다.

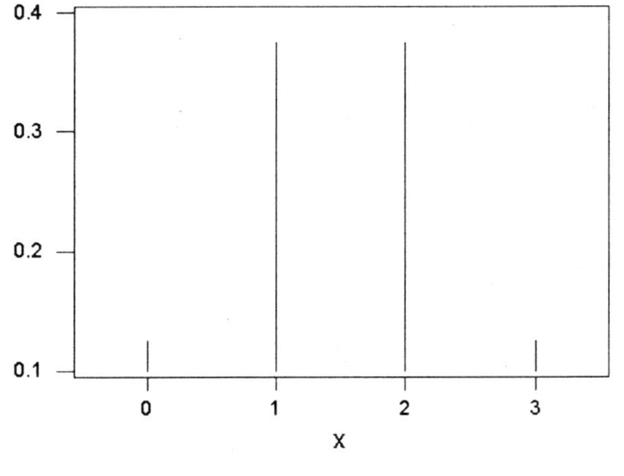

※ 예제 1.1의 확률실험은 임의의 x에서 확률값이 $p(x) \geq 0$이며, $x=0,\ 1,\ 2,\ 3$에서 각각 의 확률값을 합하면 1로 확률분포함수임을 알 수 있다.

(2) 연속확률분포

연속확률변수의 확률분포를 연속확률분포라 한다. 연속확률변수 X의 사건 $\{a \leq X \leq b\}$의 확률이 $\int_a^b f(x)dx$으로 표시되며, 이때 연속함수 $f(x)$를 X의 확률밀도함수라고 한다. 확률밀도함수 $f(x)$는 다음 조건을 만족한다.

① 임의의 x에 대해 $f(x) \geq 0$

② $\int_{-\infty}^{\infty} f(x)\,dx = 1$ (1.2)

(3) 기댓값과 분산

확률변수의 성질을 나타내는 대표적인 것으로 확률변수의 기댓값(expectation)을 들 수 있다. 확률변수의 기댓값은 $E(X)$라고 쓰며, 이산형과 연속형에 따라서 다음과 같이 각각 정의된다.

$$E(X) = \Sigma\, x\, p(x)$$

$$= \int_{-\infty}^{\infty} x\, f(x)\, dx \tag{1.3}$$

X의 기댓값을 $E(X) = \mu$라 할 때 X의 분산은 $V(X) = E(X-\mu)^2$로 다음과 같이 표현된다.

$$V(X) = \Sigma (x-\mu)^2\, p(x)$$

$$= \int_{-\infty}^{\infty} (x-\mu)^2 f(x)\, dx$$

$$\text{여기서} \quad V(X) = E(X-\mu)^2 = E(X^2 - 2\mu X + \mu^2)$$
$$= E(X^2) - 2\mu E(X) + \mu^2$$
$$= E(X^2) - \mu^2$$

a, b가 상수일 때 X, Y의 기댓값과 분산의 성질은 다음과 같다.

기 댓 값	분 산
$E(a) = a$	$V(a) = 0$
$E(aX) = aE(X)$	$V(X) \geq 0$
$E(aX+b) = aE(X) + b$	$V(X+b) = V(X)$
$E(X+Y) = E(X) + E(Y)$	$V(aX+b) = a^2 V(X)$

위 기댓값의 성질들은 기댓값의 정의에 의하여 증명할 수 있다. 여기서는 수학적인 증명은 피하고, 예제들로 대신한다.

예제 1.2

다음과 같은 상금이 걸려 있는 복권이 있다. 모두 2,000매가 발행되었다면 복권의 기댓값은 얼마인가 구하라.

구 분	매 수	상 금
1등	1	100,000원
2등	5	20,000원
3등	10	5,000원
4등	20	500원
5등	1,964	100원

풀이

복권상금의 확률분포는

x	100,000	20,000	5,000	500	100	합
$P(X=x)$	$\frac{1}{2,000}$	$\frac{5}{2,000}$	$\frac{10}{2,000}$	$\frac{20}{2,000}$	$\frac{1,964}{2,000}$	1

복권상금액을 X라 하면 기댓값의 정의에 의해

$$
\begin{aligned}
E(X) &= \Sigma x\, p(x) \\
&= 100,000\frac{1}{2,000} + 20,000\frac{5}{2,000} + 5,000\frac{10}{2,000} + 500\frac{20}{2,000} + 100\frac{1,964}{2,000} \\
&= 228\text{원}
\end{aligned}
$$

기댓값 228원은 전체 상금액수를 전체 매수로 나눈값이 된다. 즉

$$\text{기댓값} = \frac{100,000\times 1 + 20,000\times 5 + 5,000\times 10 + 500\times 20 + 100\times 1,964}{2,000} = 228\text{원}$$

이는 복권을 한 장 구입할 때 기대할 수 있는 금액으로 수없이 많은 복권을 구입하는 경우 평균적으로 기대할 수 있는 금액이 된다는 뜻이다. 위의 예제에서 복권 1장의 기대가치는 228원으로 만약 이 복권을 500원에 판매한다면 복권 발매자는 복권 1장 당 272원의 이익을 얻는 셈이다.

예제 1.3

1개의 동전을 3번 던지는 실험에서 앞면이 나오는 횟수를 확률변수 X라 하자. 기댓값과 분산을 구하라.

풀이

확률변수 X를 앞면이 나오는 횟수라 하면

$$
\begin{aligned}
E(X) &= \Sigma x\, p(x) \\
&= 0\frac{1}{8} + 1\frac{3}{8} + 2\frac{3}{8} + 3\frac{1}{8} = 1.5
\end{aligned}
$$

$$
\begin{aligned}
V(X) &= E(X-\mu)^2 = E(X^2) - \mu^2 = \Sigma x^2 p(x) - \mu^2 \\
&= 0^2\frac{1}{8} + 1^2\frac{3}{8} + 2^2\frac{3}{8} + 3^2\frac{1}{8} - (1.5)^2 = 0.75
\end{aligned}
$$

예제 1.4

6시그마 GB연수과정에서 실시한 성적의 평균은 $E(X)=4$, 분산은 $V(X)=1$이라 한다. 점수를 다음과 같이 조정하기로 하였다. 기댓값과 분산의 성질을 설명하라. 여기서 확률변수 X는 성적이며, 10점 만점 시험이다.

점수조정	점수조정 결과
기본점수 2점씩 추가	$E(X+2)=E(x)+2=6$ $V(X+2)=V(X)=1$
10점 만점을 100점 만점으로	$E(10X)=10E(X)=10\times4=40$ $V(10X)=10^2V(X)=100\times1=100$
100점 만점 성적에 기본점수를 20점씩 추가	$E(10X+20)=10E(X)+20=10\times40+20=60$ $V(10X+20)=10^2V(X)=100\times1=100$

위에서 점수를 더할 경우 평균은 변하지만 분산은 변하지 않음을 알 수 있다.

예제 1.5

주어진 실제 자료(원 데이터 X)는 다음과 같다. 위 예제와 같이 점수를 조정하여 점그래프를 그렸다. 의미를 비교해서 설명하라.

(1)	원 데이터 X :	4	3	5	4	3	4	3	4	4	4
(2)	X+2 :	6	5	7	6	5	6	5	6	6	6
(3)	10X :	40	30	50	40	30	40	30	40	40	40
(4)	10X+20 :	60	50	70	60	50	60	50	60	60	60

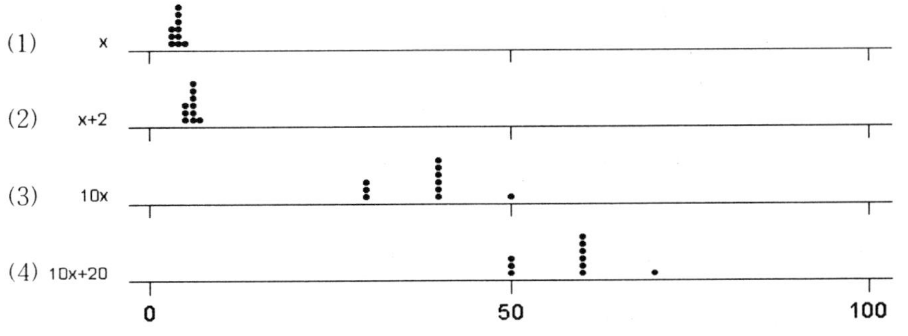

풀이

· (1)과 (2)는 평균이 2만큼 평행 이동했을 뿐 분산은 변하지 않았다.
즉, E(X+2)=E(x)+2=6, V(X+2)=V(X)=1

· (3)과 (4)도 평균이 20만큼 평행 이동했을 뿐 분산은 변하지 않았다.
즉, E(10X+20)=10E(X)+20=10×40+20=60,
V(10X+20)=V(10X)=100×1=100

· (1)과 (3)은 원 데이터에 10배를 했을 때 평균은 10배로 커지며, 분산은 100배로 커졌다.
즉, E(10X)=10E(X)=10×4=40, V(10X)=10^2V(X)=100×1=100

(4) 공분산과 상관계수

두 개의 확률변수 X, Y의 기댓값과 분산을 각각 μ_x, μ_y 및 σ_x^2, σ_y^2이라고 할 때 다음과 같은 기댓값을 생각해 볼 수 있다.

$$\begin{aligned} E(X-\mu_x)(Y-\mu_y) &= E(XY-\mu_y X-\mu_x Y+\mu_x\mu_y) \\ &= E(XY)-\mu_x\,\mu_y \end{aligned} \tag{1.4}$$

이와 같은 기댓값을 X, Y의 공분산(covariance)이라고 하며, 일반적으로 σ_{xy} 혹은 $Cov(X,\ Y)$로서 표시한다.

만약 X, Y가 독립이면 $E(XY)=E(X)\cdot E(Y)=\mu_x\,\mu_y$이므로 공분산은 0이 된다. 두 확률변수 X, Y 간의 상관계수(correlation coefficient)는 $Corr(X,\ Y)$ 혹은 ρ로 나타내며 다음과 같이 정의된다.

$$\begin{aligned} \rho &= \frac{E(X-\mu_x)(Y-\mu_y)}{\sqrt{E(X-\mu_x)^2\,E(Y-\mu_y)^2}} \\ &= \frac{Cov(X,\ Y)}{\sqrt{V(X)V(Y)}} \end{aligned} \tag{1.5}$$

만약 X, Y가 독립이면 $Cov(X,\ Y)=0$이므로 $\rho=0$이 된다. 공분산 및 상관계수는 다음과 같은 성질이 있다.

$$V(X \pm Y) = V(X) + V(Y) \pm 2\,Cov(X,\ Y)$$

$$-1 \le \rho(X,\ Y) \le 1$$

$$\rho(aX + b,\ cY + d) = \rho(X,\ Y),\ (a,\ c \ne 0)$$

예제 1.6

어떤 제품은 A, B 두 부품을 길게 붙여서 용접하여 만들어진다. A의 길이는 제조실적에 의하여 평균 10cm, 분산 4cm이고, B의 길이는 평균 20cm, 분산 9cm의 분포를 하고 있음을 알고 있다. A, B의 두 로트로부터 각각 랜덤하게 1개씩 취하여 용접을 하여 제품을 만들 때 제조 길이의 평균과 분산을 구하여라.

풀이

A부품 : $\mu_A = 10,\ \sigma_A^2 = 4,\ B$부품 : $\mu_B = 20,\ \sigma_B^2 = 9$이므로

$$E(T) = E(A) + E(B)$$
$$= \mu_A + \mu_B = 10 + 20 = 30\,\text{cm}$$

$$V(T) = V(A) + V(B)$$
$$= \sigma_A^2 + \sigma_B^2 = 4 + 9 = 13\text{cm}$$

2 이산형 확률분포

1. 이항분포

흔히 실험의 결과를 두 가지 중의 하나로 분류하는 경우를 볼 수 있다. 한 번의 실행에서 참 혹은 거짓을 판별하는 것, 예를 들면 제품의 검사 결과를 양호 또는 불량 중의 하나로 분류하는 것, 시험에 응시한 결과 합격 또는 불합격, 출산 시 아들 혹은 딸 등이다. 이와 같이 어떤 실험 결과가

오직 두 가지 중의 하나로 나타날 때, 이 실험을 베르누이 시행(bernoulli trial)이라 하며, 관심이 있는 결과를 "성공(success)"으로, 그리고 나머지 한 결과를 "실패(failure)"로 나타낸다. 다음 예제를 통해 이항분포를 설명한다.

예제 2.1

A회사의 생산라인에서는 20%의 부적합품(불량품)이 나오는 것으로 알려져 있다. 여기서 4개의 제품표본을 취했다. X를 부적합품의 개수라 할 때 표본공간, 경우의 수 및 확률분포를 구하라.

풀이

부적합품과 적합품의 경우를 각각 s와 f로 나타내면, 다음 표와 같은 표본공간과 각각의 확률을 구할 수 있다.

표본공간	경우의 수	$X=x$	$P(X=x)$
f f f f	$\binom{4}{0}$	0	$\binom{4}{0}(0.2)^0(1-0.2)^4$
f f f s f f s f f s f f s f f f	$\binom{4}{1}$	1	$\binom{4}{1}(0.2)^1(1-0.2)^3$
f f s s f s f s f s s f s f f s s f s f s s f f	$\binom{4}{2}$	2	$\binom{4}{2}(0.2)^2(1-0.2)^2$
s s s f s s f s s f s s f s s s	$\binom{4}{3}$	3	$\binom{4}{3}(0.2)^3(1-0.2)^1$
s s s s	$\binom{4}{4}$	4	$\binom{4}{4}(0.2)^4(1-0.2)^0$

일반적으로 n개의 제품 중에서 부적합품률을 p라 할 때, 부적합품의 개수가 $X=x$일 확률은 다음과 같다.

$$P(X=x)=\binom{n}{x}p^x(1-p)^{n-x} \qquad x=0,\ 1,\ \cdots,\ n \tag{2.1}$$

위의 예제 2.1에서와 같이 각 제품에서 적합품, 부적합품을 판별하는 일이 베르누이 시행이다. 위의 예제의 시행은 서로 독립적으로 시행된다. 이와 같이 동일한 성공의 확률을 가진 베르누이 시행을 독립적으로 반복하여 시행할 때, 성공의 횟수 X를 이항 확률변수(binomial random variable)라 하고, 위의 식 (2.1)를 이항분포(binomial distribution)라고 한다. 일반적으로 시행횟수가 n이고 성공률이 p이며 성공횟수가 X인 이항분포의 표현은 $X \sim B(n,\ p)$로 나타낸다. 다음은 이항 확률변수를 따르는 대표적인 예들이다.

시행	성공	실패	성공률 p	시행횟수 n	성공횟수 X
동전 던지기	앞면	뒷면	1/2	동전을 던진 횟수	앞면의 수
한 가정에서 아이의 출생	아들	딸	1/2	아이의 수	아들의 수
4지선다형	정답	틀린 답	1/4	문제의 수	정답 수
공정	부적합품	적합품	부적합품률 p	표본의 크기	부적합품 개수

이항 확률변수에 관한 여러 가지 확률을 계산할 때 누적확률분포표를 사용하면 편리하다. 누적확률이란 어떤 한 점까지의 확률을 모두 더한 것을 말한다. 예를 들면

$$\begin{aligned} P(2 \leqq X \leqq 6) &= P(X=2)+P(X=3)+P(X=4)+P(X=5)+P(X=6) \\ &= \{P(X=0)+P(X=1)+\cdots+P(X=6)\}-\{P(X=0)+P(X=1)\} \\ &= P(X \leqq 6)-P(X \leqq 1) \end{aligned}$$

과 같다. 일반적으로는

$$P(a \leqq X \leqq b)=P(X \leqq b)-P(X \leqq a-1)$$
$$P(X=c)=P(X \leqq c)-P(X \leqq c-1)$$
$$P(X \geqq c)=1-P(X \leqq c-1)$$

과 같은 등식이 성립한다. 이런 성질을 이용하여 여러 가지 확률을 계산할 수 있다.

예제 2.2

생산 공정에서 특정한 제품의 부적합품률은 0.3이라 한다. 이 생산 공정에서 제품 10개를 임의로 표본추출하였다. 다음 물음에 답하라.

① 부적합품의 개수가 3개일 확률

② 부적합품의 개수가 4개 이하일 확률

③ 확률분포표와 그래프를 그리고, 확률분포함수임을 확인하라.

풀이

부적합품의 개수를 X라 하면 $X \sim B(10, 0.3)$를 따른다. 따라서

① $P(X=3) = \binom{10}{3} 0.3^3 (1-0.3)^{10-3} = 0.267$

② $P(X \leqq 4) = \sum_{0 \leqq x \leqq 4} \binom{10}{x} 0.3^x (1-0.3)^{10-x} = 0.85$

③ 확률분포표와 그래프

부적합품의 개수 X가 0개일 때 $P(X=0) = \binom{10}{0} 0.3^0 (1-0.3)^{10-0} = 0.028$

부적합품의 개수 X가 1개일 때 $P(X=1) = \binom{10}{1} 0.3^1 (1-0.3)^{10-1} = 0.121$

같은 방법으로 계산하여 얻은 확률값은 다음 표와 같다.

x	0	1	2	3	4	5	6	7	8	9	10	합
$P(X=x)$	0.028	0.121	0.233	0.267	0.200	0.103	0.037	0.009	0.001	0.000	0.000	1

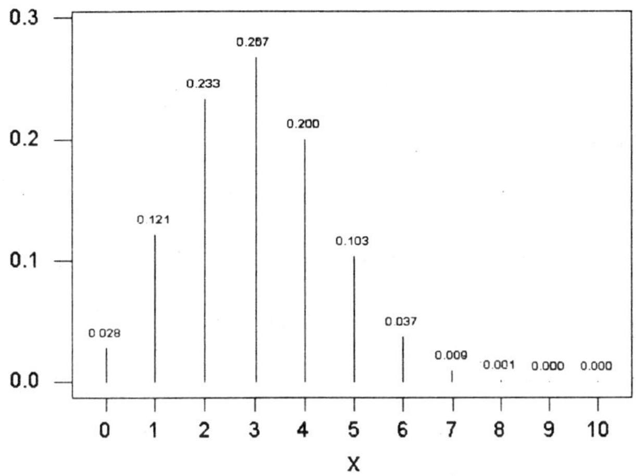

위의 확률분포표에서는 임의의 x에서의 확률값은 $p(x) \geqq 0$이며, $x = 0, 1, 2, \cdots, 10$에서 각각의 확률값을 합하면 1로 확률분포함수임을 알 수 있다. 이런 분포함수를 이항분포함수라 한다.

미니탭을 이용

① 부적합품의 개수가 3개일 확률을 계산

계산 ▶ 확률분포 ▶ 이항분포

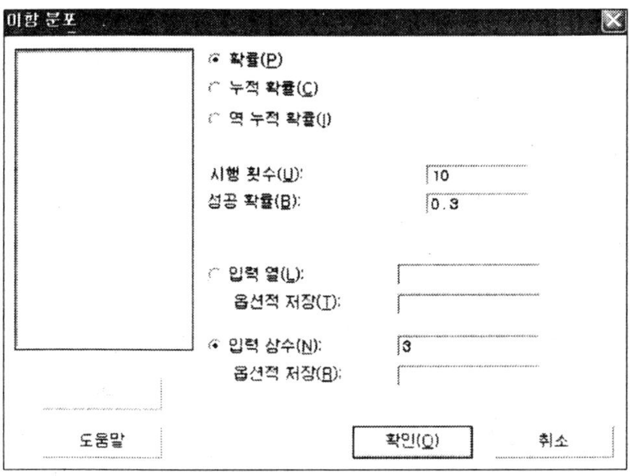

【 실행결과 】

확률밀도함수

이항분포(n = 10, p = 0.3)

x	P(X = x)
3	0.266828

② 부적합품의 개수가 4개 이하일 확률을 계산

계산 ▶ 확률분포 ▶ 이항분포

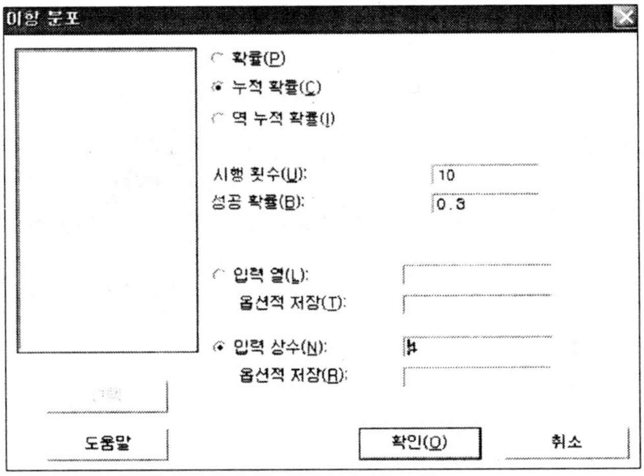

【 실행결과 】

누적분포함수

이항분포(n = 10, p = 0.3)

x	P(X <= x)
4	0.849732

X가 이항분포를 따를 때 다음과 같은 특징을 가진다.

① $E(X) = np$, $V(X) = np(1-p)$

② $p = 0.5$일 때는 기댓값 $E(X) = np$에 대하여 대칭이 된다.

③ $np \geq 5$이고, $n(1-p) \geq 5$일 때 정규분포에 근사된다.

④ $p \leq 0.1$이고, $n \geq 50$일 때는 포아송분포에 근사된다.

예제 2.3

다음은 이항분포의 $n=20$ 에서 $p=0.2$, $p=0.5$, $p=0.7$, $p=0.9$에 대해 미니탭을 이용하여 각각의 분포 그래프를 그렸다. 이항분포의 특징을 설명하라.

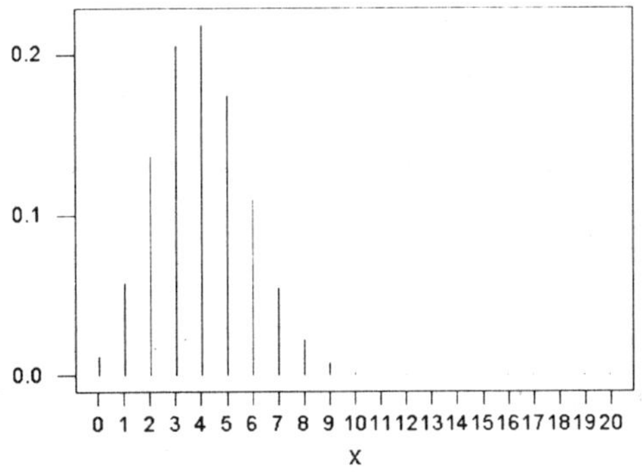

n=20 p=0.2 인 경우

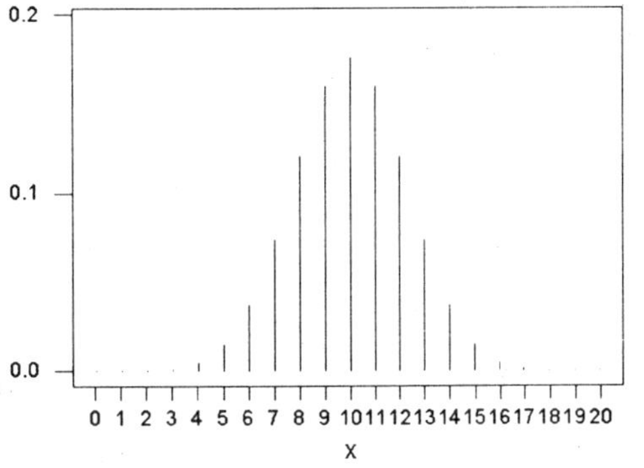

n=20 p=0.5 인 경우

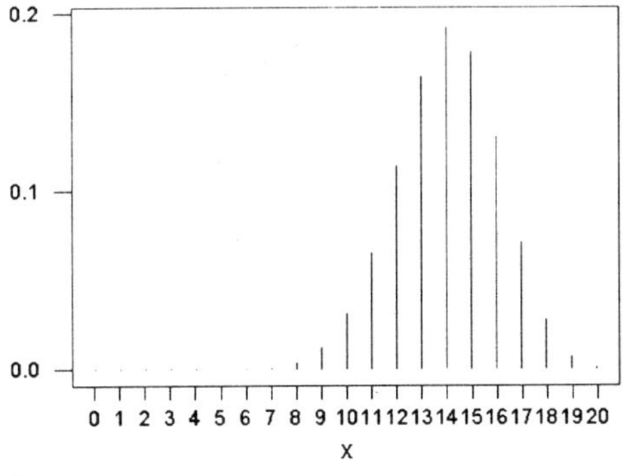

n=20 p=0.7 인 경우

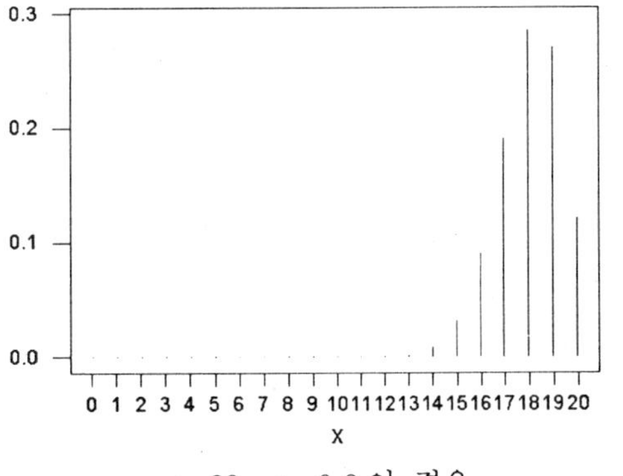

n=20 p=0.9 인 경우

풀이

n을 20으로 고정하고 p를 증가하면 평균이 오른쪽으로 이동하는 경향이 있음을 보여주고 있다. 또 $p=0.5$일 때 기댓값 $E(X)=np=20\times0.5=10$에서는 좌우대칭의 형태를 보여주고 있다.

【 실습 】

미니탭을 이용해 이항분포 $p=0.3$에서 $n=10$, $n=20$, $n=30$에 각각의 그래프를 그려보고 그 특징을 살펴보자.

2. 초기하분포

무한모집단에서 표본을 비복원추출하거나 유한모집단에서 복원 추출하는 경우에 베르누이 시행조건을 만족함으로써 이항분포를 사용할 수 있다. 그러나 유한모집단에서는 비복원추출을 할 때는 독립이 아니므로 베르누이 시행의 조건을 사용하지 못하므로 이항분포를 사용할 수 없게 된다. 이러한 상황에서 초기하분포를 사용하게 된다. 크기 N인 유한모집단의 로트에서 부적합품률이 p이고 크기 n인 표본을 비복원추출하였을 때 X를 부적합품수(불량개수)라 하면 X는 다음과 같은 초기하분포(hypergeometric distribution)를 한다.

$$P(X=x)=\frac{\binom{Np}{x}\binom{N-Np}{n-x}}{\binom{N}{n}} \qquad x=0,\ 1,\ 2,\ \cdots,\ \min(n,\ Np) \tag{2.2}$$

X가 초기하분포를 따를 때 평균과 분산은 다음과 같다.

$$E(X)=np$$
$$V(X)=\frac{N-n}{N-1}np(1-p)$$

$\frac{N-n}{N-1}$는 유한모집단 수정계수라 하고 N이 충분히 크면 1에 수렴한다.

예제 2.4

적합품(양품)인 전구 5개와 부적합품(불량품)인 전구 2개가 들어 있는 상자에서 3개를 임의로 비복원추출했을 때 이 중에서 1개의 전구가 부적합품일 확률은? 확률분포표와 그래프를 그리고 확률분포함수임을 확인하라.

풀이

7개의 전구 중에서 3개의 전구를 추출하는 경우의 수는 $\binom{7}{3}$

부적합품인 전구 2개 중에서 1개의 전구를 추출하는 경우의 수는 $\binom{2}{1}$

적합품인 전구 5개 중에서 2개의 전구를 추출하는 경우의 수는 $\binom{5}{2}$

따라서 $N=7, n=3, x=1$. 즉 3개중 부적합품이 1개 있을 확률은

$$P(X=1) = \frac{\binom{2}{1}\binom{5}{2}}{\binom{7}{3}} = \frac{\frac{2!}{1!(2-1)!}\frac{5!}{2!(5-2)!}}{\frac{7!}{3!(7-3)!}} = \frac{4}{7} = 0.5714$$

또 3개중 부적합품이 0개 있을 확률은

$$P(X=0) = \frac{\binom{2}{0}\binom{5}{3}}{\binom{7}{3}} = 0.2857$$

같은 방법으로 3개중 부적합품이 2개, 3개 있을 확률을 각각 구하면 다음과 같다.

x	0	1	2	3	합
$P(X=x)$	0.2857	0.5714	0.1428	0.000	1

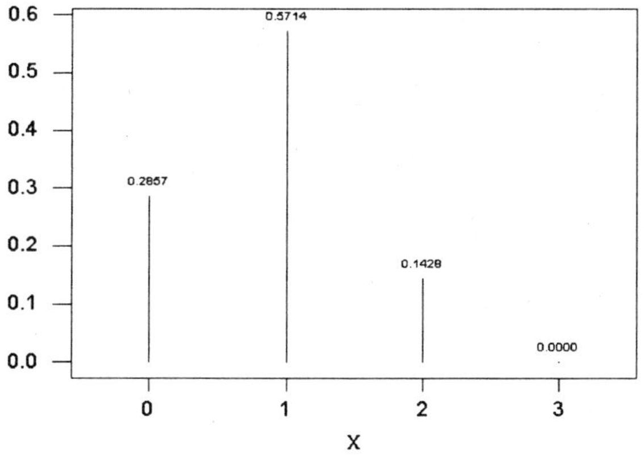

앞의 확률실험에 대한 확률분포 그래프에서는 임의의 x에서의 확률값은 $p(x) \geq 0$이며, $x=0, 1, 2, 3$에서 각각의 확률값을 합하면 1로 확률분포함수의 조건을 만족시킴을 알 수 있다. 이런 분포함수를 초기하분포함수라 한다.

미니탭을 이용

계산 ▶ 확률분포 ▶ 초기하분포

3. 포아송분포

이항분포 $B(n, p)$에서 평균 $np=m$으로 일정하게 하고, n을 한없이 크게 할 때 (상대적으로 p는 한없이 작아짐) 그 근사적인 확률분포를 포아송분포(poisson distribution)라 하며 다음과 같이 정의한다.

$$P(X=x)=\frac{e^{-m}m^x}{x!} \qquad x=0, 1, 2, \cdots \tag{2.3}$$

주어진 시간 혹은 일정한 단위당 부적합수(defect per unit : DPU)(결점수), 정해진 영역에서 성공의 출현 횟수를 X라고 하면 X는 포아송분포를 한다. 우리 주변에는 포아송분포를 따르는 실제 예가 많다. 예를 들면 다음과 같다.

- 119구조대에 시간당 걸려오는 전화횟수
- 어떤 지역에서 1일 교통사고로 인한 사망자의 수
- 한 권의 책에서 각 페이지에 발생하는 오자의 수
- 옷감의 단위 면적당 발생되는 부적합 수
- 한 야구경기에서의 실책의 수

예제 2.5

어느 회사에서 오전 10시부터 12시 사이에 1분당 평균 3회의 상담 문의가 온다. 상담 문의의 전화 횟수가 포아송분포를 따른다고 할 때 다음 물음에 답하라.

① 1분에 4회의 전화가 걸려올 확률

② 1분에 3회 이하 걸려올 확률

③ 확률분포표와 그래프를 그리고 확률분포함수임 확인하라.

풀이

X를 상담 문의 전화 횟수라 할 때

① $P(X=4)=\dfrac{e^{-m}m^{x}}{x!}=\dfrac{e^{-3}3^{4}}{4!}=0.1680$

② $P(X\leqq 3)=\displaystyle\sum_{x=0}^{3}\frac{m^{x}e^{-m}}{x!}=\sum_{x=0}^{3}\frac{3^{x}e^{-3}}{x!}=0.6472$

③ 확률분포표와 그래프

전화가 걸려오는 횟수가 0회일 때 $P(X=0)=\dfrac{e^{-3}3^{0}}{0!}=0.050$

전화가 걸려오는 횟수가 1회일 때 $P(X=1)=\dfrac{e^{-3}3^{1}}{1!}=0.149$

같은 방법으로 계산하여 얻은 확률값은 다음 표와 같다.

x	0	1	2	3	4	5	6	7	8	9	…	합
$P(X=x)$	0.050	0.149	0.224	0.224	0.168	0.101	0.050	0.022	0.009	0.003	…	1

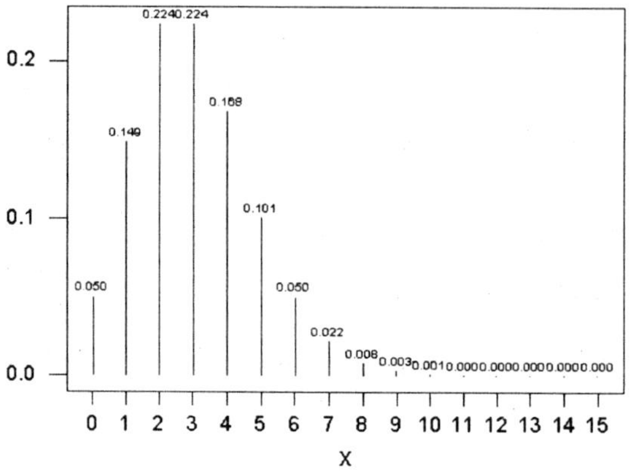

위의 확률분포표에서는 임의의 x에서 확률값은 $p(x) \geq 0$이며, $x=0,\ 1,\ 2,\ 3,\ \cdots$에서 각각의 확률값을 합하면 1로 확률분포함수임을 알 수 있다. 이런 분포함수를 포아송분포 함수라 한다.

미니탭을 이용

계산 ▶ 확률분포 ▶ 포아송분포

X가 포아송분포를 따를 때 다음과 같은 특징을 갖는다.

① $E(X)=m,\ V(X)=m$로 기댓값과 분산이 같다.

② $m \geq 5$일 때 정규분포에 근사된다.

③ n이 충분히 크고 p가 아주 작은 경우에 이항분포는 포아송분포에 근사된다.

예제 2.6

포아송분포의 평균 $m=1,\ 3,\ 7,\ 11$에 대해 미니탭을 이용하여 각각의 확률그래프는 다음과 같다. 포아송분포의 특징을 설명하라.

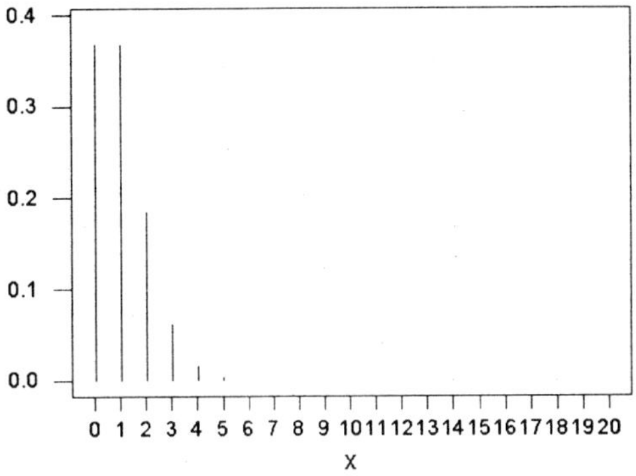

m=1

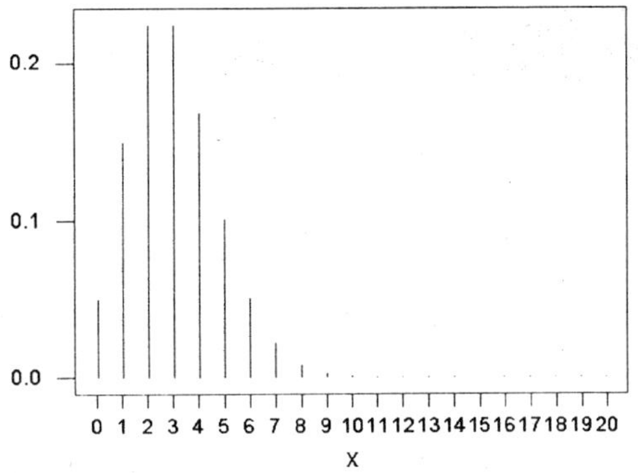

m=3

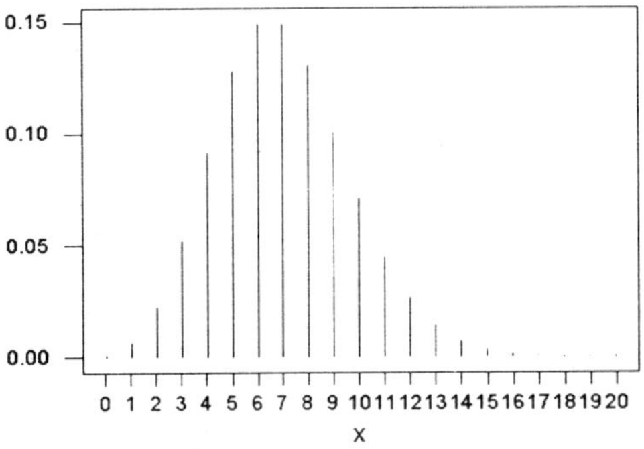

m=7

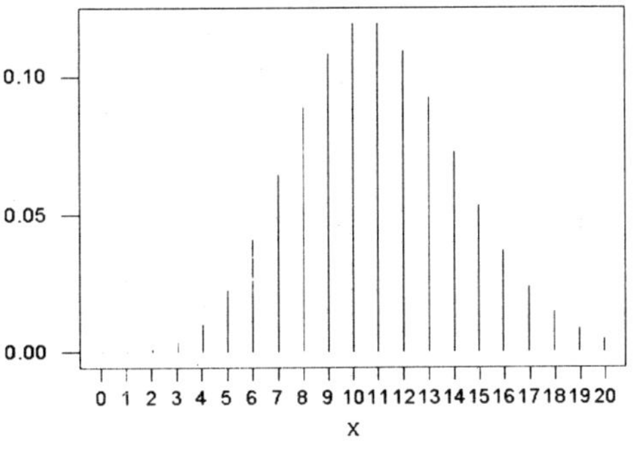

m=11

위 그래프에서는 포아송분포의 평균 m이 증가할수록 정규분포형태로 근사하고 있음을 알 수 있다.

【실습】

미니탭을 이용하여 이항분포에서 n이 크고 p가 작은 경우, 포아송분포에 근사함을 그래프를 그려 확인해보자.

3 연속형 확률분포

1. 정규분포

작업자 100명을 임의로 뽑아 그들의 키를 재어 상대도수를 이용한 히스토그램과 좀 더 상세한 모집단의 분포에 대한 정보를 얻기 위하여 1000명의 작업자들의 키를 조사하여 계급의 폭을 좀 더 세분화한 상대도수의 히스토그램을 비교해 보면 곡선의 형태가 점차 완만해짐을 알 수 있다. 이와 같이 자료의 수를 점점 늘리면서 계급의 간격을 점점 줄이면 더욱 더 모집단의 분포에 가까워지며 부드러운 곡선에 가까워지게 된다. 다음 그림은 이러한 상대도수의 히스토그램을 확장하면 연속형의 분포가 가능함을 보인 예이다.

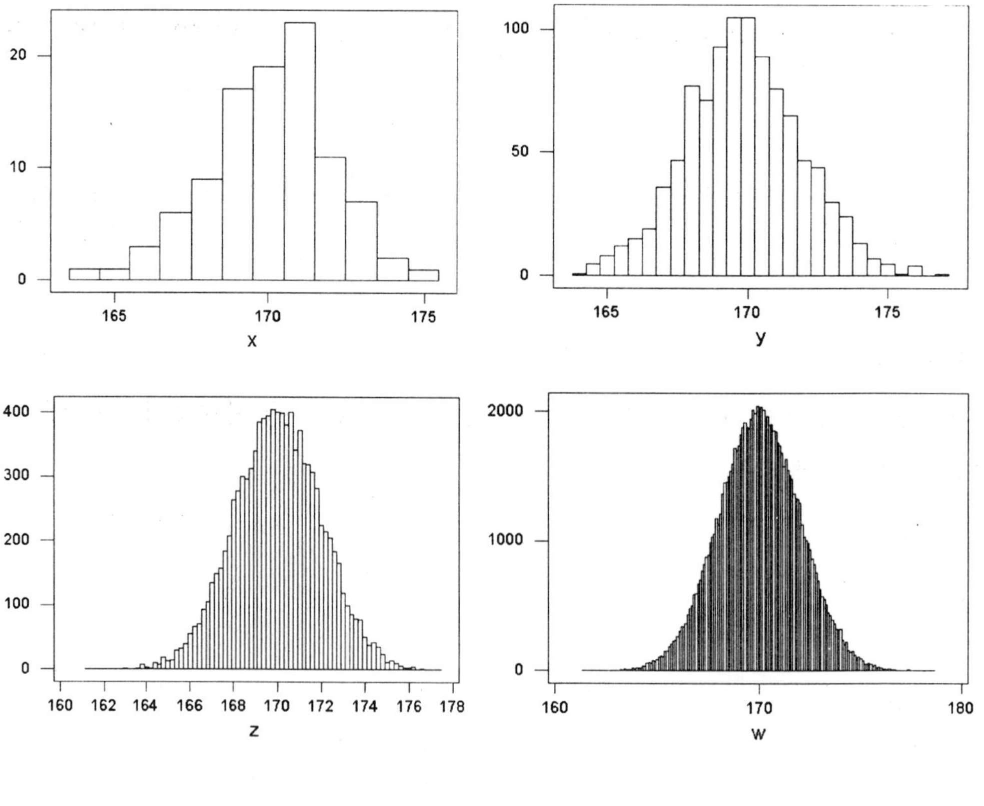

자료 수를 무한히 크게 하고 계급의 구간을 0으로 보내면, 히스토그램의 극한은 연속분포로 됨을 짐작할 수 있다. 극한에서의 히스토그램은 연속확률밀도함수의 조건, 즉 임의의 x에 대해 $f(x) \geqq 0$와 $\int_{-\infty}^{\infty} f(x)\,dx = 1$을 만족함을 알 수 있다. 이런 함수를 정규분포함수라 한다.

연속확률변수 X가 어떤 값 x의 주위로 $x-a$와 $x+a$ 사이의 값을 취할 확률, 즉 $P(x-a \le X \le x+a)$는 $x-a$, $x+a$ 사이의 정규분포곡선의 넓이와 같다. 왜냐하면 자료수를 무한히 크게 하고 계급의 구간을 0으로 보낼 때, 즉 극한으로 할 때 상대도수의 히스토그램은 연속분포로 가기 때문이다. 다음 그림은 $P(x-a \le X \le x+a)$을 나타낸 그림이다.

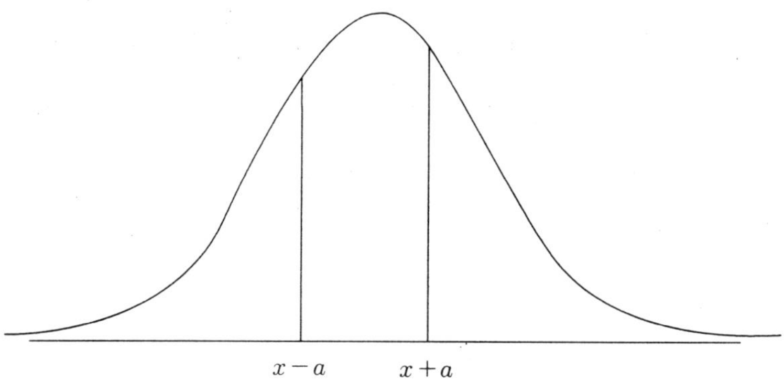

[그림 3.1] $P(x-a \le X \le x+a)$ 확률그래프

정규분포는 연속확률분포의 대표적인 형태로 평균점에 대하여 대칭인 확률밀도 그래프를 가진다. 다음 그림은 평균 μ와 표준편차 σ에 따른 정규분포의 그래프들이다.

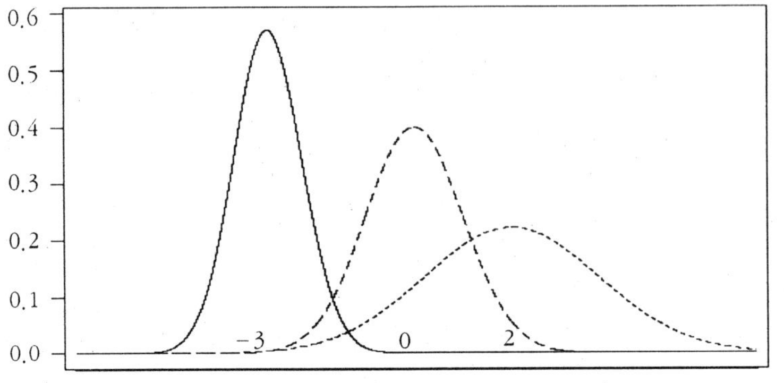

[그림 3.2] 정규분포의 여러 형태들

위의 그래프는 서로 다른 μ와 σ를 가지는 3개의 정규분포를 나타내고 있다. 좌측은 $\mu=-3$이고 $\sigma=0.7$이며, 중앙은 $\mu=0$, $\sigma=1$인 표준평규분포이고, 우측은 $\mu=2$이고 $\sigma=1.8$인 정규분포 그래프이다. 이상으로부터 정규분포는 μ와 σ에 따라 다양한 형태를 이루고 확률밀도함수의 그래프가 상대도수의 극한이므로 확률면적이 1이 됨을 알 수 있다. 이러한 조건을 만족시키는 확률밀도함수는 다음과 같다.

$$f(x)=\frac{1}{\sqrt{2\pi}\,\sigma}\,e^{-\frac{(x-\mu)^2}{2\sigma^2}} \tag{3.1}$$

확률변수 X가 평균 μ, 표준편차 σ인 정규분포의 표현은 $X\sim N(\mu,\sigma^2)$으로 한다. 어떤 확률변수 X가 평균이 μ이고 표준편차가 σ일 때

$$U=\frac{X-\mu}{\sigma} \tag{3.2}$$

는 평균이 0이고 표준편차가 1인 정규분포를 따른다. 이러한 확률변수 U를 표준정규확률변수(standard normal random variable)라 하고, 그 분포를 표준정규분포(standard normal distribution)라 한다.

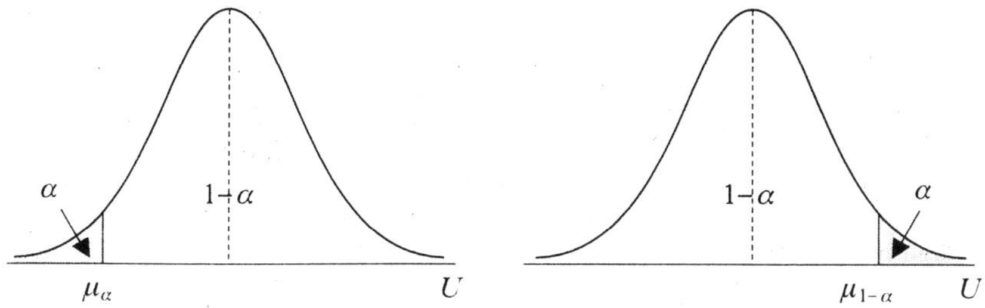

[그림 3.3] 정규분포의 상측($u_{1-\alpha}$) 하측(μ_α) 분위점

이상으로부터 표준정규분포의 표를 이용하면 일반적인 정규분포의 확률을 구할 수 있다. 확률변수 $X \sim N(\mu, \sigma^2)$일 때 구간 $[a,\ b]$의 확률 $P(a \le X \le b)$는 확률변수를 표준화하고 부록의 표를 이용하면 다음과 같이 구할 수 있다.

$$\begin{aligned} P(a \le X \le b) &= P\left(\frac{a-\mu}{\sigma} \le \frac{X-\mu}{\sigma} \le \frac{b-\mu}{\sigma}\right) \\ &= P\left(\frac{a-\mu}{\sigma} \le U \le \frac{b-\mu}{\sigma}\right) \\ &= P\left(U \le \frac{b-\mu}{\sigma}\right) - P\left(U \le \frac{a-\mu}{\sigma}\right) \end{aligned}$$

예제 3.1

확률변수 $X \sim N(70, 100)$일 때 다음의 확률을 구하라.

① $P(X \le 94.3)$ ② $P(X \ge 57.7)$ ③ $P(57.7 < X < 94.3)$

풀이

① $P(X \le 94.3) = 1 - P(X \ge 94.3) = 1 - P\left(\frac{X-70}{10} \ge \frac{94.3-70}{10}\right) = 1 - P(U > 2.43)$
$= 1 - 0.0075 = 0.9925$

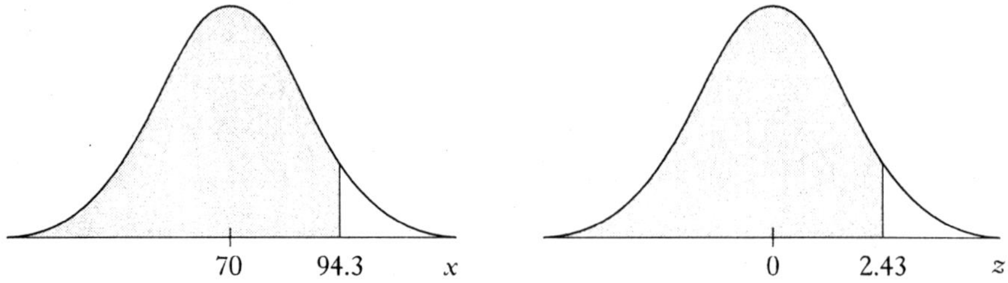

② $P(X \geq 57.7) = P\left(\frac{X-70}{10} \geq \frac{57.7-70}{10}\right) = P(U > -1.23)$

$= 1 - P(U > 1.23) = 1 - 0.1093 = 0.8907$

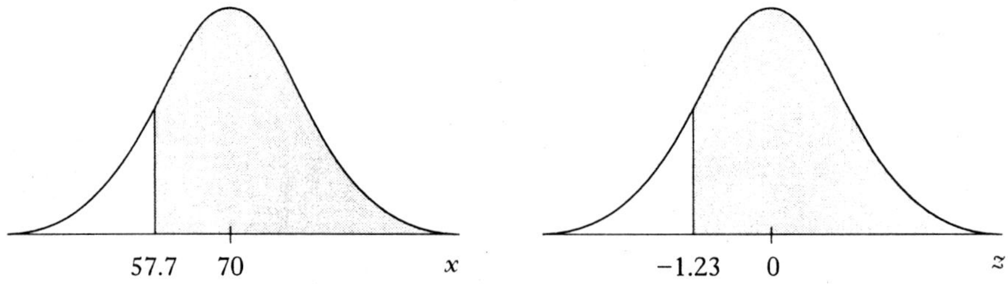

③ $P(57.7 < X < 94.3) = P\left(\frac{57.7-70}{10} \leq \frac{X-70}{10} \leq \frac{94.3-70}{10}\right) = P(-1.23 < U < 2.43)$

$= 0.8832$

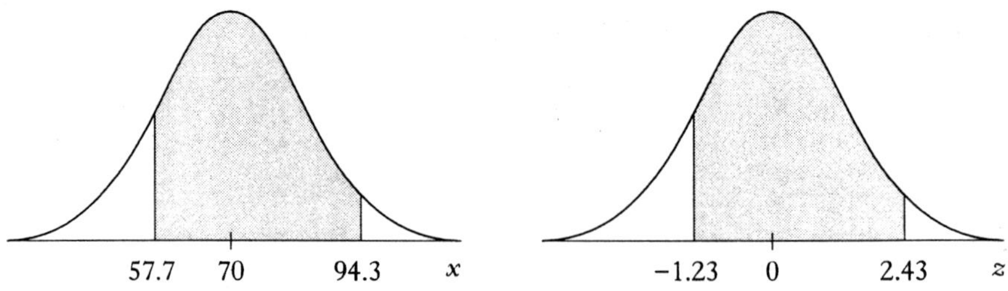

4 확률분포의 근사관계

1. 초기하분포의 이항분포 근사

초기하분포는 모집단의 N이 크고, $\frac{n}{N} \leq 0.1$인 경우 이항분포로 근사한다.

$$P(X \leq c) = \sum_{x=0}^{c} \frac{\binom{Np}{x}\binom{N-Np}{n-x}}{\binom{N}{n}}$$

$$\approx \sum_{x=0}^{c} \binom{n}{x} p^{x} (1-p)^{n-x} \tag{4.1}$$

예제 4.1

100개의 제품으로 구성된 로트에 부적합품이 20개 들어 있다. 5개의 제품을 임의로 뽑았을 때 그 중 부적합품이 1개 이하 들어있을 확률을 초기하분포와 근사적으로 본 이항분포로 각각 구하라.

풀이

X를 5개중 부적합품의 개수라 할 때 초기하분포로 정확한 계산을 하면

$$P(X \leq 1) = \frac{\binom{20}{0}\binom{80}{5}}{\binom{100}{5}} + \frac{\binom{20}{1}\binom{80}{4}}{\binom{100}{5}} = 0.7395$$

근사적인 이항분포로 봤을 때의 확률 계산은

$$P(X \leq 1) = \binom{5}{0} 0.2^0 \ 0.8^5 + \binom{5}{1} 0.2^1 \ 0.8^4 = 0.7373$$

근사적으로 본 이항분포의 확률값은 초기하분포로 본 확률값에 매우 근사함을 알 수 있다.

2. 이항분포의 포아송분포 근사

포아송분포는 이항분포의 극한으로부터 얻을 수 있다. 이항분포에서 $m=np$을 일정하게 유지하면서 $n \to \infty$, $p \to 0$로 하면 근사 포아송분포를 계산할 수 있다.

$$P(X \le x) = \binom{n}{x} p^x (1-p)^{n-x} \approx \frac{e^{-m} m^x}{x!} \tag{4.2}$$

예제 4.2

어떤 부품을 만드는 공장이 있다. 이 공장에서 생산되는 부품은 종전에 불량률이 4%이었다. 이 공장에서 생산되는 부품 200개 중 불량 부품이 10개 이하일 확률은 얼마인가 계산하라.

풀이

부품 200개 중에서 불량품의 개수를 X라 하면 확률변수 X~B(200, 0.04)이다. 따라서 불량 부품이 10개 이하일 확률은

$$P(X \le 10) = \sum_{x=0}^{10} \binom{200}{x} 0.04^x (1-0.04)^{200-x}$$

이다. 위 식을 구하기는 통계표에도 없고 매우 어려운 일이다. 이런 경우 포아송분포의 근사를 이용하여 구한다. $np=8$이므로 X는 근사적으로 평균 $m=8$인 포아송분포를 따른다. 따라서 구하고자 하는 확률은

$$P(X \le 10) = \frac{e^{-8} 8^x}{x!} = 0.816$$

3. 이항분포의 정규분포 근사

이항분포 $B(n, p)$에서 n이 크고 p가 아주 작지 않을 때 즉 $np > 5$이거나 $n(1-p) > 5$을 만족할 만큼 n이 충분히 클 때, 이항분포는 정규분포에 근사

함이 알려져 있다. 따라서 n이 클 때 이항분포확률의 계산은 이항분포의 평균과 분산이 각각 $\mu = np, \sigma^2 = np(1-p)$이므로 정규분포 $N(np, np(1-p))$로 근사시켜 확률을 다음과 같이 계산하게 된다. a, b가 정수일 때

$$\begin{aligned} P(a \le X \le b) &= P\left(\frac{a-np}{\sqrt{np(1-p)}} \le \frac{X-np}{\sqrt{np(1-p)}} \le \frac{b-np}{\sqrt{np(1-p)}}\right) \\ &= P\left(\frac{a-np}{\sqrt{np(1-p)}} \le U \le \frac{b-np}{\sqrt{np(1-p)}}\right) \\ &= P\left(U \le \frac{b-np}{\sqrt{np(1-p)}}\right) - P\left(U \le \frac{a-np}{\sqrt{np(1-p)}}\right) \end{aligned}$$

예제 4.3

어떤 부품을 만드는 공장이 있다. 이 공장에서 생산되는 부품은 종전에 부적합품률이 4%이었다. 이 공장에서 생산되는 부품 200개 중 부적합품이 10개 이하일 확률은 얼마인가?

풀이

부품 200개 중에서 부적합품의 개수를 X라 하면 확률변수 X～B(200, 0.04)이다. 그런데 np=200×0.04=8>5, n(1−p)=200×(1−005)=192>5으로 근사적으로 정규분포에 적합하다 볼 수 있다. 또 n=200으로 매우 크고 p=0.04로 작아 근사적으로 포아송분포를 따르며, m=mp=200×0.04=8>5로 근사적으로 정규분포로 볼 수 있다. 따라서 부적합품이 10개 이하일 확률은

$$\begin{aligned} P(X \le 10) &\approx P\left(\frac{X-np}{\sqrt{np(1-p)}} \le \frac{10-np}{\sqrt{np(1-p)}}\right) \\ &= P\left(U \leqq \frac{10-200\times 0.04}{\sqrt{200\times 0.04\times(1-0.04)}}\right) = P(U \leqq 0.7217) = 0.9573 \end{aligned}$$

이상의 분포간의 관계로부터 초기하분포, 이항분포, 포아송분포 및 정규분포의 근사관계를 정리하면 다음과 같다.

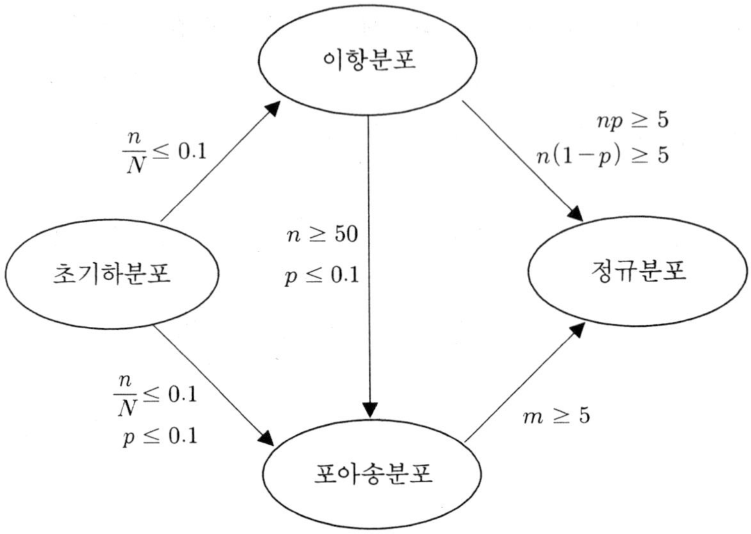

[그림 4.1] 확률분포의 근사관계

주요 확률분포를 요약하면 다음과 같다.

분포	상황 및 확률분포함수	특징	표시
이항분포	X: 베르누이 시행을 독립적으로 n번 반복했을 때 결과에서 성공 (관심 사건)의 횟수 $P(x) = \binom{n}{x} p^x (1-p)^{n-x}$ $x = 0, 1, 2, \cdots, n$	$E(X) = np$ $V(X) = np(1-p)$	$B(n, p)$
초기하분포	X: 유한모집단에서 비복원 추출로 n개의 시료를 샘플링할 때 부적합품의 개수 $P(x) = \frac{\binom{Np}{x}\binom{N-Np}{n-x}}{\binom{N}{n}}$ $x = 0, 1, 2 \cdots \min(n, NP)$	$E(X) = np$ $V(X) = \frac{N-n}{N-1} np(1-p)$	$H(N, D, n)$

분포	상황 및 확률분포함수	특징	표시
포아송분포	X : 부적합품수, 부적합수 $P(x) = \frac{m^x e^{-m}}{x!}$ $x = 0, 1, 2, \cdots$	$E(X) = m$ $V(X) = m$	$P(m)$
정규분포	$f(x) = \frac{1}{\sqrt{2\pi\sigma}} e^{-\frac{(x-\mu)^2}{2\sigma^2}}$	$X \sim N(\mu, \sigma^2)$ 변수의 표준화 $U = \frac{X-\mu}{\sigma} \sim N(0, 1)$ $= P\left(\frac{a-\mu}{\sigma} \le \frac{X-\mu}{\sigma} \le \frac{b-\mu}{\sigma}\right)$	$N(\mu, \sigma^2)$

5 표본분포

통계조사의 목적은 모집단에 대한 정보를 알아내고자 하는 일이다. 여기서 모집단에 대한 정보란 일반적으로 모집단의 평균, 분산 등과 같은 모집단의 특성 즉 모수(parameter)을 말한다. 모집단의 특성값은 모집단 전체를 조사해야만 알 수 있다. 그러나 대부분의 연구에서는 모집단 전체를 조사한다는 것은 불가능하므로 일반적으로 모수는 미지의 수가 된다. 이러한 경우 모집단으로부터 표본을 뽑고 표본으로부터 계산되는 표본의 평균 또는 표본의 분산과 같은 표본의 특성값, 즉 통계량(statistic)을 이용하여 모수를 추정하게 된다. 일반적으로 모수의 추정에 사용되는 통계량은 어떤 표본이 뽑히느냐에 따라 그 값이 달라지고 그 값에 의해 하나의 분포를 이루게 된다. 이 때 통계량의 분포를 표본분포(sampling distribution)라고 한다. 본 절에서는 이러한 표본분포에 대한 개념을 살펴본다.

여기에 소개되는 통계량의 분포인 표본분포는 모집단은 $N(\mu, \sigma^2)$이며, 무한모집단이고, 또 무작위추출을 가정한 것이다.

1. 표본평균의 분포와 중심극한정리

$X_1, X_2, \cdots, X_n$을 평균이 μ, 표준편차가 σ인 모집단에서 취한 확률표본이라 하자. 표본으로부터 표본평균 $\overline{X}$는 평균이 μ이고, 분산이 $\frac{\sigma}{n^2}$인 정규분포를 한다. 즉 $E(\overline{X})=\mu$, $V(\overline{X})=\frac{\sigma}{n^2}$이다. 만약 무한모집단이 아니고 크기 N인 유한모집단인 경우라면 $\overline{X}$의 평균과 분산은 다음과 같다.

$$E(\overline{X})=\mu \qquad V(\overline{X})=\frac{N-n}{N-1}\frac{\sigma}{n}^2$$

위 식에서 $\frac{N-n}{N-1}$은 유한모집단의 경우에만 붙는 계수로 유한모집단 수정계수(finite population correction factor)라고 한다.

표본의 크기 n이 충분히 클 때는 모집단이 어떤 분포이든 표본평균의 분포는 정규분포에 근사한다. 이를 중심극한정리(central limit theorem)라 하며 이를 정리하면 다음과 같다.

평균이 μ이고 분산이 σ^2인 무한모집단에서 표본 크기가 n인 확률표본 X_1, $X_2, \cdots, X_n$을 취할 때 표본평균 $\overline{X}$는 n이 클 때

$$\overline{X} \sim N\left(\mu, \frac{\sigma^2}{n}\right) \quad \text{즉,} \quad U=\frac{\overline{X}-\mu}{\frac{\sigma}{\sqrt{n}}} \sim N(0, 1) \tag{5.1}$$

을 따른다.

예제 5.1

균등분포(X ~ U(0,10))를 하는 모집단으로부터 표본 크기 n=5인 표본 추출을 50회 반

복 추출하여 표본 각각에 대해, 표본평균 $\overline{X}$을 계산한 결과가 다음과 같다. $\overline{X}$에 대한 히스토그램을 그려보고, 중심극한 정리를 설명할 수 있는가 살펴보라. (실제로 다음의 데이터는 미니탭의 균등분포로부터 난수 발생한 것임)

표본번호	x1	x2	x3	x4	x5	$\overline{X}$	표본번호	x1	x2	x3	x4	x5	$\overline{X}$
1	8.5	5.4	2.7	5.5	8.5	6.11	26	2.1	7.1	5.2	1.8	6.0	4.43
2	9.6	8.8	5.6	3.4	7.2	6.92	27	0.7	9.4	1.8	7.4	4.8	4.80
3	5.5	3.4	3.9	4.3	7.6	4.93	28	8.7	7.1	1.2	4.9	7.7	5.92
4	4.6	6.6	8.5	8.1	8.7	7.31	29	1.6	7.9	7.1	0.1	8.9	5.12
5	7.7	5.1	3.5	2.8	1.0	4.02	30	0.7	0.2	4.1	2.6	8.5	3.20
6	0.6	1.9	4.6	2.0	0.8	1.98	31	3.8	0.8	3.1	3.6	6.7	3.62
7	6.8	1.8	8.4	5.0	2.2	4.84	32	4.3	9.6	4.1	0.3	5.1	4.69
8	9.0	7.2	5.1	2.6	7.6	6.30	33	6.1	5.3	5.8	6.0	2.6	5.15
9	5.2	8.5	5.0	3.4	2.8	4.99	34	4.4	1.8	6.8	5.6	4.1	4.53
10	6.1	4.2	4.9	9.3	3.3	5.56	35	2.4	9.2	9.7	5.6	5.0	6.37
11	2.6	1.2	5.0	2.6	5.4	3.35	36	9.5	5.7	8.6	2.2	2.8	5.76
12	9.2	0.8	9.9	1.6	5.5	5.39	37	4.2	1.7	0.7	1.5	5.6	2.76
13	8.2	7.8	3.9	0.4	0.6	4.19	38	0.4	2.5	5.9	2.0	0.7	2.31
14	1.3	5.9	7.2	0.7	3.7	3.78	39	7.0	0.2	3.9	0.6	6.6	3.67
15	9.3	2.5	3.6	4.4	7.3	5.40	40	1.3	3.8	9.0	3.2	3.0	4.04
16	9.4	6.7	4.1	4.5	3.4	5.61	41	2.1	0.1	9.8	5.5	5.6	4.61
17	4.0	2.1	3.1	8.8	5.6	4.72	42	2.5	1.4	3.1	9.7	3.3	3.99
18	1.5	8.9	0.6	8.5	3.2	4.54	43	3.1	6.6	2.9	2.5	9.9	5.00
19	5.5	0.9	1.2	1.2	9.6	3.68	44	3.1	7.7	4.7	0.3	8.0	4.76
20	7.2	3.7	2.3	0.2	6.3	3.93	45	5.9	7.2	2.1	5.2	8.3	5.72
21	9.9	9.4	1.9	3.7	1.2	5.23	46	0.5	4.8	8.4	7.5	5.7	5.40
22	8.5	0.3	9.3	2.9	4.8	5.16	47	9.2	1.1	6.8	1.6	3.0	4.33
23	9.9	4.2	4.5	8.4	3.0	6.00	48	9.3	4.5	8.3	3.3	8.5	6.77
24	9.7	8.3	3.0	7.9	3.1	6.40	49	8.1	3.5	8.0	0.7	8.2	5.70
25	8.8	7.8	0.2	2.0	4.7	4.70	50	0.3	0.8	0.9	8.1	4.1	2.83

【실행결과】

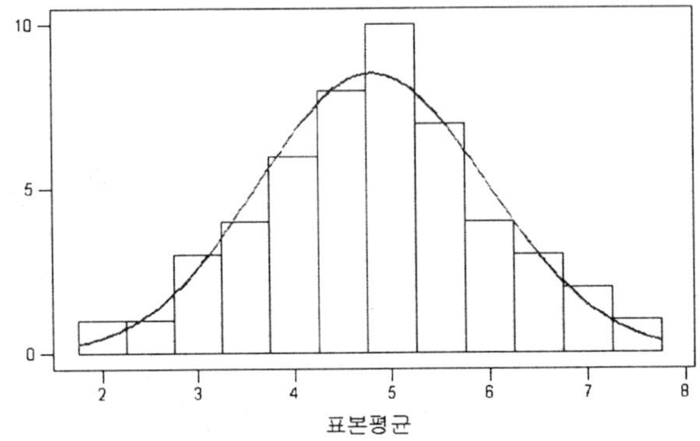

균등분포를 하는 모집단으로부터 표본의 크기 n이 5밖에 되지 않는 경우조차 표본평균의 분포가 정규분포에 가까움을 알 수 있다. 표본의 크기가 커지면 커질수록 좀 더 정규분포에 가까워질 것이다. 여기서 표본평균이 이루는 히스토그램은 표본분포임을 알 수 있다.

2. 표본분산의 분포와 χ^2분포

정규모집단 $N(\mu, \sigma^2)$로부터 확률표본 $X_1, X_2, \cdots, X_n$을 추출하여 표본평균 $\overline{X}$와 표본분산 $V = \frac{1}{n-1}\Sigma(X_i - \overline{X})^2$을 구한다. 여기서 표본분산 V에 적당한 값의 곱은 χ^2 분포를 따른다고 알려졌다. 즉

$$\chi^2 = \frac{(n-1)V}{\sigma^2} = \frac{\Sigma(X_i - \overline{X})^2}{\sigma^2} \tag{5.2}$$

은 자유도 $n-1$인 χ^2 분포를 따른다. χ^2 분포의 모양은 자유도에 따라 다르지만 대략적인 형태는 확률이 왼쪽에 모여 있고 오른쪽으로 긴 꼬리인 비대칭 모양을 하고 있다.

부록의 표에는 여러 자유도에 대한 χ^2 분포표가 주어져 있다. 이를 이용하여 χ^2 분포에 관한 여러 가지 분위수를 구할 수 있다. 다음은 χ^2 분포의 백분위수 그림이다.

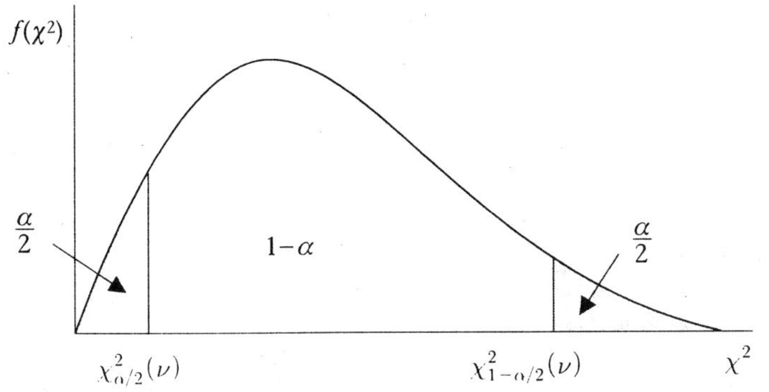

[그림 5.1] χ^2 분포

3. 표본비율의 분포

모비율에 대한 추정량으로 표본비율을 사용한다. 예를 들어 어느 공정에서 부적합품률(모비율) p을 추정한다 하자. 이를 위하여 임의로 n개를 추출하고 그 중 부적합품의 개수를 X라 하면, p에 대한 추정량인 표본부적합품률(표본비율)은 $\hat{p}=\frac{X}{n}$가 된다.

여기서 X는 이항분포 $B(n,p)$을 따르므로 $\hat{p}$에 대한 기댓값과 분산은 이항분포의 성질에 의해 다음과 같다.

$$E(\hat{p})=E\left(\frac{X}{n}\right)=\frac{E(X)}{n}=p$$

$$V(\hat{p})=V\left(\frac{X}{n}\right)=\frac{V(X)}{n^2}=\frac{p(1-p)}{n}$$

따라서 표본부적합품률(표본비율) $\hat{p}$의 분포는 n이 충분히 클 때 중심극한 정리에 의해 정규분포에 근사된다.

$$\hat{p}\sim N\left(p,\ \frac{p(1-p)}{n}\right) \tag{5.3}$$

한편, 위의 $\hat{p}$을 표준화 시키면 다음과 같다.

$$U = \frac{\hat{p} - p}{\sqrt{\frac{p(1-p)}{n}}} \sim N(0, 1)$$

4. 표본범위의 분포

범위는 표준편차와 마찬가지로 산포(변동)를 표현하는 척도이지만 표준편차에 비해 이상치의 영향을 많이 받는다. 그러나 범위는 표본의 크기가 비교적 작은 경우에는 표준편차와 근사되고, 표준편차에 비해 계산이 용이하므로 현장 실무에서 유용하게 사용한다. 표본에서 얻어진 범위 R의 기대치와 표준편차는 모집단이 정규분포인 경우에 다음과 같다고 알려졌다.

$$E(R) = d_2\,\sigma, \quad D(R) = d_3\sigma$$

위 식에서 σ의 불편추정값은 $\hat{\sigma} = \frac{R}{d_2}$으로 구할 수 있고 $E(\overline{R}) = d_2\sigma$이므로 σ의 추정값은 $\hat{\sigma} = \frac{\overline{R}}{d_2}$으로 구할 수 있다. d_2, d_3는 모두 n에 따라 달라지는 계수 값이다. 자세한 증명은 이 책의 수준을 넘으므로 생략한다.

5. t분포

확률변수 U가 표준정규분포 $N(0,1)$을 하고, 확률변수 χ^2가 $\chi^2(\nu)$를 하며, U와 χ^2가 서로 독립일 때

$$T = \frac{U}{\sqrt{\frac{\chi^2}{\nu}}} \tag{5.4}$$

는 자유도 ν인 t 분포를 한다. t 분포는 [그림 5.2]와 같이 $t=0$를 중심으로 좌우대칭이며 표준정규분포에 비해 꼬리가 두텁다. 자유도가 증가함에 따라 표준정규분포에 가까워진다. 추론에 자주 이용되는 통계량

$$t = \frac{\overline{X} - \mu}{\frac{s}{\sqrt{n}}} \tag{5.5}$$

은 위의 정의로부터 자유도 $n-1$인 t분포를 한다. 다음 그림은 자유도 $n-1$ 인 t분포이다.

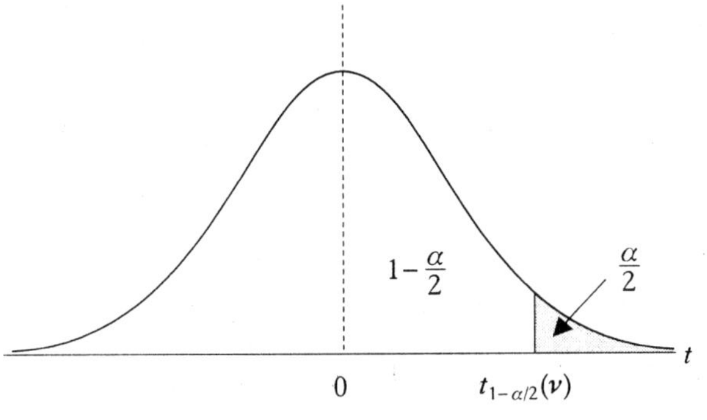

[그림 5.2] t 분포

6. F 분포

두 정규모집단의 분산의 비교에 대한 추론에 주로 사용되는 F 분포에 대하여 알아보자. χ_1^2 χ_2^2은 각각 자유도 ν_{1_1}, ν_2인 카이제곱분포를 따르며 서로 독립인 확률변수들이라 할 때 통계량

$$F = \frac{\chi_1^2 / \nu_1}{\chi_2^2 / \nu_2} \tag{5.6}$$

은 자유도 $(\nu_{1_1},\ \nu_2)$인 F분포를 따른다 한다. F분포 역시 자유도에 따라 분포의 형태가 변한다. 기호로는 $F \sim F(\nu_{1_1},\ \nu_2)$로 나타낸다.

이제 두 정규모집단에서의 표본분산들의 비율에 대한 분포인 F분포를 이용하여 다음을 고찰한다.

X_1, X_2, $\cdots$, X_{n1}과 Y_1, Y_2, $\cdots$, Y_{n2}를 각각 두 정규모집단 $N(\mu_1, \sigma_1^2)$, $N(\mu_2, \sigma_2^2)$에서의 서로 독립인 확률표본이라 하고, V_1과 V_2을 각각 두 확률표본에서의 표본분산이라 정의하면

$$\frac{(n_1-1)V_1}{\sigma_1^2} \sim \chi_1^2(n_1-1) \qquad \frac{(n_2-1)V_2}{\sigma_2^2} \sim \chi_2^2(n_2-1)$$

이고 각각 서로 독립이므로

$$\frac{\sigma_2^2}{\sigma_1^2}\frac{V_1}{V_2} \sim F(n_1-1,\ n_2-1) \tag{5.7}$$

가 성립한다. F분포는 자유도에 따라 그 모양이 다르다. 부록에는 자유도에 따라 F분포의 표 값이 주어져 있다. 다음 그림은 자유도가 (ν_{1_1}, ν_2)인 F분포의 분위수를 $F_{1-\alpha/2}(\nu_1, \nu_2)$로 나타냈다.

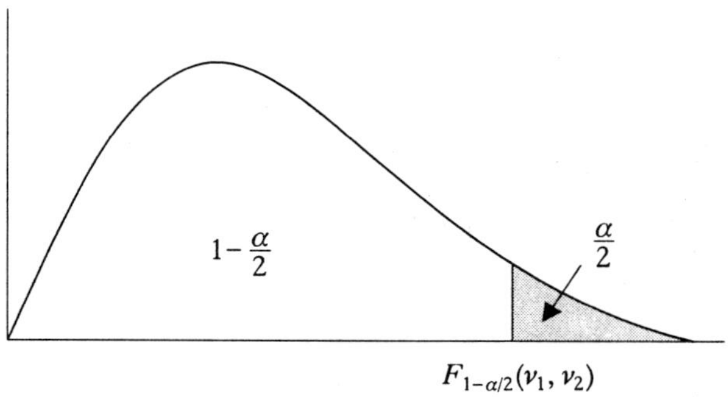

[그림 5.3] $F_{1-\alpha/2}(\nu_1, \nu_2)$ 분포

F분포는 다음과 같은 성질이 있다.

① 확률변수 T가 자유도 ν인 t분포를 따를 때

$(t_{1-\alpha/2}(\nu))^2 = F_{1-\alpha}(1,\ \nu)$

② $F_{1-\alpha}(\nu_1,\ \nu_2) = \dfrac{1}{F_\alpha(\nu_2,\ \nu_1)}$

주요 표본분포를 요약하면 다음과 같다.

	가 정	정 의	특 징
χ^2 분포	$X_1, X_2, \cdots, X_n \sim N(\mu, \sigma^2)$ $V = \frac{1}{n-1}\sum(X_i - \overline{X})^2$	$\chi^2 = \frac{(n-1)V}{\sigma^2} \sim \chi^2(n-1)$	$E(\chi^2) = n-1$ $V(\chi^2) = 2(n-1)$
t 분포	$X_1, X_2, \cdots, X_n \sim N(\mu, \sigma^2)$ $U = \frac{\overline{X}-\mu}{\frac{\sigma}{\sqrt{n}}}$ $\chi^2 = \frac{(n-1)V}{\sigma^2}$	$T = \frac{U}{\sqrt{\frac{\chi^2}{\nu}}}$ $= \frac{\overline{X}-\mu}{\frac{s}{\sqrt{n}}} \sim t(n-1)$	$E(T) = 0$ $V(T) = \frac{\nu}{\nu-2}$ T 분포 $\rightarrow N(0, 1)$ n이 클 때
F 분포	$X_1, X_2, \cdots, X_{n_1} \sim N(\mu_1, \sigma_1^2)$ $Y_1, Y_2, \cdots, Y_{n_2} \sim N(\mu_2, \sigma_2^2)$ $V_1 = \frac{1}{n_1-1}\sum(X_i - \overline{X})^2$ $V_2 = \frac{1}{n_2-1}\sum(Y_i - \overline{Y})^2$ $\chi_1^2 = \frac{(n_1-1)V_1}{\sigma_1^2}$ $\chi_2^2 = \frac{(n_2-1)V_2}{\sigma_2^2}$	$\chi_1^2 \sim \chi_1^2(\nu_1)$, $\chi_2^2 \sim \chi_2^2(\nu_2)$ 서로 독립 $F = \frac{\chi_1^2/\nu_1}{\chi_2^2/\nu_2} \sim F(\nu_1, \nu_2)$ $= \frac{\sigma_2^2 V_1}{\sigma_1^2 V_2} \sim F(n_1-1, n_2-1)$ $\nu_1 = n_1 - 1,\ \nu_2 = n_2 - 1$	$F_{1-\alpha}(\nu_1, \nu_2)$ $= \frac{1}{F_\alpha(\nu_2, \nu_1)}$ $(t_{1-\alpha/2}(\nu))^2$ $= F_{1-\alpha}(1, \nu)$

연습문제

[1] 다음의 예들이 이산형인지 연속형인지 설명하라.

① 어느 공정에서 부적합품의 개수

② 10명의 조원이 있는 분임조에서 어느 안건에 대한 찬성자 수

③ 어느 회사에서 만든 프로펠러의 수명시간

④ 어떤 수리공이 고장난 부품을 교체하는데 걸리는 시간

⑤ 어떤 가전제품 1대당 부적합수

[2] 확률변수 X의 기대치가 10이고 분산이 3, 확률변수 Y의 기대치가 14이고 분산이 2일 때, $Z=3X-5Y+3$이라 할 때

① $E(Z)$를 구하라.

② $V(Z)$를 구하라. 단, X와 Y는 독립이다.

[3] 확률변수 X, Y의 각각의 분산은 $V(X)=5$, $V(Y)=7$이고 공분산이 $Cov(X, Y)=3$일 때 $V(X+Y)$을 구하라.

[4] 다음의 확률그래프에 대해 물음에 답하라.

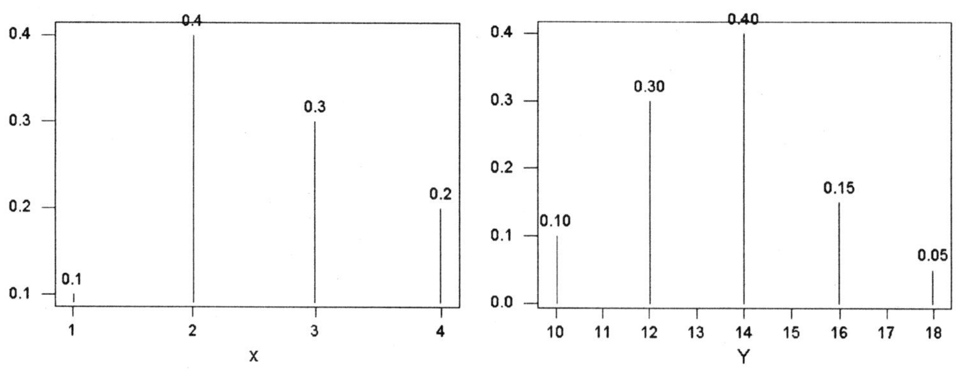

① 각각의 확률그래프의 기댓값을 구하라.

② 각각의 확률그래프의 분산과 표준편차를 구하라.

③ $P(X=1)$

④ $P(X>2)$

⑤ $P(12 \leq Y < 16)$

[5] 연속형 확률변수 X가 다음과 같은 확률밀도함수를 가질 때 X의 평균과 분산을 구하라.

$$f(x) = \frac{1}{2}x \qquad 0 \leq x \leq 2$$
$$= 0 \qquad \text{그 외}$$

[6] 성공률 p가 0.1인 20회의 베르누이 시행에서 성공횟수를 X라 할 때

① $P(2 \leq X \leq 5)$을 구하라.

② ①의 확률을 정규분포의 근사식을 이용하여 구하고 비교하라.

[7] 제품이 $N=10$개로 구성되어 있고 부적합품률이 $p=0.2$인 로트에서

① 복원추출에 의하여 3개를 랜덤하게 채취할 때, 그 중 하나만이 부적합품일 확률은?

② 비복원추출에 의하여 3개를 랜덤하게 채취할 때, 그 중 하나만이 부적합품일 확률은?

[8] 포아송분포를 따르는 확률변수 X에 대하여 다음의 확률을 구하라.

① $m=3$일 때 $P(X \leq 3)$, $P(X=5)$

② $m=4$일 때 $P(3 \leq X \leq 7)$

③ $m=0.5$일 때 $P(X=0)$

[9] 한 달 평균 4건의 사고가 발생하는 공장이 있다. 이 공장에서 한 달에 8건의 사고가 발생할 확률은?

[10] 어떤 공장에서 생산되고 있는 항목 중 3%가 불량이다. 25개 항목들이 조사를 위해 뽑혀졌다. 이항분포와 포아송분포를 이용하여 다음 물음에 답하라.

① 4개의 부적합품이 발견될 확률은?

② 3개 이상의 부적합품이 발견될 확률은?

[11] 예방주사를 맞아서 부작용이 일어날 확률이 0.001이라고 한다. 2000명이 예방접종을 했다 한다. 부작용이 일어난 환자의 수를 확률변수 X라 할 때, 물음에 답하라.

① X의 평균과 분산을 구하라.

② 정확히 3명이 부작용을 일으킬 확률은?

③ 2명 이상이 부작용을 일으킬 확률은?

[12] 표준정규분포를 갖는 확률변수 U에 대하여 다음의 확률을 구하라.

① $P(U \leq 0.42)$ ② $P(U < -0.42)$

③ $P(-1.2 < U < 2.1)$ ④ $P(U > -1.69)$

[13] 확률변수 U는 표준정규분포를 한다. 다음 확률조건을 만족하는 z을 구하라.

① $P(U < u) = 0.1$ ② $P(-0.6 < U < u) = 0.5$

③ $P(|U| \leq u) = 0.95$ ④ $P(-u \leq U \leq 0) = 0.341$

[14] 평균이 80이고 표준편차가 4인 정규분포에서 다음의 확률을 구하라.

① $P(X < 75)$ ② $P(X > 86)$

③ $P(72 \leq X \leq 88)$ ④ $P(82 < X < 85)$

[15] X는 평균이 150이고 표준편차는 5인 정규분포를 할 때 다음 확률을 갖는 x를 구하라.

① $P(X \leq x) = 0.5$ ② $P(-x \leq X \leq x) = 0.4$

③ $P(X < x) = 0.975$ ④ $P(X > x) = 0.025$

[16] 어느 공정에서 생산되는 전구의 수명은 평균수명이 900시간이고 표준편차는 40시간인 정규분포를 한다고 알려졌다. 1,000개의 전구 중에서 940시간 이하의 수명을 가진 전구는 몇 개인가 답하라.

[17] 어떠한 제품의 규격은 80.3±0.4kg으로 되어 있다. 이 공정에서 제품을 200개 추출하여 평균과 표준편차를 구하였더니 평균이 80.2kg, 편차는 0.2kg이 나왔다. 이 공정은 평균이 갖는 bias가 얼마이며 부적합품이 얼마가 되는 공정인가? 또한 평균이 갖는 편기를 없앤다면 부적합품은 몇 % 줄일 수 있는가?

[18] 확률변수 T가 다음의 자유도를 갖는 t분포를 따를 때 다음을 답하라.

① $P(T < 2.179)$ 자유도 12

② $P(-1.345 < T < 2.624)$ 자유도 14

③ $P(|T| \geq 2.228)$ 자유도 9

[19] 정규분포로부터 크기 15인 확률표본을 취했다. 통계량 $\chi^2 = \dfrac{(n-1)V}{\sigma^2}$로부터 다음을 구하라.

① $P(\chi^2 > 5.629)$ ② $P(4.660 < \chi^2 < 26.119)$

③ $P(\chi^2 > a) = 0.01$인 a의 값

[20] 사원들의 회사에 대한 만족도는 60%라 한다. 사원 100명을 임의로 뽑아 회사에 대한 만족률을 $\hat{p}$라고 할 때 다음의 확률을 구하라.

① $P(\hat{p} > 0.61)$

② $P(0.57 \leq \hat{p} \leq 0.61)$

[21] 확률변수 $F \sim F(\nu_1, \nu_2)$일 때 다음의 확률을 구하라.

① 자유도$(\nu_1, \nu_2) = (3, 9)$일 때 $P(F > 2.813)$

② 자유도$(\nu_1, \nu_2) = (6, 20)$일 때 $P(2.091 < F < 2.599)$

[22] F분포표로부터 $F_{0.95}(1, 8) = 5.32$를 알고 있을 때 $t_{0.975}(8)$의 값은?

[23] 두 개의 정규모집단에서 각각 크기 $n_1 = 10$, $n_2 = 15$의 독립적인 표본이 추출되었다고 한다. 두 모집단의 분산이 같다면 분산 비 V_1 / V_2이 4를 넘을 확률을 구하라.

[24] 평균이 20이고 분산이 25인 모집단에서 크기가 100인 표본을 뽑았을 때 다음 물음에 답하라.

① 표본평균 $\overline{X}$의 분포를 구하라.

② 표본평균 $\overline{X}$가 18 이상 21 이하일 확률을 구하라.

[25] 어느 회사에서 생산된 양철 캔 뚜껑의 지름이 평균이 4이고 표준편차가 0.012인 정규분포를 따른다고 한다. 뚜껑의 지름이 3.97과 4.03 사이에 있을 확률을 구하라.

[26] 확률변수 X가 이항분포 $B(100,\ 0.4)$를 따를 때, 다음의 확률을 구하라.

① $P(X \geq 40)$　　② $P(30 \leq X \leq 40)$

제 5 장

추 검정

1 추정

모수란 모집단의 특성을 나타내는 측도로 모평균, 모분산, 모표준편차, 모비율 등이 있다. 모집단의 특성을 나타내는 모수는 모르는 값으로 이를 파악하기 위해서는 모집단 전체를 조사해야 하나 시간과 비용 등으로 현실적으로 어렵다. 이에 따라 모집단으로부터 표본을 추출하여 이를 통해 모수를 추론하게 된다. 이를 추정(estimation)이라 한다. 모수와 대응되는 개념으로 통계량이 있다. 통계량은 확률표본의 함수이다. 따라서 통계량은 확률변수며 적당한 분포를 갖게 된다. 대표적인 통계량으로는 표본평균, 표본분산, 표본표준편차, 표본비율 등이 있다. 이런 통계량이 모수를 추정하는 데 사용되면 이를 추정량(estimator)이라 하며, 실제로 측정해서 추정량의 값을 얻게 될 때 이를 추정치(estimate)라 한다.

추정하는 방법에는 두 가지가 있다. 하나는 모수를 하나의 값으로 추정하는 점추정(point estimation)이며, 다른 하나는 모수가 포함되리라고 기대하는 범위를 구하는 구간추정(interval estimation)이다. 본 장에서는 추정량이

갖추어야 바람직한 성질과 모수를 추정하는 절차를 살펴본다.

1. 점 추정량의 성질

어떤 모수 θ에 대한 점 추정량 $\hat{\theta}$은 여러 가지가 있다. 예를 들면 다음과 같다.

모수 θ	점 추정량 $\hat{\theta}$
모평균 μ	$\overline{X}$, median
모분산 σ^2	V, R
모표준편차 σ	s
모비율 p	$\hat{p}$

모수 θ의 추정량 $\hat{\theta}$에 대하여 $E(\hat{\theta})=\theta$가 성립하면 $\hat{\theta}$를 θ의 불편추정량이라 한다. 예를 들면 $E(\overline{X})=\mu$, $E(V)=\sigma^2$이 되면 $\overline{X}$, V은 각각 μ, σ^2의 불편추정량이 된다.

또 추정량 $\hat{\theta}$의 분산 $V(\hat{\theta})=E(\hat{\theta}-E(\hat{\theta}))^2$이 모든 다른 추정량 θ^*의 분산 $V(\theta^*)=E(\theta^*-E(\theta^*))^2$과 비교하여 $V(\hat{\theta})\le V(\theta^*)$이 성립하면 $\hat{\theta}$를 θ의 최소분산추정량(minimum variance estimator)이라고 한다. 일반적으로 추정량은 불편성을 가지면서 분산이 작은 것이 좋다. 이처럼 불편추정량이면서 분산이 가장 작은 추정량을 최소분산불편추정량(minimum variance unbiased estimator)이라 한다. 이러한 추정량의 성질에 대한 증명은 이 책의 수준을 넘으므로 생략한다. 여기서는 다음의 예제로 대신한다.

예제 1.1

연구개발부서는 길이가 200mm인 부품을 개발했다 한다. 양산 전 시제품에 대하여 임의로 부품 100개를 추출하여 길이를 측정했다 한다. 4가지 점그래프에 대해 추정량의 성질을 설명하라.

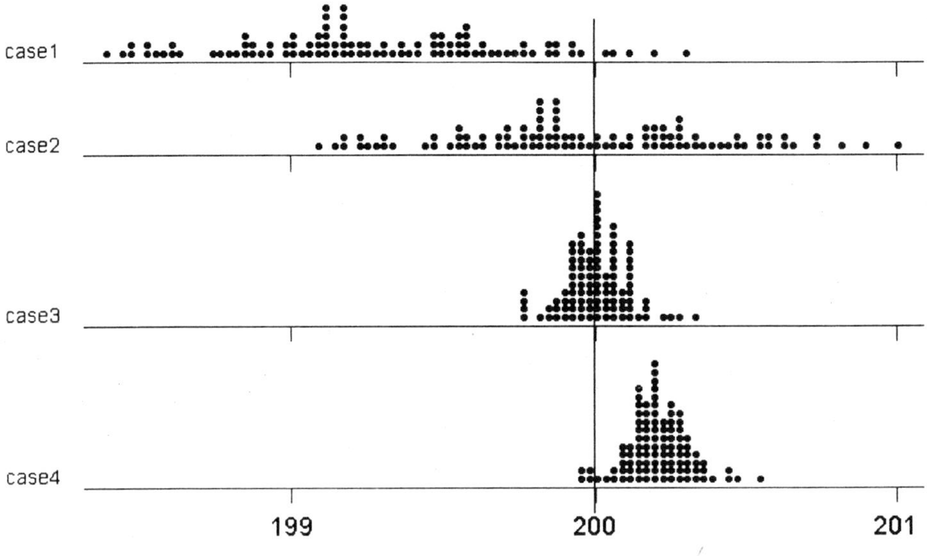

· case1은 불편성도 아니고 분산도 크다. 따라서 바람직한 추정량은 아니다. 관측치와 참값(여기서는 모수이며 200mm를 의미)과의 차, 즉 오차가 크게 관측될 가능성이 높다.

· case2는 추정량은 불편성은 만족하나(왜냐하면 측정치들이 대체적으로 모수 200mm를 중심으로 분포를 이루고 있으므로) 역시 분산은 크다. 따라서 바람직한 추정량은 아니다. case1보다는 조금 나은 편이다. 이 역시 오차가 크게 관측될 가능성이 높다.

· case3은 추정량은 불편성이며 분산도 작다. 따라서 바람직한 추정량으로 관측치와 참값과의 차, 즉 오차는 작게 관측될 가능성이 제일 높다. 모수를 알고자 할 때 case3의 추정량을 사용하는 것이 바람직하다. 이런 바람직한 추정량을 최소분산불편추정량이라 한다. 이 경우를 정확(불편성)하고 정밀(최소분산)하다고 한다.

· case4는 추정량은 불편성은 아니나 분산은 작다. 따라서 바람직한 추정량이라 할 수 없다. 이 경우는 편의의 문제 즉 정확성의 문제로 대표치 관리가 요망된다.

(1) 모평균에 대한 추정량

추정량은 여러 형식으로 정의할 수 있다. 예를 들면 모평균 μ인 어떤 확률분포로부터 확률표본 $X_1, X_2, \cdots, X_n$을 표본 추출했다고 할 때 모평균 μ의 추정량으로 생각할 수 있는 추정량은 무수히 많다. 예를 들면 표본평균, 중위수, 최소값, 최대값, (최소값+최대값)/2 등이 있다. 이러한 추정량은 확률표본의 함수로 확률변수가 되며, 따라서 확률분포를 갖게 된다. 모수에 대한 가장 바람직한 추정량은 추정량의 분포에서 분포의 중심이 추정하고자 하는 모수, 즉 불편성의 성질을 만족해야 한다. 또 분포의 흩어짐이 가장 작은 추정량, 즉 최소분산추정량이 되어야 한다. 이러한 두 조건을 만족하는 추정량을 최소분산불편추정량이라 한다. 모평균 μ에 대한 추정에 있어서 이러한 성질을 만족하는 추정량은 표본평균 $\overline{X}$로 알려져 있다. 여기서는 수리적인 증명을 피하고, 예제로 대신한다.

예제 1.2

평균 μ이 60이고 분산 σ^2이 1인 정규분포를 하는 공정(모집단 X ~ N(60,1))으로부터 표본 크기 $n=5$인 확률표본 X_1, X_2, X_3, X_4, X_5을 50회 반복 추출하여 다음과 같은 데이터를 얻었다 하자. 각각의 표본에 대해, 모평균 μ에 대한 추정량인 표본평균 $\overline{X}$, 중위수, 최소값(min), 최대값(max), (최소값+최대값)/2 등을 계산하고, 이로부터 점그래프를 그리고, 추정량들의 의미를 파악하라. 또 표본평균 $\overline{X}$가 최소분산불편추정량임을 확인하라.

(실제로 다음 표는 정규분포 모평균 $\mu=60$, 분산 $\sigma^2=1$ (X ~ N(60,1))에서 미니탭의 난수를 발생시켜 얻은 데이터임)

[표 1.1] 표본크기 $n=5$의 표본추출을 반복 50회 실시

표본번호	x1	x2	x3	x4	x5	$\overline{X}$	중위수	min	max	(min + max)/2	표본번호	x1	x2	x3	x4	x5	$\overline{X}$	중위수	min	max	(min + max)/2
1	60.3	59.4	59.5	59.7	59.8	59.7	59.7	59.4	60.3	59.8	26	58.7	59.2	60.3	59.8	59.3	59.5	59.3	58.7	60.3	59.5
2	58.8	59.4	59.4	57.2	60.1	59.0	59.4	57.2	60.1	58.7	27	59.1	59.3	60.8	60.1	59.8	59.8	59.8	59.1	60.8	60.0
3	60.5	60.0	59.5	58.9	59.5	59.7	59.5	58.9	60.5	59.7	28	59.8	59.0	58.8	60.9	60.6	59.8	59.8	58.8	60.9	59.8
4	60.9	59.5	62.3	59.7	60.2	60.5	60.2	59.5	62.3	60.9	29	58.6	59.8	58.3	59.3	60.0	59.2	59.3	58.3	60.0	59.1
5	60.2	58.6	59.8	61.3	60.9	60.2	60.2	58.6	61.3	60.0	30	59.6	61.1	59.9	59.0	60.2	60.0	59.9	59.0	61.1	60.0
6	60.2	59.8	62.5	61.1	60.0	60.7	60.2	59.8	62.5	61.1	31	59.9	61.2	60.0	58.8	60.0	60.0	60.0	58.8	61.2	60.0
7	58.4	60.3	61.1	60.4	60.6	60.2	60.4	58.4	61.1	59.8	32	58.9	61.5	60.2	60.1	60.7	60.3	60.2	58.9	61.5	60.2
8	60.9	60.2	60.2	61.0	61.6	60.8	60.9	60.2	61.6	60.9	33	59.4	60.9	60.0	61.3	59.6	60.2	60.0	59.4	61.3	60.3
9	60.7	60.7	59.5	61.0	60.7	60.5	61.7	59.5	61.7	60.6	34	61.4	60.1	60.6	59.0	59.2	60.1	60.1	59.0	61.4	60.2
10	58.9	60.0	59.6	60.4	59.9	59.8	59.9	58.9	60.4	59.6	35	60.6	59.5	59.5	60.3	60.5	60.1	60.3	59.5	60.6	60.0
11	59.4	60.3	61.0	61.0	59.1	60.2	60.3	59.1	61.0	60.0	36	60.4	61.3	59.8	59.0	59.8	60.1	59.8	59.0	61.3	60.1
12	59.4	58.4	59.8	60.4	61.8	60.0	59.8	58.4	61.8	60.1	37	59.7	60.2	60.0	59.5	60.5	60.0	60.0	59.5	60.5	60.0
13	61.5	59.3	57.9	59.5	59.6	59.6	59.5	57.9	61.5	59.7	38	58.9	60.5	60.1	60.5	60.3	60.1	60.3	58.9	60.5	59.7
14	60.9	58.2	58.5	60.9	60.9	59.9	60.9	58.2	60.9	59.5	39	59.9	57.7	59.8	60.1	62.1	59.9	59.9	57.7	62.1	59.9
15	60.1	62.1	60.9	60.7	59.7	60.7	60.7	59.7	62.1	60.9	40	61.0	59.1	58.5	60.9	60.7	60.0	60.7	58.5	61.0	59.8
16	61.2	57.8	58.6	60.9	60.6	59.8	60.6	57.8	61.2	59.5	41	58.8	60.3	59.9	59.1	59.7	59.6	59.7	58.8	60.3	59.5
17	60.8	59.1	59.9	59.1	57.5	59.3	59.1	57.5	60.8	59.1	42	59.1	60.6	60.9	58.6	61.7	60.2	60.6	58.6	61.7	60.2
18	58.7	59.6	60.1	61.9	59.0	59.9	59.6	58.7	61.9	60.3	43	59.4	59.1	61.2	58.8	61.0	59.9	59.4	58.8	61.2	60.0
19	58.2	60.1	59.2	60.5	58.9	59.4	59.2	58.2	60.5	59.4	44	58.9	62.1	58.4	60.0	62.1	60.3	60.0	58.4	62.1	60.3
20	60.5	59.4	59.7	60.8	59.1	59.9	59.7	59.1	60.8	60.0	45	60.9	59.6	61.2	59.1	59.4	60.0	59.6	59.1	61.2	60.2
21	61.2	59.5	61.6	59.1	61.8	60.6	61.2	59.1	61.8	60.5	46	60.2	61.1	59.9	59.4	59.8	60.1	59.9	59.4	61.1	60.3
22	60.5	61.7	61.6	59.1	59.2	60.4	60.5	59.1	61.7	60.4	47	60.7	59.6	60.1	59.8	59.9	60.0	59.9	59.6	60.7	60.2
23	59.7	59.4	60.4	60.0	59.9	59.9	59.9	59.4	60.4	59.9	48	60.2	59.8	59.6	60.5	59.3	59.9	59.8	59.3	60.5	59.9
24	60.4	58.7	60.8	60.6	61.6	60.4	60.6	58.7	61.6	60.2	49	59.9	59.9	60.4	60.3	59.3	60.0	59.9	59.3	60.4	59.8
25	61.2	58.5	59.5	59.4	59.2	59.6	59.4	58.5	61.2	59.9	50	61.4	58.2	60.6	62.1	61.6	60.8	61.4	58.2	62.1	60.2

위 표에 주어진 바와 같이 크기 5인 표본 50개에 근거한 추정량들의 분포에서 각각의 추정량의 평균과 분산을 계산하면 다음과 같다.

표본평균 $\overline{X}$의 평균은 $\frac{1}{50}(59.7+59.0+\cdots+60.8)=60.002$이며,

표본평균 $\overline{X}$의 분산은

$$\frac{1}{50-1}((59.7-60.002)^2+(59.0-60.002)^2+\cdots+(60.8-60.002)^2)=0.1585\text{이다.}$$

같은 방법으로 추정량들의 평균과 분산을 각각 계산하면 다음 표와 같이 얻어진다.

추정량(통계량)	평균	분산	추정량 성질	
			불편성	최소분산
표본평균	60.002	0.1585	○	○
중위수	60.054	0.3172	○	×
최소값	58.858	0.3723	×	×
최대값	61.136	0.3937	×	×
(최소값+최대값)/2	59.992	0.2098	△	△

○ 좋다 △ 보통 × 나쁘다

추정량의 정확한 비교는 모든 가능한 표본에 근거한 추정량의 분포를 이용해야 하므로 현실적으로 어려운 일이다. 그러나 위의 시뮬레이션의 계산 결과와 점그래프는 표본평균 $\overline{X}$가 다른 추정량에 비해 평균이 모수에 가깝고 분산이 상대적으로 작음을 다음의 점그래프와 함께 확인할 수 있다. μ에 대한 추정량으로 $\overline{X}$을 많이 사용하는 이유가 여기에 있음을 주목하자. 실제로 표본평균 $\overline{X}$는 μ에 대한 최소분산불편추정량임이 이론적으로 증명되었다. 여기서는 본 책의 수준을 넘으므로 다루지 않는다.

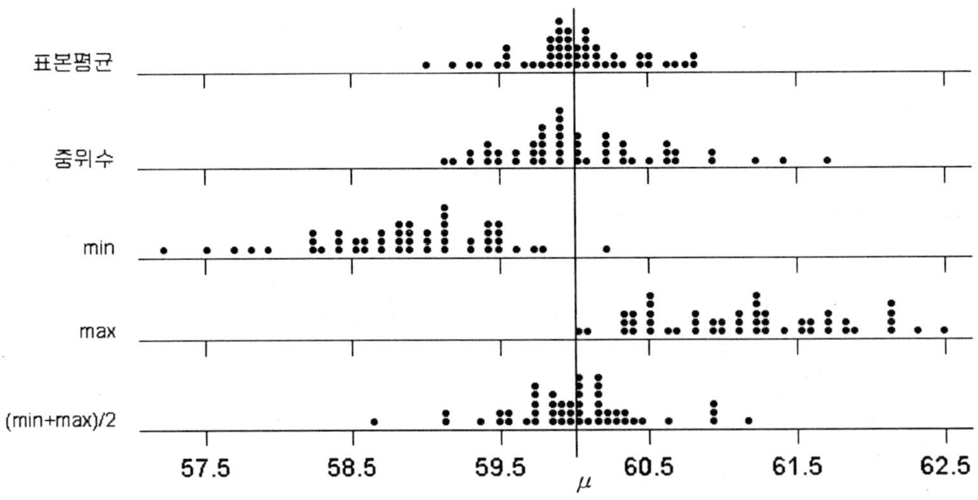

(2) 모분산에 대한 추정량

앞에서 모평균에 대한 추정량에는 표본평균이 가장 좋은 추정량임을 예제로 확인하였다. 같은 방법으로 모분산에 대한 추정량을 살펴보자. 모평균 μ과 모분산 σ^2을 갖는 모집단으로부터 확률표본 $X_1, X_2, \cdots, X_n$을 표본 추출했다 할 때 모분산 σ^2의 추정량은 $V = \frac{1}{n-1} \Sigma(X_i - \overline{X})^2$이다. 통계이론에서는 표본분산 V은 σ^2의 불편추정량이라고 알려졌다. 여기서도 수리적인 증명은 본 책의 수준을 넘으므로 생략한다. 대신 위의 예제의 데이터로 모분산 σ^2에 대한 추정량 V의 성질을 살펴보는 것으로 대신한다. 먼저 모분산 σ^2에 대한 추정량인 표본분산 V와 범위 R에 대해 다음과 같이 추정량을 계산한다.

위의 [표 1.1]에 주어진 표본번호 1은 관측값이 (60.3 59.4 59.5 59.7 59.8)으로부터 추정치는 표본분산은 $V = 0.123$, 범위는 $R = 0.9$이다.

표본번호 2은 관측값이 (58.8 59.4 59.4 57.2 60.1)으로 표본분산은 $V = 1.202$, 범위 $R = 2.9$이다. 같은 방법으로 표본번호 50까지 각각의 표본분산 V과 범위 R를 구하여 50개의 V와 R에 대해 각각의 점그래프를 그리면 다음과 같다.

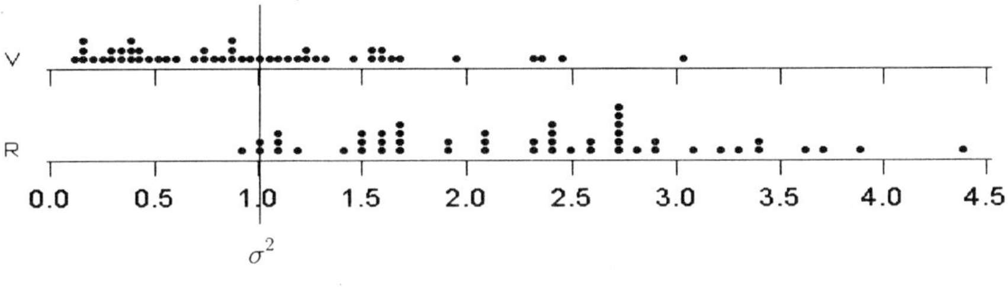

여기서 표본분산 V은 범위 R에 비해 모분산 σ^2를 중심으로(불편성) 추정치가 몰려있음(최소분산)을 위의 점그래프를 통해 확인할 수 있다. 따라서 표본분산 V은 모분산 σ^2에 대해 바람직한 추정량으로, 통계에서 표본분산을 모분산의 추정량으로 중요하게 취급되는 이유는 여기에 있다. 그러나 추정량을 선택할 때는 반드시 최소분산불편추정량만을 선택할 수는 없다. 경우에 따라서는 추정량으로 계산이 간편한 범위를 사용하곤 한다. 특히 현장의 품질관리에서는 표본이 작으며, 쉽고 간편하게 사용할 수 있다는 이유로 범위 R 등을 많이 사용한다.

2. 모평균의 추정

모평균은 가장 관심이 있고 많이 사용되는 모수이다. μ를 추정하는 방법은 여러 가지가 있다. 그중 대표적이고 제일 좋은 방법이 표본평균 $\overline{X}$이다. 왜냐하면 앞 절에서 보여주었듯이 μ에 대한 바람직한 추정량(최소분산불편추정량)이기 때문이다. 모집단의 경우 모집단이 평균 μ, 분산 σ^2일 때 표본평균 $\overline{X}$의 기댓값과 표준오차는 다음과 같다.

$$E(\overline{X}) = \mu, \qquad SE(\overline{X}) = \frac{\sigma}{\sqrt{n}} \tag{1.1}$$

여기서 표준오차(standard error SE)란 추정량의 표준편차를 의미하며, 추정량의 정밀도를 나타내는 측도다. 따라서 $\overline{X}$는 μ의 불편추정량으로 표본이 클수록 표준오차 SE($\overline{X}$)= $\frac{\sigma}{\sqrt{n}}$가 작아져서 좀 더 정확한 추정이 가능하게 된다. 일반적으로 σ는 미지이므로 $\overline{X}$의 표준오차를 추정하기 위해서는 σ 대신에 표본 $s = \sqrt{\frac{1}{n-1}\Sigma(X_i - \overline{X})^2}$ 을 대입한다.

예제 1.3

다음은 정확한 시간 측정여부를 알아보기 위해 측정한 데이터라 한다. 정확한 측정시간을 0으로 하고 빠르면 음의 값으로, 늦으면 양의 시간으로, 20번 측정을 3회 반복하였다. μ에 대한 추정량 $\overline{X}$의 점추정치와 표준오차를 각각 구하고, 의미를 살펴보자. (데이터 단위는 초)

자료 1 (1회 측정) :

−0.4	0.0	−0.2	−0.5	0.2	−0.3	0.6	−1.3	−0.1	−0.1
−0.6	0.5	0.7	0.2	−0.4	−0.2	0.2	−0.5	0.3	−1.1

자료 2 (2회 측정) :

1.4	−1.6	1.7	0.1	−0.1	1.2	−0.6	−1.7	1.5	0.2
−0.4	−0.0	−0.4	1.2	−2.1	0.7	−1.1	−0.1	−0.1	0.5

자료 3 (3회 측정) :

−0.1	−1.7	1.2	3.8	5.4	−0.5	−0.5	0.2	−4.2	−0.4
−1.0	−2.9	1.6	0.0	−0.7	0.0	−0.4	1.1	0.8	0.3

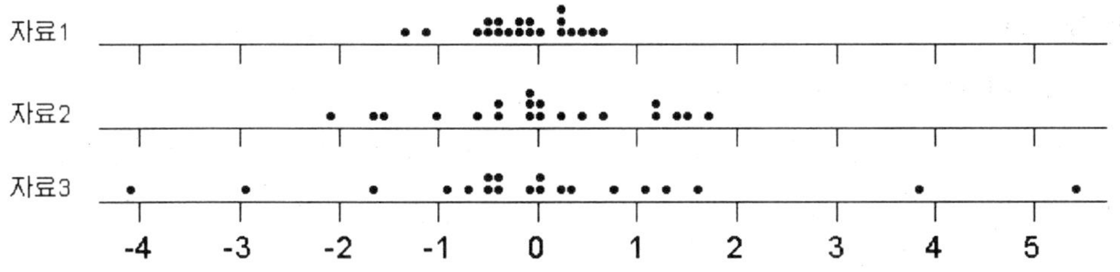

풀이

	$\overline{X}$	표준편차 s	표준오차 $SE(\overline{X}) = \frac{s}{\sqrt{n}}$
자료 1	−0.16	0.52	0.116
자료 2	0.01	1.09	0.244
자료 3	0.12	2.05	0.458

현장의 품질관리 관점에서 볼 때 자료 1은 산포와 대표치관리가 잘 되었다고 볼 수 있다. 반면 자료 3은 적어도 산포관리를 잘 해야 될 것이다. 참값($\mu = 0$)과 측정치와의 차, 즉 오차를 줄이는 일이 시급하다.

3. 모분산과 모표준편차의 추정

평균이 μ이고 분산이 σ^2인 모집단에서의 확률표본 $X_1, X_2, \cdots, X_n$이 있다 하자. 이 확률표본의 표본분산 V은 모집단의 경우 모분산 σ^2의 불편추정량,

즉 $E(V)=\sigma^2$이 성립한다. 한편, 모표준편차 σ에 대한 추정량으로는 표본표준편차 $s=\sqrt{\frac{1}{n-1}\Sigma(X_i-\overline{X})^2}$를 사용한다. 이때에 V은 σ^2의 불편추정량이지만 s는 σ의 불편추정량이 아니며 $E(s)\neq\sigma$가 성립된다. 그러나 이와 같은 편의의 정도는 표본크기 n이 10 정도만 되어도 무시할 수 있을 정도로 작게 된다. 따라서 n이 충분히 클 때 s를 수정하지 않고 그대로 σ의 추정량으로 사용한다.

예제 1.4

볼트회사에서는 한 자동차회사에 볼트를 납품한다. 볼트는 직경이 너무 크거나 작아도 부적합품이다. 자동차회사에서는 각 볼트회사에서 납품하는 볼트 직경의 산포를 알아보기 위해 볼트 직경을 측정했다. 다음의 측정 데이터에 대해 모평균 μ, 표준편차 σ, 분산 σ^2를 추정하라 (단위: mm).

14.0 14.2 15.1 13.7 14.5 15.6 14.8 15.1 13.5 15.8

풀이

모평균 μ에 대한 추정치 $\overline{x}=\frac{1}{10}(14.0+14.2+\cdots+15.8)=14.63$
모분산 σ^2에 대한 추정치는

$$V=\frac{1}{n-1}\left\{\Sigma_{i=1}^{n}x_i^2-\frac{(\Sigma_{i=1}^{n}x_i)^2}{n}\right\}$$

$$=\frac{1}{9}\left\{(14.0^2+14.2^2+\cdots+15.8^2)-\frac{1}{10}(14.0+14.2+\cdots+15.8)^2\right\}=0.613$$

σ에 대한 추정치는 $s=\sqrt{0.613}=0.783$

미니탭을 이용

C1열에 자료를 입력한다.

통계학 ▶ 기초통계학 ▶ 기술통계량 표시

【실행결과】

기술 통계량: 볼트직경

변수	N	N*	평균	SE 평균	표준 편차	최소값	Q_1	중위수	Q_3
볼트직경	10	0	14.630	0.248	0.783	13.500	13.925	14.650	15.225

변수	최대값
볼트직경	15.800

※ 모평균 μ에 대한 추정치는 14.63이고, 모표준편차 σ에 대한 추정치는 0.783, 모분산 σ^2에 대한 추정치는 $0.783^2 = 0.613$이 된다.

4. 모비율의 추정

모비율이란 부적합품률, 실업률, 찬성률 등과 같이 모집단에서 어떤 특정 속성을 갖는 것의 비율을 뜻한다. 제4장 표본비율의 분포로부터 모비율의 추정량은 p에 대한 추정량은 $\hat{p}$이며, 표준오차 $SE(\hat{p})$는 $\sqrt{\frac{\hat{p}(1-\hat{p})}{n}}$이 된다.

예제 1.5

노사문제에 대한 여론을 조사하기 위해 전국의 사업장에서 조합원 1200명을 임의로 추출하여 찬반을 조사하였다. 조사결과는 960명이 찬성하였다. 찬성률에 대한 추정값을 구하고 표준오차를 계산하라.

풀이

찬성률의 추정값은 $\hat{p} = \frac{X}{n} = \frac{960}{1200} = 0.80$

표준오차는 $SE(\hat{p}) = \sqrt{\frac{\hat{p}(1-\hat{p})}{n}} = \sqrt{\frac{0.800(1-0.800)}{1200}} = 0.0115$

2 구간추정

구간추정(interval estimation)은 하나의 값으로 추정하는 점추정과는 달리 구간에 의해 모수를 추정하는 것이다. 따라서 구간추정은 구간의 하한과 상한 값을 결정하는 두 개의 추정량으로 구성된다. 구간추정이란 모수에 대한 구간 추정치와 모수를 포함시킬 확률을 구한다는 것이다. 어떤 구간이 모수를 포함시킬 확률이란 신뢰수준을 의미하며, 이 구간을 신뢰구간(confidence interval)이라 한다. 예를 들어 신뢰수준이 95%라 하면 신뢰구간이 모수를 포함시킬 확률이 0.95라는 뜻이다.

1. 모평균의 신뢰구간

(1) 모집단의 표준편차를 알고 있는 경우

모집단이 정규분포를 하고 평균이 μ, 표준편차가 σ인 경우, n개의 표본에서 표본평균을 $\overline{X}$로 하면, 중심극한정리에 의해 $\overline{X}$는 평균이 μ이고 표준편차가 $\dfrac{\sigma}{\sqrt{n}}$인 정규분포를 한다. 따라서 모집단의 평균 μ에 대한 95%의 신뢰구간은 다음과 같이 유도된다.

$$P\left(-1.96 \le \frac{\overline{X}-\mu}{\frac{\sigma}{\sqrt{n}}} \le 1.96\right) = 0.95$$

$$P\left(-1.96\frac{\sigma}{\sqrt{n}} \le \overline{X}-\mu \le 1.96\frac{\sigma}{\sqrt{n}}\right) = 0.95$$

$$P\left(\overline{X}-1.96\frac{\sigma}{\sqrt{n}} \le \mu \le \overline{X}+1.96\frac{\sigma}{\sqrt{n}}\right) = 0.95$$

따라서 모집단의 평균 μ에 대한 95%의 신뢰구간은

$$\overline{X} - 1.96\frac{\sigma}{\sqrt{n}}, \quad \overline{X} + 1.96\frac{\sigma}{\sqrt{n}}$$

이 된다. 이 의미는 신뢰구간이 모평균 μ를 포함시킬 확률이 0.95라는 뜻이다. 즉 반복해서 100번의 신뢰구간을 구했다고 하면 모평균 μ를 포함시키는 신뢰구간이 95개 된다는 뜻이다. 같은 방법으로 모집단의 평균 μ에 대한 $100(1-\alpha)\%$의 신뢰구간은 다음과 같다.

$$\overline{X} - u_{1-\alpha/2}\frac{\sigma}{\sqrt{n}}, \quad \overline{X} + u_{1-\alpha/2}\frac{\sigma}{\sqrt{n}} \tag{2.1}$$

여기서 $100(1-\alpha)\%$의 오차한계는 $u_{1-\alpha/2}\frac{\sigma}{\sqrt{n}}$이다. 표준편차를 아는 경우 μ에 대한 $100(1-\alpha)\%$ 오차한계로부터 오차한계가 d 이내이도록 하고자 할 때, 표본크기 n은 오차한계 $u_{1-\alpha/2}\frac{\sigma}{\sqrt{n}} = d$이며, 이를 n에 대해 풀면 표본의 크기는 다음과 같다.

$$n = \left(\frac{u_{1-\alpha/2}\,\sigma}{d}\right)^2 \tag{2.2}$$

예제 2.1

모표준편차가 $\sigma = 10$인 정규모집단에서 $n = 25$인 표본을 추출하여 $\overline{x} = 40$을 얻었다. 90%의 오차한계와 신뢰구간을 구하라.

풀이

90%의 오차한계는 $u_{1-\alpha/2}\frac{\sigma}{\sqrt{n}} = 1.645\frac{10}{\sqrt{25}} = 3.29$. 따라서 μ에 대한 90%의 신뢰구간은

$$\left(40 - 1.645\frac{10}{\sqrt{25}},\ 40 + 1.645\frac{10}{\sqrt{25}}\right) = (36.71,\ 43.29)$$

예제 2.2

어느 공장에서 생산되는 전구수명의 표준편차가 100시간이라 한다. 전구의 평균수명을 95%의 신뢰수준으로 추정하려고 한다. 오차의 한계가 20시간 이내가 되기 위한 표본의 크기를 구하라.

풀이

$n=\left(\frac{u_{1-\alpha/2}\,\sigma}{d}\right)^2=(1.96\,\frac{100}{20})^2=96.04$. 따라서 필요한 표본의 크기는 97개이다.

예제 2.3

출납계원의 고객 한 사람 당 평균 서비스 시간(단위: 분)을 알아보기 위해 고객 서비스 담당자는 15명의 고객을 관찰하여 고객에 대한 소모된 서비스 시간을 측정하였다. 서비스 시간은 정규분포를 하며 표준편차는 1.4분이라 한다. 평균 서비스 시간 μ에 대한 95%의 신뢰구간을 구하라.

2.0 3.7 3.3 3.2 2.9 2.7 2.6 2.1 1.7 4.5 2.5 2.6 2.3 0.6 2.1

풀이

$\bar{x}=2.587$, $\sigma=1.4$, $u_{0.975}=1.96$. 따라서 μ에 대한 95%의 신뢰구간은

$$\left(\bar{x}-u_{1-\alpha/2}\frac{\sigma}{\sqrt{n}},\ \bar{x}+u_{1-\alpha/2}\frac{\sigma}{\sqrt{n}}\right)$$

$$=\left(2.587-1.96\frac{1.4}{\sqrt{15}},\ 2.587+1.96\frac{1.4}{\sqrt{15}}\right)$$

$$=(1.878,\ 3.295)$$

미니탭을 이용

통계학 ▶ 기초통계학 ▶ 1-표본 Z

【실행결과】

1-표본 Z: 서비스시간
가정된 표준 편차 = 1.4

변수	N	평균	표준 편차	SE 평균	95% CI
서비스시간	15	2.58667	0.90780	0.36148	(1.87818, 3.29515)

※ 평균 서비스시간 μ에 대한 95%의 신뢰구간은 (1.878, 3.295)

(2) 모집단의 표준편차를 모르고, 표본 n이 작은 경우

모집단이 정규분포를 따르고 표준편차를 모르며, n이 작은 경우

$$t = \frac{\overline{X} - \mu}{\frac{s}{\sqrt{n}}}$$

는 자유도 $n-1$인 t 분포를 한다. 이로부터 모평균에 대한 구간추정은 다음과 같이 유도된다.

$$P\left(-t_{1-\alpha/2}(n-1) < \frac{\overline{X} - \mu}{\frac{s}{\sqrt{n}}} < t_{1-\alpha/2}(n-1)\right) = 1-\alpha$$

$$P\left(\overline{X} - t_{1-\alpha/2}(n-1)\frac{s}{\sqrt{n}} < \mu < \overline{X} + t_{1-\alpha/2}(n-1)\frac{s}{\sqrt{n}}\right) = 1-\alpha$$

따라서 μ에 대한 $100(1-\alpha)\%$의 신뢰구간은 다음과 같다.

$$\overline{X} - t_{1-\alpha/2}(n-1)\frac{s}{\sqrt{n}}, \qquad \overline{X} + t_{1-\alpha/2}(n-1)\frac{s}{\sqrt{n}} \tag{2.3}$$

예제 2.4

비누 공장에서 생산되는 특수한 비누의 무게는 정규분포를 한다고 알려져 있다. 모평균

μ을 구간추정을 하기 위해 크기 $n=9$인 표본을 다음과 같이 얻었다(단위: g). 95%의 신뢰구간을 구하여라.

9.0 9.1 8.8 9.1 9.0 9.4 9.2 8.8 8.6

풀이

$\bar{x}=9.0$, $s=0.239$, $t_{0.975}(8)=2.306$, 따라서 μ에 대한 95%의 신뢰구간은

$$\begin{aligned}&\left(\bar{x}-t_{0.975}(8)\frac{s}{\sqrt{n}},\ \bar{x}+t_{0.975}(8)\frac{s}{\sqrt{n}}\right)\\&=\left(9.0-2.306\frac{0.239}{\sqrt{9}},\ 9.0+2.306\frac{0.239}{\sqrt{9}}\right)\\&=(8.816,\ 9.184)\end{aligned}$$

미니탭을 이용

통계학 ▶ 기초통계학 ▶ 1-표본 t

(3) 모집단의 표준편차를 모르고, 표본 n이 큰 경우

표본크기 n이 50 정도 이상(대표본)이라면, s를 σ 대신 사용이 가능하다. 표본크기가 어느 정도 이상 크다면, 모집단의 표준편차를 모르더라도 표본표준편차 s를 모집단의 표준편차로 사용하여, 모집단의 구간추정을 하는 것이 가능하다. 따라서 μ에 대한 $100(1-\alpha)\%$의 신뢰구간은 다음과 같다.

$$\overline{X}-u_{1-\alpha/2}\frac{s}{\sqrt{n}},\qquad \overline{X}+u_{1-\alpha/2}\frac{s}{\sqrt{n}} \tag{2.4}$$

예제 2.5

100명의 사람들에 대하여 혈중 콜레스테롤 수준을 측정한 결과, 평균은 245.69이며 표

준편차는 46.02를 얻었다. 모집단의 콜레스테롤 수준의 평균에 대한 95%의 신뢰구간을 구하라.

풀이

표본평균 $\overline{x} = 245.69$, 표본크기 $n = 100$, 표본표준편차 $s = 46.02$, $u_{0.975} = 1.96$

따라서 μ에 대한 95%의 신뢰구간은

$$\left(\overline{X} - u_{1-\alpha/2}\frac{s}{\sqrt{n}}, \quad \overline{X} + u_{1-\alpha/2}\frac{s}{\sqrt{n}}\right)$$

$$= (245.69 - 1.96\frac{46.02}{100}, \ 245.69 + 1.96\frac{46.02}{100})$$

$$= (236.67, \ 254.71)$$

2. 모비율의 신뢰구간

모비율 p의 추정량 $\hat{p} = \dfrac{X}{n}$은 n이 클 때 제4장의 중심극한정리에 의해 근 근사적으로 $N(0, 1)$을 따른다. 이러한 사실로부터 모비율 p에 대한 $100(1-\alpha)\%$의 신뢰구간은 다음과 같다.

$$\hat{p} + u_{1-\alpha/2}\sqrt{\frac{\hat{p}(1-\hat{p})}{n}}, \quad \hat{p} - u_{1-\alpha/2}\sqrt{\frac{\hat{p}(1-\hat{p})}{n}} \tag{2.5}$$

예제 2.6

임의의 로트로부터 100개의 표본을 추출하여 측정한 결과 12개의 부적합품이 나왔다. 로트의 부적합품률 p에 대한 95%의 신뢰구간을 구하여라.

풀이

표본이 크므로 $P(|u| < 1.96) = 0.95$이고, $n = 100$, $\hat{p} = \dfrac{12}{100} = 0.12$이므로

p에 대한 95%의 신뢰구간은

$$\left(\hat{p}-1.96\sqrt{\frac{\hat{p}(1-\hat{p})}{n}},\ \hat{p}+1.96\sqrt{\frac{\hat{p}(1-\hat{p})}{n}}\right)$$

$$=(0.06,\ 0.18)$$

미니탭을 이용

통계학 ▶ 기초 통계량 ▶ 1비율

3. 모분산의 신뢰구간

통계량 $\frac{(n-1)V}{\sigma^2}$은 $\chi^2(n-1)$을 따른다고 알려졌다. χ^2 분포는 자유도에 따라 다르며, 그림과 같이 오른쪽으로 비스듬하게 기울어져 있다. χ^2분포에서 신뢰수준이 $(1-\alpha)$인 상한과 하한은 다음과 같이 설정된다.

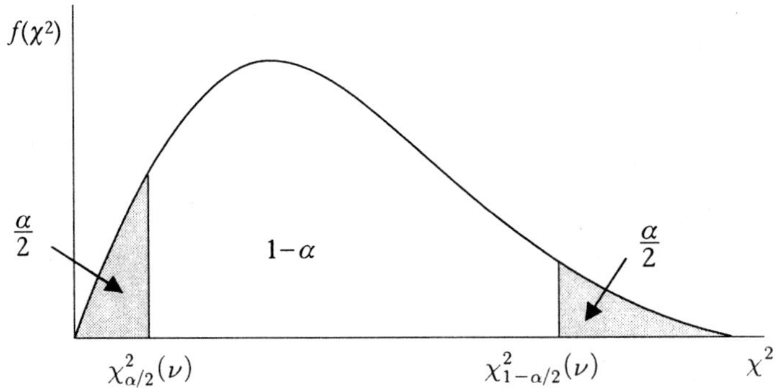

[그림 2.1] χ^2 분포

이상으로부터 다음과 같은 신뢰구간을 구할 수 있다.

$$P\left(\chi^2_{\alpha/2}(n-1) \le \frac{(n-1)V}{\sigma^2} \le \chi^2_{1-\alpha/2}(n-1)\right) = 1-\alpha$$

$$P\left(\frac{1}{\chi^2_{1-\alpha/2}(n-1)} \le \frac{\sigma^2}{(n-1)V} \le \frac{1}{\chi^2_{\alpha/2}(n-1)}\right) = 1-\alpha$$

$$P\left(\frac{(n-1)V}{\chi^2_{1-\alpha/2}(n-1)} \le \sigma^2 \le \frac{(n-1)V}{\chi^2_{\alpha/2}(n-1)}\right) = 1-\alpha$$

따라서 모분산 σ^2에 대한 $100(1-\alpha)\%$의 신뢰구간은 다음과 같다.

$$\frac{(n-1)V}{\chi^2_{1-\alpha/2}(n-1)}, \qquad \frac{(n-1)V}{\chi^2_{\alpha/2}(n-1)} \tag{2.6}$$

예제 2.7

저울의 정밀도를 알아보기 위해서 동일한 물체를 6번 측정하였더니 다음과 같은 결과가 나왔다. 측정치의 분포가 정규분포를 따른다고 가정할 때 σ^2에 대한 90%의 신뢰구간을 구하라.

351 353 349 346 354 357

풀이

$V = 15.07$ 이고 부록 표에서 $\chi^2_{0.05}(5) = 1.15$, $\chi^2_{0.95}(5) = 11.07$이므로 σ^2에 대한 90%의 신뢰구간은

$$\left(\frac{(6-1)15.07}{11.07}, \frac{(6-1)15.07}{1.15}\right)$$
$$= (6.81,\ 65.52)$$

4. 모부적합수의 신뢰구간

일정단위에서의 모부적합수, 사건수 등은 포아송분포를 따르는 경우가 많다. 표본 중에 나타나는 부적합수를 X라 하고 모부적합수를 m이라 하면 X

X는 모평균 m인 포아송분포를 따른다. 따라서 $E(X)=m$이고 $V(X)=m$이 된다. $m \geq 5$인 경우 $X \sim N(m, m)$에 근사하므로 모부적합수 m에 대한 $100(1-\alpha)\%$의 신뢰구간은 다음과 같다.

$$X - u_{1-\alpha/2}\sqrt{X}\ , \quad X + u_{1-\alpha/2}\sqrt{X}$$

위에서 $E(X)=m$으로 m의 추정량 $\hat{m}=X$이며 $V(X)$의 추정량 $\hat{V}(X)=\hat{m}=X$이다.

5. 모평균 차에 대한 신뢰구간

(1) 모집단의 표준편차 σ_1, σ_2을 알고 있는 경우

독립인 두 모집단에서 각각 표본의 크기는 n_1, n_2이고 이 표본으로부터 표본평균은 $\overline{X}$, $\overline{Y}$이고 표본분산은 V_1, V_2라고 하자. 또 이 두 모집단의 평균을 각각 μ_1, μ_2라 하고 분산은 각각 σ_1^2, σ_2^2이라고 하면, 이때 통계량 $\overline{X}-\overline{Y}$은 중심극한정리에 의해 평균이 $\mu_1-\mu_2$이고 분산 $\dfrac{\sigma_1^2}{n_1}+\dfrac{\sigma_2^2}{n_2}$인 정규분포를 한다. 따라서 $\overline{X}-\overline{Y}$를 표준화시킨 확률변수 U

$$U = \frac{(\overline{X}-\overline{Y})-(\mu_1-\mu_2)}{\sqrt{\dfrac{\sigma_1^2}{n_1}+\dfrac{\sigma_2^2}{n_2}}}$$

은 근사적으로 $N(0,\ 1)$을 따른다. 이러한 사실로부터 모평균의 차 $\mu_1-\mu_2$에 대한 $100(1-\alpha)\%$의 신뢰구간은 다음과 같다.

$$(\overline{X}-\overline{Y}) - u_{1-\alpha/2}\sqrt{\frac{\sigma_1^2}{n_1}+\frac{\sigma_2^2}{n_2}}\ , \quad (\overline{X}-\overline{Y}) + u_{1-\alpha/2}\sqrt{\frac{\sigma_1^2}{n_1}+\frac{\sigma_2^2}{n_2}} \qquad (2.7)$$

(2) 모집단의 표준편차 σ_1, σ_2을 모르고, 표본 n_1, n_2이 작은 경우

두 모집단에서 각각 표본의 크기는 n_1, n_2이고 표본평균은 $\overline{X}$, $\overline{Y}$ 표본분산 V_1, V_2라고 하면, 두 모집단의 분산은 모르지만 같다고 가정했을 때 즉 $\sigma_1^2 = \sigma_2^2$일 때, 공통분산의 추정은 합동추정량(pooled estimator) s_p^2을 이용한다.

$$s_p^2 = \frac{(n_1 - 1)V_1 + (n_2 - 1)V_2}{n_1 + n_2 - 2} \tag{2.8}$$

그러면 s_p^2을 이용하여 $\overline{X} - \overline{Y}$를 표준화시킨 확률변수 t

$$t = \frac{(\overline{X} - \overline{Y}) - (\mu_1 - \mu_2)}{s_p \sqrt{\dfrac{1}{n_1} + \dfrac{1}{n_2}}} \tag{2.9}$$

는 자유도 $n_1 + n_2 - 2$인 t 분포를 한다. 따라서 모평균의 차 $\mu_1 - \mu_2$에 대한 $100(1-\alpha)\%$의 신뢰구간은 다음과 같다.

$$\overline{X} - \overline{Y} - t_{1-\alpha/2}(n_1 + n_2 - 2)\, s_p \sqrt{\frac{1}{n_1} + \frac{1}{n_2}},$$

$$\overline{X} - \overline{Y} + t_{1-\alpha/2}(n_1 + n_2 - 2)\, s_p \sqrt{\frac{1}{n_1} + \frac{1}{n_2}} \tag{2.10}$$

예제 2.8

어떤 유기합성반응 온도를 70도로 하였을 경우와 60도로 하였을 경우로 하여 각각 6번을 합성하여 그 비중을 측정하여 다음의 데이터를 얻었다. 비중의 차에 대한 95%의 신뢰구간을 구하라. 비중의 측정치는 분산이 같은 정규분포를 한다.

60도에서의 비중 :	0.83	0.88	0.87	0.83	0.79	0.83
70도에서의 비중 :	0.80	0.85	0.83	0.80	0.76	0.81

풀이

$V_1 = 0.00106 \qquad V_2 = 0.00094$

$$s_p^2 = \frac{(6-1)0.00106 + (6-1)0.00094}{6+6-2} = 0.001 \qquad s_p = 0.0316$$

따라서 비중의 차에 대한 95%의 신뢰구간은

$$\left(\bar{x} - \bar{y} - t_{0.975}(10)\ s_p\sqrt{\frac{1}{6}+\frac{1}{6}},\ \ \bar{x} - \bar{y} + t_{0.975}(10)\ s_p\sqrt{\frac{1}{6}+\frac{1}{6}}\right)$$

$$= (0.03 - 2.228 \times 0.0316 \times 0.577,\ \ 0.03 + 2.228 \times 0.0316 \times 0.577)$$

$$= (-0.0106,\ \ 0.0706)$$

미니탭을 이용

60도에서의 비중 데이터를 C1열에, 70도에서의 비중의 데이터를 C2열에 입력한다.

통계학 ▶기초 통계학 ▶ 2-표본 t

(3) 모집단의 표준편차 σ_1, σ_2을 모르지만, 표본 n_1, n_2이 큰 경우

두 모집단에서 각각 표본의 크기는 n_1, n_2로 충분히 크고 이 표본으로부터 표본평균은 $\overline{X}$, $\overline{Y}$, 표본분산은 V_1, V_2라고 할 때, 통계량 $\overline{X}-\overline{Y}$를 표준화시킨 확률변수

$$U = \frac{(\overline{X} - \overline{Y}) - (\mu_1 - \mu_2)}{\sqrt{\dfrac{V_1}{n_1} + \dfrac{V_2}{n_2}}}$$

은 근사적으로 $N(0,\ 1)$을 따른다. 이러한 사실로부터 두 모평균의 차 $\mu_1 - \mu_2$에 대한 $100(1-\alpha)\%$의 신뢰구간은 다음과 같다.

$$(\overline{X}-\overline{Y})-u_{1-\alpha/2}\sqrt{\frac{V_1}{n_1}+\frac{V_2}{n_2}}\ ,\ (\overline{X}-\overline{Y})+u_{1-\alpha/2}\sqrt{\frac{V_1}{n_1}+\frac{V_2}{n_2}} \qquad (2.11)$$

6. 쌍체표본인 경우의 신뢰구간

쌍체표본이란 동일한 집단의 특성을 서로 다른 두 지역이나 서로 다른 두 시점에서 측정한 값으로 표본을 구성할 때 이루어지는 경우로, 자료형식은 두 집단의 표본과 동일하다. 예를 들어 통계학을 배우기 전과 후의 자료분석 능력의 차이라든가 피임약을 사용하기 전과 후의 혈압차이를 분석하고자 할 때 등 두 관찰값이 대응된 쌍을 이루기 때문에 다음과 같은 방법을 이용하여 모집단의 차에 대한 추정을 할 수 있다. 상체표본인 경우 자료의 형태와 평균 및 분산은 다음과 같다.

쌍	처리 1	처리 2	차이
1	X_1	Y_1	$D_1=X_1-Y_1$
2	X_2	Y_2	$D_2=X_2-Y_2$
⋮	⋮	⋮	⋮
n	X_n	Y_n	$D_n=X_n-Y_n$

확률표본 $D_1,\ D_2,\ \cdots,\ D_n$으로부터 표본평균과 표본분산은 $\overline{D}=\frac{1}{n}\Sigma D_i$, $S_D^2 = \frac{1}{n-1}\Sigma(D_i-\overline{D})^2$이다. $\overline{D}$는 평균이 $\mu_1-\mu_2=\mu_D$인 정규분포를 따르므로 대표본인 경우 $\overline{D}$를 표준화 시킨 확률변수 U는

$$U=\frac{\overline{D}-\mu_D}{\frac{s_D}{\sqrt{n}}}\sim N(0,1)$$

이다. 쌍체표본의 차에 대한 $100(1-\alpha)\%$의 신뢰구간은 다음과 같다.

$$\overline{D} - u_{1-\alpha/2}\frac{s_D}{\sqrt{n}}\ ,\quad \overline{D} + u_{1-\alpha/2}\frac{s_D}{\sqrt{n}} \tag{2.12}$$

한편, 표본이 작고 모집단이 정규분포를 따른다면

$$t = \frac{\overline{D} - \mu_D}{\frac{s_D}{\sqrt{n}}} \sim t(n-1)$$

이 된다. 따라서 $\mu_1 - \mu_2$에 대한 $100(1-\alpha)\%$의 신뢰구간은 다음과 같다.

$$\overline{D} - t_{1-\alpha/2}(n-1)\frac{s_D}{\sqrt{n}},\quad \overline{D} + t_{1-\alpha/2}(n-1)\frac{s_D}{\sqrt{n}} \tag{2.13}$$

예제 2.9

운동의 효과를 측정하기 위하여 5명을 임의로 추출하여 같은 사람을 운동전과 운동 후로 체중을 조사한 결과 다음과 같은 자료를 얻었다. 체중의 차에 대한 95%의 신뢰구간을 구하라(단위는 파운드).

운동 전 :	168	195	155	183	169
운동 후 :	160	197	150	180	163

풀이

$\overline{D} = 4 \qquad t_{0.975}(4) = 2.776 \qquad s_D^2 = 14.5$

따라서 체중의 차에 대한 95%의 신뢰구간은

$$\begin{aligned}&\left(\overline{D} - t_{0.975}(4)\frac{s_D}{\sqrt{5}},\quad \overline{D} + t_{0.975}(4)\frac{s_D}{\sqrt{5}}\right)\\&= \left(4 - 2.776\frac{\sqrt{14.5}}{\sqrt{5}},\quad 4 + 2.776\frac{\sqrt{14.5}}{\sqrt{5}}\right)\\&= (-0.72,\ 8.72)\end{aligned}$$

미니탭을 이용

C1에 운동전 데이터를 C2에 운동 후 데이터를 입력한다.

통계학 ▶기초 통계학 ▶ 쌍체 t

7. 모비율 차에 대한 신뢰구간

두 모집단의 표본의 크기가 각각 n_1, n_2이고, 표본비율은 각각 $\hat{p_1} = \frac{X}{n_1}$, $\hat{p_2} = \frac{Y}{n_2}$이라고 하면 $V(\hat{p_1}) = \frac{p_1(1-p_1)}{n_1}$, $V(\hat{p_2}) = \frac{p_2(1-p_2)}{n_2}$이 되므로, $\hat{p_1} - \hat{p_2}$의 평균과 분산은 $E(\hat{p_1} - \hat{p_2}) = E(\hat{p_1}) - E(\hat{p_2}) = p_1 - p_2$, $V(\hat{p_1} - \hat{p_2}) = \frac{p_1(1-p_1)}{n_1} + \frac{p_2(1-p_2)}{n_2}$이 된다. n이 충분히 클 때, 추정량 $\hat{p_1} - \hat{p_2}$은

$$U = \frac{\hat{p_1} - \hat{p_2} - (p_1 - p_2)}{\sqrt{\frac{\hat{p_1}(1-\hat{p_1})}{n_1} + \frac{\hat{p_2}(1-\hat{p_2})}{n_2}}} \tag{2.14}$$

으로 근사적으로 $N(0, 1)$을 따른다. 따라서 모비율의 차 $p_1 - p_2$에 대한 $100(1-\alpha)\%$의 신뢰구간은 다음과 같다.

$$(\hat{p_1} - \hat{p_2}) \pm u_{1-\alpha/2} \sqrt{\frac{\hat{p_1}(1-\hat{p_1})}{n_1} + \frac{\hat{p_2}(1-\hat{p_2})}{n_2}} \tag{2.15}$$

예제 2.10

부품을 만드는 두 대의 기계가 있다. 두 대의 기계로 작업을 하는데 그 기계의 성능을 비교하기 위하여 다음과 같은 데이터를 얻었다. 두 기계의 부적합품률의 차에 대한 95%의 신뢰구간을 구하라.

	표본	부적합품수
A 기계(x)	1000	90
B 기계(y)	2000	140

풀이

$\hat{p_1} = \dfrac{x}{n_1} = \dfrac{90}{1000} = 0.09 \qquad \hat{p_2} = \dfrac{y}{n_2} = \dfrac{140}{2000} = 0.07$

따라서 $p_1 - p_2$에 대한 95%의 신뢰구간은

$$(\hat{p_1} - \hat{p_2}) \pm u_{1-\alpha/2}\sqrt{\frac{\hat{p_1}(1-\hat{p_1})}{n_1} + \frac{\hat{p_2}(1-\hat{p_2})}{n_2}}$$

$$= (0.09 - 0.07) \pm 1.96\sqrt{\frac{0.09(1-0.09)}{1000} + \frac{0.07(1-0.07)}{2000}}$$

$$= (0.00,\ 0.041)$$

미니탭을 이용

통계학 ▶ 기초 통계학 ▶ 2-비율

8. 분산비에 대한 신뢰구간

두 모집단의 분산의 차이를 추정할 경우 분산비의 구간을 추정하여 두 모집단 간의 분산의 차이를 비교할 수 있다. 분산비는 두 개의 χ^2분포의 비로 구성되는 F분포를 이용한다.

두 χ^2통계량 $\dfrac{(n_1 - 1)V_1}{\sigma_1^2}$, $\dfrac{(n_2 - 1)V_2}{\sigma_2^2}$은 각각 $\chi^2(n_1 - 1)$, $\chi^2(n_2 - 1)$을 한다. 분산비를 추정하고자 할 경우 사용되는 통계량은 F 분포를 따른다.

$$\frac{V_1 / \sigma_1^2}{V_2 / \sigma_2^2} \sim F(n_1 - 1, n_2 - 1) \tag{2.16}$$

따라서

$$P\left(F_{\alpha/2}(n_1 - 1,\ n_2 - 1) \le \frac{V_1}{V_2}\ \frac{\sigma_2^2}{\sigma_1^2} \le F_{1-\alpha/2}(n_1 - 1,\ n_2 - 1)\right) = 1 - \alpha$$

$$P\left(\frac{V_2}{V_1} F_{\alpha/2}(n_1 - 1,\ n_2 - 1) \le \frac{\sigma_2^2}{\sigma_1^2} \le \frac{V_2}{V_1} F_{1-\alpha/2}(n_1 - 1,\ n_2 - 1)\right) = 1 - \alpha$$

이상으로부터 분산비 $\frac{\sigma_2^2}{\sigma_1^2}$에 대한 $100(1-\alpha)\%$의 신뢰구간은 다음과 같다.

$$\frac{V_2}{V_1} F_{\alpha/2}(n_1 - 1,\ n_2 - 1),\quad \frac{V_2}{V_1} F_{1-\alpha/2}(n_1 - 1,\ n_2 - 1) \tag{2.17}$$

예제 2.11

동일한 종류의 전구를 생산하는 두 공장이 있다. A 공장에서 생산하는 전구 25개를 임의로 추출하여 수명을 조사한 결과 분산이 10시간이었고, B공장에서 생산되는 전구 16개를 임의 추출하여 조사한 결과 분산이 20시간이었다. 이 두 공장에서 생산되는 전구수명에 대한 모분산비 σ_2^2/σ_1^2에 대한 95%의 신뢰구간을 구하라.

풀이

$\alpha = 0.05$, A 공장 : $n_1 = 25$, $V_1 = 10$이며, B 공장 : $n_2 = 16$, $V_2 = 20$으로

$$\frac{V_1 / \sigma_1^2}{V_2 / \sigma_2^2} \sim F(25 - 1,\ 16 - 1)$$

따라서 F 분포표를 이용하여, 모분산비 $\frac{\sigma_2^2}{\sigma_1^2}$에 대한 95%의 신뢰구간은

$$\frac{V_2}{V_1}F_{\alpha/2}(n_1-1,\ n_2-1),\qquad \frac{V_2}{V_1}F_{1-\alpha/2}(n_1-1,\ n_2-1)$$

$$=(0.82,\ 5.40)$$

3 검정의 방법

어느 회사에서는 생산되는 전구의 평균 수명 시간 μ이 1100시간으로 알려져 있다 한다. 이 회사는 전구의 수명을 연장하기 위해 새로운 기술을 도입하여 전구의 수명 시간을 연장하였다고 주장하고 있다 한다. 이를 확인하기 위해 9개의 전구를 추출하여 검사한 결과 평균수명 시간이 1120시간이었다고 하면, 이 경우 전구의 평균 수명시간은 1100시간보다 더 길다고 할 수 있을까?

이런 문제의 질문에 대해 통계적 가설을 표현하면 이와 같이 시사 암시를 받아 검토하고 싶은 내용을 바탕으로 대립가설 $H_1: \mu > 1100$를 설정하게 되며, 또 지금까지 알려져 온 $\mu = 1100$를 바탕으로 귀무가설 $H_0: \mu \le 1100$를 설정하게 된다.

그런데 귀무가설이 올바른 경우에 귀무가설을 채택하고, 대립가설이 올바른 경우에 대립가설을 채택하면 되지만, 때로는 잘못 판단을 하는 경우도 있다. 통계적 가설검정에서는 흔히 오류가 따르게 된다. 이를테면 귀무가설이 올바른 것에 귀무가설을 기각하는 경우가 있고, 이에 대하여 대립가설이 올바른 것에 대해 대립가설을 기각하는 경우가 있다. 전자를 흔히 제1종 과오라 하고 후자를 제2종의 과오라 한다. 이를 요약하면 다음 표와 같다.

[표 3.1] 가설검정의 결과

실제의 상태 \ 검정결과	H_0를 채택	H_1를 채택
H_0가 사실	옳은 결정	제1종의 과오(α)
H_1이 사실	제2종의 과오(β)	옳은 결정

귀무가설을 채택할 것인가 기각할 것인가는 표본에서 통계량을 계산하여 그 값에 따라 결정하게 되는데 이런 통계량을 검정통계량이라 한다. 또 검정통계량이 어떤 범위에 있는 경우에 귀무가설을 기각하는 경우 이 영역을 기각역이라 한다.

검정통계량의 값이 기각역에 있으면 귀무가설을 기각하고, 채택역에 있으면 채택하게 된다. 이 기각역과 채택역의 기준이 되는 값을 기각치(임계치)라고 한다. 귀무가설이 틀림없다고 하더라도 검정통계량이 기각역에 속하는 확률을 유의수준이라 하고, 주어진 검정통계량의 관측값으로부터 H_0를 기각하게 하는 최소의 유의수준을 유의확률(significance probability: p값)이라 말한다. 유의수준은 보통 1%, 5%에서 정한다. 대립가설에 따라 검정의 기각역이 어느 한쪽에만 있는 경우를 단측검정이라고 하고, 양쪽에 있는 경우를 양측검정이라 한다. 일반적으로 가설검정의 절차는 다음과 같다.

1단계 : 귀무가설 H_0과 대립가설 H_1을 세운다.

2단계 : H_0 하에서 검정통계량을 결정하고, 표본으로부터 검정통계량을 계산한다.

3단계 : 표본크기 n, 유의수준 α와 대립가설의 형태에 따라 기각치를 구한다.

4단계 : 검정통계량의 값과 기각치를 비교하여 판정한다. 유의확률(p값)이 유의수준(α)이하 이면 H_0을 기각한다. 즉 통계적으로 유의하다고 판단한다.

1. 모평균의 검정

(1) 모집단의 표준편차를 알고 있는 경우

모평균 μ에 대한 가설 $H_0 : \mu = \mu_0$, $H_1 : \mu > \mu_0$을 검정하기 위한 검정절차를 생각해 보자. 모평균의 추정량인 표본평균 $\overline{X}$는 중심극한정리에 의해 $\overline{X} \sim N\left(\mu, \ \frac{\sigma^2}{n}\right)$이다. 따라서 H_0하에서 $\overline{X}$를 표준화하면

$$U_0 = \frac{\overline{X} - \mu_0}{\frac{\sigma}{\sqrt{n}}} \sim N(0, \ 1) \tag{3.1}$$

이 되며, 이때 기각역은 단측검정으로 $U_0 \geq u_{1-\alpha}$이 된다. 또 가설 $H_1 : \mu < \mu_0$인 경우도 기각역은 단측검정으로 $U_0 \leq u_\alpha$이 된다. 한편 가설 $H_1 : \mu \neq \mu_0$은 기각역은 양측검정으로 $|U_0| \geq u_{1-\alpha/2}$이 된다. 대립가설의 형태에 따라 기각역은 아래 그림과 같다.

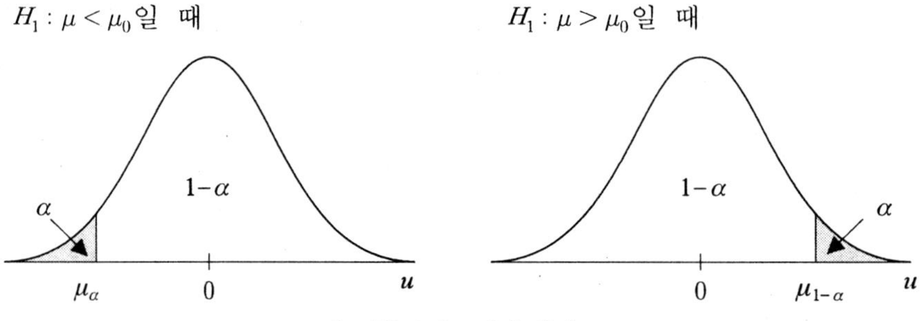

[그림 3.1] 단측검정

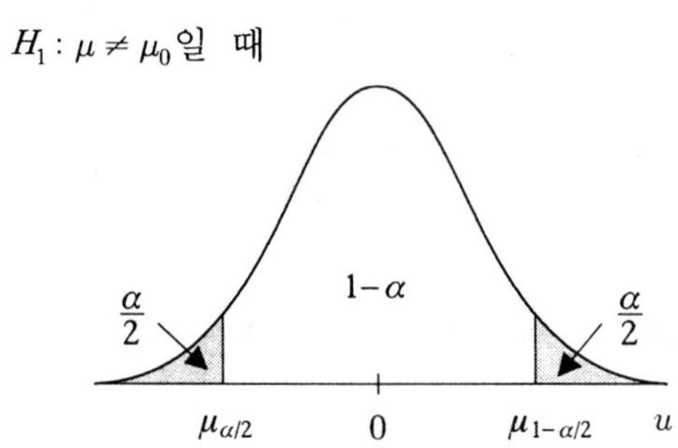

[그림 3.2] 양측검정

대립가설에 대한 모평균의 가설검정 절차는 다음과 같다.

1. 귀무가설 : $H_0 : \mu \geq \mu_0$

2. 검정통계량 : $U_0 = \dfrac{\overline{X} - \mu_0}{\dfrac{\sigma}{\sqrt{n}}}$

3. 판정 : $H_1 : \mu < \mu_0$ 일 때 $U_0 \leq u_\alpha$ 이면 H_0을 기각한다.

$H_1 : \mu > \mu_0$ 일 때 $U_0 > u_{1-\alpha}$ 이면 H_0을 기각한다.

$H_1 : \mu \neq \mu_0$ 일 때 $|U_0| \geq u_{1-\alpha/2}$ 이면 H_0을 기각한다.

검정통계량이 정규분포를 할 때의 검정을 U검정(정규검정)이라 한다.

예제 3.1

어떤 기계공장에서 프레스된 부품의 지름 기준치는 7.91mm라 알려졌다. 제조공정의 일부를 변경하고 10개의 표본을 추출하여 측정한 결과 다음과 같을 때 프레스된 부품의 지름은 커졌다고 할 수 있는가 유의수준 5%로 검정하라. 부품의 지름은 정규분포를 따르고 모표준편차는 0.03mm라 한다(단위: mm).

7.92 7.94 7.90 7.93 7.92 7.93 7.91 7.94 7.95 7.92

풀이

1단계 : $H_0 : \mu \leq 7.91$ $H_1 : \mu > 7.91$

2단계 : H_0 하에서 검정통계량은

$$U_0 = \frac{\overline{x} - \mu_0}{\dfrac{\sigma}{\sqrt{n}}}$$

$$= \frac{7.926 - 7.91}{0.03/\sqrt{10}} = 1.687$$

3단계 : 기각치 $u_{0.95} = 1.645$

4단계 : 판정 $U_0 = 1.687 \geq u_{0.95} = 1.645$이므로 H_0을 기각한다. 즉 유의수준 $\alpha = 0.05$로 프레스된 부품의 지름은 커졌다고 할 수 있다.

미니탭을 이용

통계학 ▶ 기초 통계학 ▶ 1-표본 Z

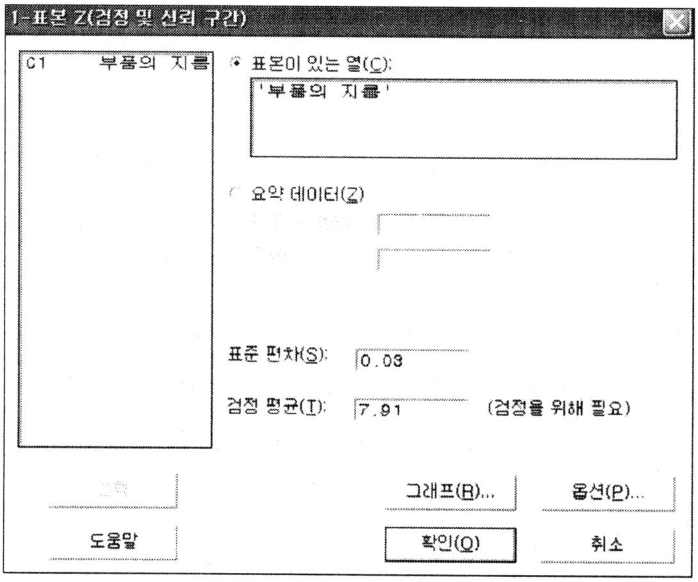

데이터가 입력되어 있는 열을 선택

표준편차를 알고 있는 경우 입력

검정하고자 하는 평균값을 입력

옵션 선택!

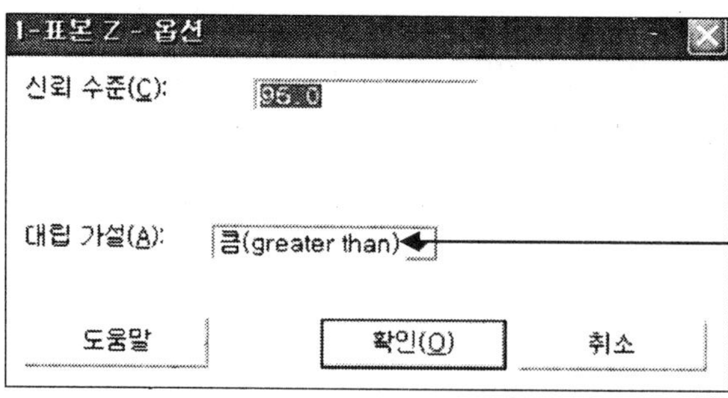

갈지 않음($\mu \neq \mu_0$)
큼($\mu > \mu_0$)
작음($\mu < \mu_0$)

【 실행결과 】

1-표본 Z: 부품의 지름

mu = 7.91 대 > 7.91의 검정
가정된 표준 편차 = 0.03

변수	N	평균	표준 편차	SE 평균	95% 하한	Z	P
부품의 지름	10	7.92600	0.01506	0.00949	7.91040	1.69	0.046

※ 이 결과에서 p 값이 0.05 보다 작기 때문에 H_0를 기각한다. 즉 프레스된 부품의 지름은 커졌다고 할 수 있다.

[p 값 설명]

위의 미니탭의 출력물에서 p값은 0.046이다. 검정통계량 $u_0 = 1.69$을 표준정규분포표에서 찾으면

$$P(U \geq 1.69) = 0.046$$

된다. 따라서 p값은 0.046이다. 주어진 자료로부터 H_0가 기각되는 최소의 유의수준으로 유의수준 0.046 이상일 때만 H_0를 기각하게 된다. 위의 예제에서는 유의수준 0.05로 했을 때는 귀무가설은 기각하게 된다. p값에 대한 그림은 다음과 같다.

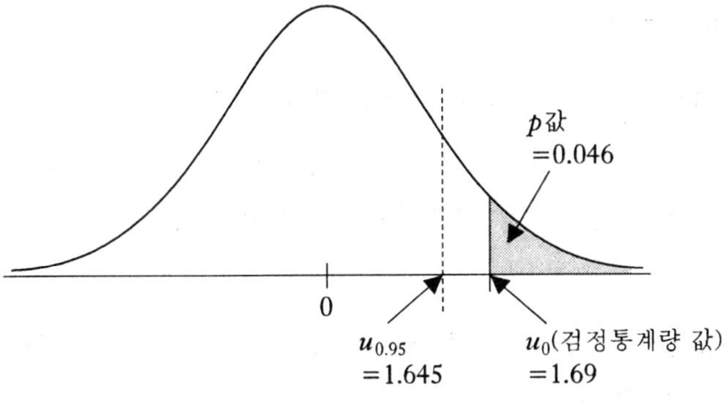

[그림 3.3] 검정통계량 $u_0 = 1.69$에서의 p값

예제 3.2

앞의 예제에서 '프레스된 부품의 지름은 달라졌다고 할 수 있는가'에 관심을 가졌을 때, 유의수준 5%로 검정하라.

풀이

1단계 : $H_0 : \mu = 7.91 \qquad H_1 : \mu \neq 7.91$

2단계 : H_0 하에서 검정통계량은

$$U_0 = \frac{\bar{x} - \mu_0}{\frac{\sigma}{\sqrt{n}}}$$

$$= \frac{7.926 - 7.91}{0.03/\sqrt{10}} = 1.687$$

3단계 : 기각치 $u_{0.025} (= -u_{0.975}) = -1.96 \qquad u_{0.975} = 1.96$

4단계 : 판정 $u_{0.025} = -1.96 \leq U_0 = 1.687 \leq u_{0.975} = 1.96$이므로 H_0을 채택한다. 즉 유의수준 $\alpha = 0.05$로 프레스된 부품의 지름이 달라졌다고 할 수 없다.

미니탭을 이용

통계학 ▶ 기초통계학 ▶ 1-표본 Z ▶ 옵션에서 같지 않음(not equal) 선택

【실행결과】

1-표본 Z: 부품의 지름

mu = 7.91 대 not = 7.91의 검정 가정된 표준 편차 = 0.03

변수	N	평균	표준 편차	SE 평균	95% CI	Z	P
부품의 지름	10	7.92600	0.01506	0.00949	(7.90741, 7.94459)	1.69	0.092

※ 이 결과에서 p값이 0.05보다 크기 때문에 H_0를 채택한다. 즉, 프레스된 부품의 지름은 달라졌다고 할 수 없다.

[p 값 설명]

앞의 미니탭의 출력물에서 p값은 0.092이다. 검정통계량 $u_0 = 1.69$에서 p값은

$$P(U \leq -1.69 \text{ or } U \geq 1.69) = P(U \leq -1.69) + P(U \geq 1.69)$$
$$= 0.046 + 0.046 = 0.092$$

이다. p값은 주어진 자료로부터 H_0가 기각되는 최소의 유의수준으로 유의수준 0.092 이상일 때만 H_0를 기각하게 된다. 따라서 위의 예제에서는 유의수준 0.05로 했을 때는 귀무가설은 채택하게 된다. p값에 대한 그림은 다음과 같다.

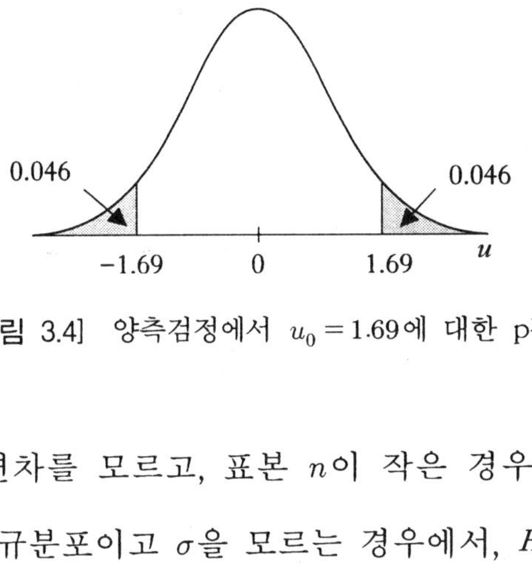

[그림 3.4] 양측검정에서 $u_0 = 1.69$에 대한 p값

(2) 모집단의 표준편차를 모르고, 표본 n이 작은 경우

모집단의 분포가 정규분포이고 σ을 모르는 경우에서, $H_0 : \mu = \mu_0$, $H_1 : \mu < \mu_0$에 대한 검정절차를 생각해 보자. H_0하에서 검정통계량

$$t_0 = \frac{\overline{X} - \mu_0}{\frac{s}{\sqrt{n}}} \tag{3.2}$$

은 자유도 $n-1$인 t분포를 따른다. 이 경우 기각역은 단측검정 $t_0 \leq t_\alpha(n-1)$ $(= -t_{1-\alpha}(n-1))$이 된다. 모평균 μ에 관한 검정은 다음과 같이 요약할 수 있다.

1. 귀무가설 : $H_0 : \mu = \mu_0$

2. 검정통계량 : $t_0 = \dfrac{\overline{X} - \mu_0}{\dfrac{s}{\sqrt{n}}}$

3. 판정: $H_1 : \mu < \mu_0$일 때 $t_0 \le t_\alpha(n-1)(= -t_{1-\alpha}(n-1))$이면 H_0을 기각

$H_1 : \mu > \mu_0$일 때 $t_0 \ge t_{1-\alpha}(n-1)$이면 H_0을 기각

$H_1 : \mu \ne \mu_0$일 때 $|t_0| > t_{1-\alpha/2}(n-1)$이면 H_0을 기각

검정통계량이 t분포를 따를 때 t검정이라 한다.

예제 3.3

고속도로 보수에 쓰이는 콘크리트는 콘크리트의 응고시간이 신 기술개발로 100분 이내라고 주장하는 업자가 있다. 업자의 주장이 옳은지 알아보기 위하여 15군데에서 콘크리트의 응고 시간을 측정한 결과 다음과 같았다. 업자의 주장이 옳은가? 유의수준 5%로 검정하라.

93 103 95 101 91 105 96 94 101 88 98 94 101 92 95

풀이

1단계 : $H_0 : \mu \ge 100$ $H_1 : \mu < 100$

2단계 : H_0하에서 검정통계량은

$$t_0 = \frac{\bar{x} - \mu_0}{s/\sqrt{n}}$$

$$= \frac{96.47 - 100}{4.85/\sqrt{15}} = -2.82$$

여기서 $s = \sqrt{V} = 4.85$ $V = \dfrac{1}{15-1}\left(\Sigma x_i^2 - \dfrac{(\Sigma x_i)^2}{15}\right) = 23.52$

3단계 : 기각치 $-t_{0.95}(14) = -1.761$

4단계 : 판정 $t_0 = -2.82 \le -t_{0.95}(14) = -1.761$이므로 H_0을 기각한다.

즉 유의수준 $\alpha = 0.05$로 콘크리트의 응고시간이 100분 이내라고 할 수 있다.

미니탭을 이용

통계학 ▶기초통계학 ▶ 1-표본 t ▶ 옵션에서 작음(less than) 선택

【실행결과】

1-표본 T: 응고시간

mu = 100 대 < 100의 검정

변수	N	평균	표준 편차	SE 평균	95% 상한	T	P
응고시간	15	96.4667	4.8531	1.2531	98.6737	-2.82	0.007

※ p값이 0.05보다 작다. 때문에 귀무가설을 기각한다. 즉 유의수준 $\alpha = 0.05$로 콘크리트의 응고시간이 100분 이내라고 할 수 있다.

(3) 모집단의 표준편차를 모르고, 표본 n이 큰 경우

모평균 μ에 대한 가설 $H_1 : \mu = \mu_0$, $H_0 : \mu \neq \mu_0$을 검정하기 위한 검정절차를 생각해 보자. 모평균의 추정량인 표본평균 $\overline{X}$는 중심극한정리에 의해 정규분포를 한다. 따라서 H_0하에서 표본평균 $\overline{X}$에 대해 표준화를 하면

$$U_0 = \frac{\overline{X} - \mu_0}{\frac{s}{\sqrt{n}}} \sim N(0, 1) \tag{3.3}$$

이 되며, 이때 기각역은 양측검정으로 $|U_0| \geq u_{1-\alpha/2}$이 된다.

대립가설에 대한 모평균의 가설검정은 다음과 같다.

1. 귀무가설 : $H_0 : \mu = \mu_0$
2. 검정통계량 : $U_0 = \dfrac{\overline{X} - \mu_0}{\frac{s}{\sqrt{n}}}$

3. 판정 : $H_1 : \mu < \mu_0$일 때 $U_0 \le u_\alpha$이면 H_0을 기각한다.

$H_1 : \mu > \mu_0$일 때 $U_0 > u_{1-\alpha}$이면 H_0을 기각한다.

$H_1 : \mu \neq \mu_0$일 때 $|U_0| \ge u_{1-\alpha/2}$이면 H_0을 기각한다.

예제 3.4

생선 통조림의 제조공정에서는 평균무게가 360g이 되도록 공정을 관리하고 있다. 이를 확인하기 위하여 임의로 36개의 표본을 추출하여 조사한 결과 평균이 356g이고 표준편차는 10g이었다. 공정에 이상이 있다고 볼 수 있는가 유의수준 5%로 검정하라. 단 무게는 정규분포를 따른다. 다시 유의수준 1%로 검정하라.

풀이

1단계 : $H_0 : \mu = 360$ $H_1 : \mu \neq 360$

2단계 : H_0하에서 검정통계량은

$$u_0 = \frac{\bar{x} - \mu_0}{\frac{s}{\sqrt{n}}}$$

$$= \frac{356 - 360}{10/\sqrt{36}} = -2.4$$

3단계 : 기각치 $u_{0.975} = 1.96$ $u_{0.025}(-u_{0.975}) = -1.96$

4단계 : 판정 $u_0 = -2.4 < u_{0.025} = -1.96$이므로 H_0을 기각한다. 즉 유의수준 $\alpha = 0.05$로 공정에 이상이 있다 할 수 있다.

한편 유의수준 1%로 검정하면

1, 2단계는 위와 같다.

3단계 : 기각치 $u_{0.995} = 2.58$ $-u_{0.995} = -2.58$

4단계 : 판정 $u_0 = -2.4 > -u_{0.995} = -2.58$이므로 H_0을 채택한다.

즉 유의수준 $\alpha = 0.01$로 공정에 이상이 있다 할 수 없다.

앞에서 유의수준 5%와 1% 검정의 결과는 상반되게 나타났다. 여기서 유의수준 5%로 H_0을 기각한다는 의미는 예를 들어 이러한 검정을 100번 한다면 이중에서 최대 5번까지는 참인 H_0를 기각시키는 오류, 즉 1종의 과오를 범하는 것을 허용한다는 뜻이다.

3. 모비율의 검정

표본의 크기가 클 때, 모비율 p 에 대한 가설 $H_0 : p = p_0$, $H_1 : p > p_0$을 검정하기 위한 검정방법을 알아본다. 모비율의 추정량인 표본비율 $\hat{p} = \dfrac{X}{n}$는 중심극한정리에 의해 정규분포를 한다고 알려졌다. 따라서 H_0하에서 $\hat{p}$는 정규분포의 표준화에 의하여

$$U_0 = \frac{\hat{p} - p_0}{\sqrt{\dfrac{p_0(1-p_0)}{n}}} \sim N(0,\ 1) \tag{3.4}$$

을 따르며, 기각역은 단측검정으로 $U_0 \geq u_{1-\alpha}$이 된다. 모비율 p에 대한 가설검정을 요약하면 다음과 같다.

1. 귀무가설 : $H_0 : p = p_0$
2. 검정통계량 : H_0 하에서

$$U_0 = \frac{\hat{p} - p_0}{\sqrt{\dfrac{p_0(1-p_0)}{n}}}$$

3. 판정 : $H_1 : p < p_0$일 때 $U_0 < u_\alpha$이면 H_0을 기각한다.
   $H_1 : p > p_0$일 때 $U_0 > u_{1-\alpha}$이면 H_0을 기각한다.
   $H_1 : p \neq p_0$일 때 $|U_0| > u_{1-\alpha/2}$이면 H_0을 기각한다.

예제 3.5

어떤 공장에서 만들어지는 제품의 부적합품률은 2%라고 알려져 있다. 부적합품률이 증가하는지를 알아보기 위해서 100개의 제품에 대해서 조사하였더니 부적합품수는 4개였다. 이 결과에서 부적합품률은 증가했다고 할 수 있는지 5%의 유의수준으로 검정하여라.

풀이

1단계 : $H_0 : p \le 0.02 \quad H_1 : p > 0.02$

2단계 : H_0 하에서 검정통계량은

$$u_0 = \frac{\hat{p} - p_0}{\sqrt{\frac{p_0(1-p_0)}{n}}}$$

$$= \frac{0.04 - 0.02}{\sqrt{\frac{0.02 \times (1-0.02)}{100}}} = 1.43$$

여기서 $n = 100, \ \hat{p} = \frac{4}{100} = 0.04$

3단계 : 기각치 $u_{0.975} = 1.645$

4단계 : 판정 $u_0 = 1.43 \le u_{0.975} = 1.645$ 이므로 H_0는 기각되지 않는다. 즉 유의수준 $\alpha = 0.05$로 부적합품률이 증가했다고 할 수 없다.

미니탭을 이용

통계학 ▶ 기초통계학 ▶ 1-비율 ▶ 옵션에서 큼(greater than) 선택

【실행결과】

1비율에 대한 검정 및 CI

p = 0.02 대 p > 0.02의 검정

표본	X	N	표본 p	95% 하한	Z-값	P-값
1	4	100	0.040000	0.007768	1.43	0.077

※ p 값=0.077>0.05으로 유의수준 5%로 기각하지 않는다. $\alpha = 0.05$로 부적합품률이 증가했다고 할 수 없다.

4. 모분산에 대한 검정

본 절에서는 모집단이 $N(\mu, \sigma^2)$일 때 가설 $H_0: \sigma^2 = \sigma_0^2$에 대한 검정을 살펴본다. H_0하에서 검정통계량은

$$\chi_0^2 = \frac{(n-1)V}{\sigma_0^2} \tag{3.5}$$

이다. 이 검정통계량은 자유도 $n-1$인 χ^2 분포를 따른다. 각 대립가설에 대한 검정절차를 요약하면 아래와 같다.

1. 귀무가설 : $H_0 : \sigma^2 = \sigma_0^2$
2. 검정통계량 : $\chi_0^2 = \dfrac{(n-1)V}{\sigma_0^2}$
3. 판정 : $H_1 : \sigma^2 < \sigma_0^2$일 때 $\chi_0^2 \le \chi_\alpha^2(n-1)$이면 H_0 기각한다.

   $H_1 : \sigma^2 > \sigma_0^2$일 때 $\chi_0^2 \ge \chi_{1-\alpha}^2(n-1)$이면 H_0 기각한다.

   $H_1 : \sigma^2 \ne \sigma_0^2$일 때 $\chi_0^2 \le \chi_{\alpha/2}^2(n-1)$ 또는

   $\chi_0^2 \ge \chi_{1-\alpha/2}^2(n-1)$이면 H_0 기각한다.

예제 3.6

시계 제조회사에서는 정확한 시계를 만들기 위해 마지막 품질검사에 합격한 시계 중에서 10개의 시계를 추출하여 품질이 얼마나 균일한지를 검사한다 한다. 이를 위해 10개의 시계를 표준시계와 맞춘 후 한 달 후에 표준시계와 시간 차이를 측정한 결과 표본평균 $\bar{x} = 0.5$초이고 표본표준편차 $s = 0.4$초이었다. σ가 0.2보다 크다고 할 수 있는가 유의수준 0.05로 검정하라.

풀이

1단계 : $H_0 : \sigma \le 0.2 \qquad H_1 : \sigma > 0.2$

2단계 : H_0 하에서 검정통계량은

$$\chi_0^2 = \frac{(10-1)0.4^2}{0.2^2} = 36$$

3단계 : 기각치 $\chi_{0.95}^2(9) = 16.92$

4단계 : 판정 $\chi_0^2 = 36 > \chi_{0.95}^2(9) = 16.92$이므로 H_0을 기각한다. 즉, 유의수준 $\alpha = 0.05$로 σ가 0.2보다 크다고 할 수 있다.

5. 모부적합수에 대한 검정

모부적합수 $m \ge 5$인 경우 정규분포에 근사한다 알려졌다. 이를 이용하여 가설 $H_0 : m = m_0$하에서 검정통계량

$$U_0 = \frac{X - m_0}{\sqrt{m_0}} \tag{3.6}$$

는 근사적으로 표준정규분포 $N(0, 1)$를 따른다. 각 대립가설에 따른 검정절차를 요약하면 다음과 같다.

1. 귀무가설 : $H_0 : m = m_0$
2. 검정통계량 : $U_0 = \dfrac{X - m_0}{\sqrt{m_0}}$
3. 판정 : $H_1 : m < m_0$일 때 $U_0 < u_\alpha$이면 H_0를 기각한다.
   $H_1 : m > m_0$일 때 $U_0 > u_{1-\alpha}$이면 H_0를 기각한다.
   $H_1 : m \ne m_0$일 때 $|U_0| > u_{1-\alpha/2}$이면 H_0를 기각한다.

예제 3.7

어떤 공장의 공정에서는 로트의 모부적합수가 $m = 25.3$이다. 기계의 일부를 개량하여 운전하였더니 시료의 부적합수는 $x = 19.8$이었다. 모부적합수가 달라졌다고 말할 수 있는가 유의수준 $\alpha = 0.05$로 검정하라.

풀이

1단계 : $H_0 : m = 25.3 \qquad H_1 : m \neq 25.3$

2단계 : 모부적합수 $m_0 = 25.3 > 5$이므로 H_0하에서 검정통계량은

$$U_0 = \frac{x - m_0}{\sqrt{m_0}} = \frac{19.8 - 25.3}{\sqrt{25.3}} = -1.10$$

3단계 : 기각치 $-u_{0.975} = -1.96$, $u_{0.975} = 1.96$

4단계 : 판정 $|u_0| = 1.10 < u_{0.975} = 1.96$으로 H_0을 채택하게 된다. 즉, 모부적합수는 달라졌다고 할 수 없다.

6. 두 모평균의 차에 대한 검정

(1) 모집단의 표준편차 σ_1, σ_2을 아는 경우

제 5장 두 모평균의 차에 관한 신뢰구간에서와 같은 절차에 의해, 다음 확률변수

$$U = \frac{\overline{X} - \overline{Y} - (\mu_1 - \mu_2)}{\sqrt{\dfrac{\sigma_1^2}{n_1} + \dfrac{\sigma_2^2}{n_2}}} \tag{3.7}$$

은 근사적으로 $N(0,\ 1)$을 따른다. 따라서 귀무가설 $H_0 : \mu_1 - \mu_2 = 0$로 주어질 때 두 모평균의 차에 대한 검정은 다음과 같이 요약된다.

1. 귀무가설 : $H_0 : \mu_1 - \mu_2 = 0$

2. 검정통계량 : $U_0 = \dfrac{\overline{X} - \overline{Y}}{\sqrt{\dfrac{\sigma_1^2}{n_1} + \dfrac{\sigma_2^2}{n_2}}}$

3. 판정 : $H_1 : \mu_1 < \mu_2$일 때 $u_0 \le u_\alpha$이면 H_0을 기각한다.

   $H_1 : \mu_1 > \mu_2$일 때 $u_0 > u_{1-\alpha}$이면 H_0을 기각한다.

   $H_1 : \mu_1 \ne \mu_2$일 때 $|u_0| \ge u_{1-\alpha/2}$이면 H_0을 기각한다.

(2) 모집단의 표준편차 σ_1, σ_2을 모르고, 표본 n_1, n_2이 작은 경우

두 모집단은 각각 정규분포를 따르며, 두 모분산이 같다는 가정에서 합동분산 σ^2의 합동추정량은 $s_p^2 = \dfrac{(n_1 - 1)V_1 + (n_2 - 1)V_2}{n_1 + n_2 - 2}$이 된다. 이를 이용하여 $\overline{X} - \overline{Y}$를 표준화시키면

$$t = \frac{\overline{X} - \overline{Y} - (\mu_1 - \mu_2)}{s_p\sqrt{\dfrac{1}{n_1} + \dfrac{1}{n_2}}} \sim t(n_1 + n_2 - 2) \tag{3.8}$$

를 따른다. 따라서 귀무가설 $H_0 : \mu_1 - \mu_2 = 0$ 하에서 검정절차를 요약하면 다음과 같다.

1. 귀무가설 : $H_0 : \mu_1 - \mu_2 = 0$

2. 검정통계량 : $t_0 = \dfrac{\overline{X} - \overline{Y}}{s_p\sqrt{\dfrac{1}{n_1} + \dfrac{1}{n_2}}}$

3. 판정 : $H_1 : \mu_1 < \mu_2$일 때 $t_0 \le t_\alpha(n_1 + n_2 - 2)$이면 H_0을 기각한다.

   $H_1 : \mu_1 > \mu_2$일 때 $t_0 > t_{1-\alpha}(n_1 + n_2 - 2)$이면 H_0을 기각한다.

   $H_1 : \mu_1 \ne \mu_2$일 때 $|t_0| > t_{1-\alpha/2}(n_1 + n_2 - 2)$이면 H_0을 기각한다.

예제 3.8

A, B 두 회사로부터 어떤 부품의 강도를 각각 10개, 15개씩 표본 추출하여 다음의 데이터를 얻었다. 두 회사의 부품의 강도에 있어서 평균의 차가 있다고 할 수 있는가 유의수준 $\alpha = 0.05$로 검정하라.

A사	51	45	60	50	62	52	56	48	55	45					
B사	59	56	63	58	55	49	64	44	58	53	65	59	67	59	49

풀이

1단계 : $H_0 : \mu_1 - \mu_2 = 0 \qquad H_1 : \mu_1 - \mu_2 \neq 0$

2단계 : H_0 하에서 검정통계량은

$$t_0 = \frac{\bar{x} - \bar{y}}{s_p\sqrt{\dfrac{1}{n_1} + \dfrac{1}{n_2}}} = \frac{52.4 - 57.2}{6.205\sqrt{\dfrac{1}{10} + \dfrac{1}{15}}} = -1.886$$

여기서 $\bar{x} = 52.4 \qquad \bar{y} = 57.2,$

$$s_p = \sqrt{\frac{(n_1 - 1)V_1 + (n_2 - 1)V_2}{n_1 + n_2 - 2}} = \sqrt{\frac{306.40 + 580.40}{10 + 15 - 2}} = 6.20$$

3단계 : 기각치 $t_{0.975}(23) = 2.069, \quad -t_{0.975}(23) = -2.069$

4단계 : 판정 $|t_0| = 1.886 \leq t_{0.975}(23) = 2.069$이므로 H_0을 채택한다. 즉 유의수준 $\alpha = 0.05$로 A, B 두 회사의 부품의 강도 간에는 차이가 있다고 할 수 없다.

미니탭을 이용

통계학 ▶ 기초통계학 ▶ 2-표본 t ▶ 옵션에서 같지 않음(not equal) 선택

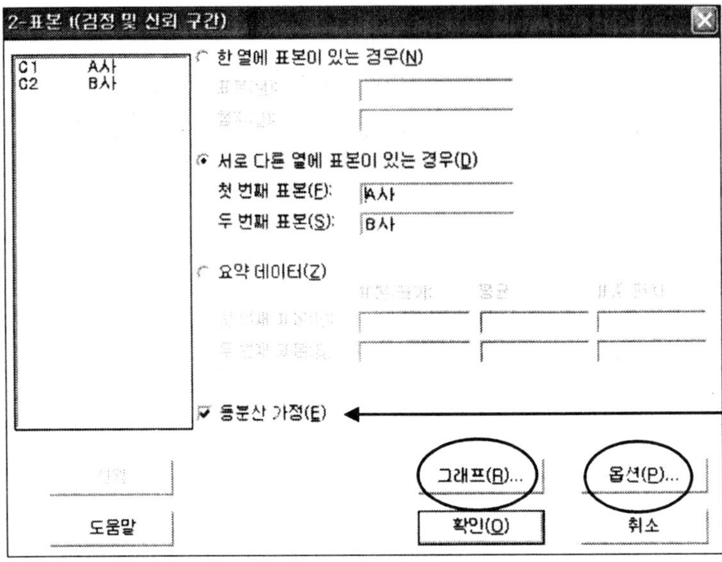

서로 다른 모집단의 모분산이 서로 같다고 가정

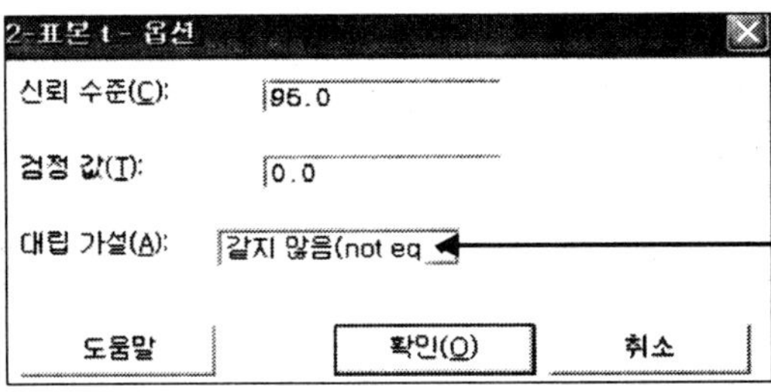

$H_1 : \mu_1 - \mu_2 \neq 0$

【실행결과】

차분 = mu (A사) - mu (B사)
차분 추정치 : -4.80000
차분의 95% CI : (-10.04399, 0.44399)
차이 = 0의 T 검정 (대 not =) : T-값 = -1.89 P-값 = 0.071 DF = 23
둘 다 합동 표준 편차 6.2094을(를) 사용합니다.

통계학 ▶기초통계학 ▶ 2-표본 t ▶ 옵션에서 그래프 ▶ 데이터 상자그림과 개별값 플롯 선택

【 실행결과 】

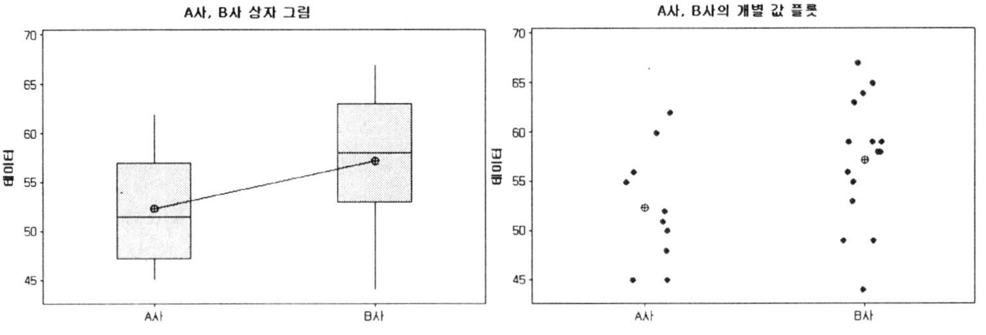

[그림 3.5] [예제 3.8]의 상자그림과 개별값 플롯

※ p값 0.071으로 유의수준 $\alpha = 0.05$보다 크므로 H_0을 채택한다. 즉 A, B 두 회사의 부품의 강도 간에는 차이가 있다고 할 수 없다. 위 상자그림과 개별값 플롯에서도 유의하게 차이를 보이지는 않고 있음을 알 수 있다.

(3) 모집단의 표준편차 σ_1, σ_2을 모르고, 표본 n_1, n_2이 큰 경우

제5장의 두 모평균의 차에 관한 구간추정에서와 같은 절차로, $\overline{X} - \overline{Y}$를 표준화시킨 확률변수는

$$U = \frac{(\overline{X} - \overline{Y}) - (\mu_1 - \mu_2)}{\sqrt{\frac{V_1}{n_1} + \frac{V_2}{n_2}}} \tag{3.9}$$

은 근사적으로 $N(0,\ 1)$을 따른다. 두 모평균값의 차에 대한 검정은 다음과 같이 요약된다.

1. 귀무가설 : $H_0 : \mu_1 - \mu_2 = 0$

2. 검정통계량 : $U_0 = \dfrac{\overline{X} - \overline{Y}}{\sqrt{\frac{V_1}{n_1} + \frac{V_2}{n_2}}}$

3. 판정 : $H_1 : \mu_1 < \mu_2$일 때 $u_0 \le u_\alpha$이면 H_0을 기각한다.

$H_1 : \mu_1 > \mu_2$일 때 $u_0 > u_{1-\alpha}$이면 H_0을 기각한다.

$H_1 : \mu_1 \ne \mu_2$일 때 $|u_0| \ge u_{1-\alpha/2}$이면 H_0을 기각한다.

7. 쌍체비교에 관한 검정

앞에서 상체 비교에 대한 구간 추정과 같은 절차에 의해, 검정을 할 수 있다. 검정절차를 요약하면 다음과 같다.

1. 귀무가설 : $H_0 : \mu_1 - \mu_2 = 0$

2. 검정통계량 : 표본이 큰 경우 $U_0 = \dfrac{\overline{D}}{\dfrac{s_D}{\sqrt{n}}}$

   표본이 작은 경우 $t_0 = \dfrac{\overline{D}}{\dfrac{s_D}{\sqrt{n}}}$

3. 판정 : 표본이 큰 경우 u 검정을 하며, 표본이 작은 경우 t검정을 한다.

예제 3.9

자동차 부품의 치수가 열처리의 전후에 변화가 있는 것 같아서 10개의 시료를 뽑아서 열처리 전에 한 번 측정하고 같은 시료에 대하여 열처리 후에 짝을 지어 측정한 결과 다음과 같은 데이터를 얻었다. 열처리 전후의 평균치의 차가 있는가 유의수준 $\alpha = 0.05$로 검정하라.

시료	열처리 전 x_i	열처리 후 y_i	차 $d_i = x_i - y_i$
1	1.94	2.00	-0.06
2	1.99	1.99	0.00
3	1.98	1.95	0.03
4	2.03	2.07	-0.04
5	2.03	2.03	0.00
6	1.96	1.98	-0.02
7	1.95	2.03	-0.08
8	1.96	2.02	-0.06
9	1.92	2.01	-0.09
10	2.00	1.99	0.01

풀이

1단계 : $H_0 : \mu_1 - \mu_2 = 0 \qquad H_1 : \mu_1 - \mu_2 \neq 0$

2단계 : H_0 하에서 검정통계량은

$$t_0 = \frac{\bar{d}}{\frac{s_D}{\sqrt{n}}} = \frac{-0.031}{\sqrt{\frac{0.00168}{10}}} = -2.39$$

여기서 $\bar{d} = \Sigma d_i / 10 = -0.031 \quad s_D^2 = \frac{1}{9}\Sigma(d_i - \bar{d})^2 = \frac{1}{9}\left(\Sigma d_i^2 - \frac{(\Sigma d_i)^2}{10}\right) = 0.00168$

3단계 : 기각치 $t_{1-\alpha/2}(n-1) = t_{0.975}(9) = 2.262$, $-t_{0.975}(9) = -2.262$

4단계 : 판정 $|t_0| = 2.39 > t_{0.975}(9) = 2.262$이므로 H_0은 기각된다. 즉 유의수준 0.05로 열처리 전과 열처리 후는 치수의 변화가 있다고 말할 수 있다.

미니탭을 이용

통계학 ▶ 기초통계학 ▶ 쌍체 t ▶ 옵션에서 같지 않음(not equal) 선택

【실행결과】

열처리 전 - 열처리 후에 대한 쌍체 T

	N	평균	표준 편차	SE 평균
열처리 전	10	1.97600	0.03688	0.01166
열처리 후	10	2.00700	0.03302	0.01044
차분	10	-0.031000	0.040947	0.012949

평균 차분의 95% CI : (-0.060292, -0.001708)
평균 차분의 T 검정 = 0 (대 not = 0) : T-값 = -2.39 P-값 = 0.040

※ p값=0.04<0.05이므로 H_0을 유의수준 $\alpha = 0.05$로 기각한다.

8. 두 모비율차의 검정

제5장의 두 모비율차에 대한 구간추정의 절차와 같이, 표본의 크기가 클 때 두 모비율의 추정량인 표본비율 $\widehat{p_1} - \widehat{p_2}$은 중심극한정리에 의해

$$\widehat{p_1} - \widehat{p_2} \sim N\left(p_1 - p_2,\ \ p(1-p)(\frac{1}{n_1} + \frac{1}{n_2})\right) \tag{3.10}$$

이 된다. 여기서 p는 모비율이 같은 두 모집단의 합동비율이며, 이때 두 표본으로부터 $\hat{p} = \dfrac{X+Y}{n_1 + n_2}$ 같은 합동추정량을 얻는다. 이상으로부터 모비율 차에 대한 가설검정을 요약하면 다음과 같다.

1. 귀무가설 : $H_0 : p_1 - p_2 = 0$
2. 검정통계량 : $U_0 = \dfrac{\widehat{p_1} - \widehat{p_2}}{\sqrt{\hat{p}(1-\hat{p})(\frac{1}{n_1} + \frac{1}{n_2})}}$
3. 판정 : $H_1 : p_1 < p_2$일 때 $u_0 < u_\alpha$이면 H_0을 기각한다.

   $H_1 : p_1 > p_2$일 때 $u_0 > u_{1-\alpha}$이면 H_0을 기각한다.

   $H_1 : p_1 \neq p_2$일 때 $|u_0| > u_{1-\alpha/2}$이면 H_0을 기각한다.

예제 3.10

부품을 만드는 두 대의 기계가 있다. 두 대의 기계로 작업을 하는데 그 기계의 성능을 비교하기 위하여 다음과 같은 데이터를 얻었다. 두 기계의 부적합품률의 차가 있는지 유의수준 5%로 검정하라.

	표본	부적합품수
A 기계(x)	1000	90
B 기계(y)	2000	140

풀이

1단계 : $H_0 : p_1 - p_2 = 0 \qquad H_1 : p_1 - p_2 \neq 0$

2단계 : H_0 하에서 검정통계량은

$$U_0 = \frac{\hat{p_1} - \hat{p_2}}{\sqrt{\hat{p}(1-\hat{p})(\frac{1}{n_1} + \frac{1}{n_2})}} = 1.94$$

여기서 $\hat{p_1} = \frac{90}{1000} = 0.09$, $\hat{p_2} = \frac{140}{2000} = 0.07$, $\hat{p} = \frac{230}{1000+2000} = 0.0767$

3단계 : 기각치 $z_{0.025} = 1.96, \ -z_{0.025} = -1.96$

4단계 : 판정 $|u_0| = 1.94 < u_{0.975} = 1.96$이므로 H_0을 채택한다. 즉 두 기계의 부적합품률의 차가 있다고 할 수 없다.

미니탭을 이용

통계학 ▶ 기초통계학 ▶ 2 표본 t ▶ 옵션에서 같지 않음(not equal) 선택

9. 모분산비에 대한 검정

두 모집단에서 산포 정도에 대한 비교를 하고자 하는 경우가 종종 있다. 예를 들면 피스톤의 지름의 변이도가 공정에 따라 크다면 이는 평균 지름이

규격에 맞는다 해도 큰 문제가 된다. 이와 같이 제품의 균일성의 측도로 사용하는 것이 분산이므로, 실제 문제에서는 분산은 매우 중요하다.

본 절에서는 제5장의 모분산비의 구간추정에서 $N(\mu_1,\ \sigma_1^2)$, $N(\mu_2,\ \sigma_2^2)$을 하는 두 모집단에 대한 가정과 절차를 같게 하고, 가설 $H_0: \sigma_1^2 - \sigma_2^2 = 0$에 대해 검정을 한다. 그러면 두 모집단으로부터 각각 크기 n_1, n_2인 확률표본을 뽑아서 구한 표본분산을 V_1, V_2라고 하면 H_0하에서 검정통계량은

$$F_0 = \frac{V_1}{V_2} \tag{3.11}$$

으로 자유도 $n_1 - 1$, $n_2 - 1$인 F분포를 따른다. 각 대립가설에 대한 검정절차를 요약하면 다음과 같다.

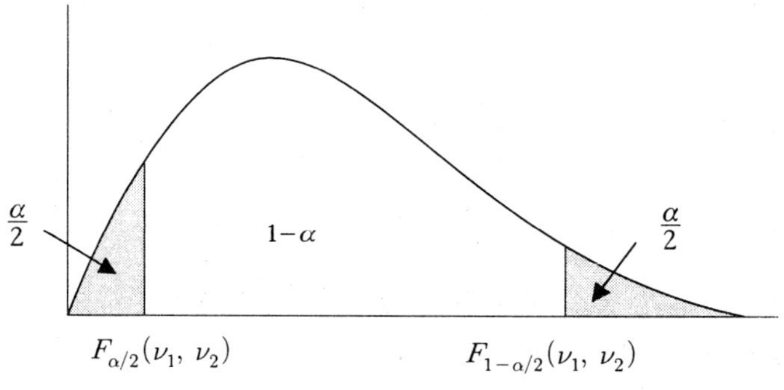

[그림 3.6] F분포의 상 하측 분위점

1. 귀무가설 : $H_0 : \sigma_1^2 = \sigma_2^2$

2. 검정통계량 : $F_0 = \dfrac{V_1}{V_2}$

3. 판정 :

$H_1 : \sigma_1^2 < \sigma_2^2$일 때 $F_0 \le F_\alpha(n_1-1,\ n_2-1)$이면 H_0을 기각한다.

$H_1 : \sigma_1^2 > \sigma_2^2$일 때 $F_0 \ge F_{1-\alpha}(n_1-1,\ n_2-1)$이면 H_0을 기각한다.

$H_1 : \sigma_1^2 \ne \sigma_2^2$일 때 $F_0 \le F_{\alpha/2}(n_1-1,\ n_2-1)$ 혹은

$F_0 \ge F_{1-\alpha/2}(n_1-1,\ n_2-1)$이면 H_0을 기각한다.

여기서 $F_{1-\alpha}(n_1-1,\ n_2-1) = \dfrac{1}{F_\alpha(n_2-1,\ n_1-1)}$

예제 3.11

두 음향기기의 시험에 쓰이는 두 개의 기기 A, B가 있다. 동일한 대상을 A기기로 8번, B기기로 6번 측정한 결과 표본분산이 각각 62.5, 73.2이었다. 두 기기의 측정치의 오차는 각각 서로 독립이고 정규분포를 따른다고 가정하면 정밀도에 있어서 기기 A가 B보다 우수한지를 유의수준 5%로 검정하라.

풀이

1단계 : $H_0 : \sigma_A^2 \ge \sigma_B^2 \quad H_1 : \sigma_A^2 < \sigma_B^2$

2단계 : H_0 하에서 검정통계량은

$$F_0 = \frac{V_A}{V_B} = \frac{62.5}{73.2} = 0.854$$

단, σ_A^2, σ_B^2는 각각 기기 A, B의 측정오차의 분산이다.

3단계 : 기각치, $F_{0.05}(7,5) = \dfrac{1}{F_{0.95}(5,\ 7)} = \dfrac{1}{3.97} = 0.252$

4단계 : 판정 $F_0 = 0.854 > F_{0.05}(7,\ 5) = 0.252$ 이므로 H_0를 채택한다. 즉 기기 A가 B보다 우수하다고 할 수 없다.

4 범주형 자료 검정

범주형 자료란 관측치들이 몇 개의 범주에 의해서만 분류되어 각 범주의 도수로 자료가 주어지는 것을 말한다. 예를 들면 제품의 품질수준별 분류라든가 직업의 만족도에 대한 분류 또는 유전자 형태에 의한 분류 등이 있다. 다음은 범주형 자료분석에서 다루게 되는 전형적인 적합도 검정, 독립성 검정, 동일성 검정 등에 대해 소개한다.

1. 적합도검정

측정 자료가 어떤 분포에 따르는지를 검정하는 방법을 적합도 검정이라고 한다. 즉 실험 혹은 관측된 결과가 이론적인 기댓값과 잘 일치하는지를 검정하는 것으로 검정절차는 다음과 같다. 크기가 n인 표본을 k개의 범주로 분류할 때 범주의 관측도수를 $n_1, n_2, \cdots, n_k$라 하자. 또 각 범주에 대응되는 모집단의 비율을 $p_1, p_2, \cdots, p_k$라 할 때 귀무가설 $H_0 : p_1 = p_{10},\ p_2 = p_{20},\ \cdots,\ p_k = p_{k0}$을 설정하게 된다. 여기서 p_{i0}은 가정된 값이며 $\Sigma_{i=1}^{k}\ p_{i0} = 1$이 된다. 한편, 귀무가설 H_0 하에서는 검정통계량

$$\chi_0^2 = \sum_{i=1}^{k} \frac{(n_i - np_{i0})^2}{np_{i0}} = \frac{\Sigma(O-E)^2}{E} \tag{4.1}$$

은 자유도 $k-1$인 χ^2분포를 따른다. 여기서 O은 관측도수이고, E는 기대도수이다. 즉 $E(n_i) = np_{i0}$이다.

본 절에서의 적합도 검정은 예를 들어 설명한다. 예를 들어, 주사위가 어느 눈이 나타날 확률은 각각 1/6이다. 공정한 주사위를 360번 던지면 각 눈이 나타날 횟수는 $np = 360 \times (1/6) = 60$이 될 것이다. 실제로 어느 주사위를

던졌을 때 다음과 같은 자료를 얻었다 한다. 이 주사위는 정상적인 주사위라고 할 수 있는가?

주사위의 면	관측도수	기대도수
1	54	60
2	63	60
3	65	60
4	64	60
5	52	60
6	62	60
합계	360	360

이 예에서 기대도수와 관측도수의 차이가 우연적인지를 알아보기 위해 다음과 같이 검정을 한다. 먼저 귀무가설 $H_0 : p_1 = p_2 = p_3 = p_4 = p_5 = p_6 = 1/6$을 설정한다. H_0 하에서 검정통계량의 계산은 다음과 같다.

$$\chi_0^2 = \frac{\Sigma(O-E)^2}{E}$$

$$= \frac{(54-60)^2}{60} + \frac{(63-60)^2}{60} + \frac{(65-60)^2}{60} + \frac{(64-60)^2}{60} + \frac{(52-60)^2}{60} + \frac{(62-60)^2}{60}$$

$$= 3.302$$

이 된다. 부록에 있는 카이제곱분포표에서 자유도 $n-1=5$인 $\chi_{0.95}^2(5) = 11.07$임을 알 수 있다. 따라서 검정통계량의 값이 이 카이제곱값보다 작으므로 유의수준 5%에서 귀무가설을 기각하지 못한다. 즉 주사위의 면이 균일하다고 할 수 있다. 적합도 검정의 절차를 요약하면 다음과 같다.

1. 귀무가설 : $H_0 : p_1 = p_{10},\ p_2 = p_{20},\ \cdots,\ p_k = k_{k0}$

2. 검정통계량 : $\chi_0^2 = \frac{\Sigma_{i=1}^{k}(n_i - np_{i0})^2}{np_{i0}} = \frac{\Sigma(O-E)^2}{E}$

3. 판정 : $\chi_0^2 \geq \chi_{1-\alpha}^2(k-1)$이면 H_0을 기각한다.

2. 독립성의 검정

2개의 요인으로 분할하여 얻어진 표를 분할표라고 한다. 이 분할에 사용된 두요 인 사이에 관련이 있는지 혹은 독립인지를 검정하는 문제를 독립성의 검정이라고 한다.

[표 4.1] $r \times c$ 분할표

속성 B_j / 속성 A_i	B_1	B_2	$\cdots$	B_c	합 계
A_1	O_{11}	O_{12}	$\cdots$	O_{1c}	$O_{1.}$
A_2	O_{21}	O_{22}	$\cdots$	O_{2c}	$O_{2.}$
$\vdots$	$\vdots$	$\vdots$		$\vdots$	$\vdots$
A_r	O_{r1}	O_{r2}	$\cdots$	O_{rc}	$O_{r.}$
합 계	$O_{.1}$	$O_{.2}$	$\cdots$	$O_{.c}$	n

O_{ij}는 전체 표본 n개중 속성 A의 i번째 수준과 속성 B의 j번째 수준에 속하는 갯수를 의미한다. 여기서 모집단을 두 가지 속성으로 분류하여 미지의 모집단 확률을 다음과 같이 정의하자.

$p_{ij} = p(A_i B_j)$: A_i와 B_j에 동시에 속하는 확률

$p_{i0} = p(A_i)$: A_i에 속하는 확률

$p_{0j} = p(B_j)$: B_j에 속하는 확률

두 속성 간에 독립이라는 의미는 $p_{ij} = p_{i0}\, p_{0j}$이다. 일반적으로 독립성 검정의 절차는 다음과 같다. 귀무가설은 $H_0 : p_{ij} = p_{i0}\, p_{0j}$(즉, 두 속성 간에는 독립)으로 설정되며 그리고 귀무가설 하에서 셀(cell)의 기대도수는

$E_{ij} = n\hat{p}_{ij} = n\hat{p}_{i0}\hat{p}_{0j} = n\frac{O_{i.}}{n}\frac{O_{.j}}{n} = \frac{O_{i.}O_{.j}}{n}$으로 계산된다. 따라서 검정통계량은

$$\chi_0^2 = \Sigma_{i=1}^{r}\Sigma_{j=1}^{c}\frac{(O_{ij}-E_{ij})^2}{E_{ij}} \tag{4.2}$$

이 된다. 그런데 이 검정통계량은 n이 충분히 클 때 자유도가 $(r-1)(c-1)$인 χ^2 분포를 한다. 이상으로부터 독립성 검정의 절차를 요약하면 다음과 같다.

1. 귀무가설 : $p_{ij} = p_{i0} \cdot p_{0j} \qquad i = 1, 2, \cdots, r \quad j = 1, 2, \cdots, c$
2. 검정통계량 : $\chi_0^2 = \frac{\Sigma_{i=1}^{r}\ \Sigma_{j=1}^{c}(O_{ij}-E_{ij})^2}{E_{ij}}$
3. 판정 : $\chi_0^2 \geq \chi_{1-\alpha}^2((r-1)(c-1))$이면 H_0을 기각한다.

예제 4.1

직업과 혈압의 관계를 조사하기 위해서 무작위로 선택한 30세의 남성 100명에게 조사한 결과 다음과 같은 분할표를 얻었다. 유의수준 5%로 직업과 혈압 사이의 관계가 있는지를 검정하라.

	낮다	정상	높다	계
농 업	3	5	2	10
근로자	5	45	10	60
기 타	2	20	8	30
	10	70	20	100

풀이

1단계 : $H_0 : p_{ij} = p_{i0}\, p_{0j}$

여기서 귀무가설의 의미는 직업과 혈압상태는 독립

p_{ij}는 직업이 i번째, 혈압상태가 j번째에 속하는 모집단의 비율

p_{i0}는 p_{0j}는 각각 i번째 직업, j번째 혈압상태에 속하는 비율

2단계 : H_0 하에서 검정통계량은

$$\chi_0^2 = \sum\sum\frac{(O-E)^2}{E}$$
$$= \frac{(3-1)^2}{1} + \frac{(5-7)^2}{7} + \cdots + \frac{(8-6)^2}{6} = 6.333$$

여기서 기대도수는 $E_{11} = \frac{10}{100} \times 10 = 1$, $E_{12} = \frac{10}{100} \times 70 = 7$

같은 방법으로 모든 기대도수를 구하면 아래의 표에서 ( )와 같다.

	낮다	정상	높다	계
농 업	3(1)	5(7)	2(2)	10
근로자	5(6)	45(42)	10(12)	60
기 타	2(3)	20(21)	8(6)	30
	10	70	20	100

3단계 : 기각치는 자유도 $df = (r-1)(c-1) = 4$이므로 $\chi^2_{0.95}(4) = 9.49$

4단계 : 판정 $\chi_0^2 = 6.333 < \chi^2_{0.95}(4) = 9.49$이므로 H_0를 채택한다. 즉, 직업과 혈압은 관련이 없다고 할 수 있다.

미니탭을 이용

C1열에 혈압이 낮다, C2열에 정상, C3열에 높다를 입력한다.

통계학 ▶ 표 ▶ 카이-제곱검정(워크시트의 표)

【실행결과】

```
      낮다      정상      높다     전체
1        3         5         2       10
      1.00      7.00      2.00
     4.000     0.571     0.000
```

2	5	45	10	60
	6.00	42.00	12.00	
	0.167	0.214	0.333	
3	2	20	8	30
	3.00	21.00	6.00	
	0.333	0.048	0.667	
전체	10	70	20	100

카이-제곱 = 6.333, DF = 4, P-값 = 0.176

※ p값이 0.176으로 0.05보다 크므로 H_0는 기각하지 않는다. 즉 직업과 혈압은 관련이 없다고 할 수 있다.

3. 동일성의 검정

분할표를 이용하는 검정은 독립성 검정 외에도 동일성 검정을 사용할 수 있다. 본 절에서 동일성 검정에 대하여 알아보자. 모집단을 주어진 특성에 따라 r개의 속성으로 나누고 A_1, A_2, $\cdots$, A_r를 r개의 부분 모집단으로 간주하고 각 부분 모집단에서 미리 정해진 크기만큼 표본추출을 한다고 가정하자. 같은 방법으로 추출된 표본을 또 다른 특성 B에 의하여 c개의 속성으로 나누면 아래의 (a)와 같은 자료구조를 가진 분할표를 얻을 수 있다. 이때 부분 모집단에 속하는 비율을 p_{ij}이라고 하면 아래의 (b)의 표를 만들 수 있다. 여기서 검정하고자 하는 것은 $O_{i.}$가 속성 B_1, B_2, $\cdots$, B_c에 같은 비율로 나누어져 있는가 하는 것이다. 이와 같은 검정을 동일성 검정(homogeneity test)이라고 한다.

[표 4.2] $r \times c$ 분할표와 부분 모집단에 속하는 비율

(a) $r \times c$ 분할표

속성 B_j / 속성 A_i	B_1	B_2	$\cdots$	B_c	합계
A_1	O_{11}	O_{12}	$\cdots$	O_{1c}	$O_{1.}$
A_2	O_{21}	O_{22}	$\cdots$	O_{2c}	$O_{2.}$
$\vdots$	$\vdots$	$\vdots$		$\vdots$	$\vdots$
A_r	O_{r1}	O_{r2}	$\cdots$	O_{rc}	$O_{r.}$
합계	$O_{.1}$	$O_{.2}$	$\cdots$	$O_{.c}$	n

(b) 부분 모집단에 속하는 비율

속성 B_j / 속성 A_i	B_1	B_2	$\cdots$	B_c	합계
A_1	p_{11}	p_{12}	$\cdots$	p_{1c}	1
A_2	p_{21}	p_{22}	$\cdots$	p_{2c}	1
$\vdots$	$\vdots$	$\vdots$		$\vdots$	$\vdots$
A_r	p_{r1}	p_{r2}	$\cdots$	p_{rc}	1

동일성 검정에서 검정하고자 하는 귀무가설은 다음과 같다.

$$H_0 : p_{1j} = p_{2j} = \cdots = p_{rj} = p_j \qquad j = 1,\ 2,\ \cdots,\ c$$

그리고 귀무가설 H_o 하에서 기대도수 $E_{ij} = \dfrac{O_{i.} \times O_{.j}}{n}$ 이 된다.
따라서 검정 통계량은 다음과 같다.

$$\chi_0^2 = \sum_i^r \sum_j^c \frac{(O_{ij} - E_{ij})^2}{E_{ij}} \sim \chi^2((r-1)(c-1)) \tag{4.3}$$

예제 4.2

어느 담배제조회사에서 30세 이상의 성인 남자를 대상으로 흡연을 조사한 결과 다음과 같다. $\alpha = 0.05$에서 각 연령층별로 흡연율에 차이가 있는지를 검정하라.

	흡연자	비흡연자	합 계
30대	95	65	160
40대	40	50	90
50대	80	40	120
기 타	25	5	30
합 계	240	160	400

풀이

1단계 : $H_0 : p_1 = p_2 = p_3 = p_4$

p_1: 30대의 흡연율, p_2: 40대의 흡연율, p_3: 50대의 흡연율, p_4: 기타

2단계 : H_0 하에서 검정통계량은

$$\chi_0^2 = \sum\sum \frac{(O-E)^2}{E}$$

$$= \frac{(95-96)^2}{96} + \frac{(65-64)^2}{64} + \cdots + \frac{(5-12)^2}{12} = 18.12$$

여기서 기대도수는 $E_{11} = \frac{160}{400} \times 240 = 96$, $E_{12} = \frac{160}{400} \times 160 = 64$

같은 방법으로 모든 기대도수를 구하면 아래의 표에서 ( )와 같다.

	흡연자	비 흡연자	합계
30대	95(96)	65(64)	160
40대	40(54)	50(36)	90
50대	80(72)	40(48)	120
기 타	25(18)	5(12)	30
합 계	240	160	400

3단계 : 기각치는 자유도 $df = (r-1)(c-1) = 3$이므로 $\chi^2_{0.95}(3) = 7.81$

4단계 : 판정 $\chi_0^2 = 18.12 > \chi_{0.95}^2(3) = 7.81$이므로 H_0를 유의수준 5%에서 기각한다.
즉, 연령별로 흡연율에 차이가 있다 할 수 있다.

미니탭을 이용

C1열에 흡연, C2열에 비 흡연자를 입력시킨다.

통계학 ▶ 표 ▶ 카이-제곱검정

【실행결과】

	흡연자	비흡연자	전체
1	95	65	160
	96.00	64.00	
	0.010	0.016	
2	40	50	90
	54.00	36.00	
	3.630	5.444	
3	80	40	120
	72.00	48.00	
	0.889	1.333	
4	25	5	30
	18.00	12.00	
	2.722	4.083	
전체	240	160	400

카이-제곱 = 18.128, DF = 3, P-값 = 0.000

※ p값이 0.000로 0.05보다 크므로 H_0는 기각한다. 즉 연령별로 흡연율에 차이가 있다고 할 수 있다.

5 상관 및 회귀

1. 산점도

산점도란 서로 대응이 되는 두 개의 쌍으로 된 데이터를 그래프에 점으로 나타낸 그림이다. 다음 그림은 x와 y의 상관관계를 보여주고 있다. (a)는 x가 커지면 y도 커지는 관계로 양의 상관이라 하고 (c)는 x가 커지면 y는 작아지는 관계로 음의 상관이라 한다.

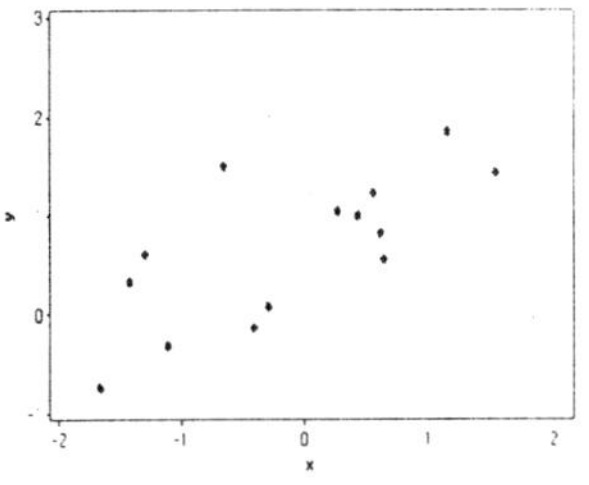

(a) 양의 상관

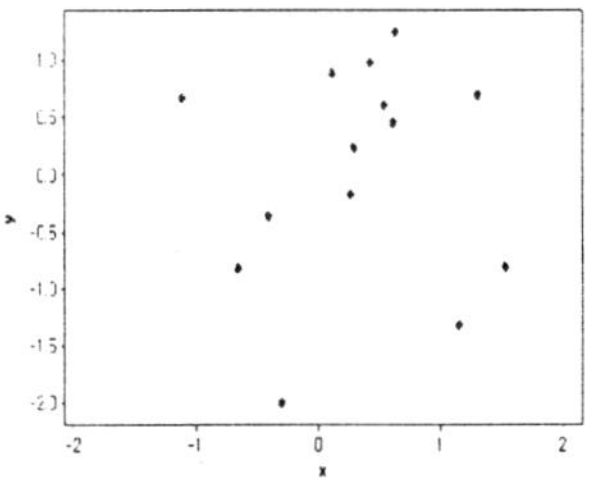

(b) 상관이 없다

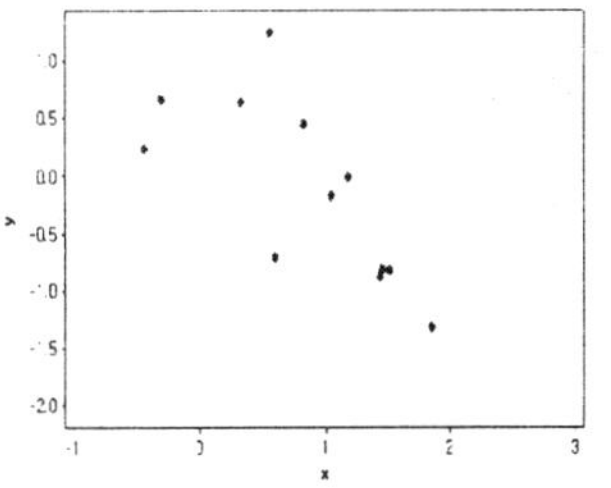

(c) 음의 상관

2. 상관계수

산점도로부터 두 변수 간의 상관관계를 짐작할 수 있다. 관계의 정도를 파악하기 위해서는 흔히 상관계수가 쓰인다. 두 확률변수 X, Y에 대하여 n개의 데이터 (x_1, y_1), (x_2, y_2), $\cdots$, (x_n, y_n)이 있을 때 표본 상관계수는 다음과 같이 정의된다.

$$r = \frac{S_{xy}}{\sqrt{S_{xx}\ S_{yy}}} \tag{5.1}$$

여기서

$$S_{xx} = \Sigma(x-\bar{x})^2 = \Sigma x^2 - \frac{(\Sigma x)^2}{n}$$

$$S_{yy} = \Sigma(y-\bar{y})^2 = \Sigma y^2 - \frac{(\Sigma y)^2}{n}$$

$$S_{xy} = \Sigma(x-\bar{x})(y-\bar{y}) = \Sigma xy - \frac{(\Sigma x)(\Sigma y)}{n}$$

상관계수 r은 -1과 1 사이의 값을 가진다. $r>0$의 경우 양의 상관이 있다고 하고, $r<0$의 경우 음의 상관이 있다고 한다. 또 $r=0$의 경우, 상관관계가 없다고 한다.

예제 5.1

어떤 원료의 품질특성치 x와 이 원료를 써서 만든 제품의 품질특성치 y에 관한 조사결과 다음과 같은 데이터를 얻었다. x에 대한 y의 산점도를 그리고 상관계수 r를 계산하라.

x_i	57.4	64.7	50.4	55.8	64.1	72.3	50.5	52.3	60.3	54.5
y_i	44.4	52.0	38.1	49.3	60.3	63.2	39.5	30.3	57.5	41.0

풀이

$$\Sigma x^2 - \frac{(\Sigma x)^2}{n} = 34{,}374.12 - \frac{582.4^2}{10} = 455.144$$

$$\Sigma y^2 - \frac{(\Sigma y)^2}{n} = 23{,}653.38 - \frac{475.6^2}{10} = 1{,}033.844$$

$$\Sigma xy - \frac{\Sigma x\,\Sigma y}{n} = 28{,}304.36 - \frac{(582.4)(475.6)}{10} = 605.416$$

$$r = \frac{\Sigma xy - \frac{\Sigma x\,\Sigma y}{n}}{\sqrt{\left(\Sigma x^2 - \frac{(\Sigma x)^2}{n}\right)\left(\Sigma y^2 - \frac{(\Sigma y)^2}{n}\right)}} = \frac{605.416}{\sqrt{(455.144)(1{,}033.844)}} = 0.883$$

미니탭을 이용

통계학 ▶ 기초통계학 ▶ 상관계수

x와 y의 Pearson 상관 계수 = 0.883 P-값 = 0.001

그래프 ▶ 산점도

y내 x의 산점도

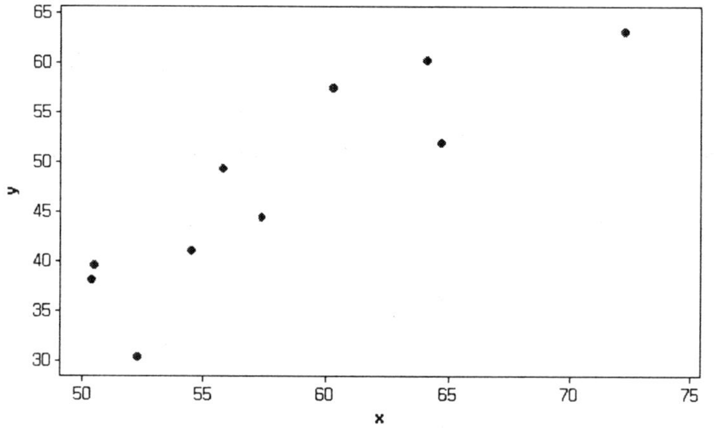

※ x가 증가함에 따라 y가 증가하는 양의 상관관계를 보여주고 있다.

3. 상관유무 검정($\rho=0$인 검정)

상관관계가 있는지에 대한 검정은 두 변량 X와 Y가 이변량 정규분포를 따르고 모상관계수 $\rho=0$인 가정 하에서 통계량

$$t=\frac{r}{\sqrt{\frac{1-r^2}{n-2}}}$$

는 자유도 $n-2$인 t분포를 따른다고 알려졌다. 이런 가정 하에 상관유무에 대한 검정의 절차는 양측가설인 경우 $H_0:\rho=0$, $H_1:\rho\neq 0$이며, 검정통계량

은 r표가 주어진 경우 ($\nu \geq 10$인 경우)와 t표가 주어진 경우 ($\nu < 10$인 경우) 각각 다음과 같다.

$$r_0 = \frac{S_{xy}}{\sqrt{S_{xx}\ S_{yy}}} \qquad t_0 = \frac{r}{\sqrt{\dfrac{1-r^2}{n-2}}} \tag{5.2}$$

한편 기각치는 $\nu \geq 10$인 경우 $r_{1-2/\alpha}(n-2)$, $-r_{1-2/\alpha}(n-2)$이며, $\nu < 10$인 경우는 $t_{1-2/\alpha}(n-2)$, $-t_{1-2/\alpha}(n-2)$이 된다.

예제 5.2

예제 5.1에서 유의수준 $\alpha = 0.05$로 상관관계가 존재하는지 검정하라.

풀이

1단계 : $H_0 : \rho = 0 \qquad H_1 : \rho \neq 0$

2단계 : H_0 하에서

$$t_0 = \frac{r}{\sqrt{\dfrac{1-r^2}{n-2}}} = \frac{0.883}{\sqrt{\dfrac{1-0.883^2}{10-2}}} = \frac{0.883}{0.16595} = 5.32088$$

3단계 : 기각치

$-t_{0.975}(8) = -2.306, \quad t_{0.975}(8) = 2.306$

4단계 : 판정

$t_0 = 5.32088 > t_{0.975}(8) = 2.306$이므로 H_0를 기각한다. 즉, 유의수준 $\alpha = 0.05$로 상관관계가 존재한다고 할 수 있다.

4. 회귀

일반적으로 두 개의 변수 사이의 관계를 방정식으로 나타내는 경우, 이 방정식을 회귀 방정식이라 한다. 설명변수 x와 종속변수 y와의 간에 직선 관계가 가능한 경우에 그 관계를 나타내는 선형모형

$$y_i = \alpha + \beta x_i + \epsilon_i , \qquad i = 1,\ 2, \cdots, n \tag{5.3}$$

을 회귀식이라 부른다. α, β는 회귀계수라고 하고, 오차항 ϵ_i는 모든 i에 관해서 독립이며 동시에 같은 분포에 따르는 확률변수이고, 기댓값이 0이고 분산은 σ^2인 정규분포를 가진다. 한편 최소자승법은 y의 추정값 $\hat{y} = a + bx$와 실제 y의 값과의 총 제곱합

$$SS = \Sigma (y_i - \hat{y})^2$$

을 최소로 하는 a, b의 값을 구하는 방법이다.

$$\begin{aligned} \frac{\partial\, SS}{\partial\, \alpha} &= -2\,\Sigma(y_i - \alpha - \beta x_i) \\ \frac{\partial\, SS}{\partial\, \beta} &= -2\,\Sigma x_i (y_i - \alpha - \beta x_i) \end{aligned} \tag{5.4}$$

위의 편미분의 값을 0으로 하는 α, β의 추정값을 a, b로 놓고 정리하면 다음과 같은 정규방정식을 만들 수 있다.

$$\begin{aligned} \Sigma y &= na + b\Sigma x \\ \Sigma xy &= a\,\Sigma x + b\,\Sigma x^2 \end{aligned} \tag{5.5}$$

식 (5.5)를 풀면 다음과 같다.

$$\begin{aligned} b &= \frac{S_{xy}}{S_{xx}} \\ &= \frac{\Sigma(x - \bar{x})(y - \bar{y})}{\Sigma(x - \bar{x})^2} \end{aligned} \tag{5.6}$$

$$a = \bar{y} - b\bar{x} \tag{5.7}$$

실제 x와 y의 관계를 이 회귀직선이 어느 정도 설명하느냐를 결정계수 r^2으로 나타낸다. 즉

$$r^2 = 1 - \frac{\Sigma(y-\hat{y})^2}{\Sigma(y-\bar{y})^2} \tag{5.8}$$

여기서 r^2은 $0 \le r^2 \le 1$이다. 1에 가까운 만큼 y와 x 사이 관계는 회귀방정식에 잘 적합한 것을 의미한다. 단순 회귀의 경우 결정계수의 제곱근은 상관계수와 같게 된다.

예제 5.3

앞의 예제 5.1의 데이터를 이용하여 x에 대한 y의 회귀직선과 결정계수를 구하라.

풀이

$\bar{x} = 58.24,\ \bar{y} = 47.56$ 이고 예제 5.1의 풀이로부터

$$S_{xx} = \Sigma x^2 - \frac{(\Sigma x)^2}{n} = 34{,}374.12 - \frac{582.4^2}{10} = 455.144$$

$$S_{xy} = \Sigma xy - \frac{\Sigma x\,\Sigma y}{n} = 28{,}304.36 - \frac{(582.4)(475.6)}{10} = 605.416$$

따라서 최소자승 추정치 $b = \dfrac{S_{xy}}{S_{xx}} = \dfrac{605.416}{455.144} = 1.33$

$$a = \bar{y} - b\bar{x} = 47.56 - 1.33 \times 58.24 = -29.899$$

즉 $y = -29.899 + 1.33x$의 회귀직선을 추정할 수 있다. 상관계수의 제곱은 결정계수가 되므로 예제 5.1에서 상관계수는 0.883을 계산하였다. 따라서 $r^2 = 0.78$이 된다.

미니탭을 이용

c1열에 x의 데이터를 입력하고 c2열에 y의 데이터를 입력한다.

통계학 ▶ 회귀

회귀 방정식은

y = −29.9 + 1.33 x

예측

변수	계수	SE 계수	T	P
상수	−29.91	14.67	−2.04	0.076
x	1.3304	0.2502	5.32	0.001

S = 5.33829 R-제곱 = 77.9% R-제곱(수정) = 75.2%

분산 분석

출처	DF	SS	MS	F	P
회귀	1	805.87	805.87	28.28	0.001
잔차 오차	8	227.98	28.50		
전체	9	1033.84			

통계학 ▶ 회귀 ▶ 적합선 플롯

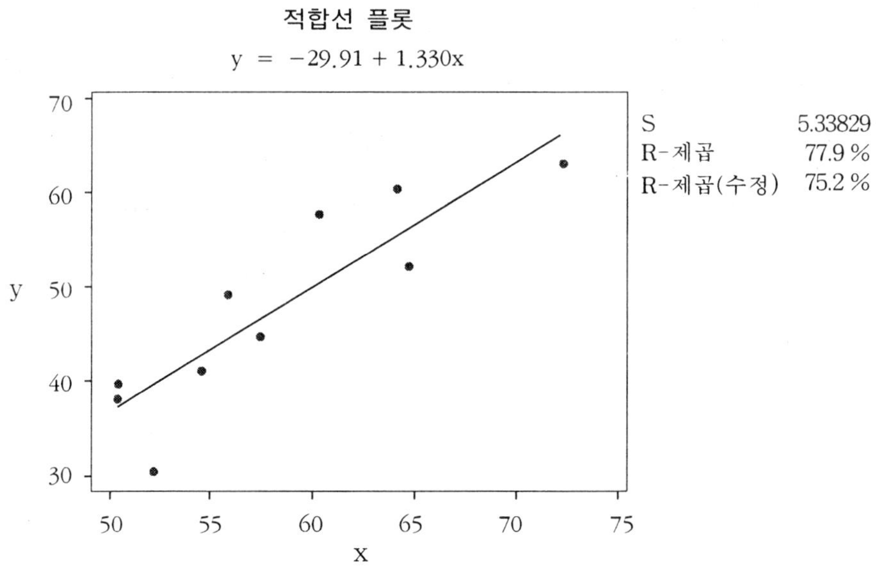

※ 결정계수는 0.779이므로 추정된 회귀식이 약 77.9% 정도 설명할 수 있음을 보여준다.

[표 5.1] 단일표본에 의한 구간추정·검정

가 정		구간추정	귀무가설	검정통계량	비 고
모평균(μ)	σ알 때	$\bar{x} \pm u_{1-\alpha/2}\dfrac{\sigma}{\sqrt{n}}$	$H_0 : \mu = \mu_0$	$u_0 = \dfrac{\bar{x}-\mu_0}{\dfrac{\sigma}{\sqrt{n}}}$	오차한계 : $d = u_{1-\alpha/2}\dfrac{\sigma}{\sqrt{n}}$ $\rightarrow n = \left(\dfrac{u_{1-\alpha/2}\sigma}{d}\right)^2$
	σ모르고 n이 작을 때	$\bar{x} \pm t_{1-\alpha/2}(n-1)\dfrac{s}{\sqrt{n}}$	$H_0 : \mu = \mu_0$	$t_0 = \dfrac{\bar{x}-\mu_0}{\dfrac{s}{\sqrt{n}}}$	
	σ모르고 n이 클 때	$\bar{x} \pm u_{1-\alpha/2}\dfrac{s}{\sqrt{n}}$	$H_0 : \mu = \mu_0$	$u_0 = \dfrac{\bar{x}-\mu_0}{\dfrac{s}{\sqrt{n}}}$	
모비율(p)		$\hat{p} \pm u_{1-\alpha/2}\sqrt{\dfrac{\hat{p}(1-\hat{p})}{n}}$	$H_0 : p = p_0$	$u_0 = \dfrac{\hat{p}-p_0}{\sqrt{\dfrac{p_0(1-p_0)}{n}}}$	$np \geq 5$ & $n(1-p) \geq 5$인 경우 $\Rightarrow$ 이항분포 $\rightarrow$ 정규분포 근사
모분산(σ^2)		$\dfrac{(n-1)V}{x^2_{1-\alpha/2}(n-1)}$ $\dfrac{(n-1)V}{x^2_{\alpha/2}(n-1)}$	$H_0 : \sigma^2 = \sigma_0^2$	$x_0^2 = \dfrac{(n-1)V}{\sigma_0^2}$	
결점수(m) ($m \geq 5$인 경우)		$\hat{m} \pm u_{1-\alpha/2}\hat{m}$	$H_0 : m = m_0$	$u_0 = \dfrac{X-m_0}{\sqrt{m_0}}$	

[표 5.2] 복수(2개) 표본에 의한 구간 추정 · 검정

가 정		구간추정	귀무가설 (본서에서는 $\delta_0=0$)	검정통계량	비 고
독립 : 두 모평균의 차 $(\mu_1-\mu_2)$	σ_1 σ_2 알 때	$(\bar{x}-\bar{y})\pm u_{1-\alpha/2}\sqrt{\frac{\sigma_1^2}{n_1}+\frac{\sigma_2^2}{n_2}}$	$H_0:\mu_1-\mu_2=\delta_0$	$u_0=\frac{\bar{x}-\bar{y}-\delta_0}{\sqrt{\frac{\sigma_1^2}{n_1}+\frac{\sigma_2^2}{n_2}}}$	
	σ_1 σ_2 모르고 n_1, n_2이 작을 때	$(\bar{x}-\bar{y})$ $\pm t_{1-\alpha/2}(n_1+n_2-2)$ $s_p\sqrt{\frac{1}{n_1}+\frac{1}{n_2}}$	$H_0:\mu_1-\mu_2=\delta_0$	$t_0=\frac{\bar{x}-\bar{y}-\delta_0}{s_p\sqrt{\frac{1}{n_1}+\frac{1}{n_2}}}$	s_p^2 $=\frac{\Sigma(x_i-\bar{x})^2+\Sigma(y_i-\bar{y})^2}{n_1+n_2-2}$
	σ_1 σ_2 모르고 n_1, n_2이 클 때	$(\bar{x}-\bar{y})\pm u_{1-\alpha/2}\sqrt{\frac{V_1}{n_1}+\frac{V_2}{n_2}}$	$H_0:\mu_1-\mu_2=\delta_0$	$u_0=\frac{\bar{x}-\bar{y}-\delta_0}{\sqrt{\frac{V_1}{n_1}+\frac{V_2}{n_2}}}$	V_1 $=\frac{1}{n_1-1}\Sigma(x_i-\bar{x})^2$ V_2 $=\frac{1}{n_2-1}\Sigma(y_i-\bar{y})^2$
대응 : 두 모평균의 차 $(\mu_1-\mu_2)$	σ_d 알 때	$\bar{d}\pm u_{1-\alpha/2}\frac{\sigma_D}{\sqrt{n}}$	$H_0:\mu_1-\mu_2=\delta_0$	$u_0=\frac{\bar{d}-\delta_0}{\frac{\sigma_\alpha}{\sqrt{n}}}$	$E(d_i)=\mu_1-\mu_2=\delta$ $d_i=X_i-Y_i$ $V_d=\frac{\Sigma(d_i-\bar{d})^2}{n-1}$
	σ_d 모를 때	$\bar{d}\pm t_{1-\alpha/2}(n-1)\frac{S_D}{\sqrt{n}}$	$H_0:\mu_1-\mu_2=\delta_0$	$t_0=\frac{\bar{d}-\delta_0}{\frac{s_d}{\sqrt{n}}}$	$s_d=\sqrt{V_\alpha}$
두 모비율의 차 (p_1-p_2)		$\hat{p}_1-\hat{p}_2$ $\pm u_{1-\alpha/2}$ $\sqrt{\frac{\hat{p}_1(1-\hat{p}_1)}{n_1}+\frac{\hat{p}_2(1-\hat{p}_2)}{n_2}}$	$H_0:p_1-p_2=\delta_0$	u_0 $=\frac{\hat{p}_1-\hat{p}_2-\delta_0}{\sqrt{\frac{\hat{p}_1(1-\hat{p}_1)}{n_1}+\frac{\hat{p}_2(1-\hat{p}_2)}{n_2}}}$	$\hat{p}_1=\frac{x}{n_1}$, $\hat{p}_2=\frac{y}{n_2}$ $\hat{p}=\frac{x+y}{n_1+n_2}$
두 모분산비 $(\sigma_1^2,\ \sigma_2^2)$		$\frac{V_2}{V_1}F_{\alpha/2}(n_1-1,\ n_2-1)$, $\frac{V_2}{V_1}F_{1-\alpha/2}(n_1-1,\ n_2-1)$	$H_0:\sigma_1^2-\sigma_2^2=\delta_0$	$F_0=\frac{V_1}{V_2}$	

연습문제

[1] 금년도 대졸자의 초임을 알아보기 위하여 100명을 임의 추출하여 조사하니 평균이 145만원, 표준편차가 5만원이었다.

① 금년도 전체 대졸자의 초임의 평균을 추정하여라.
② 금년도 전체 대졸자의 초임의 평균에 대한 95%의 신뢰구간을 구하라.
③ 금년도 전체 대졸자의 초임의 평균에 대한 99%의 신뢰구간을 구하라. 이 구간의 너비가 95%의 신뢰구간과 비교해 어떠한가?

[2] 어느 공장에서 생산되는 전구 수명의 표준편차가 대개 100시간이라고 한다. 전구의 평균수명에 대한 95%의 신뢰수준으로 추정하려고 한다. 오차의 한계가 20시간 이내가 되기 위한 표본의 크기는?

[3] 어느 회사가 일주일 동안 제작한 베어링 중에서 13개를 뽑아 직경을 재어보니 평균이 0.824cm이고 표준편차는 0.042cm이었다. 이 회사가 제작하는 전체 베어링의 평균직경에 대한 90%의 신뢰구간을 구하라.

[4] 어느 회사에서 자사제품에 대한 선호를 알아보기 위하여 임의로 주부 100명을 뽑아서 조사한 결과 20%만이 그 회사제품을 좋아한다고 했다. 이 회사의 제품을 좋아하는 모집단 비율에 대한 95%의 신뢰구간을 구하라.

[5] 어느 생산 관리자는 제품공정에서의 특정작업을 끝내는데 요구되는 시간을 알려고 한다. 25개의 관측치가 분석을 위해 사용되었다. 관측치로부터 계산된 분산은 0.32이다. σ^2에 대한 95%의 신뢰구간을 구하라.

[6] 어느 연구소에서 2개 회사에서 제작된 백열전구의 수명을 테스트하였다. 100개씩 수명을 조사한 결과 다음과 같았다. 2개 회사의 백열전구의 수명의 차에 대한 95% 신뢰구간을 구하라.

A사 : 평균 2035시간, 표준편차 64시간

B사 : 평균 1920시간, 표준편차 64시간

[7] 어떤 산업안전 프로그램이 공장에서 일어나는 사건으로 인한 작업시간의 손실이 있다고 한다. 다음 자료는 6곳의 공장에서 산업안전 프로그램을 실시 전과 후의 사고로 인한 작업시간의 손실을 기록한 것이다. 실시 전과 후의 차에 대한 95%의 신뢰구간을 구하라.

	공장 1	공장 2	공장 3	공장 4	공장 5	공장 6
실시 전	12	29	16	37	28	15
실시 후	10	28	17	35	25	16

[8] 서울과 부산에서 각각 200명을 뽑아 A회사의 맥주의 선호도를 알아보기 위하여 조사한 결과, 서울에서는 150명, 부산에서는 100명이 A회사 맥주를 선호한다고 하였다. A회사의 맥주의 선호율에 대해 서울과 부산 간의 선호도의 차에 대한 90%의 신뢰구간을 구하라.

[9] 제품의 로트로부터 10개의 시료를 임의로 채취하여 그 길이를 측정한 바, 다음의 데이터가 얻어졌다. 그리고 표준편차 $\sigma=0.03$mm인 것을 알고 있다. 기계를 조정한 후, 위와 같은 치수의 모평균이 기준으로서 설정한 값 18.52mm 보다 크다고 할 수 있겠는가? 유의수준 $\alpha=0.05$로 검정하라. (단위: mm)

18.54 18.57 18.52 18.56 18.59

18.56 18.55 18.56 18.61 18.58

[10] 어떤 제품의 로트가 입하되었다. 첨부된 견적서에는 특성치의 표준편차는 0.02mm로 되어 있다. 견적서가 바른가 어떤가를 확인하기 위하여 로트로부터 시료를 10개 뽑아 측정한 결과 다음의 데이터를 얻었다. 견적서의 값을 어떻게 판단하면 좋은가? 유의수준 $\alpha=0.05$로 검정하라. (단위: mm)

5.41, 5.48, 5.47, 5.55, 5.45,

5.47, 5.48, 5.50, 5.47, 5.51

[11] 새로운 제품을 개발하여 판매하는 회사가 이 회사의 새로운 제품의 평균 강도가 $200 kg/cm^2$ 보다 크다고 주장한다. 실제 평균강도 μ에 대해 알기 위하여 판매되는 제품 중 13개를 임의 추출하여 그 강도를 측정하여 기록한 결과가 다음과 같다 (단위: kg/cm^2).

200 195 205 210 180 185 193 204 185 193 204 185 208

① 이 새로운 제품의 평균강도에 대한 95%의 신뢰구간을 구하라.
② 이 회사의 주장이 옳다고 할 수 있겠는가? 유의수준 $\alpha=0.05$로 검정하라.
③ 이 제품의 평균강도 μ의 추정에 대한 95% 오차한계가 $5 kg/cm^2$ 이내로 하려면 필요로 하는 표본의 크기를 구하라.

[12] A, B 평행한 라인에서 같은 종류의 건전지를 제조하고 있다. 다음은 양 공정으로부터 임의로 12개씩의 시료를 뽑아 전압을 측정한 결과다.

A 라인	0.40	0.50	0.59	0.51	0.56	0.32	0.54	0.45	0.56	0.57	0.59	0.52
B 라인	0.43	0.67	0.58	0.46	0.62	0.46	0.58	0.58	0.72	0.35	0.61	0.54

① 양 공정의 모평균에 차이가 있는가? 유의수준 $\alpha=0.05$로 검정하라.
② 양 공정의 분산에 차이가 있는가? 유의수준 $\alpha=0.05$로 검정하라.
(단, A라인 불편분산 $V_A=0.006755$, B라인 불편분산 $V_B=0.01138$)

[13] A, B 두 청량음료에 대하여 시음 전문가 6명에게 맛을 보게 한 다음, 맛을 점수로 나타내어 다음의 자료를 얻었다. 두 청량음료의 맛에 차가 있다고 할 수 있는가? 유의수준 5%로 검정하라.

시음자	1	2	3	4	5	6
A	89	84	78	65	44	61
B	83	89	70	60	45	57

[14] 어떤 전기부품의 납땜 작업공정에서 작업자가 서서 작업한 공정에서 800개, 앉아서 작업한 제품에서 1,100개를 뽑아 양, 불량으로 나누었더니 다음의 데이터를 얻었다. 선 작업과 앉은 작업에서 부적합품률에 차가 있다고 할 수 있는가?

$\alpha=0.05$에서 검정하라.

	적합품	부적합품	합계
선 작업	751	49	800
앉은 작업	967	133	1,100
합계	1,718	182	1,900

[15] 어떤 화학약품의 제조에 상표가 다른 2종류의 원료를 사용하고 있다. 각 원료에서 주성분 A의 함량은 다음과 같다. (단위: %)

상표 1	80.4	78.2	80.1	77.1	79.6	80.4	81.6	79.9	84.4	80.9	83.1
상표 2	80.0	81.2	79.5	78.0	76.1	77.0	80.1	79.9	78.8	80.8	

① $\dfrac{\sigma_2^2}{\sigma_1^2}$에 관한 95%의 신뢰구간을 구하라.

② 위의 데이터로부터 상표 1이 상표 2에 포함되어 있는 주성분 A의 함량의 분산 σ_1^2, σ_2^2 간에는 차이가 있는지 없는지를 유의수준 $\alpha=0.05$로 검정하라.

[16] 다음 자료는 유성에 관한 것이다. x는 유성의 발광 점의 지상에서의 높이 y는 유성의 소멸 점의 높이를 나타내고 단위는 km이다.

x	103	96	107	116	98	100	114	99	104	117
y	91	78	88	100	86	88	94	86	91	99

① 상관계수를 구하라.

② 유의수준 0.05로 상관관계가 존재하는지 검정하라.

③ 회귀직선과 결정계수를 구하라.

제 6 장

관리도

1 관리도 일반

1. 공정

공정(process)은 투입물(input)을 산출물(output)로 변환하는 것이다. 일반적으로 산출물은 다른 공정의 투입물이 되며, 모든 공정은 일정한 것이 아니라 계속 변동한다. 공정의 산출물은 변동을 하고, 변동의 원인도 변동한다. 다음 그림과 같이 공정의 산출물에 영향을 주는 요인은 여러 가지다. 일반적으로 제조 공정에서의 투입물로는 5M1E, 즉 작업자(man), 자재(material), 기계(machine), 작업방법(method), 측정(measurement), 환경(enviroment)이다. 따라서 이러한 요인들을 잘 관리하는 것이 공정관리의 핵심이다.

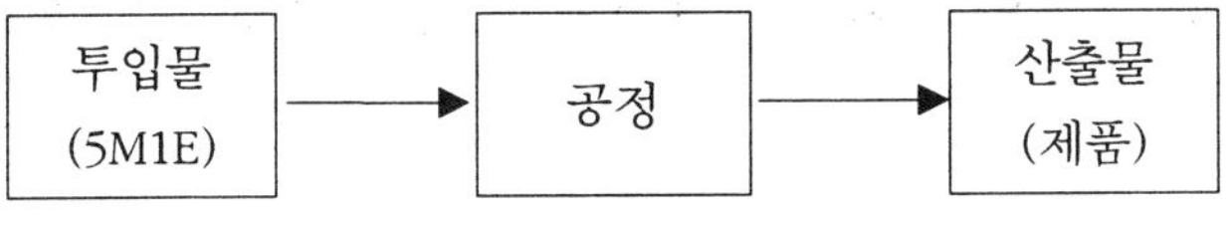

2. 관리도와 품질변동

생산 공정에서는 규격에 맞는 제품을 생산하고 관리해야 한다. 따라서 공정에 변화가 생겨 제품이 그 규격을 벗어날 때 이를 빨리 탐색하여 제품의 불량 발생을 예방할 수 있는 적당한 조치가 필요하다. 이와 같이 제품의 품질 유지와 개선 등을 해석하고 검토할 목적으로 널리 이용되는 통계적 방법의 하나가 관리도(control chart)이다.

관리도는 1924년 미국 벨 전화 연구소의 슈하르트(Shewhart)가 처음 제안하여 생산 공정에서 발생하는 문제 해결에 통계적 방법의 적용을 시도했다. 슈하르트가 제안한 관리도는 3σ 관리한계선에 기초를 둔 관리도로 3σ 관리도라 한다. 그 외의 관리도로는 페이지(Page(1954))에 의하여 제안된 누적합에 근거한 누적합(cusum)관리도가 있으며, 로버트(Robers(1959))의 지수가중이동평균 관리도 등이 있다.

똑같은 공정에서 생산되고 있는 제품이라 하더라도 품질특성에 있어서는 시간의 흐름에 따라 기계나 공구가 마모되어 품질에 변동이 생기며, 또 자재, 작업환경 및 작업자 등에서 복합적 요인에 의하여 품질변동이 있을 수 있다. 이러한 변동의 원인들은 크게 우연원인(random cause)과 이상원인(assignable cause)으로 구분된다. 우연원인은 생산 공정이 잘 설계되고 주의 깊게 다룸에도 불구하고 불가피하게 품질 특성치에 영향을 주는 요인을 말한다. 일반적으로 우연요인에 의해서만 변동하고 있는 상태를 통계적으로 관리상태(statistically in control)에 있다고 한다. 한편, 이상요인은 공정을 변동시키는 다른 한 요인으로 우연요인보다 품질변동에 더 큰 영향을 미치며 산발적으로 발생하는 요인으로 그 원인을 우선적으로 제거해야만 하는 요인이다.

3. 관리한계

관리도에서는 나타난 점들의 움직임이 관리한계를 만족시키는 정도에 따라 공정의 상태를 우연원인에 의한 것인가, 이상 원인에 의한 것인가를 알 수 있다. 다음 [그림 1.1]의 (b)와 같은 경우에는 이상이 있다고 판단하고 그 원인을 제거할 수 있는 조치를 취해야 한다. 이와 같은 우연원인과 이상 원인을 구분하기 위하여 설정되는 한계를 관리한계(control limit)라 한다.

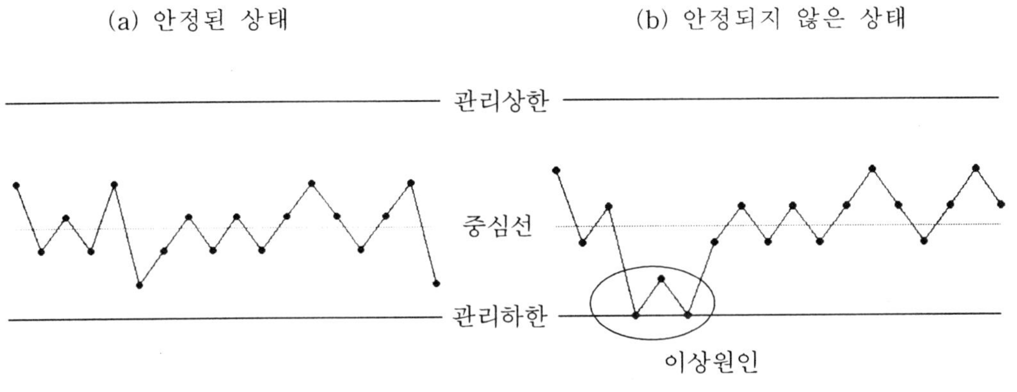

[그림 1.1] 공정의 움직임과 상태

관리한계는 공정이 안정상태에 있을 때에 품질 특성치의 확률분포의 평균치에 해당하는 중심선(center line; CL)을 긋고, 중심선에서 3σ 위에 관리한계선인 관리상한선(upper control limit; UCL)과 3σ 아래에 관리한계선인 관리하한선(lower control limit; LCL)을 긋게 된다. 이후 품질의 측정결과를 타점했을 때 점이 관리한계선 안으로 들면 관리상태, 점이 선 밖으로 나가면 보아 넘길 수 없는 원인에 의한 이상발생으로 본다. 이는 품질의 관측치가 평균치(중심선)를 중심으로 $\pm 3\sigma$(관리한계선) 내에 포함될 때는 통계학에서의 귀무가설을 받아들여 공정에 이상이 없다고 하고, 관리한계선 밖에 있을 때는 귀무가설을 기각하여 공정에 이상이 있다고 본다. 이 경우 공정이 안정상태인데도 불구하고 이상이 있다고 판단해 버리는 경우, 이를 제1종의 과오라 하며, 특성치의 분포가 정규분포인 경우에는 0.0027으로 매우 좋다고 볼 수 있다. 반면 공정이 이상이 있는 경우, 이 공정이 안정상태라고 잘못 판단할 확률, 즉 제2종의 과오는 높아진다. 이 경우 검정력은 작아지게 된다.

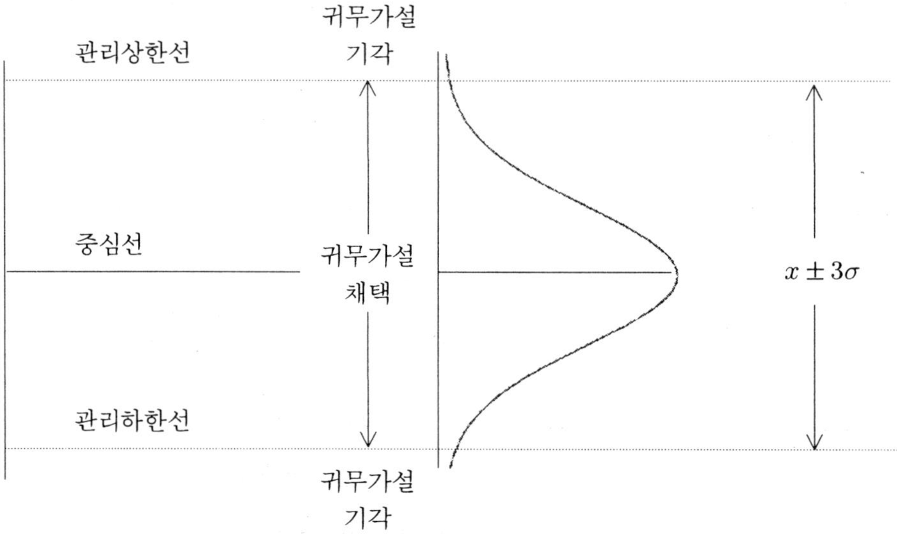

[그림 1.2] 관리도의 해석

4. 관리도의 OC곡선

관리도가 공정의 변화를 얼마만큼 정확히 나타낼 수 있는가를 검토하는 방법으로 관리도의 OC곡선(operating characteristic curve)이 있다. OC곡선은 공정의 품질수준과 그 수준에서 얻은 통계량이 관리한계선 내에 관측될 확률과의 관계를 나타낸다. 즉, OC곡선은 공정의 품질수준이 변화된 경우에도 관리도상에 한 점이 관리한계선 내에 관측됨으로써 공정에 변화가 없다고 잘못 판단할 위험(제2종의 과오)을 나타낸다. 검정력은 [그림 1.3]에서와 같이 공정이 변화했을 때 관리한계선 밖으로 타점될 확률을 나타낸다. 공정의 이상(공정 평균의 변동, 공정 산포의 변화, 공정 부적합품률의 변화 등)을 가로축에 잡고 세로축에는 제2종의 과오로 해서 그래프를 그린 것이 OC곡선이다. 관리도의 검정력은 다음 [그림 1.3]과 같다.

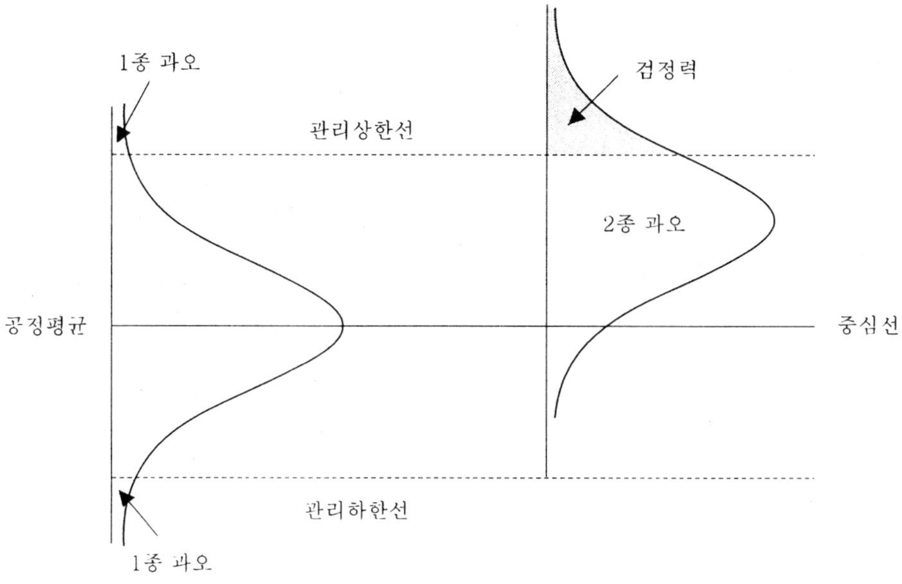

[그림 1.3] 관리도의 검정력

예제 1.1

UCL=43.4, LCL=16.6, n=5인 $\bar{x}$ 관리도가 있다. 만약 공정의 분포가 $N(30,\ 10^2)$이라면,

① 이 관리도에서 $\bar{X}$가 한계 밖으로 나올 확률은 얼마인가?

② 공정이 $N(40,\ 10^2)$으로 변환되었을 때 이 관리도에 의해 검출될 확률(검정력)은?

풀이

① $P(\bar{X} \le LCL) + P(\bar{X} \ge UCL)$

$$= P\left(\frac{\bar{X}-30}{\frac{10}{\sqrt{5}}} \le \frac{16.6-30}{\frac{10}{\sqrt{5}}}\right) + P\left(\frac{\bar{X}-30}{\frac{10}{\sqrt{5}}} \ge \frac{43.4-30}{\frac{10}{\sqrt{5}}}\right)$$

$$= P(u \le -3) + P(u \ge 3)$$

$$= 0.0013 + 0.0013 = 0.0026$$

② $P(\bar{X} \le LCL) + P(\bar{X} \ge UCL)$

$$= P\left(\frac{\bar{X}-40}{\frac{10}{\sqrt{5}}} \le \frac{16.6-40}{\frac{10}{\sqrt{5}}}\right) + P\left(\frac{\bar{X}-40}{\frac{10}{\sqrt{5}}} \ge \frac{43.4-40}{\frac{10}{\sqrt{5}}}\right)$$

$$= P(U \leq -5.23) + P(U \geq 0.760)$$

$$= 0 + 0.2236 = 0.2236$$

5. 관리도의 유형

관리도는 사용되는 데이터 즉 측정치의 종류에 따라서 계량치(길이, 무게, 강도 등)에 의한 품질특성을 관리하는 계량형 관리도와 계수치(부적합품수(불량개수), 부적합수(결함수)) 등에 의한 품질특성을 관리하는 계수형 관리도로 나눌 수 있으며, 사용 목적 및 용도에 따라서는 해석용 관리도와 관리용 관리도로 구분된다.

(1) 특성치의 종류에 따라

① 계량형 관리도

계량형 관리도에는 $\overline{x}$관리도, R관리도, $\overline{x}-R$관리도, x관리도 등이 있다. 현장에서 가장 많이 사용되는 관리도는 $\overline{x}-R$ 관리도이다.

② 계수형 관리도

계수형 관리도는 데이터 수집이 용이하고 비용 및 시간이 적게 들어 생산공정 전반에 걸쳐 품질 수준을 파악하는 데 효과적이고 여러 관리 항목을 동시에 관리할 수 있으나 공정의 변화를 탐지하는 데는 다소 계량형 관리도에 비해 민감도가 떨어지는 단점이 있다, 대표적인 관리도는 p관리도, np관리도, c관리도, u관리도 등이 있다.

(2) 관리도의 용도

관리도는 용도에 따라 공정의 관리와 해석으로 구분된다. 전자를 공정관리용 관리도라 하며, 후자는 공정해석용 관리도라 한다.

① 공정관리용 관리도

품질특성치가 관리한계선 안쪽에 있고, 특성치의 움직임에 어떤 습성이 없으면 공정은 관리상태에 있다고 하며, 이 경우는 공정은 정상상태에 있다고 한다. 반면 특성치가 관리한계선 밖에 있거나, 어떤 습성이 있으면 공정은 이상이 있다고 하며, 이 경우 공정은 이상상태에 있다고 말한다. 이와 같이 관리도로 공정 상태를 체크하고 이상이 나타나면 그 원인을 제거하는 조처를 취하기 위하여 사용하는 관리도다.

② 공정해석용 관리도

공정의 상태가 어떻게 되어 있는지, 실태를 파악하여 어떤 원인에 의해서 어떠한 산포가 생기고 있는가를 조사하기 위해서 사용되는 관리도다. 즉 공정품질의 현장을 분석하기 위하여 데이터를 원료별, 제조공정별, 기계별 등으로 나누어 공정의 상태를 조사하는 데 사용되는 관리도다.

6. 합리적인 부분군

부분군(subgroup)이란 같은 조건 하에서 추출된 일단의 측정치들을 말한다. 흔히 크기 n의 시료가 k개 있을 때 k개의 부분군이 있다고 말한다. 관리도는 이 부분군의 통계적인 성질에 민감하므로 부분군을 설정하는데 있어서 다음을 주의해야 한다.

① 각 부분군 내의 산포는 될 수 있으면 우연원인에 의한 산포만 있도록 한다.

② 이상 원인은 될 수 있으면 군 간의 변동으로 나타나게 한다.

이와 같은 성질을 만족하는 부분군을 합리적인 부분군(rational subgroup)이라 한다. 실제로 부분군은 생산설비, 생산되는 순서, 작업자, 작업일자 등을 고려하여 설정하게 된다.

7. 관리도에 의한 공정해석

공정해석을 한다는 것은 어떤 공정에 목표가 되는 특성치에 대하여 어떠한 영향을 주는가를 조사하고 파악하는 일로, 이를 용이하게 하기 위해서는 먼저 공정에 관한 정보가 많아야 한다. 본 절에서는 관리도에 의한 공정해석을 위해 군내 및 군간 변동과 군 층별에 대해 알아본다. 본 절의 $\overline{X}-R$관리도에 대한 내용은 다음 제6장 3절을 참조하기 바란다.

(1) $\bar{x}-R$ 관리도에서의 군내변동과 군간변동

관리도를 작성할 때 일반적으로 로트 내의 산포는 군내의 변동 σ_w이고 로트간의 산포는 군간의 변동 σ_b을 나타내고 있다.

군내변동을 R 관리도로부터 추정하면 $\widehat{\sigma_w}=\overline{R}/d_2$이고, $\bar{x}$의 변동은 $\bar{x}$관리도로부터 추정하면 $\widehat{\sigma_{\bar{x}}^2}=\Sigma(\bar{x}-\bar{\bar{x}})^2/(k-1)$이 된다. 이상으로부터 $\widehat{\sigma_{\bar{x}}^2}$은 군내변동 σ_w과 군간 변동 σ_b에 의한 것으로 다음과 같은 관계가 있다.

$$\sigma_{\bar{x}}^2=\frac{\sigma_w^2}{n}+\sigma_b^2$$

또, 개개의 데이터의 산포를 히스토그램 등에서 구하고 이를 σ_H^2라 하면

$$\sigma_H^2=\sigma_w^2+\sigma_b^2$$

의 관계가 있다. $\bar{x}$ 관리도에 있어서 관리이탈이 많을수록, 즉 관리상태로부터 벗어날수록 $\sigma_{\bar{x}}^2$는 크게 된다. 즉 σ_w^2는 같고 σ_b^2는 크게 된다.

예제 1.2

P철강 회사에서 제품공정의 작업순서에 따라 크기 n=4인 시료를 택하여 $\bar{x}-R$ 관리도를 작성하고 데이터 시트를 만들어 본 결과 시료의 평균과 범위는 $\bar{\bar{x}}=27.0\text{mm}$,

$\overline{R}=1.02\text{mm}$이었다. 군내변동 σ_w^2를 구하고, $\sigma_{\bar{x}}^2=0.225$일 때 군간변동 σ_b^2을 구하라.

풀이

$\sigma_w^2=(\frac{\overline{R}}{d_2})^2=(\frac{1.02}{2.059})^2=0.24541$, $\sigma_{\bar{x}}^2=\frac{\sigma_w^2}{n}+\sigma_b^2$ 이므로

$$\sigma_b^2=\sigma_{\bar{x}}^2-\frac{\sigma_w^2}{n}$$

$$=0.225-\frac{0.24541}{4}=0.16365$$

(2) 관리도의 층별

두 개의 관리도가 있을 때 두 관리도의 평균치의 사이에 유의차가 있는가 없는가의 검정에서 다음의 관계가 성립되면, $\overline{\overline{x}}_A$, $\overline{\overline{x}}_B$ 사이에 차이가 있다고 할 수 있다.

$$|\overline{\overline{x}}_A-\overline{\overline{x}}_B|\geq A_2\,\overline{R}\sqrt{\frac{1}{k_A}+\frac{1}{k_B}}$$

단, $\overline{\overline{x}}_A$, $\overline{\overline{x}}_B$는 A관리도 및 B관리도의 중심선, k_A, k_B는 A관리도 및 B관리도의 시료군의 수, $\overline{R}=\dfrac{k_A\overline{R_A}+k_B\overline{R_B}}{k_A+k_B}$

이 방법은 다음의 조건을 만족할 경우의 근사법이다.

① 관리도가 다 같이 완전한 관리 상태에 있을 것

② 시료군의 크기가 $n_A=n_B$일 것

③ k_A, k_B가 충분히 클 것

④ $\overline{R}_A$, $\overline{R}_B$에 차가 없을 것

⑤ 분포가 근사적으로 정규분포를 할 것

8. 관리도의 해석

(1) 공정상태의 유형

관리도의 주 목적의 하나는 공정이 안정상태에 있도록 하는 것이다. 안정상태란 공정에 있어서 품질특성치의 분포가 대표치, 산포 등이 변화가 없는 상태를 말한다. 다음은 공정상태의 여러 유형이다.

① 관리된 공정

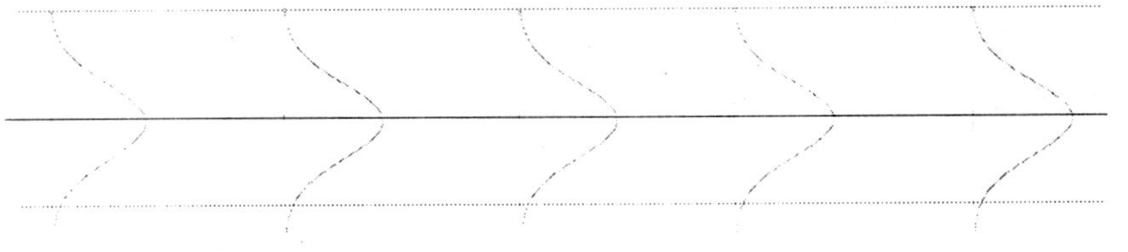

② 관리되지 않은 대표치

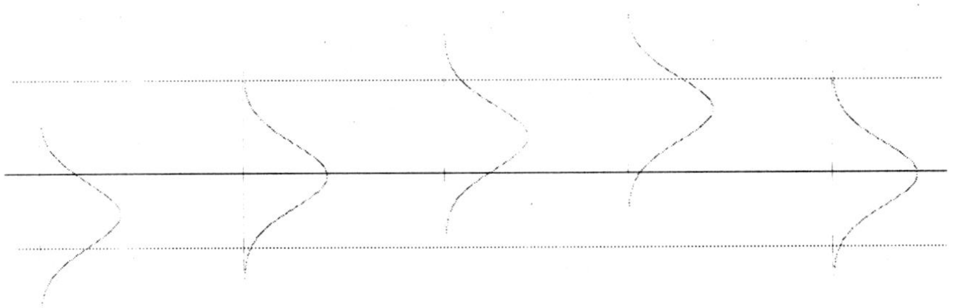

③ 관리되지 않은 산포

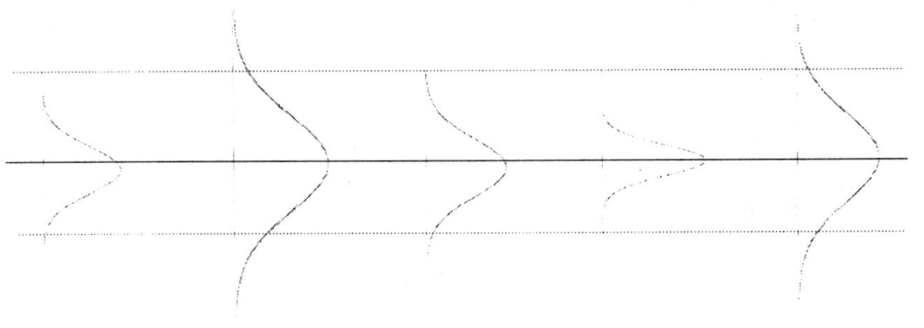

④ 관리되지 않은 대표치와 산포

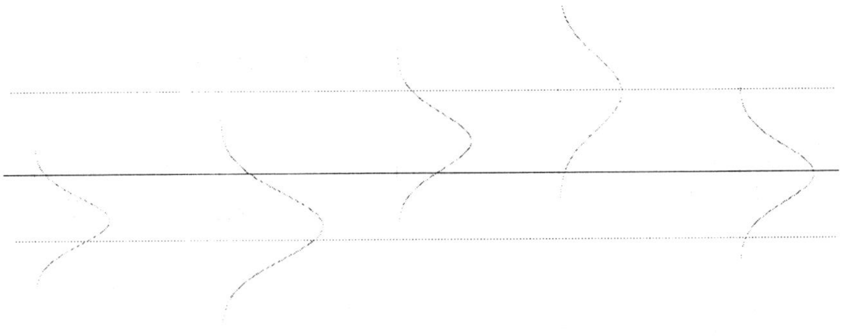

[그림 1.4] 품질특성치의 변동 상태의 유형

위 [그림 1.4]에서 볼 수 있는 바와 같이 품질특성치의 변동 상태는 크게 4가지 유형으로 나타나는데 다음과 같다. ①은 공정이 안정된 상태에서 관리된 공정으로 나타나는 경우이다. ② 대표치가 변동되어 관리한계를 벗어나서 관리되지 않은 상태이다. ③ 산포(범위, 표준편차)가 변동이 커 관리되지 않은 상태이다. ④ 대표치와 산포가 모두 관리되지 않은 상태이다.

(2) 관리상태의 판정

공정의 상황이 다음과 같은 경우, 공정은 안정상태(관리상태)에 있다고 판정한다.

첫째, 점이 관리한계선을 벗어나지 않는다.

- 연속 25점 모두가 관리한계 내에 있을 때
- 연속 35점 중에서 한계 밖의 점이 1점 이내에 있을 때
- 연속 100점 중에서 한계 밖의 점이 2점 이내에 있을 때

둘째, 점의 배열이 어떤 패턴을 이루지 않는다. 이상이 있는 경우는

- 중심선의 한쪽에 연(run)의 길이가 긴 것이 나타난다.
- 경향(trend)이나 주기성(cycle)이 나타난다.

- 점이 관리한계선에 접근하여 여러 개 나타난다.
- 층화현상이 나타난다.

타점된 점이 관리한계 내에 어떤 패턴을 이루고 있을 때 제 2종의 과오를 일으킬 확률이 있다. 위의 패턴들은 다음과 같다.

① 연(run)

중심선의 한쪽에 연속해서 나타난 점의 군을 연이라 하고 그러한 점의 수를 연의 길이라 한다. 연의 길이가 9 이상인 경우 공정에 이상이 있다고 판단하고 조치를 취한다.

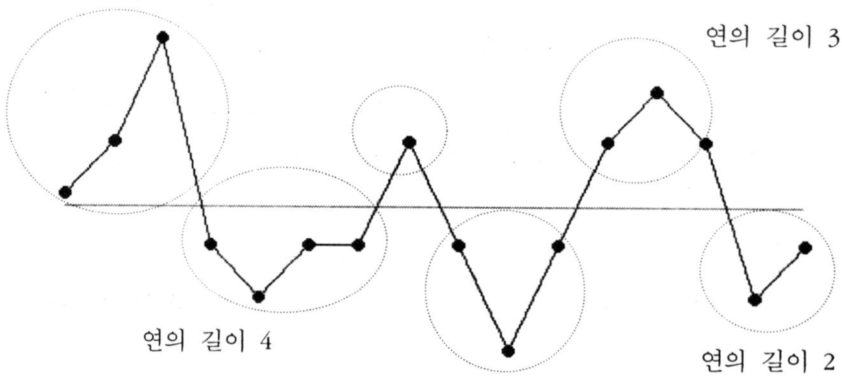

[그림 1.5] 연의 개수가 6인 관리도

② 경향(trend)

점이 점점 올라가거나 내려가는 상태를 말한다. 이는 생산 공정이 어떤 원인에 의해 지속적으로 영향을 받는 경우이다. 경향이 나타날 때에는 미리 조치를 취하는 것이 바람직하다.

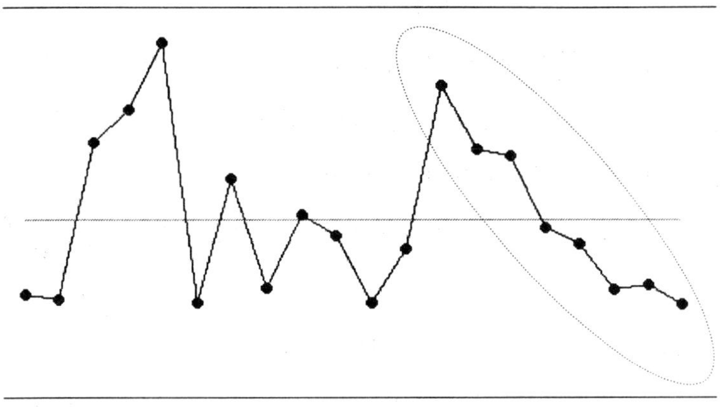

[그림 1.6] 경향

③ 주기성(cycle)

주기성은 어떤 요인이 주기적으로 공정에 영향을 미쳐서 품질특성치가 일정한 패턴으로 상하로 변동하는 경우에 주기성이 있다고 한다. 주기성이 나타나면 주기적인 변동의 원인이 무엇인지 찾고, 부분군의 구분방법, 시료채취방법, 데이터를 얻는 방법 등을 검토해 보아야 한다.

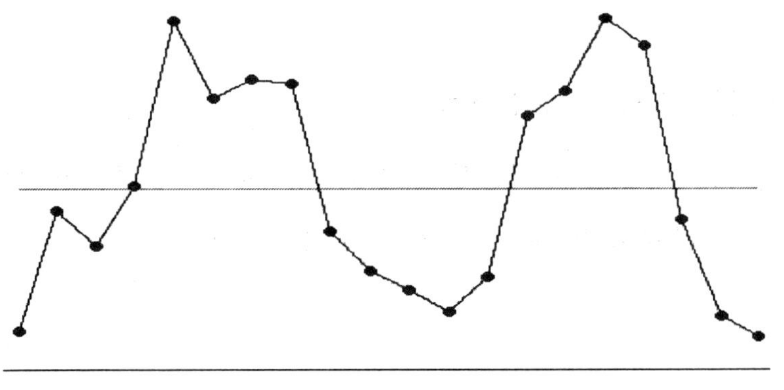

[그림 1.7] 주기성

④ 점이 중심선 한쪽에 편향

연의 길이가 9 이상이 아니더라도 중심선에 대하여 한쪽으로 다음과 같을 때 이상이 있다고 한다.

- 연속 11점 중에 10점이 중심선 한쪽으로 나타날 때
- 연속 14점 중에 12점이 중심선 한쪽으로 나타날 때
- 연속 17점 중에 14점이 중심선 한쪽으로 나타날 때
- 연속 20점 중에 16점이 중심선 한쪽으로 나타날 때

⑤ 점이 관리한계선에 접근해서 나타날 때

점이 관리한계선을 중심으로 2σ와 3σ 사이에 치우쳐 다음과 같이 나타날 때 이상이 있다고 한다.

- 연속 3점 중 적어도 2점이 2σ와 3σ 사이에 있을 때
- 연속 7점 중 적어도 3점이 2σ와 3σ 사이에 있을 때
- 연속 10점 중 적어도 4점이 2σ와 3σ 사이에 있을 때

⑥ 중심선 가까이에 점들이 층화되어 몰려있을 때

점은 산포에 비해서 관리한계가 너무 넓게 되는 경우로서, 이질적인 로트에서 얻어진 데이터를 같은 군으로 한 경우로서 이상상태를 나타낸다.

9. 주요 관리도와 미니탭 메뉴

본 절에서는 미니탭을 이용한 관리도를 다루는 데 필요한 메뉴 절차를 소개한다. 주요 관리도 및 메뉴 절차는 다음 [표 1.1]과 같다.

[표 1.1] 주요 관리도와 미니탭 메뉴

	관리도	내 용	메뉴절차
계수형	P관리도	부적합품률 관리도	통계학 ▶ 관리도 ▶ 계수형관리도 ▶ P
	np관리도	부적합품수 관리도	통계학 ▶ 관리도 ▶ 계수형관리도 ▶ np
	C관리도	부적합수 관리도	통계학 ▶ 관리도 ▶ 계수형관리도 ▶ c
	u관리도	단위당부적합수관리도	통계학 ▶ 관리도 ▶ 계수형관리도 ▶ u
계량형	$\overline{x}$관리도	$\overline{x}$(부분군의 평균)에 대한 관리도	통계학 ▶ 관리도 ▶ 부분군에 대한 계량형 관리도 ▶ $\overline{x}$
	R관리도	R(부분군의 범위)에 대한 관리도	통계학 ▶ 관리도 ▶ 부분군에 대한 계량형 관리도 ▶ R
	S관리도	S(부분군의 표준편차)에 대한 관리도	통계학 ▶ 관리도 ▶ 부분군에 대한 계량형 관리도 ▶ S
	$\overline{x}-R$관리도	$\overline{x}-R$에 대한 관리도	통계학 ▶ 관리도 ▶ 부분군에 대한 계량형 관리도 ▶ $\overline{x}-R$
	$\overline{x}-S$관리도	$\overline{x}-S$에 대한 관리도	통계학 ▶ 관리도 ▶ 부분군에 대한 계량형 관리도 ▶ $\overline{x}-S$
	x관리도	개개의 측정치에 대한 관리도	통계학 ▶ 관리도 ▶ 개체에 대한 계량형 관리도 ▶ x
	$x-R_S$관리도	개개의 측정치와 이동범위에 대한 관리도	통계학 ▶ 관리도 ▶ 개체에 대한 계량형 관리도 ▶ $x-R_S$
	CUSUM관리도	누적합 관리도	통계학 ▶ 관리도 ▶ 사각 가중 계량형 관리도 ▶ CUSUM
	EWMA관리도	지수가중 이동평균 관리도	통계학 ▶ 관리도 ▶ 사각 가중 계량형 관리도 ▶ EWMA

2 계수형 관리도

주어진 형태의 관리도에서는 모수에 따라 통계량이 달라진다. 즉, 모수가 평균이면 통계량은 표본평균이, 모수가 분산이면 표본표준편차 또는 표본범위 등이 사용될 수 있다. 만약 모수가 부적합품률 또는 부적합품수이면 사용 통계량은 표본부적합품률 또는 표본 부적합품수가 될 수 있다. 이와 같이 통계량이 부적합품수, 부적합수 등과 같은 계수형인 관리도를 계수형 관리도라 한다. 이 관리도에 적용되는 예는 규격 외의 비율, 적합품률, 출근율 등이다.

1. 부적품률 p 관리도

부적합품률(불량률) p관리도는 부적합품수(불량개수) np관리도와 마찬가지로 공정의 부적합품률을 관리하고자 할 때 사용한다. 공정에서 시료를 추출하는 과정에서 매 시점마다 동일한 크기의 부분군을 취하지 못하는 경우에는 np관리도 대신 p관리도를 사용하는 것이 바람직하다.

(1) 3σ관리한계선

부적합품률이 p인 생산공정으로부터 크기 n의 시료를 추출하여 시료의 부적합품률 $\hat{p}=X/n$을 관리한다. 이 통계량의 평균과 분산은 각각 $p, p(1-p)/n$이므로 부적합품률 p을 알고 있는 경우의 관리한계선은

$$UCL = p + 3\sqrt{\frac{p(1-p)}{n}}$$

$$CL = p$$

$$LCL = p - 3\sqrt{\frac{p(1-p)}{n}}$$

이다. 실제로 공정부적합품률 p를 모르는 경우가 일반적이다. p가 미지인 경

우 부분군의 추정된 평균 부적합품률은

$$\bar{p} = \Sigma x / \Sigma n = (\text{검사에서 발견된 총 부적합품수}) / (\text{총 검사개수})$$

이 된다. 이를 이용하여 p관리도의 중심선과 관리한계는 다음과 같이 얻어진다.

$$UCL = \bar{p} + 3\sqrt{\frac{\bar{p}(1-\bar{p})}{n}}$$
$$CL = \bar{p} \qquad (2.1)$$
$$LCL = \bar{p} - 3\sqrt{\frac{\bar{p}(1-\bar{p})}{n}}$$

(2) p관리도의 작성절차

① 자료의 채취 방법 :

0공정의 부적합품률을 예측하여, 대체 평균으로 하여 시료 중에 1~5개 쯤의 부적합품수가 포함되는 크기의 시료를 약 20~25군 채취하여 측정한다. 이 경우에는 각 군의 시료는 가능한 한 같은 크기로 하는 것이 좋다. 부적합품수는 $np=$ 1~5개, 즉 $n = \frac{1}{p} \sim \frac{5}{p}$쯤으로 한다. 예를 들면 불량 백분율 p가 5% 쯤이라 예상되면 $n = \frac{1 \sim 5}{0.05} = 20 \sim 100$이 된다.

② 각 군의 부적합품률 p의 계산 :

각 군의 부적합품률 p를 다음과 같이 계산한다.

$$p = \frac{np}{n}$$

여기서 np은 시료 중의 부적합품수이며, n은 군의 크기(시료의 크기)이다.

③ 예비 자료에 의한 관리선의 계산 :

p의 평균 $\bar{p}$를 다음과 같이 계산한다.

$$\bar{p} = \frac{\Sigma x}{\Sigma n} = \frac{\Sigma pn}{\Sigma n}$$

여기서 Σpn은 부적합품수의 총합이며, Σn은 검사개수의 총합이다. 따라서 관리한계선은 식 (2.1)과 같으며 다음과 같이 고쳐 쓸 수 있다.

$$\bar{p} \pm A\sqrt{\bar{p}(1-\bar{p})}$$

여기서 $A = \frac{3}{\sqrt{n}}$은 부록의 [표 7]에 있다. 관리하한은 계산 결과 음이 되는 경우가 있는데 이 경우는 관리하한은 생각하지 않는다.

④ 관리선의 기입 및 관리상태 판정 :

p관리도상에 관리선을 기입하고 각 군마다 p를 기입하여 이들을 연결시킨 후 관리상태를 판정한다.

예제 2.1

다음 자료는 부분군 크기가 다른 부적합품수의 데이터이다. [표 2.1]의 관리도용 자료표에 관리한계를 계산하라.

[표 2.1] p관리도용 자료표

부분군	부적합품수	크기(n)	부분군	부적합품수	크기(n)
1	51	3000	9	18	3000
2	35	3000	10	35	3000
3	21	3000	11	33	3000
4	32	2000	12	43	3000
5	48	2000	13	45	3000
6	19	2000	14	24	3000
7	12	2000	15	19	3000
8	31	3000	16	29	2000

p관리도 자료표

NO.__________

제품 명칭		제조 명령 번호		기 간	
품질 특성		직 장			
측정 방법		규 준 일 산 고		기계 번호	
규격 한계 최 대		시료 채취 간격		작 업 원	
규격 한계 최 소		측 정 기 번 호		검 사 원	
규격 번호				성 명 인	

일시	로트 번호	시료군의 번호	시료군의 크기 n	부적합 품수 np	부적합 품률 p	$A=\frac{3}{\sqrt{n}}$	$A\times\sqrt{\bar{p}(1-\bar{p})}$	UCL $\bar{p}+A\sqrt{\bar{p}(1-\bar{p})}$	LCL $\bar{p}+A\sqrt{\bar{p}(1-\bar{p})}$
		1	3000	51	0.017	0.055	0.006	0.018	0.006
		2	3000	35	0.012	0.055	0.006	0.018	0.006
		3	3000	21	0.007	0.055	0.006	0.018	0.006
		4	2000	32	0.016	0.067	0.007	0.019	0.005
		5	2000	48	0.024	0.067	0.007	0.019	0.005
		6	2000	19	0.010	0.067	0.007	0.019	0.005
		7	2000	12	0.006	0.067	0.007	0.019	0.005
		8	3000	31	0.010	0.055	0.006	0.018	0.006
		9	3000	18	0.006	0.055	0.006	0.018	0.006
		10	3000	35	0.012	0.055	0.006	0.018	0.006
		11	3000	33	0.011	0.055	0.006	0.018	0.006
		12	3000	43	0.014	0.055	0.006	0.018	0.006
		13	3000	45	0.015	0.055	0.006	0.018	0.006
		14	3000	24	0.008	0.055	0.006	0.018	0.006
		15	3000	19	0.006	0.055	0.006	0.018	0.006
		16	2000	29	0.015	0.067	0.007	0.019	0.005
		17							
		18							
		19							
		20							
계			43000	495					

비고 $(\sum n)$ $(\sum pn)$ $\bar{p}=\sum pn/\sum n=0.012$

$\sqrt{\bar{p}(1-\bar{p})}=0.109$

(3) p관리도의 OC곡선

p관리도의 OC곡선은 공정 부적합품률 p의 함수로서 시료의 부적합품률 $\hat{p}=\dfrac{X}{n}$가 p관리도의 관리한계선 안에 포함될 확률을 그래프로 나타낸 것이다. 공정 부적합품률이 p일 때 시료의 부적합품률 $\hat{p}$가 관리한계선 안에 포함될 확률은

$$L(p) = P(LCL \le \hat{p} \le UCL)$$

이 된다. 여기서 $L(p)$의 값은 p에 따라 이항분포, 포아송분포 혹은 정규분포를 이용하여 근사값을 구할 수 있다. p관리도의 OC 곡선은 다음의 예제 2.2를 통해 설명한다.

예제 2.2

부적합품률 $p=0.05$인 공정에서 크기가 $n=100$인 부분군들을 추출할 때 3σ 관리한계선을 사용하여 p관리도의 OC곡선을 그려라.

풀이

p 관리도의 관리한계선은 식 (2.1)에 의해

$$UCL = 0.05 + 3\sqrt{\frac{(0.05)(0.95)}{100}} = 0.115$$

$$LCL = 0.05 - 3\sqrt{\frac{(0.05)(0.95)}{100}} = -0.015$$

여기서 LCL이 음이므로 $LCL=0$으로 한다. 한편, 시료 n개중 불량품의 개수 X는 이항분포를 따르므로 시료의 부적합품률이 관리한계선 안에 포함될 확률은

$$\begin{aligned} L(p) &= P\left(0.0 \le \frac{X}{100} \le 0.115\right) \\ &= P(0.0 \le X \le 11.5) \\ &= \sum_{x=0}^{11} \binom{100}{x} p^x (1-p)^{100-x} \end{aligned}$$

으로 계산된다. 그런데 위 식은 직접 계산하기는 복잡하므로 근사분포인 정규분포를 이용하여 구한다. $p=0.05$일 때 평균 $\mu=np=100(0.05)=5$이고 분산 $\sigma^2=np(1-p)=100(0.05)(1-0.05)=4.75$인 정규분포를 이용하여

$$\begin{aligned} L(0.05) &= P(0 \le X \le 11) \\ &= P\left(\frac{0-5}{\sqrt{4.75}} \le \frac{X-5}{\sqrt{4.75}} \le \frac{11-5}{\sqrt{4.75}}\right) \\ &= P(-2.294 \le Z \le 2.753) \\ &= 0.9861 \end{aligned}$$

을 얻는다. 같은 방법으로 p의 여러 값에 대하여 계산하면 다음과 같다.

p	$L(p)=P(0 \le X \le 11)$
0.01	0.8438
0.03	0.9608
0.05	0.9861
0.07	0.9387
0.10	0.7473
0.15	0.1314
0.20	0.1056

위의 계산 결과를 통해 *OC* 곡선을 그리면 다음과 같다.

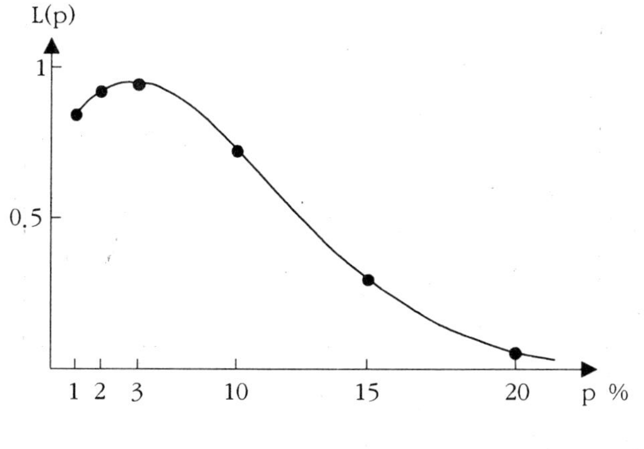

예제 2.3

예제 2.1의 데이터를 사용하여 관리도를 그리고, 관리상태를 판정하라.

미니탭을 이용

통계학 ▶ 관리도 ▶ 계수형 관리도 ▶ p

C1열에 시료의 크기, C2열에 부적합품수를 입력한다.

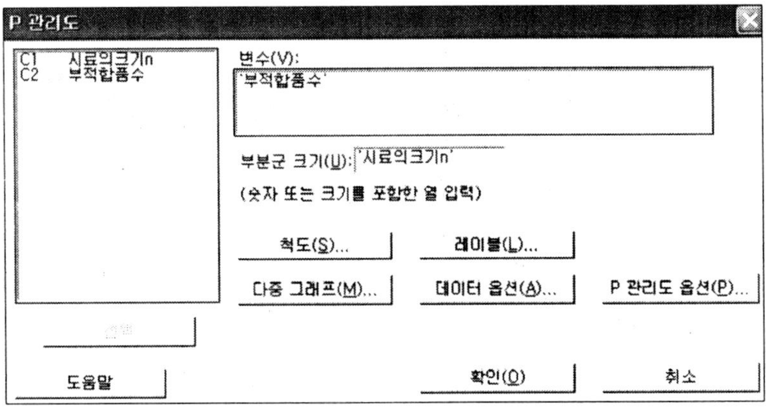

【실행결과】

부적합품수의 P 관리도

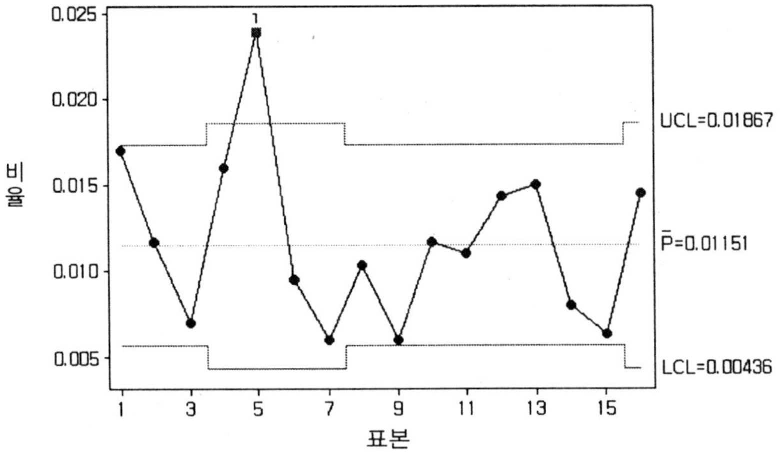

불균등한 표본 크기로 수행된 검정

※ 위 그림에서 5번째 점이 관리상한선을 벗어나 있으므로 원인을 조사하여 그 원인이 작업자의 실수 혹은 기계고장 같은 원인으로 판명되면 이 점을 이상치로 간주하여 제거한 후 다시 관리상한과 하한을 계산하는 방법을 이용하여 관리한계선을 벗어나는 점이 없도록 관리도를 수정한다. 다음 생산에는 이 수정된 관리한계선을 이용한다.

2. 부적합품수 np 관리도

부적합품수 np관리도는 공정에서 생산되는 제품의 부적합품수를 관리하고자 할 때 사용한다. 각 관측시점에서 얻은 부분군의 크기가 같을 때는 부적합품률 대신 부적합품수로서 공정을 관리할 수 있다. np관리도는 부분군의 크기가 같을 때만 사용할 수 있으며 통계량은 부적합품수 np가 된다.

(1) 3σ 관리한계선

공정 부적합품률 p를 아는 경우는

$$UCL = np + 3\sqrt{np(1-p)}$$
$$CL = np$$
$$LCL = np - 3\sqrt{np(1-p)}$$

이다. 일반적으로 부적합품률 p는 모른다. 이 경우 추정량 $n\bar{p} = \Sigma np/k$을 사용하여 관리한계를 구하면 다음과 같다.

$$\begin{aligned} UCL &= n\bar{p} + 3\sqrt{n\bar{p}(1-\bar{p})} \\ CL &= n\bar{p} \\ LCL &= n\bar{p} - 3\sqrt{n\bar{p}(1-\bar{p})} \end{aligned} \tag{2.2}$$

위 추정량 $n\bar{p} = \Sigma np/k$에서 np는 각 군의 부적합품수이며, Σnp는 부적합품수의 총합이며, k는 군의 수이다.

예제 2.4

다음은 각 시점에서 1000개의 제품 중에서 부적합품수를 조사한 데이터이다. 관리도를 그리고 관리상태를 판정하라.

조사시점	부적합품수	조사시점	부적합품수	조사시점	부적합품수
1	13	11	15	21	5
2	8	12	7	22	10
3	18	13	8	23	12
4	16	14	12	24	12
5	15	15	11	25	8
6	7	16	10	26	9
7	7	17	14	27	9
8	13	18	12	28	13
9	11	19	4	29	12
10	9	20	8	30	10
				합 계	318

풀이

$n\bar{p} = \frac{\Sigma np}{k} = \frac{318}{30} = 10.6 \qquad \bar{p} = \frac{\Sigma np}{\Sigma n} = \frac{318}{1000 \cdot 30} = 0.0106$이므로

$UCL = n\bar{p} + 3\sqrt{n\bar{p}\,(1-\bar{p})} = 20.32, \quad LCL = n\bar{p} - 3\sqrt{n\bar{p}\,(1-\bar{p})} = 0.88$

미니탭을 이용

통계학 ▶ 관리도 ▶ 계수형 관리도 ▶ np

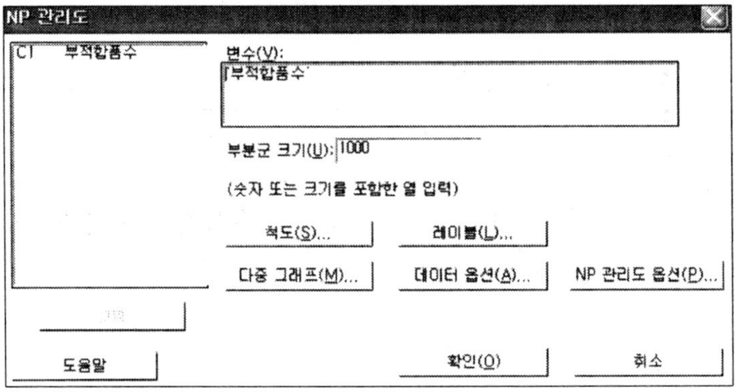

【실행결과】

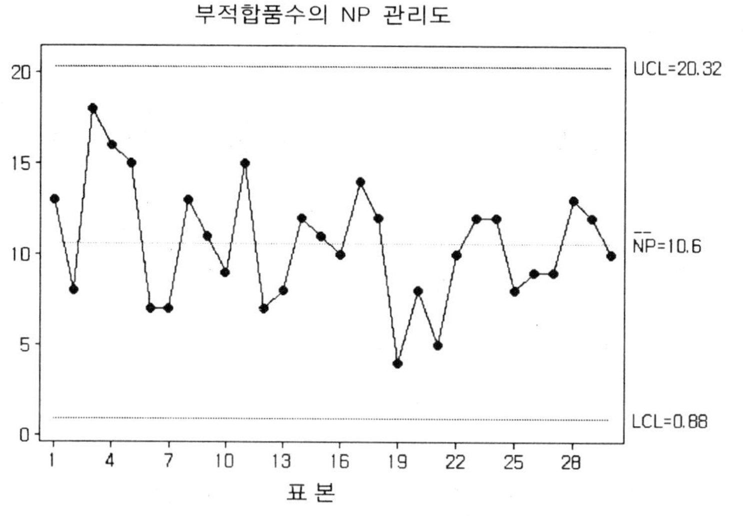

※ 이 관리도에서는 관리한계선을 벗어나는 점이 없고, 어떤 패턴을 이루지 않으므로 공정은 관리상태에 있다고 볼 수 있다.

3. 부적합수 c관리도

c 관리도는 생산 공정에서 미리 정해진 일정단위 중에 포함된 부적합수(결점수)를 관리하고자 할 때 사용되는 관리도이다. 각 단위에는 여러 종류의 결점이 있을 수 있는데, c 관리도는 부적합의 종류를 구분하지 않고 관리하고자 할 때에도 사용될 수 있다. 예를 들어 직물의 일정면적 중 흠의 수, 판유리 $1m^2$당 기포의 수, 철선의 일정한 길이 중 핀 홀수 등에 적용된다.

(1) 3σ 관리한계선

일정단위에서 부적합수 X의 분포는 제4장 분포에서 설명했듯이 포아송분포를 따른다. 따라서 관리상태일 때 X의 평균과 분산은 c가 된다. c 관리도의 관리한계선은 c가 알려져 있을 때

$$UCL = c + 3\sqrt{c}$$
$$CL = c$$
$$LCL = c - 3\sqrt{c}$$

이 된다. 한편 c를 모르는 경우는 c의 추정량 $\bar{c} = \Sigma c / k$을 이용하여 관리한계선을 구하면 다음과 같다.

$$UCL = \bar{c} + 3\sqrt{\bar{c}}$$
$$CL = \bar{c} \tag{2.3}$$
$$LCL = \bar{c} - 3\sqrt{\bar{c}}$$

여기서 Σc는 부적합수의 총합이며 k는 군의 수이다. 만약 LCL이 음인 경우는 LCL은 없는 것으로 한다.

(2) c 관리도의 작성절차

① 자료의 채취방법:

일정한 크기의 시료를 약 20~25로 채취하여, 각 시료 중 부적합수 c를 조사한 것이다. 하나의 시료 군에서 1~5개 정도의 부적합수가 포함되도록 한다.

② 각 군의 평균 부적합수 $\bar{c}$의 계산:

$$\bar{c} = \frac{\Sigma c}{k}$$

여기서 k는 군의 수이고 Σc는 총 부적합수이다.

③ 예비 자료에 의한 관리선의 계산: 식 (2.3)에 의해 관리선을 구한다.

④ 관리선의 기입, c 값 및 관리상태의 판정:

예제 2.5

다음의 자료는 유리병을 추출하여 10개 중에서 나타나는 기포의 수를 20일간 조사한 것이다. 관리한계선을 계산하라. 또 관리도를 그리고 관리상태를 판정하라.

군의 번호	1	2	3	4	5	6	7	8	9	10	11	12	13	14	15	16	17	18	19	20
부적합수(c)	4	2	3	8	4	6	2	3	0	4	1	11	5	3	2	7	6	2	3	4

풀이

$\bar{c} = \dfrac{\Sigma c}{k} = \dfrac{80}{20} = 4$이므로

$UCL = \bar{c} + 3\sqrt{\bar{c}} = 4 + 3\sqrt{4} = 10$

$CL = \bar{c} = 4$

$LCL = \bar{c} - 3\sqrt{\bar{c}} = 4 - 3\sqrt{4} = -2$, 여기서 LCL이 음이므로 $LCL = 0$이다.

미니탭을 이용

데이터를 C1열에 입력한다.

【실행결과】

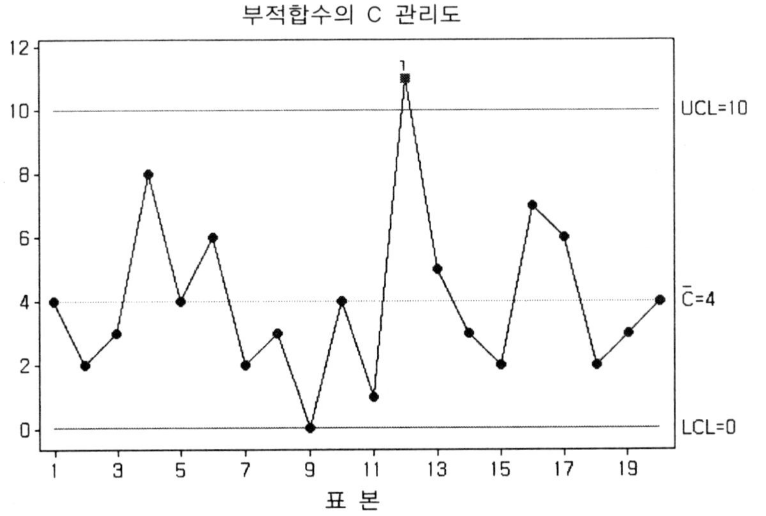

※ 12번째 부적합수는 관리한계선 밖으로 나가므로 이상이 발생하고 있다. 따라서 그 원인을 찾아 조치를 취해야 할 것이다.

4. 단위당 부적합수 u관리도

생산 공정에서 부적합수를 관리하고자 할 때, 검사단위가 일정하지 않은 경우가 있다. 이때 사용되는 관리도를 단위당 부적합수 관리도라 하며 흔히 u관리도라 한다. 이와 같이 검사단위가 일정하지 않은 경우에는 c 관리도 대신 u관리도를 사용한다. u관리도에서 사용되는 통계량은 부분군의 단위당 부적합수는 $u=X/n$가 된다. $E(u)=u_0$라 할 때, 부적합수 X는 포아송분포를 따르므로 $V(X)=E(X)=E(nu)=nu_0$이다. 한편 u의 분산 $V(u)=V\left(\frac{X}{n}\right)=\frac{nu_0}{n^2}=\frac{u_0}{n}$가 된다. 여기서 X는 시료중의 부적합수이며 n은 시료의 크기이다.

(1) 3σ 관리한계선

양쪽 관리절차의 관리한계는 단위당 부적합수의 관리값 u_0가 알려진 경우 3σ 관리한계를 사용하면

$$UCL = u_0 + 3\sqrt{u_0/n}$$
$$CL = u_0$$
$$LCL = u_0 - 3\sqrt{u_0/n}$$

이며, 일반적으로 u_0가 알려지지 않은 경우에는 추정량 $\bar{u} = \Sigma u / \Sigma n$을 사용하면 다음과 같다.

$$\begin{aligned} UCL &= \bar{u} + 3\sqrt{\bar{u}/n} \\ CL &= \bar{u} \\ LCL &= \bar{u} - 3\sqrt{\bar{u}/n} \end{aligned} \tag{2.4}$$

여기서 $\bar{u} = \frac{\Sigma u}{\Sigma n} = \frac{\text{부적합수의 총합}}{\text{시료의 검사단위의 총합}}$이다. LCL이 음의 값이면 LCL이 없는 것으로 한다. 위 관리한계에 나타난 바와 같이 부분군의 크기가 다를 경우에는 관리한계가 달라짐을 알 수 있다.

(2) u 관리도의 작성절차

① 자료의 채취 방법:

약 20~25의 시료를 채취하여 시료의 단위(면적, 길이, 시간 등)와 시료중의 부적합수를 조사한다. 하나의 시료 군에서 1~5개 정도의 부적합수가 포함되도록 한다.

② 단위당 부적합수 u의 계산:

$$u = \frac{X}{n}$$

여기서 X는 시료중의 부적합수이고 n은 시료의 크기이다. 예를 들면 1500m의 에나멜선을 검사하였더니 핀 홀이 30개 있었다고 하면 100m 단위당 부적합수 u는 $n = \frac{1500}{100} = 15$이며, $u = \frac{30}{15} = 2$로 계산한다.

③ 예비 자료에 의한 관리선의 계산: 식 (2.4)에 의해 관리한계선을 구한다.

④ 관리선 및 u값의 기입, 관리상태의 판정:

예제 2.6

다음의 데이터는 어느 직물공정에서 나타난 흠의 수를 조사한 결과이다. u관리도의 관리한계를 구하고 관리도를 그려 판정하라.

로트번호	1	2	3	4	5	6	7	8	9	10	11	12	13	14	15	합계
부적합수	35	21	33	42	29	40	37	63	52	41	25	10	36	52	43	559
시료수(n)	10	10	15	15	20	20	20	20	20	10	10	10	15	15	15	225
단위당 부적합수	3.5	2.1	2.2	2.8	1.5	2.0	1.9	3.2	2.6	4.1	2.5	1.0	2.4	3.5	2.9	

$$CL = \overline{u} = \frac{\Sigma c}{\Sigma n} = \frac{559}{225} = 2.484$$

$n = 10$인 경우 $\quad \bar{u} + 3\sqrt{\bar{u}/n} = 2.484 + 3\sqrt{2.484/10} = 3.979$

$\quad \bar{u} - 3\sqrt{\bar{u}/n} = 2.484 - 3\sqrt{2.484/10} = 0.989$

$n = 15$인 경우 $\quad \bar{u} + 3\sqrt{\bar{u}/n} = 2.484 + 3\sqrt{2.484/15} = 3.705$

$\quad \bar{u} - 3\sqrt{\bar{u}/n} = 2.484 - 3\sqrt{2.484/15} = 1.264$

$n = 20$인 경우 $\quad \bar{u} + 3\sqrt{\bar{u}/n} = 2.484 + 3\sqrt{2.484/20} = 3.541$

$\quad \bar{u} - 3\sqrt{\bar{u}/n} = 2.284 - 3\sqrt{2.484/20} = 1.427$

미니탭을 이용

통계학 ▶ 관리도 ▶ 계수형 관리도 ▶ U

C1에 부적합수를 입력하고, C2에 시료수를 입력한다.

【실행결과】

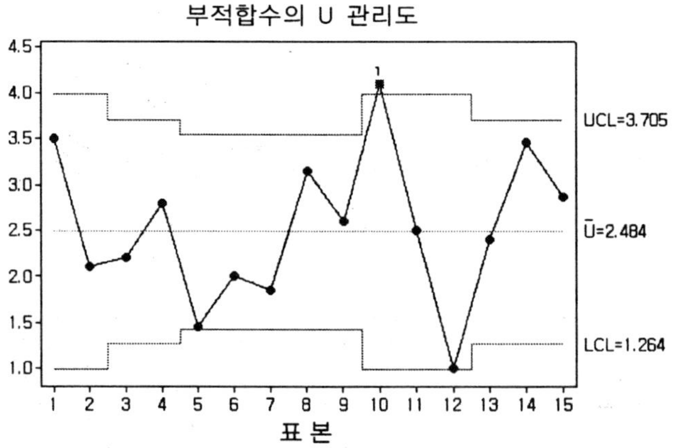

※ 10번째 로트는 관리한계를 벗어났다. 공정에 주의할 필요가 있다.

예제 2.7

다음은 에나멜 동선의 품질을 관리하기 위하여 핀 홀의 수를 조사한 자료이다. 다음에 제시된 양식 [표 2.2]에 u관리도의 관리한계를 작성하라(단, 다음은 시료 1000m 당 핀 홀의 수임).

시료의 번호	1	2	3	4	5	6	7	8	9	10
시료의 크기(m)	1000	1000	1000	1000	1000	1300	1300	1300	1300	1300
부적합수(c)	4	5	3	3	5	2	5	3	2	1
시료군의 번호	11	12	13	14	15	16	17	18	19	20
시료의 크기(m)	1300	1300	1300	1300	1200	1200	1200	1700	1700	1700
부적합수(c)	5	2	4	2	6	4	0	8	3	8

풀이

No. ______________

<table>
<tr><td colspan="2">제 품 명 칭</td><td>에나멜 동선</td><td colspan="2">제조 명령 번호</td><td></td><td rowspan="2">기 간</td><td></td></tr>
<tr><td colspan="2">품 질 특 성</td><td>핀홀의 수</td><td colspan="2">직 장</td><td></td><td></td></tr>
<tr><td colspan="2">측 정 단 위</td><td></td><td colspan="2">규 준 일 산 고</td><td></td><td>기 계 번 호</td><td></td></tr>
<tr><td rowspan="2">규 격
한 계</td><td>최 대</td><td></td><td rowspan="2">시 료</td><td>크 기</td><td></td><td>작 업 원</td><td></td></tr>
<tr><td>최 소</td><td></td><td>간 격</td><td></td><td rowspan="2">검 사 원
성 명 인</td><td></td></tr>
<tr><td colspan="2">규 격 번 호</td><td></td><td colspan="2">측 정 기 번 호</td><td></td><td></td></tr>
</table>

[표 2.2] u관리도용 자료표

일시	로트 번호	시료군의 번호	시료의 크기 n (1000m)	부적합수 c	단위당 부적합수 u	$\frac{1}{\sqrt{n}}$	UCL $\bar{u}+3\sqrt{\bar{u}} \times \frac{1}{\sqrt{n}}$	LCL $\bar{u}-3\sqrt{\bar{u}} \times \frac{1}{\sqrt{n}}$
		1	1.0	4	4.0	1	8.10	—
		2	1.0	5	5.0	″	″	—
		3	1.0	3	3.0	″	″	—
		4	1.0	3	3.0	″	″	—
		5	1.0	5	5.0	″	″	—
		6	1.3	2	1.5	0.877	7.47	—
		7	1.3	5	3.8	″	″	—
		8	1.3	3	2.3	″	″	—
		9	1.3	2	1.5	″	″	—
		10	1.3	1	0.8	″	″	—
		11	1.3	5	3.8	″	″	—
		12	1.3	2	1.5	″	″	—
		13	1.3	4	3.1	″	″	—
		14	1.3	2	1.5	″	″	—
		15	1.2	6	5.0	0.913	7.65	—
		16	1.2	4	3.3	″	″	—
		17	1.2	0	0.0	″	″	—
		18	1.7	8	4.7	0.767	6.90	—
		19	1.7	3	1.8	″	″	—
		20	1.7	8	4.7	″	″	—
계			25.4	75	$\bar{u} = \sum c / \sum n = 75/25.4 = 2.95$			
			$(\sum n)$	$(\sum c)$	$3\sqrt{\bar{u}} = 3 \times \sqrt{2.95} = 5.15$			

기사

3 계량형 관리도

품질특성이 온도, 압력, 인장강도, 부피 등과 같이 연속형 데이터를 갖는 경우를 계량형 품질특성이라 한다. 품질특성이 계량형인 경우 공정의 평균 및 산포가 품질에 직접 영향을 미치므로 그 평균과 산포를 모두 관리할 필요가 있다. 따라서 품질관리를 위해서는 특히 공정의 평균 및 산포의 관리를 해야 하는데, 이를 위한 대표적인 관리기법으로는 $\bar{x}$ 관리도, $\bar{x}-R$ 관리도, x 관리도, R관리도 및 s 관리도 등이 있다.

1. $\bar{x}$ 관리도

관리상태의 공정으로부터 크기 n의 시료 $X_1, X_2, \cdots, X_n$를 k개 추출하여 다음과 같은 통계량을 구한다. 시료로부터 $\bar{x} = \frac{1}{n}\Sigma_{i=1}^{n} x_i$이며 $R=\max(x_i)-\min(x_j)$을 얻고, 또 $\bar{\bar{x}} = \frac{1}{k}\Sigma_{i=1}^{k}\bar{x}_i$, $\bar{R} = \frac{1}{k}\Sigma R$을 얻는다. $\bar{x}$ 관리도는 공정평균 μ를 관리하고자 하는 관리도이다.

(1) 3σ 관리한계선

$X_1, X_2, \cdots, X_n$을 평균이 μ, 표준편차가 σ인 정규분포로부터 추출한 시료로 할 때 $\bar{x}$는 통계의 중심극한정리에 의해 평균이 μ, 표준편차가 $\frac{\sigma}{\sqrt{n}}$인 정규분포를 따른다. 따라서 μ와 σ를 알고 있는 경우 $\bar{x}$에 대한 중심선 및 3σ 관리한계선은 다음과 같이 주어진다.

$$UCL = \mu + 3\frac{\sigma}{\sqrt{n}} = \mu + A\sigma$$

$$CL = \mu$$

$$LCL = \mu - 3\frac{\sigma}{\sqrt{n}} = \mu - A\sigma$$

단, $A=\dfrac{3}{\sqrt{n}}$ 으로 부록의 [표 7]에 있다. 한편, μ, σ를 모르는 경우에는 예비자료로부터 추정한 값을 이용하여 관리한계선을 구할 수 있다. μ의 추정치로 $\overline{\overline{x}}$를, σ의 추정치로 $\dfrac{\overline{R}}{d_2}$를 이용하여 중심선 및 관리한계선을 구하면 다음과 같다.

$$
\begin{aligned}
UCL &= \hat{\mu} + 3\frac{\hat{\sigma}}{\sqrt{n}} = \overline{\overline{x}} + 3\frac{\overline{R}}{\sqrt{n}\,d_2} = \overline{\overline{x}} + A_2\overline{R} \\
CL &= \hat{\mu} = \overline{\overline{x}} \\
LCL &= \hat{\mu} - 3\frac{\hat{\sigma}}{\sqrt{n}} = \overline{\overline{x}} - 3\frac{\overline{R}}{\sqrt{n}\,d_2} = \overline{\overline{x}} - A_2\overline{R}
\end{aligned}
\tag{3.1}
$$

단, $A_2=\dfrac{3}{d_2\sqrt{n}}$ 으로 부록의 [표 7]에 있다.

예제 3.1

어느 전기 부품 제조공정에서 하루 5개의 시료를 취하여 25일 동안 부품의 저항을 측정하여 다음의 데이터를 얻었다. $\overline{x}$ 관리도의 관리한계를 구하라.

부분군	x_1	x_2	x_3	x_4	x_5	부분군	x_1	x_2	x_3	x_4	x_5
1	47	32	44	35	20	14	37	32	12	38	30
2	19	37	31	25	34	15	25	40	24	50	19
3	19	11	16	11	44	16	10	28	20	18	35
4	29	29	42	59	38	17	28	10	51	30	37
5	28	12	45	36	25	18	35	12	29	48	20
6	40	35	11	38	33	19	31	20	35	24	47
7	15	30	12	38	26	20	12	27	38	40	31
8	35	44	32	11	38	21	52	42	52	24	25
9	27	37	26	20	35	22	15	41	13	13	15
10	23	45	26	37	32	23	29	47	41	32	22
11	28	44	40	31	18	24	28	27	22	32	54
12	31	25	24	32	22	25	42	34	15	29	21
13	22	37	19	47	14						

풀이

$$UCL = \overline{\overline{x}} + A_2\overline{R} = 29.86 + (0.58)(27.44) = 45.78$$

$$LCL = \overline{\overline{x}} - A_2 \overline{R} = 29.86 - (0.58)(27.4) = 13.94$$

여기서 부록의 [표 7]에서 $n=5$인 경우 $A_2 = 0.58$이다.

미니탭을 이용

통계학 ▶ 관리도 ▶ 부분군에 대한 계량형 관리도 ▶ xbar

C1-C5에 데이터를 입력한다.

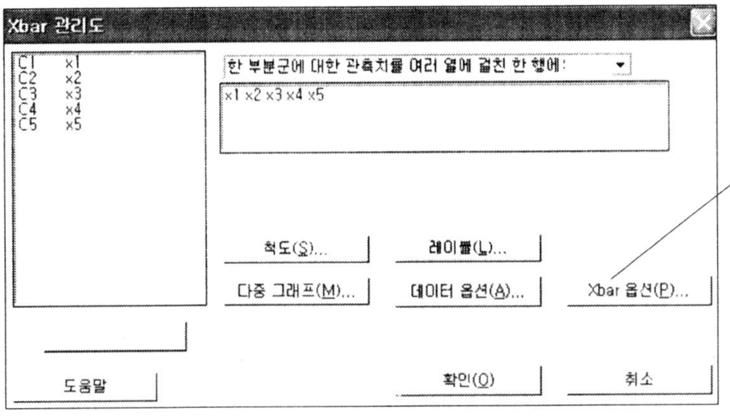

추정치 ▶ 표준편차의 추정방법 ▶ (Rbar, Sbar, 합동표준편차)에서 Rbar선택

【실행결과】

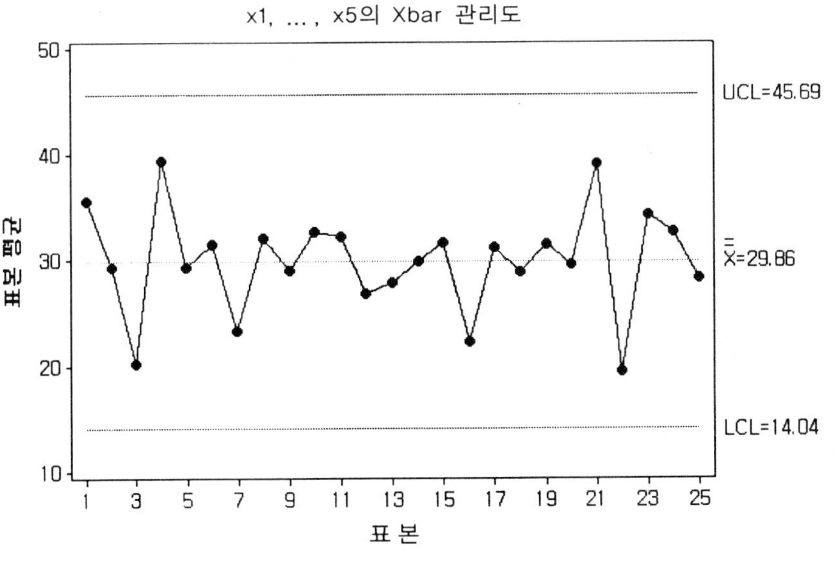

※ 위 관리도는 대체적으로 측정치가 관리한계 내에 있고, 어떤 패턴도 없다. 따라서 공정은 안정되어 있다 할 수 있다.

2. R 관리도

공정의 산포를 관리할 때 사용되는 관리도로 R 관리도가 있다.

(1) 3σ 관리한계선

X_1, X_2, $\cdots$, X_n을 평균이 μ, 표준편차 σ인 정규분포로 추출한 표본이라 할 때 범위 R의 기대치와 표준편차는 각각 $d_2\sigma$, $d_3\sigma$ 이다. 여기서 d_3는 부록의 [표 7]에 있다. 먼저 σ을 알고 있는 경우 R 관리도의 중심선 및 3σ 관리한계선은 다음과 같다.

$$UCL = d_2\sigma + 3d_3\sigma = (d_2 + 3d_3)\sigma$$
$$CL = d_2\sigma$$
$$LCL = d_2\sigma - 3d_3\sigma = (d_2 - 3d_3)\sigma$$

한편 σ를 모르는 경우에는 추정치 $\hat{\sigma} = \dfrac{\overline{R}}{d_2}$를 이용하면 R관리도의 중심선 및 3σ 관리한계선은 다음과 같이 구해진다.

$$\begin{aligned} UCL &= (d_2 + 3d_3)\hat{\sigma} = (d_2 + 3d_3)\frac{\overline{R}}{d_2} = (1 + 3\frac{d_3}{d_2})\overline{R} = D_4\overline{R} \\ CL &= d_2\hat{\sigma} = \overline{R} \\ LCL &= (d_2 - 3d_3)\hat{\sigma} = (d_2 - 3d_3)\frac{\overline{R}}{d_2} = (1 - 3\frac{d_3}{d_2})\overline{R} = D_3\overline{R} \end{aligned} \tag{3.2}$$

단, $D_4 = 1 + 3\dfrac{d_3}{d_2}$, $D_3 = 1 - 3\dfrac{d_3}{d_2}$으로 부록의 [표 7]에 있다.

예제 3.2

예제 3.1의 데이터를 가지고 R관리도의 관리한계를 계산하고, 관리도를 그려라.

풀이

식 (3.2)에 의해

$$UCL = D_4 \overline{R} = (2.11)(27.44) = 58$$

$$LCL = D_3 \overline{R} = -\ \text{(고려하지 않음)}$$

여기서 부록의 [표 7]에서 $n=5$인 경우 $D_4 = 2.11$이고 $D_3 = -$ 이다.

미니탭을 이용

통계학 ▶ 관리도 ▶ 부분군에 대한 계량형 관리도 ▶ R

여기서 표준편차의 추정은 Rbar를 선택

【실행결과】

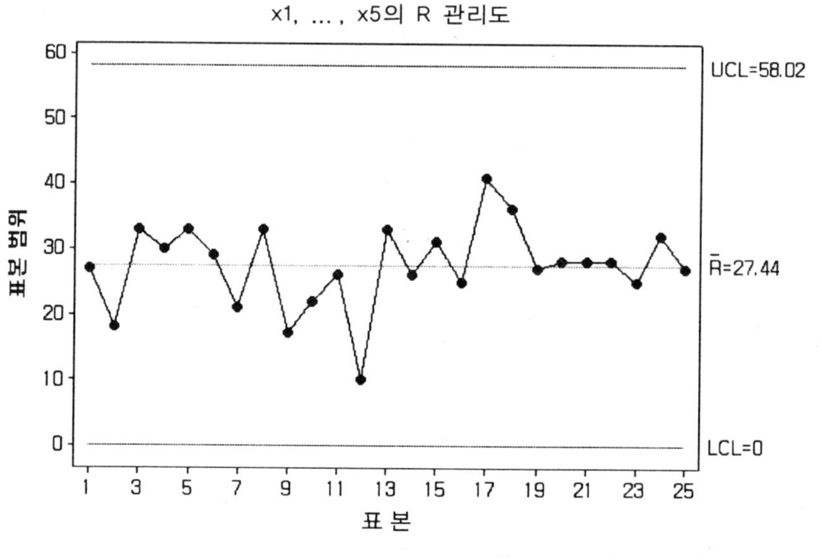

※ 위 관리도는 대체적으로 공정의 산포는 관리상태에 있다고 할 수 있다.

3. s 관리도

공정의 표준편차를 관리하고자 할 때 부분군의 크기가 크면 $(n > 10)$범위 R을 이용하는 것보다 표준편차 s를 이용하는 것이 더 효율적이다.

(1) 3σ 관리한계선

표준편차 s는 평균과 표준편차는 각각 $c_4\sigma$, $\sigma\sqrt{1-c_4^2}$로 알려졌다. 따라서 s관리도의 중심선 및 3σ 관리한계선은 다음과 같이 구해진다.

$$UCL = c_4\sigma + 3\sigma\sqrt{1-c_4^2} = B_6\sigma$$

$$CL = c_4\sigma$$

$$LCL = c_4\sigma - 3\sigma\sqrt{1-c_4^2} = B_5\sigma$$

여기서 $B_6 = c_4 + 3\sqrt{1-c_4^2}$, $B_5 = c_4 - 3\sqrt{1-c_4^2}$이다. 한편 σ를 모르는 경우 추정치 $\hat{\sigma} = \dfrac{\overline{s}}{c_4}$를 이용하면 s관리도의 중심선, 3σ 관리한계선은 다음과 같다.

$$UCL = B_6\hat{\sigma} = B_6\frac{\overline{s}}{c_4} = B_4\overline{s}$$

$$CL = c_4\hat{\sigma} = c_4\frac{\overline{s}}{c_4} = \overline{s} \tag{3.3}$$

$$LCL = B_5\hat{\sigma} = B_5\frac{\overline{s}}{c_4} = B_3\overline{s}$$

단, $B_4 = \dfrac{B_6}{c_4}$, $B_3 = \dfrac{B_5}{c_4}$은 부록의 [표 7]에 있다.

예제 3.3

앞의 예제 3.1의 데이터를 가지고 s관리도를 그려라.

미니탭을 이용

통계학 ▶ 관리도 ▶ 부분군에 대한 계량형 관리도 ▶ s

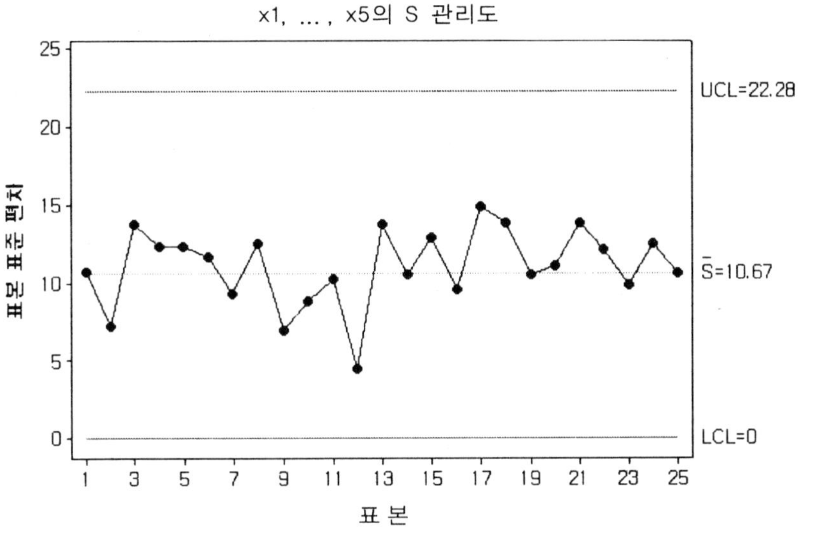

※ 위의 R관리도와 비슷한 형태로, s관리도 역시 공정의 산포는 안정상태라 할 수 있다.

4. $\bar{x}-R$관리도와 $\bar{x}-s$관리도

계량형 관리도에서 가장 많이 사용되는 관리도가 $\bar{x}-R$관리도이다. 이것은 평균을 관리하는 $\bar{x}$ 관리도와 표준편차를 관리하는 R관리도를 합쳐서 만든 관리도이다.

$\bar{x}-R$ 관리도의 관리한계는 $\bar{x}$ 관리도와 R관리도를 개별적으로 사용할 때와 동일하다. 다만 $\bar{x}$ 관리도와 R관리도 중 어느 한쪽에서라도 관리한계선 밖에 나타나는 관측값이 있는 경우나, 어떤 패턴을 이루고 있는 경우에는 공정에 이상이 있다고 판단을 한다. 한편 공정의 평균과 표준편차를 동시에 관리하고자 할 때 $\bar{x}-s$ 관리도를 사용하기도 한다. 그리고 $\bar{x}-s$관리도 역시 $\bar{x}$ 관리도와 s 관리도를 개별적으로 사용할 때와 동일하다.

(1) $\bar{x}-R$관리도의 작성절차

① 자료의 채취 방법 :

크기 4~5 정도의 시료를 약 20~25군(k) 채취하여 측정한다. 얻은 자료를 자료표 [표 3.1]에 기입한다. 자료표에는 품명, 시료의 채취방법, 측정방법 등 보아 넘기기 어려운 원인을 찾는데 필요하다고 생각되는 사항을 기록한다.

② 각 군의 평균치 $\bar{x}$와 범위 R의 계산 :

평균치 $\bar{x} = \Sigma x_i / n$을 구하고 또 총 평균 $\bar{\bar{x}} = \Sigma \bar{x} / k$을 계산한다. 범위 $R = x_{max} - x_{min}$을 구하고 그의 평균치 $\bar{R} = \Sigma R / k$을 구한다.

③ 관리한계선의 계산:

$\bar{x}$ 관리도는
$$UCL = \bar{\bar{x}} + A_2 \bar{R}$$
$$CL = \bar{\bar{x}}$$
$$LCL = \bar{\bar{x}} - A_2 \bar{R}$$

R 관리도는
$$UCL = D_4 \bar{R}$$
$$CL = \bar{R}$$
$$LCL = D_3 \bar{R}$$

여기서 A_2, D_3, D_4는 군의 크기 n에 따라 정해주는 계수로 부록의 [표 7]에 있다.

④ 관리한계선, 점의 기입 및 판정

$\bar{x} - R$관리도의 UCL, CL, LCL을 각각 그리고 각 시료의 $\bar{x}$와 R을 기입한 후 판정한다.

예제 3.4

예제 3.1의 자료를 사용하여 다음 [표 3.1]에 각 군의 합, 평균, 범위, $\bar{x}-R$ 관리도의 관리한계선을 작성하라.

[표 3.1] $\bar{x}-R$ 관리도용 자료표

$\bar{x}-R$ 관리도 자료표 No. ______

제품 명칭		전기부품	제조 명령 번호			기간	
품질 특성		전기저항	직장				
측정 단위			규준 일 산 고			기계 번호	
규격 한계	최대		시료	크기		작업원	
	최소			간격		검사원	
규격 번호			측정기 번호			성명인	

일시	시료군의 번호	측정치 x_1	x_2	x_3	x_4	x_5	계 Σx	평균치 $\bar{x}$	범위 R	적요
	1	47	32	44	35	20	178	35.6	27	
	2	19	37	31	25	34	146	29.2	18	
	3	19	11	16	11	44	101	20.2	33	
	4	29	29	42	59	38	197	39.4	30	
	5	28	12	45	36	25	146	29.2	33	
	6	40	35	11	38	33	157	31.4	29	
	7	15	30	12	33	26	116	23.2	21	
	8	35	44	32	11	38	160	32.0	33	
	9	27	37	26	20	35	145	29.0	17	
	10	23	45	26	37	32	163	32.6	22	
	11	28	44	40	31	18	161	32.2	26	
	12	31	25	24	32	22	134	26.8	10	
	13	22	29	19	47	14	139	27.8	33	
	14	37	32	12	38	30	149	29.8	26	
	15	25	40	25	50	19	158	31.6	31	
	16	10	28	20	18	35	111	22.2	25	
	17	28	10	51	30	37	156	31.2	41	
	18	35	12	29	48	20	144	28.8	36	
	19	31	20	35	24	47	157	31.4	27	
	20	12	27	38	40	31	148	29.6	28	
	21	52	42	52	24	25	195	39.0	28	
	22	15	41	13	13	15	97	19.4	28	
	23	29	47	41	32	22	171	34.2	25	
	24	28	27	22	32	54	163	32.6	32	
	25	42	34	15	29	21	141	28.2	27	
							계			

$\bar{x}$ 관리도

$UCL=\bar{\bar{x}}+A_2\bar{R}=45.78$

$LCL=\bar{\bar{x}}-A_2\bar{R}=13.94$

R 관리도

$UCL=D_4\bar{R}=57.90$

$LCL=D_3\bar{R}=-$

$\bar{\bar{x}}=29.86$ $\bar{R}=27.44$

n	A_2	D_4	D_3
4	0.73	2.28	−
5	0.58	2.11	−

비고

(2) $\bar{x}$ 관리도의 OC 곡선

본 절에서는 $\bar{x}-R$ 관리도의 개념을 위해 $\bar{x}$ 관리도의 OC곡선을 설명하고자 한다. $\bar{x}$ 관리도의 OC곡선은 품질특성 x가 정규분포를 한다는 가정을 전제로 하고 있으며 공정의 평균 μ와 표준편차 σ에 따라 정해진다. 본 절에서는 공정표준편차가 일정한 경우 μ의 변화에 따른 OC곡선에 대해서 설명한다. 부분군의 평균 $\bar{x}$는 평균이 μ이고 표준편차가 $\frac{\sigma}{\sqrt{n}}$인 정규분포를 하므로 $\bar{x}$가 관리한계선 안에 포함될 확률은

$$\begin{aligned} L(\mu) &= P(LCL \le \overline{X} \le UCL) \\ &= P\left(\frac{LCL-\mu}{\sigma/\sqrt{n}} \le \frac{\overline{X}-\mu}{\sigma/\sqrt{n}} \le \frac{UCL-\mu}{\sigma/\sqrt{n}}\right) \\ &= P\left(\frac{LCL-\mu}{\sigma/\sqrt{n}} \le U \le \frac{UCL-\mu}{\sigma/\sqrt{n}}\right) \end{aligned}$$

을 한다. 여기서 확률변수 U는 표준정규분포를 한다. 위 식에서 표준편차 σ를 일정하게 하고 평균 μ의 변화에 따른 $L(\mu)$를 구하고 μ와 $L(\mu)$의 관계를 그리면 $\bar{x}$ 관리도의 OC곡선이 된다.

예제 3.5

$\bar{x}$ 관리도의 예제 3.1의 데이터로부터 $\bar{x}$ 관리도의 OC 함수값을 구하라.

풀이

$UCL = 45.78$, $LCL = 13.94$이고 $\hat{\sigma} = \overline{R}/d_2 = 27.44/2.326 = 11.8$이므로 $\bar{x}$의 값이 관리한계선 안에 포함될 확률은

$$\begin{aligned} L(\mu) &= P(13.94 \le \overline{X} \le 45.78) \\ &= P\left(\frac{13.94-\mu}{11.80/\sqrt{5}} \le U \le \frac{45.78-\mu}{11.80/\sqrt{5}}\right) \end{aligned}$$

이다. 따라서 μ를 변화시켜 가며 $L(\mu)$를 구하면 다음 표를 얻을 수 있다.

μ	$\frac{LCL-\mu}{\sigma/\sqrt{n}}$	$\frac{UCL-\mu}{\sigma/\sqrt{n}}$	$L(\mu)$
10	0.77	6.76	0.22
15	−0.18	5.81	0.57
20	−1.13	4.87	0.87
25	−2.08	3.92	0.98
30	−3.02	2.97	0.99
35	−3.97	2.02	0.97
40	−4.92	1.08	0.86

위 표 값으로부터 $L(\mu)$의 값은 μ의 추정치 $\overline{\overline{x}}=29.8$을 중심으로 거의 대칭형태를 이루고 있다.

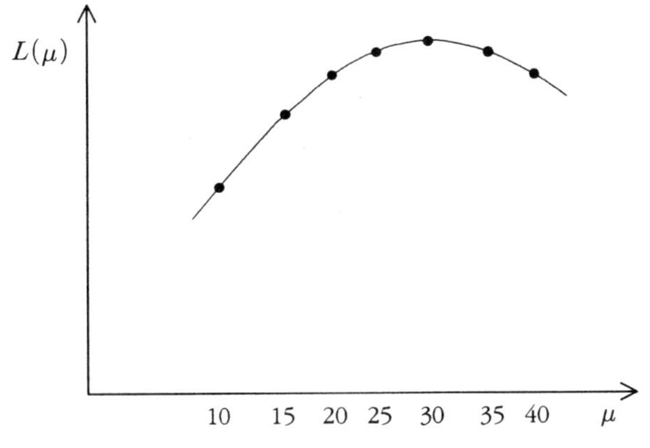

예제 3.6

예제 3.1의 자료를 이용하여 $\overline{x}-R$ 관리도를 그려라.

미니탭을 이용

통계학 ▶ 관리도 ▶ 부분군에 대한 계량형 관리도 ▶ xBar-R (▶ xBar-R 옵션 선택 ▶ Rbar 선택)

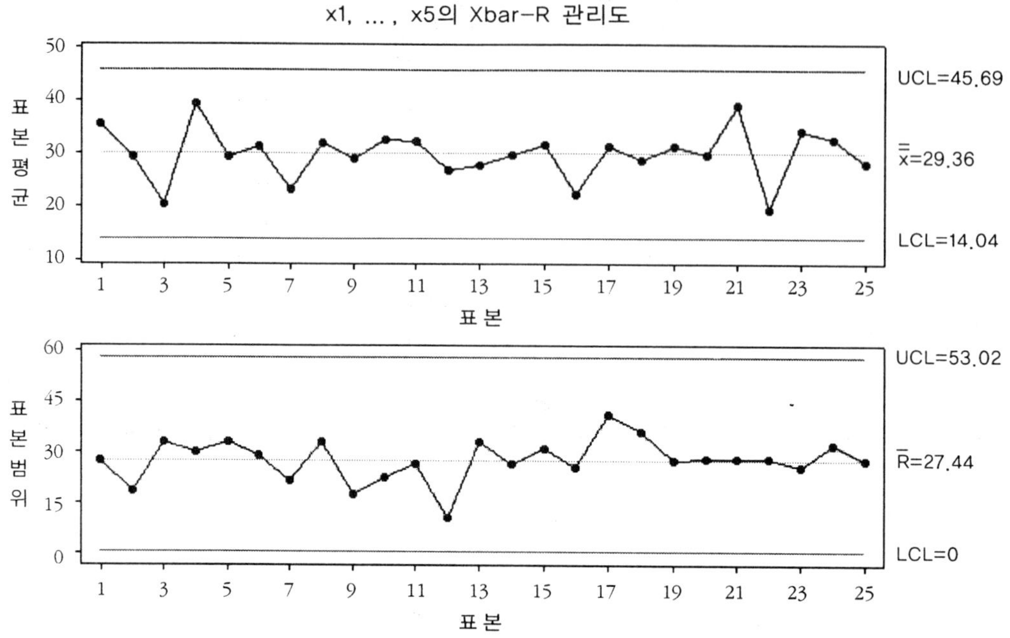

※ 위 공정의 평균과 산포는 대체적으로 안정상태라 할 수 있다.

5. x 관리도

어떤 공정에서 하나의 제품을 생산하는 데 시간이 많이 소요되는 경우에는 크기가 4 또는 5인 부분군을 형성할 때까지 기다릴 수 없다. 예를 들어, 각 제품이 생산되는데 1시간이 소요되면 크기 5인 한 부분군의 데이터를 얻기까지는 5시간이 필요하여 그 사이 공정이 이미 이상상태로 바뀔 가능성도 있다. 또는 한 제품으로부터의 데이터는 짧은 시간 내에는 거의 변동이 없는 경우가 있다. 예를 들면, 온도나 압력과 같은 데이터는 짧은 시간 동안에는 거의 변동이 없어 4 또는 5개의 데이터를 얻어도 하나의 데이터를 얻는 경우와 실질적으로 다를 바가 없다. 이와 같이 부분군의 데이터를 형성하기가 곤란하거나 불필요한 경우에는 부분군 대신 개개의 데이터를 사용하여 관리도를 작성한다.

x 관리도는 개개의 데이터를 이용하여 공정평균 μ를 관리하고자 할 때 사용하는 관리도이다. 이 관리도는 다음과 같이 크게 두 경우로 나누어 사용되고 있다.

(1) 합리적인 군으로 나눌 수 있는 경우

(2) 합리적인 군으로 나눌 수 없는 경우

(1) 합리적인 군으로 나눌 수 있는 경우 ($x-\overline{x}-R$ 관리도 사용)

$\overline{x}-R$관리도를 적용해도 관리가 되지만, 보아 넘기기 어려운 원인을 빨리 발견하여 제거하려고 할 경우에 x 관리도를 사용한다. $\overline{x}-R$ 관리도를 병용하여 사용되기도 하는데, 이를 $x-\overline{x}-R$ 관리도라 한다.

개별치 x에 대한 중심선 및 3σ관리한계선은 다음과 같다.

$$
\begin{aligned}
UCL &= \mu + 3\sigma = \overline{\overline{x}} + 3\frac{\overline{R}}{d_2} = \overline{\overline{x}} + E_2\overline{R} \\
CL &= \mu \\
LCL &= \mu - 3\sigma = \overline{\overline{x}} - 3\frac{\overline{R}}{d_2} = \overline{\overline{x}} - E_2\overline{R}
\end{aligned}
\tag{3.4}
$$

여기서 $E_2 = \dfrac{3}{d_2}$가 된다.

(2) 합리적인 군으로 나눌 수 없는 경우($x-R_s$ 관리도 사용)

이 관리도는 다음과 같은 경우에 사용된다.

- 정해진 공정, 로트, 1배치 등 1개의 측정치 밖에 얻을 수 없을 때
- 정해진 공정의 내부가 균일하여 많은 측정치를 취해도 의미가 없을 때
- 측정치를 얻는데 시간이나 경비가 많이 드는 경우

① 3σ 관리한계선

개별치 x관리도의 중심선 및 3σ관리한계선은 다음과 같다.

$$UCL = \mu + 3\sigma$$
$$CL = \mu$$
$$LCL = \mu - 3\sigma$$

μ와 σ를 모르는 경우 추정치 $\hat{\mu} = \bar{x}$, $\hat{\sigma} = \dfrac{\bar{R}}{d_2}$으로 x 관리도의 중심선 및 3σ 관리한계선은 다음과 같다.

$$UCL = \hat{\mu} + 3\hat{\sigma} = \bar{x} + 3\frac{\bar{R}_s}{d_2} = \bar{x} + 3\frac{\bar{R}_s}{1.128} = \bar{x} + 2.66\bar{R}_s$$
$$CL = \hat{\mu} = \bar{x} \tag{3.5}$$
$$LCL = \hat{\mu} - 3\hat{\sigma} = \bar{x} - 3\frac{\bar{R}_s}{d_2} = \bar{x} - 3\frac{\bar{R}_s}{1.128} = \bar{x} - 2.66\bar{R}_s$$

여기서 $\bar{R}$는 인접한 두 측정치의 차이인 이동범위 R_s 의 평균 $\bar{R}_s$를 사용한다. 이동범위의 평균 $\bar{R}_s$의 계산 절차는 다음과 같다.

이동범위의 수는 $k-1$개이므로 $\bar{R}_s = \dfrac{\Sigma R_s}{k-1}$이며, 범위를 구하는데 사용된 데이터의 수는 두 개이므로 부록의 [표 7]에서 $d_2 = 1.128$을 얻게 된다. 한편, R_s관리도의 중심선 및 3σ관리한계선은

$$UCL = D_4\bar{R}_s = 3.27\bar{R}_s$$
$$CL = \bar{R}_s \tag{3.6}$$
$$LCL = D_3\bar{R}_s = -(\text{고려하지 않음})$$

여기서 $n=2$인 경우(이동범위이므로) 부록의 [표 7]로부터 $D_4 = 3.27$이고, D_3은 없다.

② $x - R_s$ 관리도의 작성절차

1. 데이터를 취하는 방법:

   약 $k = 20 \sim 25$군으로부터 각각 1개씩의 시료를 채취하여 측정한다.

2. 평균치 $\bar{x}$, 인접한 두 측정치의 차 R_s 및 $\bar{R}_s$의 계산 :

$\bar{x} = \dfrac{\Sigma x}{k}$ (k는 군의 수(측정치의 수))

$R_{s.i} = |\, i$번째의 측정치 − $(i+1)$번째의 측정치$|$

$\bar{R}_s = (R_{s.1} + R_{s.2} + \cdots + R_{s.(k-1)})/(k-1)$

3. x 관리도, R_s 관리도의 관리한계선 :

식 (3.5), (3.6)에 의해 $x - R_s$관리도의 관리한계선을 구한다.

4. 관리선의 기입 및 관리상태의 판정 :

예제 3.7

부틸알콜과 아세트산을 황산 촉매 하에서 에스테르화를 하여 아세트산 부틸을 제조하는 공정이 있다. 배치 반응으로 24시간에 1회씩 밖에 작업을 못하므로 신속히 조치를 취하기 위하여 x 관리도를 사용하며, 또 데이터를 합리적인 군으로 나눌 수 없다 하여 이동범위 R_s 관리도를 사용하기로 하였다. 이 공정으로부터 다음과 같은 데이터를 얻었다. $x - R_s$ 관리도의 관리한계를 구하라.

번 호	1	2	3	4	5	6	7	8	9	10	11	12	13
측 정 치 x	1.09	1.13	1.29	1.13	1.23	1.43	1.27	1.63	1.34	1.10	0.98	1.37	1.18
이동범위 Rs	0.04	0.16	0.16	0.10	0.20	0.16	0.36	0.29	0.24	0.12	0.39	0.19	0.40
번 호	14	15	16	17	18	19	20	21	22	23	24	24	25
측 정 치 x	1.38	1.31	1.70	1.45	1.19	1.33	1.18	1.40	1.68	1.58	0.90	1.70	0.95
이동범위 Rs	0.27	0.39	0.25	0.26	0.14	0.15	0.22	0.28	0.10	0.68	0.80	0.75	

x 관리도

① 중심선

$$\sum x = 33.92$$

$$CL = \overline{x} = \frac{33.92}{25} = 1.3568$$

② 관리한계선

$$UCL = \overline{x} + 2.66\overline{R}_s = 1.3568 + (2.66 \times 0.29583) = 2.14371$$

$$LCL = \overline{x} - 2.66\overline{R}_s = 1.3568 - (2.66 \times 0.29583) = 0.56989$$

Rs 관리도

① 중심선

$$\sum Rs = 7.1$$

$$CL = \overline{R}_s = \frac{\sum Rs}{k-1} = \frac{7.1}{25-1} = 0.29583$$

② 관리한계선

$$UCL = D_4\overline{R}_s = 3.267 \times 0.29583 = 0.96648$$

LCL은 음수이므로 고려하지 않는다.

미니탭을 이용

통계학 ▶ 관리도 ▶ 개체에 대한 계량형 관리도 ▶ I-MR

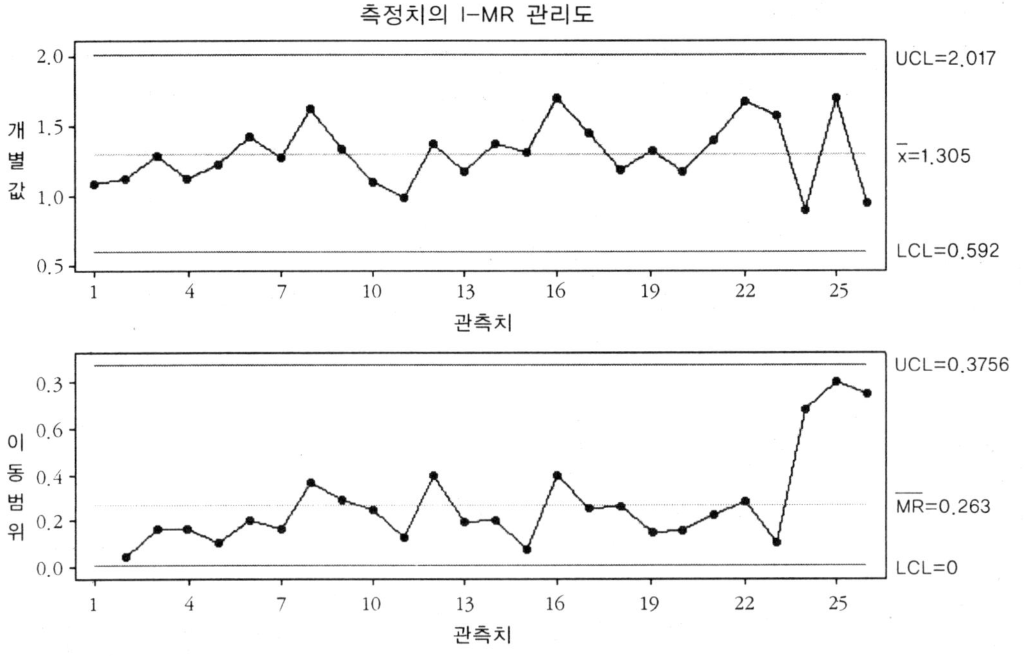

※ x관리도는 대체로 공정은 안정된 듯하다. 반면 R_s 관리도는 처음 6개의 점이 길이 6인 연을 형성하고 있으며 끝부분에서 상승하는 경향이 있다.

[표 3.2] 계수형 관리도

	데이터의 종류	UCL, LCL	UCL, LCL (추정치)	비 고
p 관리도 (군의 크기가 다를 때)	부적합 품률	$\left.\begin{matrix}UCL\\LCL\end{matrix}\right\}$ $= p \pm 3\sqrt{\frac{p(1-p)}{n}}$	$\left.\begin{matrix}UCL\\LCL\end{matrix}\right\} = \bar{p} \pm 3\sqrt{\frac{\bar{p}(1-\bar{p})}{n}}$ $= \bar{p} \pm A\sqrt{\bar{p}(1-\bar{p})}$	공정부적합품률 p $X \sim B(n, p)$ $\hat{p} = \frac{X}{n}$: 표본 부적합품률$= \frac{\Sigma x}{\Sigma n}$, $\bar{p} = \frac{\text{검사에서 발견된 부적합품의 총수}}{\text{총 검사 갯수}}$ $A = \frac{3}{\sqrt{n}}$
np 관리도 (군의 크기가 일정할 때)	부적합 품수	$\left.\begin{matrix}UCL\\LCL\end{matrix}\right\}$ $= np \pm 3\sqrt{np(1-p)}$	$\left.\begin{matrix}UCL\\LCL\end{matrix}\right\}$ $= n\bar{p} \pm 3\sqrt{n\bar{p}(1-\bar{p})}$	
c 관리도 (군의 단위수가 일정할 때)	부적합수	$\left.\begin{matrix}UCL\\LCL\end{matrix}\right\} = c \pm 3\sqrt{c}$	$\left.\begin{matrix}UCL\\LCL\end{matrix}\right\} = \bar{c} \pm 3\sqrt{\bar{c}}$	$X \sim p(c)$ $\bar{c} = \frac{\text{검사에서 발견된 총결점 수}}{\text{검사한 총검사 단위의 수}}$
u 관리도 (군의 단위가 다를 때)	단위당 부적합수	$\left.\begin{matrix}UCL\\LCL\end{matrix}\right\}$ $= E(u)p \pm 3D(u)$ $= u_0 \pm 3\sqrt{\frac{u_0}{n}}$	$\left.\begin{matrix}UCL\\LCL\end{matrix}\right\} = \bar{u} \pm 3\sqrt{\frac{\bar{u}}{n}}$	$u = \frac{X}{n}$ $E(u) = u_0$ $V(u) = \frac{V(X)}{n^2} = \frac{nu_0}{n^2} = \frac{u_0}{n}$ $\bar{u} = \frac{\text{검사에서 발견된 총결점 수}}{\text{검사한 총검사 단위의 수}}$

[표 3.3] 계량형 관리도

	μ, σ 알 때	비 고	μ, σ 모를 때	비 고
$\bar{x}$ 관리도	$\left.\begin{matrix} UCL \\ LCL \end{matrix}\right\} = \mu \pm 3\frac{\sigma}{\sqrt{n}}$ $= \mu \pm A\sigma$	$A = \frac{3}{\sqrt{n}}$	$\left.\begin{matrix} UCL \\ LCL \end{matrix}\right\} = \hat{\mu} \pm 3\frac{\hat{\sigma}}{\sqrt{n}}$ $= \bar{\bar{x}} \pm \frac{3}{\sqrt{n}}\frac{\bar{R}}{d_2}$ $= \bar{\bar{x}} \pm A_2\bar{R}$	$\bar{\bar{x}} = \frac{\Sigma \bar{x}}{k}$ $\hat{\sigma} = \frac{\bar{R}}{d_2}$ $A_2 = \frac{3}{\sqrt{n}\,d_2}$
R 관리도	$\left.\begin{matrix} UCL \\ LCL \end{matrix}\right\} = E(R) \pm 3D(R)$ $= d_2\sigma \pm 3d_3\sigma$	$E(R) = d_2\sigma$ $D(R) = d_3\sigma$	$\left.\begin{matrix} UCL \\ LCL \end{matrix}\right\} = d_2\hat{\sigma} \pm 3d_3\hat{\sigma}$ $= d_2\frac{\bar{R}}{d_2} \pm 3d_3\frac{\bar{R}}{d_2}$ $= (1 \pm 3\frac{d_3}{d_2})\bar{R}$ $UCL = D_4\bar{R}$ $LCL = D_3\bar{R}$	$D_4 = 1 + 3\frac{d_3}{d_2}$ $D_3 = 1 - 3\frac{d_3}{d_2}$

	구 분		UCL, LCL	비 고
x관리도	합리적인 군으로 나눌 수 있는 경우	$x - \bar{x} - R$ 관리도	$\left.\begin{matrix} UCL \\ LCL \end{matrix}\right\} = E(X) \pm 3D(X)$ $= \mu \pm 3\sigma_x = \bar{\bar{x}} \pm 3\frac{\bar{R}}{d_2}$ $= \bar{\bar{x}} \pm E_2\bar{R}$	$E_2 = \frac{3}{d_2}$
	합리적인 군으로 나눌 수 없는 경우	x 관리도	$\left.\begin{matrix} UCL \\ LCL \end{matrix}\right\} = E(X) \pm 3D(X)$ $= \mu \pm 3\sigma_x = \bar{x} \pm 3\frac{\bar{R_s}}{d_2}$ $= \bar{x} \pm 3\frac{\bar{R_s}}{1.128} = \bar{x} \pm 2.66\bar{R_s}$	$\bar{R_s} = \frac{\Sigma R_s}{k-1}$ $n=2$일 때 $d_2 = 1.128$
		R_s 관리도	$\left.\begin{matrix} UCL \\ LCL \end{matrix}\right\} = E(R_s) \pm 3D(R_s)$ $= d_2\hat{\sigma} \pm 3d_3\hat{\sigma} = (d_2 \pm 3d_3)\frac{\bar{R_s}}{d_2}$ $= (1 \pm 3\frac{d_3}{d_2})\bar{R_s}$ $\left.\begin{matrix} UCL \\ LCL \end{matrix}\right\} = \left\{\begin{matrix} D_4\bar{R_s} = 3.27\bar{R_s} \\ D_3\bar{R_s} = -\text{(고려하지않음)} \end{matrix}\right.$	$\hat{\sigma} = \frac{\bar{R_s}}{d_2}$ $D_4 = 1 + 3\frac{d_3}{d_2}$, $D_3 = 1 - 3\frac{d_3}{d_2}$

연습문제

[1] 다음 사실들을 관리하는데 어떤 관리도를 적용하는 것이 좋은가 답하라.

① 원료 1톤을 써서 제품 600kg 생산하는 공정에서 수율(%)에 의하여 하루에 한 번 공정을 관리하는 경우

② 공장에 있어서 매월 전력 원단위

③ 어떤 형의 자동차를 조립 완성한 후 부적합품수를 점검한 데이터

④ 크기가 다른 비닐시트의 $1m^2$ 당 부적합수

⑤ 제품의 반품률

⑥ 어떤 공정에 입하되는 석탄의 1로트 당 5개의 시료를 취하여 측정한 회분

⑦ 100개들이 상자 내의 전구의 파손 수

[2] 어느 부분품의 가공공정에서는 각 로트로부터 n=200의 시료를 채취하여 검사하고 있다. 검사 데이터는 다음과 같다.

로트번호	1	2	3	4	5	6	7	8	9	10
부적합품수	6	5	2	4	4	7	5	5	7	5
로트번호	11	12	13	14	15	16	17	18	19	20
부적합품수	4	10	3	2	6	3	5	4	3	5

① p관리도를 그리고 공정의 안정상태를 판정하라.

② OC 곡선을 그려라.

[3] 문제 2의 데이터에 대하여 np관리도를 그려라. 또 공정의 안정상태를 판정하라.

[4] 전자레인지의 최종검사에서 20대에 랜덤하게 추출하여 부적합수를 조사하였다. 한 대당 발견되는 부적합수를 기록하여 보니 다음과 같았다. 해당되는 관리도를 그리고 관리상태를 판정하라.

시료군 번호	1	2	3	4	5	6	7	8	9	10	11	12	13	14	15	16	17	18	19	20
결 점 수	4	5	3	3	4	8	4	2	3	3	6	4	1	6	4	2	4	4	3	7

① c관리도를 그리고 관리상태를 판정하라.

② OC곡선을 그려라.

③ 공정의 평균부적합수가 $c=6$으로 변화하였다면 제 2종의 과오를 범할 확률은 얼마인가?

④ ③의 3σ 관리도를 2σ 관리도를 적용하였다면 이때 제2종의 과오는 얼마인가?

[5] 다음 표는 어떤 공장에서 생산되는 제품에 나타나는 부적합수의 데이터이다.

부분군번호	검사 길이(m)	부적합수	단위당 부적합수
1	200	5	2.5
2	250	7	2.8
3	100	3	3.0
4	90	2	2.2
5	120	4	3.3
6	80	1	1.3

① 검사단위를 100m로 할 때 u관리도를 그려라.

② 관리상태를 판정하라.

[6] 관리상태에 있는 공정을 만들어내려고 칩 실험을 세웠다. B_0칩에서 칩을 1개씩 뽑아 수치를 읽어 데이터 시트에 기입한 후 주머니에 다시 넣는다. 잘 흔들어 섞은 다음 같은 방법으로 또 1개를 뽑는다. 이와 같은 조작을 반복해서 $n=4$의 시료군을 15개 취한 데이터가 다음과 같다.

시료군의 No.	측 정 치				Σx
	x_1	x_2	x_3	x_4	
1	49	53	53	47	202
2	49	51	46	47	193
3	46	50	49	52	197
4	47	48	54	47	196
5	53	50	42	50	195
6	45	49	52	51	197
7	51	55	50	49	205
8	53	54	54	48	209
9	50	54	45	52	201
10	51	51	46	53	201
11	52	47	48	45	192
12	47	49	52	48	196
13	54	49	46	53	202
14	51	53	51	55	210
15	49	48	52	50	199

① $\bar{x}-R$관리도의 관리한계를 구하라.

② ①에서 정한 관리한계를 미리 기입해 두고 여기에 B_1칩(평균 $\mu=55$, 표준편차 $\sigma=3.4$)으로부터 랜덤하게 $n=4$의 시료를 25개 취하여 $\bar{x}$와 R를 구해서 관리도에 점을 기입해 나가면 $\bar{x}$와 R관리도에 어떤 변화가 있는가?
(단, B_0칩은 $\mu=50$, $\sigma=3.4$이다.)

[7] 어떤 제품의 제조공정에서 제조순서에 따라 40로트를 택하여 각각으로부터 크기 $n=4$인 시료를 택하여 $\bar{x}-R$관리도를 작성키로 했다.
(단, $\Sigma\bar{x}=120$, $\Sigma R=50$이다.)

① $\bar{x}$관리도의 UCL, LCL를 구하라.

② R관리도의 UCL, LCL를 구하라.

③ 군내변동 σ_w을 구하라.

[8] $\overline{x}$ 관리도에서 점의 산포, 즉 $\overline{x}$ 의 산포($\sigma_{\overline{x}}$)는 군간산포(σ_b)와 군내산포(σ_w)에 기인한다. $n=5$, $k=25$인 어느 $\overline{x}$ 관리도에서 $\overline{R}=1.45$, $\overline{x}$의 이동범위평균 $\overline{R}_s$ $=1.05$일 때 다음 물음에 답하라.

(단, $n=2$일 때 $d_2=1.128$이며, $n=5$일 때 $d_2=2.326$이다.)

① $\overline{x}$ 의 산포($\sigma_{\overline{x}}$)는?

② 군내산포(σ_b)는?

③ 군간산포(σ_w)는?

[9] K공정에서 데이터를 뽑아 특성치를 관리하려고 한다. 그런데 K공정은 정규분포를 한다. 평균치가 130, 표준편차가 14.8이다. $n=4$인 데이터를 25조 뽑아 관리도를 작성하였다. $UCL=145.8$, $LCL=114.2$이다. 이 제조 제품의 규격은 113.5 ~ 144.5로 주어졌다.

① 규격 밖으로 벗어나는 제품의 비율은 얼마인가?

② 만일 공정평균이 UCL 쪽으로 1σ 만큼 변동하였다면 이때 검출되는 비율은 얼마인가?

[10] 2개의 관리상태에서 공정 A, B의 평균치의 차이를 결정하기 위하여 층별한 $\overline{x}-R$ 관리도를 작성하고 다음과 같은 결과를 얻었다.

$$n_A=6,\quad k_A=10,\quad \overline{R_A}=29.0,\quad \overline{\overline{x}}_A=315.58$$

$$n_B=6,\quad k_B=10,\quad \overline{R_B}=28.1,\quad \overline{\overline{x}}_B=343.78$$

다음 공식을 사용하여 평균치의 차이를 검정하기 위한 필요조건을 검토한 후, 이 공식을 사용하여 평균치의 차이가 있는지를 검정하라.

$$|\,\overline{\overline{x}}_A-\overline{\overline{x}}_B\,| \geq A_2\overline{R}\sqrt{\frac{1}{k_A}+\frac{1}{k_B}} \tag{1.1}$$

[11] 식 (1.1)을 증명하라.

[12] $n=4$의 $\bar{x}$ 관리도(공정평균 μ, 표준편차 σ_x)가 있다. 이 경우 공정에 이상이 생겨 산포는 변하지 않고 평균이 $1.5\sigma_x$만큼 증가했을 경우 점이 3σ 관리한계를 벗어날 확률은?

[13] 어느 공정특성을 x관리도, $\bar{x}$ 관리도($n=5$)를 병용하여 양자의 검출력을 비교하고 있다. 즉 관리 한계가 아래와 같을 때 x관리도와 $\bar{x}$ 관리도의 검출력에서 공정평균 95가 되었을 때 관리한계 밖으로 나가는 확률에 대하여 답하라.(단, $n=5$일 때, $d_2=2.326$, R 관리도는 관리상태이다.)

x 관리도	CL=100.0	UCL=130.0	LCL=70.0
$\bar{x}$ 관리도	CL=100.0	UCL=113.4	LCL=86.6

[14] 중유공장에서 탱크 속에 들어 있는 변상 알콜이 배치를 조사하고 있다. 이 작업을 제품의 메탄을 함유량으로 관리하고 싶다. 같은 배치로부터 반복해서 시료를 취하여 측정하여도 측정치의 산포는 무시해도 좋은 만큼 작다. 그래서 1개의 배치로부터 1회만 측정하기로 정하고 관리도를 이용하여 관리하기로 했다.

① $\bar{x}$와 $\bar{R}_s$를 구하라.

② $x-R_s$ 관리도를 그리고 관리상태를 판정하라.

번호	일시	측정치(x)	이동범위(R_s)	번호	일시	측정치(x)	이동범위(R_s)
1		5.1	-	11		4.5	0.7
2		4.9	0.2	12		4.6	0.1
3		4.8	0.1	13		5.3	0.7
4		5.1	0.3	14		4.8	0.5
5		4.8	0.3	15		5.4	0.6
6		5.1	0.3	16		5.2	0.2
7		4.5	0.6	17		4.5	0.7
8		4.8	0.3	18		4.4	0.1
9		5.6	0.8	19		4.8	0.4
10		5.2	0.4	20		5.2	0.4

제 7 장

공정능력분석

1 공정능력

공정능력(process capability)이란 공정이 관리상태에 있을 때, 제조공정이 제품의 설계과정에서 계획한 대로 얼마나 균일한 제품을 생산할 수 있는지를 반영하는 공정의 고유능력을 의미한다. 만일 어느 제조공정에서 생산되는 제품의 품질변동에 이상이 있음에도 불구하고 어떠한 조치나 개선 없이 그 공정을 계속해서 가동시킨다면 그 제품의 품질은 크게 떨어질 것이다.

이러한 문제를 방지하고 해결하기 위해 공정관리 활동을 하게 된다. 통계적 공정관리는 첫째, 관리도를 통하여 공정을 관리상태로 유지되도록 하며, 둘째, 공정능력분석 등을 통하여 생산된 제품들이 규격에 맞도록 공정을 관리하는 활동이다. 관리도를 통하여 공정을 관리상태로 유지시키고, 공정에 특별한 이상이 발견되면 이것을 제거하여 공정을 관리상태로 만든다. 이런 경우에도 규격을 벗어나는 부적합품이 나올 경우, 생산되는 제품이 규격에 얼마나 잘 맞는지 확인하여야 하고 맞지 않는 부분이 있으면 공정 변동을 조정하는 노력을 해야 한다. 이러한 제반 활동을 공정능력분석이라 하며, 공정능력을 정량화 시킨 것이 공정능력지수(process capability index)이다.

이때 이 공정은 외부원인에 방해됨이 없이 정상적으로 가동되고 있는 상태라야 한다.

1. 공정 변동

(1) 공정 변동의 원인

완전히 일치하는 제품 생산은 불가능하다. 현실적으로 어느 정도의 품질변동은 있게 마련이다. 품질에 영향을 미치는 원인은 대표적으로 5M1E 즉, 작업자(man), 자재(material), 기계(machine), 작업방법(method), 측정(measurement), 환경(enviroment) 등이다. 따라서 이러한 요인들을 잘 관리하는 것이 공정관리의 핵심이다.

(2) 단기변동 및 장기변동

단기변동은 지정된 어떤 한 시점에서의 공정변동이라 하며, 장기변동은 장기간에 걸친 공정변동을 말한다. 공정이 관리상태면 단기변동과 장기변동은 동일하나 공정이 관리상태가 아니면 장기변동은 단기변동보다 커진다.

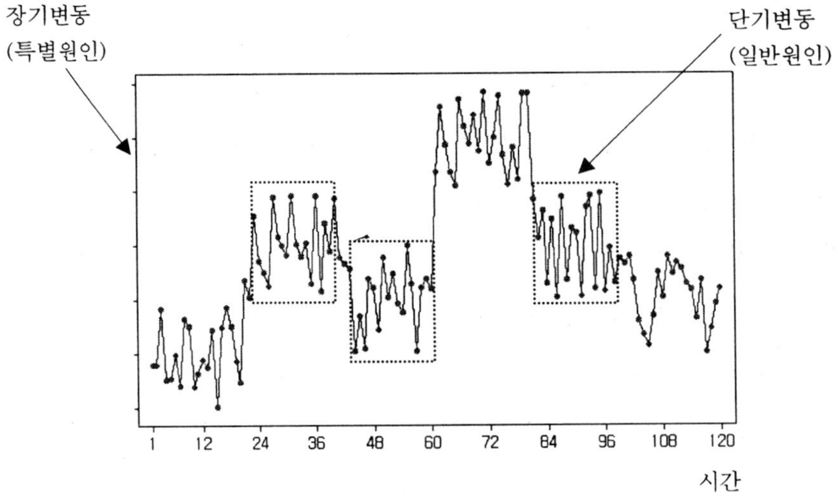

[그림 1.1] 단기변동과 장기변동

(3) 공정변동 σ의 추정

공정으로부터 측정된 품질특성치의 산포로 공정의 변동 σ을 추정한다.

① 단순 랜덤 표본인 경우

공정으로부터 측정된 품질특성치 $X_1, X_2, \cdots, X_n$이 주어질 때, 공정변동 σ의 추정은 표본표준편차

$$s = \sqrt{\frac{1}{n-1}\Sigma(X_i - \overline{X})^2}$$

② 군이 형성된 표본인 경우

R 관리도로부터 공정변동 σ의 추정은

$$\hat{\sigma} = \frac{\overline{R}}{d_2}$$

2. 히스토그램에 의한 공정능력분석

히스토그램에 의한 공정능력분석은 공정의 상태를 히스토그램으로 나타낸 것으로 히스토그램에 규격을 기입하여 보면 공정상태, 규격과의 관계, 공정능력 여부 등을 시각적으로 쉽게 파악할 수 있다. 주어진 데이터로부터 히스토그램, 표본평균 $\overline{x}$, 표준편차 s 등을 통해 공정능력에 대한 정보를 얻을 수 있다.

예제 1.1

다음은 어느 부품 100개의 무게를 측정하여 얻은 결과이다. 공정능력은 어떻다고 할 수 있는가?

60.7	60.2	59.6	60.9	59.7	60.0	59.3	58.1	60.6	59.4
60.2	61.7	61.1	60.1	58.8	58.1	61.3	59.3	59.8	59.5
60.4	62.4	58.8	60.2	61.4	59.0	59.1	61.6	61.0	58.9
59.2	59.9	59.6	61.2	60.2	58.7	59.7	59.3	59.9	60.1
61.2	60.8	59.0	60.4	60.4	59.6	59.9	59.6	58.8	60.9
60.9	60.3	60.3	60.2	59.9	59.6	60.1	59.3	60.4	59.8
58.5	59.8	60.2	59.9	59.0	60.7	59.7	59.9	58.8	60.7
59.8	58.8	60.9	57.6	59.2	60.7	60.3	58.4	58.5	60.4
60.3	62.0	59.5	59.6	60.1	60.2	60.1	61.5	61.0	59.1
60.1	59.3	59.2	61.6	61.5	60.0	58.3	59.9	61.0	60.9

풀이

히스토그램은 다음과 같다.

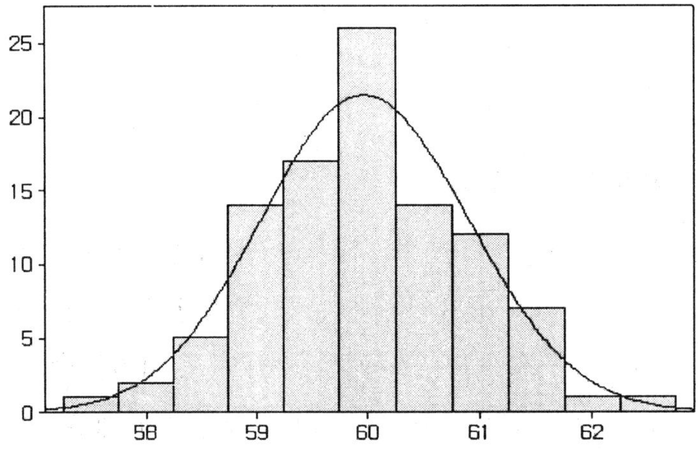

[그림 1.2] 부품 무게의 히스토그램

100개의 부품의 무게에 대한 분포는 대체적으로 정규분포를 하고 있다. 표본평균 $\bar{x}=59.97$, 표준편차 $s=0.932$이며, 이로부터 공정능력은 $6s=5.592$으로 $\bar{x}\pm3s=59.97\pm2.796$이다. 히스토그램의 형태로부터 부품의 무게에 대한 분포가 근사적으로 정규분포를 따른다고 보면 생산 공정으로부터 제조된 전체 제품 중 약 99.73%가 57.174에서 62.766 사이의 무게를 가진다고 추정할 수 있다.

앞의 예제 1.1은 공정능력에 대해 규격과는 관계없이 변동만으로 평가한 것이다. 일반적으로 공정능력은 변동을 규격한계와 비교하여 나타낸다. 다음 절에서는 변동과 규격한계의 비로 공정능력을 평가하는 방법의 하나인 공정능력지수를 설명한다.

2 공정능력지수

1. 공정능력지수 C_p

제조공정이 설계규격에 어느 정도 일치하는 제품을 생산할 수 있는지를 평가하는 것은 매우 중요한 일이다. 이의 평가를 위한 방법의 하나로 공정능력지수가 있다. 공정능력지수는 공정의 변동(6σ)을 규격의 폭과의 비로 나타낸다. 먼저 양쪽규격(USL, LSL)이 주어진 경우, 공정능력지수는

$$\begin{aligned} C_p &= \frac{\text{허용가능한 공정의 산포}}{\text{실제공정의 산포}} \\ &= \frac{USL - LSL}{6\sigma} \end{aligned} \tag{2.1}$$

이다. 위의 공정능력지수는 가장 간단한 형태이며 현장에서 많이 사용된다. 일반적으로 실제 공정의 산포로는 정규분포에서 모집단의 99.73%를 포함하는 구간의 폭인 6σ를 취하며 허용가능한 공정의 산포는 규격의 폭을 사용한다. 다음 [그림 2.1]은 품질특성이 정규분포를 따를 때의 공정능력을 나타낸 그림이다.

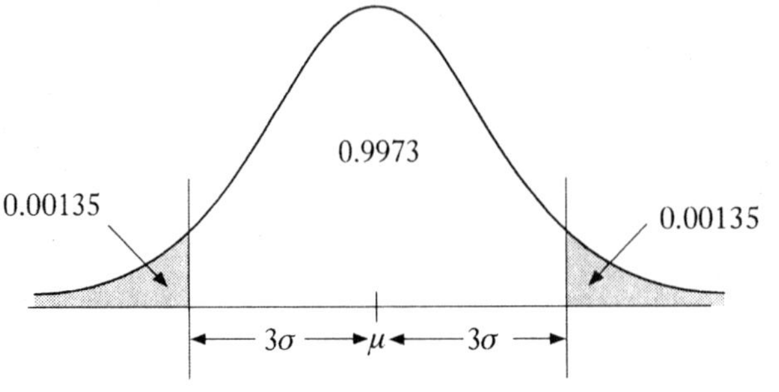

[그림 2.1] 규격 폭과 6σ와의 관계

한편, 한쪽 규격만 주어지는 경우의 공정능력지수는

규격하한(LSL)만이 있는 경우(예: 강도, 전구수명 등):

$$C_p = \frac{\mu - LSL}{3\sigma}$$

규격상한(USL)만이 있는 경우(예: 소음, 처리시간, 마모율 등):

$$C_p = \frac{USL - \mu}{3\sigma}$$

와 같이 정의되며, 한쪽 규격만 있는 경우의 그림은 다음과 같다.

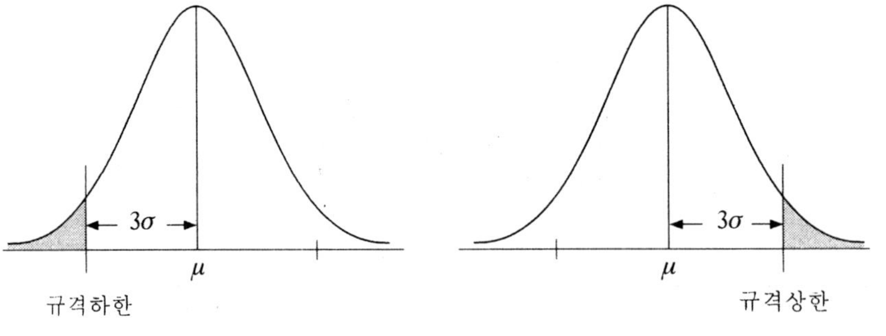

[그림 2.2] 한쪽 규격만 있는 경우

예제 2.1

예제 1.1의 100개 데이터는 하루 5개씩 20일간 측정한 데이터로 다음 표와 같다. 이 자료로 $\bar{x}-R$ 관리도를 그려, 공정은 관리상태에 있는지, 있다면 공정능력은 어떤지 파악하라. 부품 무게의 규격하한과 규격상한은 각각 57.8mg, 62.2mg라 한다.

		무게(mg) 측정값					합	평균	범위
일시	군 번호	x1	x2	x3	x4	x5	Σx_i	$\bar{x}$	R
3/1	1	60.7	60.2	59.6	60.9	59.7	301.0	60.2	1.4
3/2	2	60.0	59.3	58.1	60.6	59.4	297.4	59.5	2.5
3/3	3	60.2	61.7	61.1	60.1	58.8	302.0	60.4	2.9
3/4	4	58.1	61.3	59.3	59.8	59.5	298.0	59.6	3.2
3/5	5	60.4	62.4	58.8	60.2	61.4	303.1	60.6	3.6
3/6	6	59.0	59.1	61.6	61.0	58.9	299.6	59.9	2.7
3/7	7	59.2	59.9	59.6	61.2	60.2	300.0	60.0	2.0
3/8	8	58.7	59.7	59.3	59.9	60.1	297.7	60.0	1.4
3/9	9	61.2	60.8	59.0	60.4	60.4	301.8	60.3	2.2
3/10	10	59.6	59.9	59.6	58.8	60.9	298.9	60.0	2.1
3/11	11	60.9	60.3	60.3	60.2	59.9	301.5	60.3	1.0
3/12	12	59.6	60.1	59.3	60.4	59.8	299.2	59.8	1.0
3/13	13	58.5	59.8	60.2	59.9	59.0	297.4	59.5	1.7
3/14	14	60.7	59.7	59.9	58.8	60.7	299.7	59.9	2.0
3/15	15	59.8	58.8	60.9	57.6	59.2	296.3	59.3	3.4
3/16	16	60.7	60.3	58.4	58.5	60.4	298.3	59.7	2.3
3/17	17	60.3	62.0	59.5	59.6	60.1	301.6	60.3	2.5
3/18	18	60.2	60.1	61.5	61.0	59.1	302.0	60.4	2.4
3/19	19	60.1	59.3	59.2	61.6	61.5	301.7	60.3	2.4
3/20	20	60.0	58.3	59.9	61.0	60.9	300.1	60.0	2.7
								$\bar{\bar{x}} = 59.974$ $\bar{R} = 2.206$	

풀이

미니탭을 이용

통계학 ▶ 관리도 ▶ 부분군에 대한 계량형 관리도 ▶ Xbar-R

C1열에 제품의 무게(mg), 부분군의 크기 5를 입력한다.

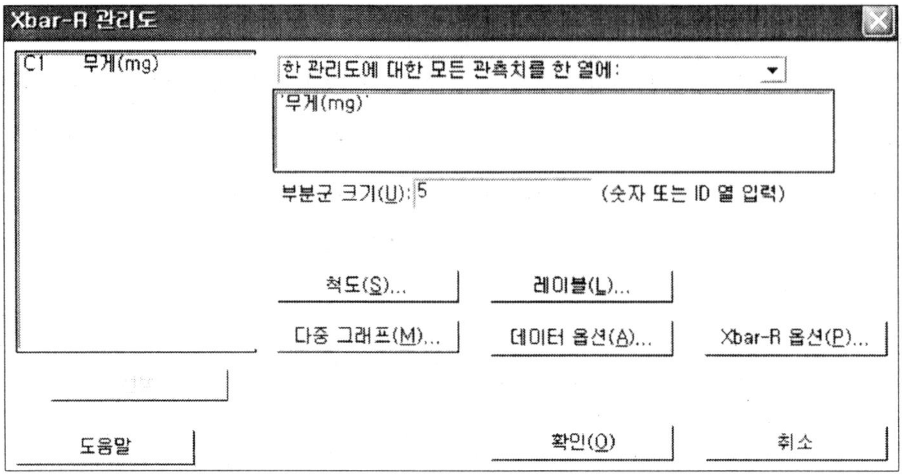

【 실행결과 】

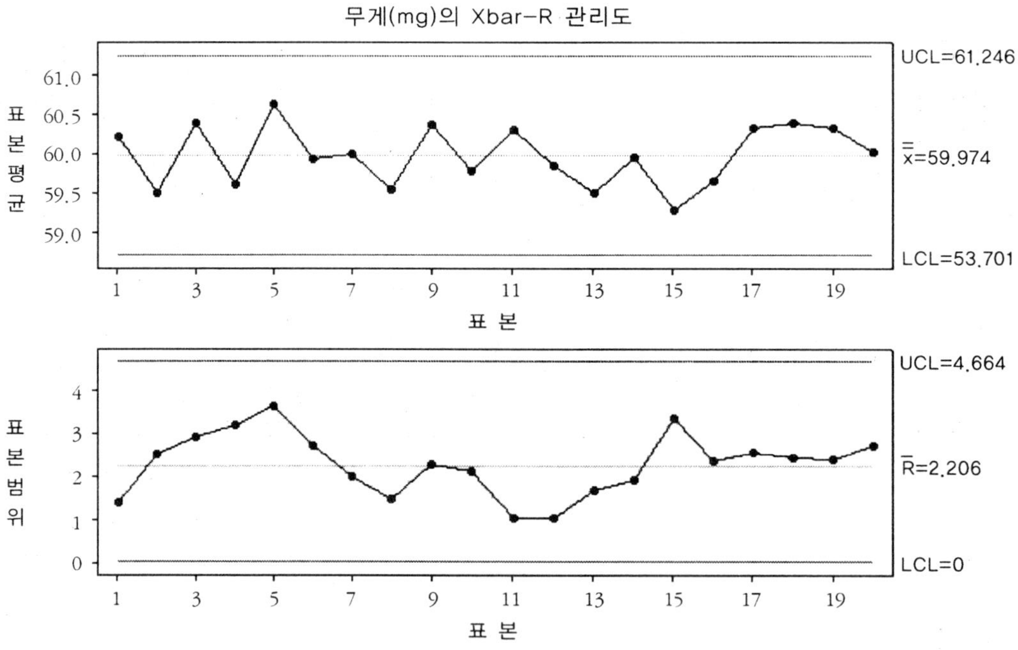

위 $\bar{x}-R$ 관리도는 위의 자료에 대한 관리도다. 관리도의 결과로 볼 때 공정은 관리상태에 있다고 볼 수 있다. 공정능력을 파악하기 위해, 먼저 공정의 모수 μ, σ에 대해 관리도로 추정하여 공정능력지수 C_p를 구하면,

μ의 추정치로 $\overline{\overline{x}} = \frac{1}{k} \Sigma_{i=1}^{k} \overline{x}_i = 59.974$

σ의 추정치로 $\hat{\sigma} = \frac{\overline{R}}{d_2} = \frac{2.206}{2.326} = 0.9484$

따라서 $\hat{C}_p = \frac{USL - LSL}{6\hat{\sigma}} = \frac{62.2 - 57.8}{6 \times 0.9484} = 0.7732$

그리고 공정의 부적합품률의 추정은 공정이 정규분포를 따르므로 (원래는 정규분포에 대한 검정을 해야 하나 여기서는 생략하기로 함) 무게 측정치는 $X \sim N(59.974,\ 0.9484^2)$이다. 따라서 부적합품률은

$$\begin{aligned} P(X \le 57.8) + P(X \ge 62.2) &= P\left(\frac{X - 59.974}{0.9484} \le \frac{57.8 - 59.974}{0.9484}\right) \\ &\quad + P\left(\frac{X - 59.974}{0.9484} \ge \frac{62.2 - 59.974}{0.9484}\right) \\ &= P(U \le -2.2923) + P(U \ge 2.3471) = 0.0204 \end{aligned}$$

이다. 이상으로부터 현재의 공정은 관리상태에 있으나 공정능력과 부적합품률은 다소 떨어져 특별한 조치가 요구된다.

공정능력지수에 대한 판정 및 등급의 구분은 제품이나 공정에 따라 다소 차이가 있다. 대체적으로 다음 표와 같이 분류된다.

[표 2.1] 공정능력의 등급(판정)

공정능력의 범위	공정능력의 등급(판정)
$C_p \ge 1.67$	공정상태가 매우 우수하고 안정적임
$1.33 \le C_p < 1.67$	공정상태가 양호함
$1.00 \le C_p < 1.33$	공정상태는 대체로 괜찮음
$0.67 \le C_p < 1.00$	공정상태가 양호하지 못함
$C_p < 0.67$	공정상태가 매우 양호하지 못함

정규분포를 하는 안정(관리)상태인 공정에서, 공정의 평균이 규격의 중심과 일치하는 경우, 공정능력지수 C_p, 적합품률 및 시그마 수준의 관계는 다음 [표 2.2]와 같다.

[표 2.2] 공정능력지수 C_p, 적합품률 및 시그마 수준의 관계

시그마수준 σ	규격한계	공정능력지수 C_p	적합품률 (%)	PPM
1	$\mu \pm 1\sigma$	0.333	68.27	317,300
2	$\mu \pm 2\sigma$	0.667	95.45	45,500
3	$\mu \pm 3\sigma$	1.000	99.73	2,700
4	$\mu \pm 4\sigma$	1.333	99.9937	63
5	$\mu \pm 5\sigma$	1.667	99.999943	0.57
6	$\mu \pm 6\sigma$	2.000	99.9999998	0.002

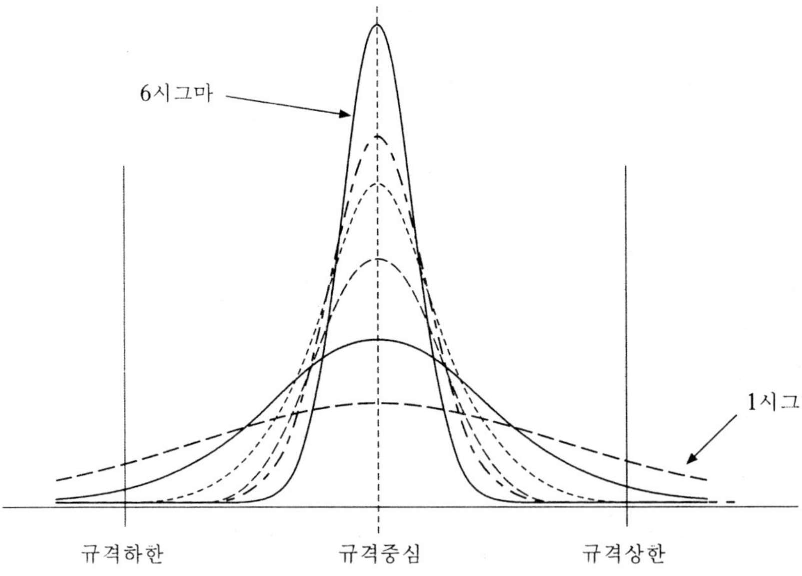

[그림 2.3] 규격중심과 공정평균이 일치하는 경우의 시스마 수준에 따른 분포

2. 치우침을 고려한 공정능력지수 C_{pk}

품질특성치의 분포가 다음 [그림 2.4]와 같이 중심으로부터 어느 한쪽으로 치우친 경우에는 다음과 같은 치우침의 정도를 고려한 공정능력지수를 사용해야 한다.

$$C_{pk} = (1-K)C_p \qquad (2.2)$$

단, $K = |\mu - M| / d$

$M = (USL + LSL)/2 \quad d = (USL - LSL)/2$

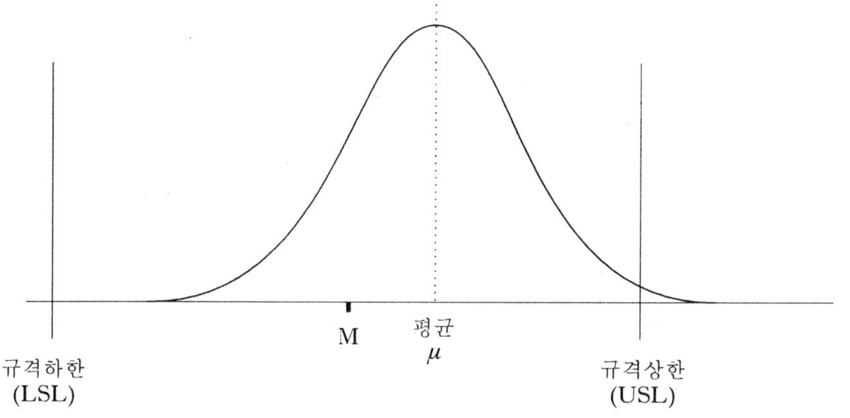

[그림 2.4] 치우침이 있는 공정분포

공정분포의 중심이 규격상한과 규격하한의 중간에 있지 않은 경우 C_p보다는 C_{pk}가 공정의 능력을 측정하는 지수로서 더 적절하다. 공정평균과 규격중심이 일치하는 경우는 $C_p = C_{pk}$이며, 관계는 항상 $C_p \geq C_{pk}$된다. 다음 예제를 통해 그 이유를 설명한다.

예제 2.2

다음 그림에서와 같이 규격상한은 14mm이고, 규격하한은 6mm인 경우 A, B 두 공정의

능력을 C_p와 C_{pk}로 구해보고 어느 공정능력지수가 더 적절한지 설명하라.

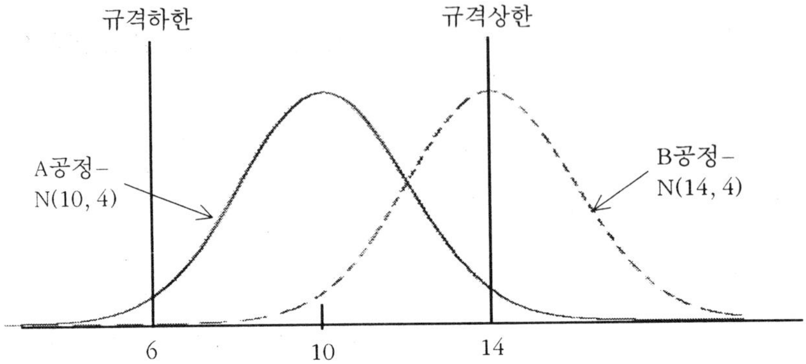

풀이

위 그림에서 보면 A공정보다 B공정이 부적합품률이 더 높다는 것을 알 수 있다. C_p와 C_{pk} 을 구하면

	C_p	C_{pk}	부적합품률
A공정	0.67	0.67	0.023
B공정	0.67	0.00	0.500

C_p로는 두 공정의 능력간의 차는 알 수 없는 반면, C_{pk}로는 A가 B보다 공정의 능력이 더 높다는 것을 알 수 있다. 따라서 공정이 중심으로부터 치우침이 있다 판단될 때는, C_{pk}가 더 신뢰할 수 있음을 알 수 있다.

예제 2.3

예제 2.1의 자료로 C_{pk}를 계산하라.

풀이

공정평균 μ의 추정치로 $\overline{\overline{x}} = 59.974$, $\widehat{C_p} = 0.7732$이므로

$\widehat{C_{pk}} = (1-\hat{K})\,\widehat{C_p} = (1-0.0118)\times 0.7732 = 0.7641$로 추정된다.

여기서 $\hat{K} = |\hat{\mu} - M|/d = |59.974-60|/2.2 = 0.0118$

3. 공정평균과 목표치를 함께 고려한 공정능력지수 C_{pm}

공정능력지수 C_{pk}는 공정평균 μ를 고려하였지만 공정평균 μ가 요구하는 목표치 T와 다른 경우는 고려하지 않았다. 따라서 공정평균 μ와 목표치 T의 차이까지도 고려한 공정능력지수가 C_{pm} 이다. 이 공정능력지수는 다음과 같이 정의된다.

$$\begin{aligned} C_{pm} &= \frac{USL - LSL}{6\sqrt{\{E(X-T)^2\}}} \\ &= \frac{USL - LSL}{6\sqrt{\{\sigma^2 + (\mu - T)^2\}}} \end{aligned} \tag{2.3}$$

이때 $\sigma^2 + (\mu - T)^2 \geq \sigma^2$ 이므로 $C_{pm} \leq C_p$임을 알 수 있고, 공정평균 μ와 목표치 T가 일치한다면 $C_{pm} = C_p$임을 알 수 있다.

3 공정성능지수

앞 절에서 공정능력지수의 계산에서 공정산포 σ의 추정은 군내 데이터의 산포로 추정치는 $\hat{\sigma} = \frac{\overline{R}}{d_2}$로 했다. 이는 단기에 대한 산포로 군간산포는 고려하지 않았다. 공정산포를 추정하는 다른 방법은 부분군에 관계없이 전체 데이터 $X_1, X_2, \cdots, X_{n \times k}$ (부분군의 크기 n, 부분군 k개)에 대한 표준편차 $s = \sqrt{\frac{1}{n \times k - 1} \Sigma (X_i - \overline{X})^2}$ 를 계산하는 것이다. 공정이 관리상태일 때는 군내 데이터 산포 추정치 $\hat{\sigma} = \frac{\overline{R}}{d_2}$와 전체 데이터 산포 추정치 s는 큰 차이는 없다. 그러나 공정이 안정적이지 않을 때는 부분군 간의 변동이 커져서 $\hat{\sigma} = \frac{\overline{R}}{d_2}$

로 추정한 추정 지수는 실제 공정변동을 과소 평가하게 된다.

왜냐하면 전체변동 $\hat{\sigma}_T(=s)$과 군내 $\hat{\sigma}_w(=\frac{\overline{R}}{d_2})$ 및 군간변동 $\hat{\sigma}_b$의 관계는 $\widehat{\sigma^2}_T = \widehat{\sigma^2}_w + \widehat{\sigma^2}_b$이기 때문이다. 전체 데이터로 표준편차 s를 구해 공정능력을 계산한 지수를 공정성능지수(process performance index)라 하며, 공정성능지수 P_p는

$$P_p = \frac{USL - LSL}{6\sigma_T} \tag{3.1}$$

이다. 공정성능지수는 장기간에 걸쳐 공정의 변동이 있고, 어떤 요인이 공정의 성능에 영향을 주는 등, 시간이 지난 후 이상 징후가 발생될 때 원인을 파악하고자 사용된다. 한편 치우침을 고려한 공정성능지수는 다음과 같다.

$$P_{pk} = (1-K)P_p$$

단, $K = |\mu - M| / d \qquad M = (USL + LSL)/2 \qquad d = (USL - LSL)/2$

예제 3.1

예제 2.1의 자료로 공정성능지수를 계산하고, 미니탭을 이용하여 결과를 파악하라.

풀이

μ의 추정치로 $\hat{\mu} = \frac{1}{n}\Sigma x_i = 59.97$

σ의 추정치로 $s = \sqrt{\frac{1}{n-1}\Sigma(X_i - \overline{X})^2} = 0.932$

따라서 $\hat{P}_p = \frac{USL - LSL}{6s} = \frac{62.2 - 57.8}{6 \times 0.932} = 0.7868$

미니탭을 이용

통계학 ▶ 품질도구 ▶ 공정능력분석 ▶ 정규분포

C1열에 부품의 무게(mg), 부분군의 크기 5를 입력한다.

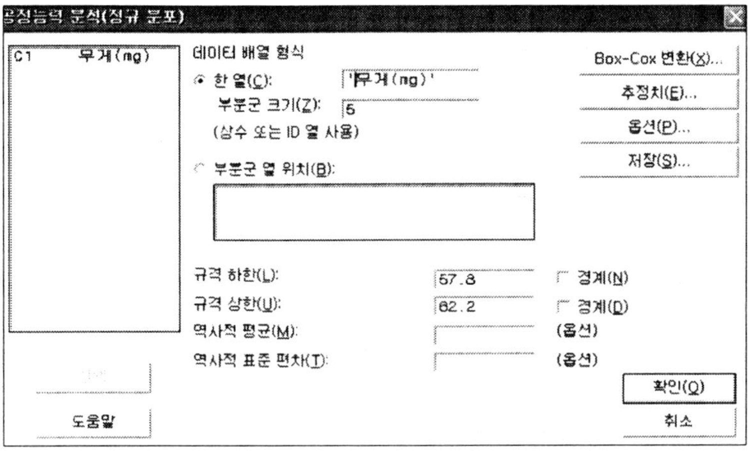

【 실행결과 】

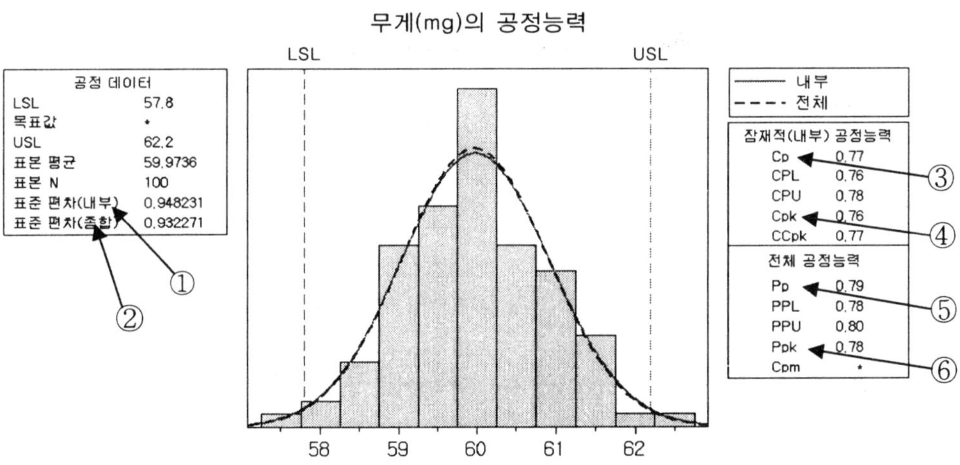

관측 성능	
PPM < LSL	10000.00
PPM > USL	10000.00
PPM Total	20000.00

기대 내부 성능	
PPM < LSL	10944.03
PPM > USL	9439.39
PPM Total	20383.42

기대 전체 성능	
PPM < LSL	9862.28
PPM > USL	8467.65
PPM Total	18329.93

⑦ ⑧ ⑨

【결과물의 계산】

① 표준편차(내부)

σ의 추정치로 $\hat{\sigma}=\dfrac{\overline{R}}{d_2}=\dfrac{2.206}{2.326}=0.948231$

여기서 표준편차 추정치는 미니탭의 표준편차 추정법(Rbar, SBar, 합동표준편차 등)의 선택에 따라 다소 차이가 있다.

② 표준편차(종합)

σ의 추정치로 $s=\sqrt{\dfrac{1}{100-1}\Sigma(X_i-\overline{X})^2}=0.932271$

③ 공정능력지수 $\hat{C}_p=\dfrac{USL-LSL}{6\hat{\sigma}}=\dfrac{62.2-57.8}{6\times 0.948231}=0.773369$

④ 공정능력지수 $\widehat{C_{pk}}=(1-\hat{K})\widehat{C_p}=(1-0.012)\times 0.773369=0.764089$

여기서 $\hat{K}=|\hat{\mu}-M|/d=|59.9736-60|/2.2=0.012$

⑤ 공정성능지수 $\hat{P}_p=\dfrac{USL-LSL}{6s}=\dfrac{62.2-57.8}{6\times 0.932271}=0.786609$

⑥ 공정성능지수 $\widehat{P_{pk}}=(1-\hat{K})\widehat{P_p}=(1-0.012)\times 0.786609=0.777169$

여기서 $\hat{K}=|\hat{\mu}-M|/d=|59.9736-60|/2.2=0.012$

⑦ 관측 성능

100개의 데이터에서 LSL(=57.8)보다 작은 실제 관측 데이터는 1개

따라서 PPM<LSL(=57.8)은 0.01×1000,000=10,000 PPM

⑧ 기대 내부 성능

$X\sim N(59.9736,\ 0.948231^2)$이므로

$$P(X<57.8)=P\left(\frac{X-59.9736}{0.948231}\le\frac{57.8-59.9736}{0.948231}\right)$$

$$=P(U<-2.292)=0.0109$$

따라서 PPM<LSL(=57.8)은 0.0109×1,000,000=10,900 PPM

⑨ 기대 전체 성능

$X \sim N(59.9736,\ 0.932271^2)$이므로

$$P(X < 57.8) = P\left(\frac{X - 59.9736}{0.932271} \le \frac{57.8 - 59.9736}{0.932271}\right)$$
$$= P(U < -2.3315) = 0.0098$$

따라서 PPM<LSL(=57.8)은 0.0098×1,000,000=9,800 PPM

【결과물의 용어】

① 관측 성능(observed performance)
규격을 벗어나는 실제 데이터에 대한 정도를 PPM으로 나타냄

② 기대 내부 성능(expectation within performance)
정규분포를 하는 공정에서 군내변동만을 고려하여 데이터가 규격의 상하한을 벗어날 수 있는 정도를 기대하여 PPM으로 나타냄

③ 기대 전체 성능(expectation overall performance)
정규분포를 하는 공정에서 모든 데이터를 고려하여 데이터가 규격의 상하한을 벗어날 수 있는 정도를 기대하여 PPM으로 나타냄

예제 3.2

미니탭의 Capability Sixpack로 예제 2.1의 자료에 대해 공정능력을 분석하라.

미니탭을 이용

통계학 ▶ 품질도구 ▶ Capability Sixpack ▶ 정규분포

【실행결과】

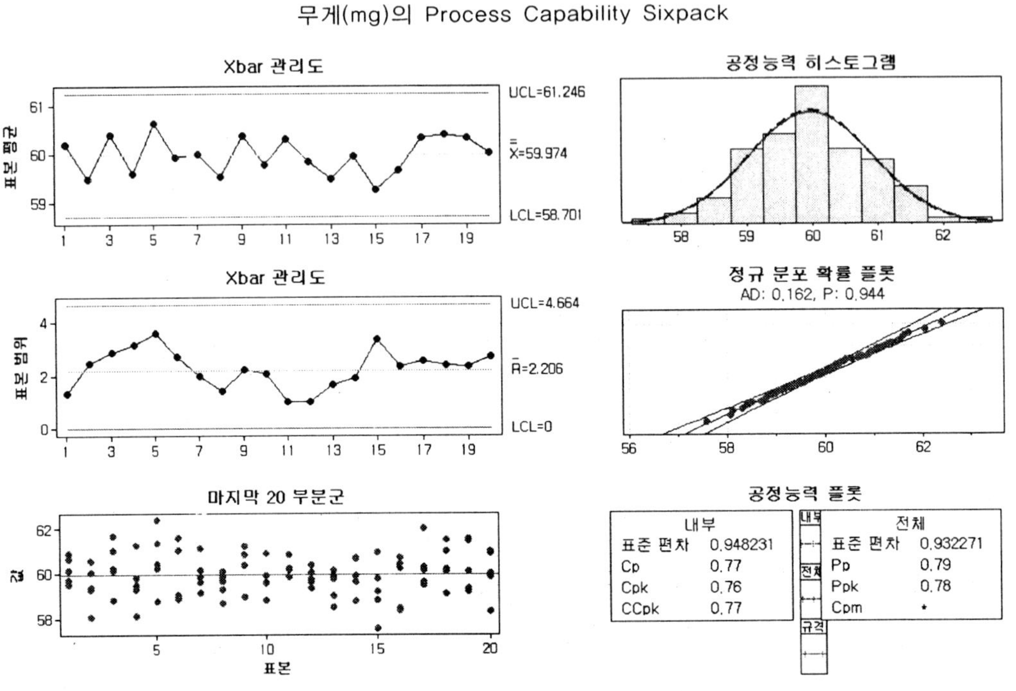

위 실행결과에서 보면 공정상태는 $\overline{x}-R$ 관리도 및 런 관리도로부터 비교적 공정은 관리상태로 파악되며, 공정의 분포는 P값이 0.944(>0.05)로 정규분포를 따른다고 볼 수 있다. 따라서 공정능력을 위한 기본 가정은 만족한다. 위의 공정능력지수 C_p 는 0.77로 공정능력은 양호하지 못하다고 할 수 있다.

연습문제

[1] 다음 자료는 유리병으로 만든 음료수병에 50개에 대해 내압강도를 측정한 결과이다.

76.56	99.62	85.57	74.95	67.87	70.89	71.37	92.94	78.98	78.92
87.98	78.91	99.78	56.78	78.89	78.90	99.91	89.78	89.89	78.99
78.98	78.90	78.98	88.80	99.78	99.67	89.67	78.89	89.09	78.07
70.76	78.90	67.89	67.90	89.88	77.70	89.98	89.78	90.87	78.99
69.89	70.78	88.67	89.99	89.56	99.12	89.67	78.56	78.09	90.78

① 히스토그램을 그려라.

② 평균, 표준편차 및 공정능력한계를 추정하라.

③ 규격하한이 71로 주어졌을 때 공정능력지수 C_p를 추정하라.

④ 공정의 부적합품률을 추정하라.

[2] 다음은 15개의 제품에 대한 네 번씩의 측정치이다.

제품번호	x_1	x_2	x_3	x_4
1	49.09	53.07	53.09	47.04
2	49.03	51.04	46.02	47.06
3	46.76	50.78	49.65	52.76
4	47.69	48.45	54.69	47.90
5	53.34	50.78	42.67	50.54
6	45.62	49.51	52.91	51.78
7	51.45	55.42	50.89	49.61
8	53.98	54.53	54.98	48.74
9	50.45	54.72	45.09	52.76
10	51.41	51.76	46.89	53.53
11	52.77	47.69	48.92	45.59
12	47.66	49.87	52.78	48.65
13	54.43	49.69	46.55	53.32
14	51.44	53.90	51.88	55.67
15	49.08	48.72	52.74	50.95

① $\overline{x}-R$ 관리도를 작성하라.

② 미니탭을 이용하여 공정능력을 분석하라.

[3] 현 제조공정의 표준편차는 0.001, 규격은 0.99±0.002라고 가정했을 때

① 공정평균이 1.00일 때 공정능력지수를 구하라.

② 공정평균이 1.005로 이동하는 경우 공정능력지수를 구하라.

③ 표준편차는 0.005이고 규격은 0.99±0.02라고 판명되었을 때 ①, ②를 계산하여 그 결과를 비교하여 보아라.

[4] 다음 30개의 자료에서 규격은 76.00±0.03이다.

76.30	76.01	78.89	78.79	79.89	79.77	78.99	75.99	75.89	76.98
76.89	78.88	76.88	76.09	76.89	76.99	76.88	75.99	77.99	78.05
76.88	76.09	76.02	76.13	76.66	75.91	78.99	67.89	76.01	77.77

① 공정은 관리상태인지 관리도를 활용하여 확인하라.

② 공정의 분포가 정규분포를 따른다고 할 수 있는지 정규확률그림을 작성하여 분석하라.

③ 미니탭을 이용하여 공정능력분석을 하라.

제 8 장

샘플링 검사

1 검사의 개요

1. 검사의 정의

검사란 물품을 어떠한 방법으로 측정한 결과를 품질판정기준과 비교하여 개개의 제품에 대해서는 적합품(양품), 부적합품(불량품)을, 또 로트에 대해서는 판정기준과 비교하여 로트의 합격 불합격을 판정하는 것이다. 위의 정의로부터 검사활동은 다음 공정이나 고객에 부적합품이 전달되는 것을 방지하여 품질보증을 하게 된다. 따라서 검사는 제반 품질관리 활동에 품질정보를 제공해주고, 생산자의 의욕 고취 및 소비자에 대해 신뢰감을 고양시키는 중요한 역할을 하게 한다.

2. 검사의 분류

(1) 검사공정에 의한 분류

① 수입검사(구입검사)

원재료, 반제품, 제품, 외주품을 받아들이는 경우 행하는 검사다.

② 공정검사(중간검사)

앞의 제조공정이 끝나서 다음 제조공정으로 이동하는 사이에 행하는 검사다.

③ 제품검사(완성검사)

제조공정의 최종단계에서 행해지는 검사로, 완성된 제품에 대해서 행하는 검사로 완성검사라고도 한다.

④ 출하검사(출고검사)

제품을 출하할 때 하는 검사다.

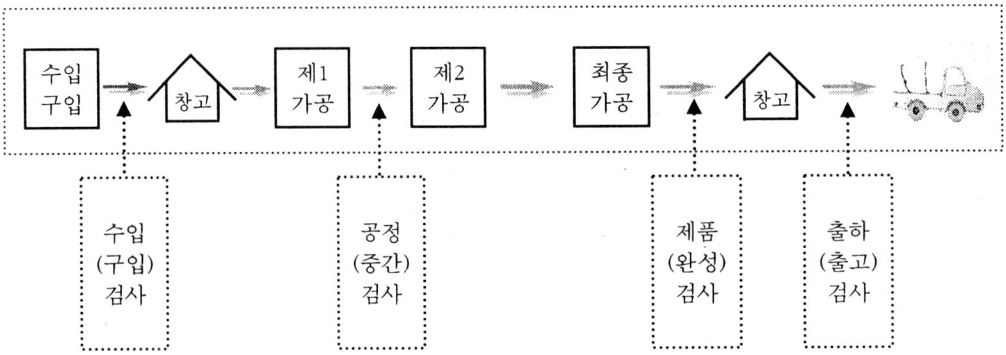

[그림 1.1] 검사공정에 의한 분류

(2) 검사가 행해지는 장소에 의한 분류

① 정위치검사

검사에 특수한 장비가 필요하거나, 일정한 장소에 물품을 운반하여 행하는 검사다.

② 순회검사

공정검사를 하는 경우에, 도중에 검사공정을 넣지 않고 검사원이 적당한 시기에 순회하며 제조된 물품을 검사하는 방법이다.

(3) 검사의 성질에 의한 분류

① 파괴검사

물품을 파괴하지 않고서는 검사의 목적을 달성할 수 없는 경우에 행하는 검사다. 예를 들면, 전구의 수명검사, 타이어나 고무장갑의 인장강도, 냉장고 수명 등이다. 이러한 검사는 반드시 샘플링 검사를 해야 한다.

② 비파괴검사

물품조사 후에도 상품의 가치가 변하지 않는 검사다. 예를 들면, 전등의 점등시험, 브레이크 작동시험 등이다.

③ 관능검사

검사자 자신이 특정기기가 되어 감각에 의해서 하는 검사다. 미각, 후각, 청각 등이다.

(4) 검사 방법에 의한 분류

① 전수검사

출하되는 모든 제품을 검사하는 방법으로 공정능력이 불충분하여 부적합품률이 요구되는 품질수준보다 크거나 또 소수의 부적합품이라도 놓치면 중대한 결과를 초래할 우려가 있을 때 필요한 검사다.

② 샘플링 검사

물품을 하나하나 검사하지 않고 일부분의 물품을 샘플링하여 이것을 측정한 측정결과로부터 전체 물품의 합격 불합격을 결정하는 검사를 말한다. 또 이 검사는 어느 정도 부적합품의 혼입이 허용될 경우에, 파괴검사 때문에 전수검사를 할 수 없을 때, 그리고 검사비용이 과다하게 드는 경우에 적용되는 검사다.

3. 검사 계획

검사 단위(lot)의 크기 N, 개당 검사 비용 a, 무검사 시의 개당 손실 비용 b, 재가공 비용 c, 폐각 처리 비용 d, 임계 부적합품률 P_b일 때 P_b는 $aN=bPN$이다. P에 대해 정리하면 다음과 같다.

$$\begin{aligned} P_b &= \frac{aN}{bN} = \frac{a}{b} \\ &= \frac{a}{b-c} = \frac{a}{b-d} \end{aligned}$$

따라서 $P > P_b$이면 검사하고 $P < P_b$이면 무검사한다.

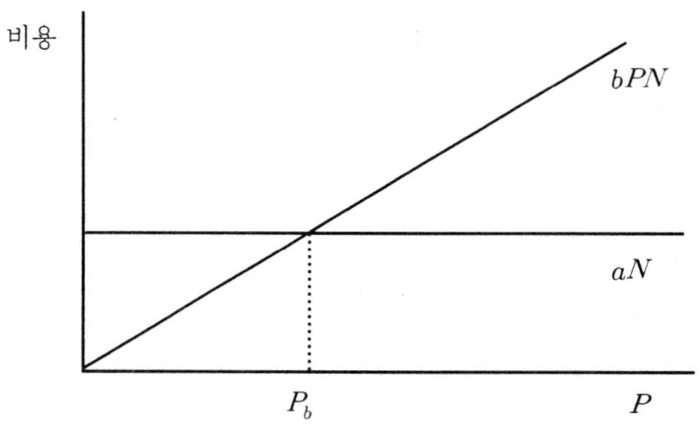

[그림 1.2] 검사의 임계 부적합품률

예제 1.1

A회사는 제품의 출하 검사에 있어서 크기 N=1,000의 로트에 대한 전수 검사와 샘플의 크기 n=100의 1회 샘플링 검사를 비교하고 있다. 제품 1개당 검사 비용이 5원이고 샘플링 검사에 의해 부적합품이 출하되었을 때 부적합품 1개당 250원의 간접비용이 발생한다면, 로트의 부적합품이 최소한 얼마 이상일 때 전수 검사를 하여야 하겠는가? 검사과정에서 발견되는 모든 부적합품은 합격품으로 바꿔 넣어 출하한다고 한다.

풀이

$$P_b = \frac{a}{b} = \frac{5}{250} = 0.02.$$

따라서 $P = 0.02$보다 클 때 전수 검사를 해야 한다.

2 샘플링 검사

1. 모집단과 샘플링

모집단으로부터 시료를 채취하는 것을 샘플링(sampling)이라 한다. 모집단을 구성하는 개체는 단위체 또는 단위량으로 표시되며 이들의 수가 유한한 경우는 유한모집단(로트)이라 하고, 무한한 경우는 무한모집단(공정)이라 한다. 공정관리나 실험에서는 어떤 작업표준으로 행한 공정을 모집단이라고 생각하므로 그와 같은 공정에 의하여 만들어진 제품이 무한이라고 생각하는 것으로서 통계적으로 무한모집단으로 취급하고 매일 매일 만들어지는 로트는 공정이라는 모집단의 샘플이라고 생각한다. 한편 샘플링 검사에서는 로트라는 모집단에서 샘플을 취하여 그 로트의 적합여부를 판정하자는 것이다. 모집단과 샘플의 관계를 정리하면 다음 그림과 같다.

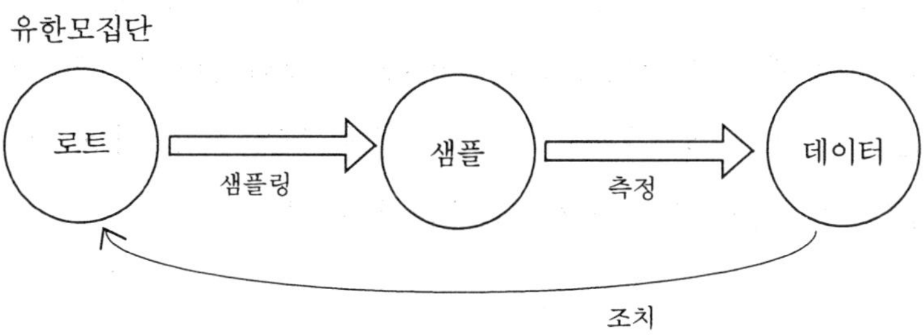

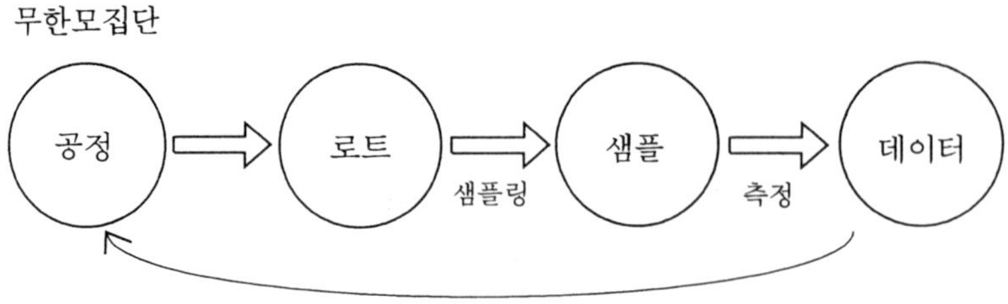

[그림 2.1] 모집단과 샘플의 관계

샘플링은 목적에 따라 사회, 정치, 문화적인 측면에서 표본조사를 위한 샘플링, 시장조사를 위한 샘플링, 공장에서 재료나 제품을 대상으로 하는 샘플링 등이 있다. 본 장에서는 공장에서 재료나 제품을 대상으로 하는 샘플링을 설명한다.

2. 샘플링 단위

시료를 채취할 때 먼저 시료로서 취해지는 최소단위인 샘플링 단위(sampling unit)를 명확히 정해야 한다. 샘플링의 대상물이 볼트, 다이어, 전구, TV와 같이 낱개로 세어볼 수 있는 경우를 단위체라 하고, 석탄, 점토, 액체, 기체 등과 같이 그 일부를 샘플링하는 경우 낱개로서 세어볼 수 없는 경우를 집합체라 한다. 집합체의 경우는 집합체에서 한 번 떠내는 샘플링의 단위분을 인크리먼트(increment : 단위시료)라 하고 그 분량을 인크리먼트의 크기라고 한다. 전선, 종이, 실 등과 같은 경우 일정 길이를 시장(試長)이라 하고 합성 수지판이나 고무 등의 경우에는 시편(試片)이라 한다. 이상의 것들은 모두가 샘플링 단위이다. 샘플링 단위를 결정할 때는 크기, 샘플링의 목적, 비용, 공정이나 제품의 산포, 시험방법 등을 고려해서 결정해야 한다.

3. 오차

오차란 모집단의 참값과 측정값과의 차를 뜻한다. 품질관리에서는 산포를 줄이고 오차를 작게 하는 일이 무엇보다도 중요하다. 품질관리에서 관심있는 오차로는 표본추출 오차나 비표본추출 오차가 있다. 비표본추출 오차는 측정오차가 주류가 되며 측정기계의 부정확, 측정자의 측정기술의 부족 등에서 오는 오차이고, 표본추출오차는 시료를 랜덤하게 샘플링하지 못함으로써 생기는 오차이다. 오차는 신뢰도, 정밀도 및 정확도의 세 가지 개념으로 나누어 생각할 수 있다.

(1) 신뢰도(reliability)

데이터를 신뢰할 수 있는가의 문제로 분석방법에 잘못이 있는가, 측정계기에 잘못이 있지 않은가 등의 문제로 분석조작이나 계기 관리에 관계된다.

(2) 정밀도(precision)

측정시스템에 의한 측정값의 산포를 말한다. 정밀도를 나타내는 측도로는 분산, 표준편차, 범위 등이 있으며 다음의 2가지 요소로 나뉜다.

① 반복성(repeatability)
동일인이 동일 부품을 동일 계기를 사용하여 반복 측정하여 얻은 측정치 간의 산포를 말한다.(계측기 문제)

② 재현성(reproducibility)
서로 다른 사람이 동일 부품을 동일 계기를 사용하여 얻어진 측정치들의 차이를 말한다.(측정자 문제)

(3) 정확도(accuracy)

어떤 측정방법으로 동일 시료를 무한히 측정하였을 때 데이터의 분포의 평균값과 참값과의 차를 말하고 때로는 편의(biased)라고도 한다.

4. 샘플링 방법

랜덤 샘플링(random sampling)이란 모집단의 어떤 부분이나 같은 확률로 시료 중에 뽑혀지도록 하는 샘플링 방법이다. 랜덤하게 샘플링하는 랜덤 샘플링방법에는 단순 랜덤 샘플링, 다단계 샘플링, 층별 샘플링, 집락 샘플링, 계통 샘플링, 지그재그 샘플링 등이 있다.

(1) 단순 랜덤 샘플링(simple random sampling)

단순 랜덤 샘플링이란 모집단의 모든 샘플링 단위가 동일한 확률로서 시료에 뽑힐 가능성이 있는 방법으로 가장 기본적인 샘플링 방법이다. 예를 들면 크기 $N=3$인 모집단에서 크기 $n=2$인 표본을 뽑는다면 총 $\binom{3}{2}$가지, 즉 3개의 표본이 있으며 이들 각각의 표본이 동일한 확률 $1/\binom{N}{n} = 1/\binom{3}{2} = 1/3$로 뽑힐 수 있도록 표본을 추출하는 방법을 말한다. 크기가 N인 유한모집단에서 n개의 시료를 랜덤하게 취할 때 시료의 기대치와 분산은 다음과 같다.

$$E(\overline{X}) = \mu \qquad V(\overline{X}) = \frac{N-n}{N-1}\frac{\sigma^2}{n}$$

여기서 $\frac{N-n}{N-1}$을 유한모집단의 유한수정계수라고 한다. 만약 N이 충분히 크면 $N \fallingdotseq N-1$이므로

$$V(\overline{X}) = \left(1-\frac{n}{N}\right)\frac{\sigma^2}{n}$$

이 된다.

(2) 2단계 샘플링(2 stage sampling)

크기 N의 로트가 각각 N_i개씩의 제품이 포함되는 M상자로 이루어져 있을 때, M상자 중에서 랜덤하게 m상자를 취하고, 각 상자로부터 n_i개의 제품을 랜덤하게 샘플링하는 샘플링 방법을 2단계 샘플링이라 한다. 여기서는

로트의 크기와 시료의 크기는 각각 $N = \Sigma_{i=1}^{M} N_i$, $n = \Sigma_{i=1}^{m} n_i$이라 한다.

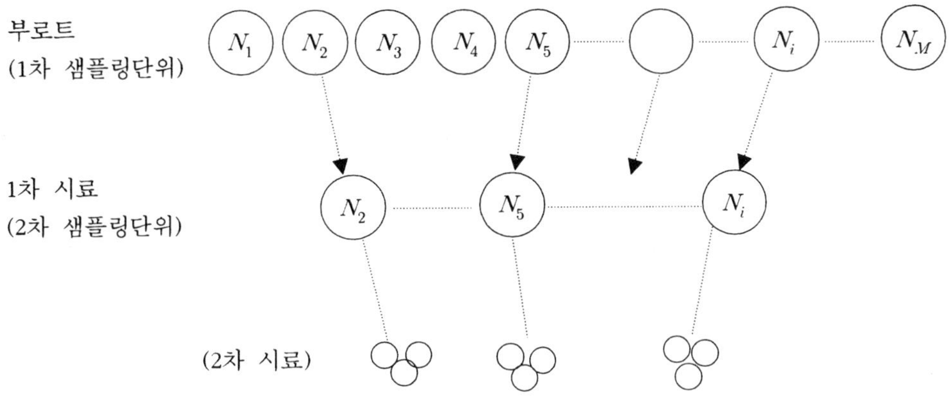

[그림 2.2] 2단계 샘플링

위 [그림 2.2]에서 각 부로트를 1차 샘플링 단위, 각 부로트 내의 제품을 2차 샘플링 단위라 한다. 1단계에서 시료로 얻어진 부로트를 1차 시료라 하며, 2단계에서 얻어진 제품을 2차 시료라 한다.

N_i와 n_i는 모든 i에 대하여 일정, 즉 $N_i = \overline{N}$이고, $n_i = \overline{n}$이라 하자. 그러면 로트의 모평균 μ, i번째 부로트의 모평균 μ_i, 로트의 모분산 σ^2은 다음과 같이 정리된다.

$$\mu = \frac{1}{N} \sum_{i=1} \sum_{j=1} x_{ij}$$

$$\mu_i = \frac{1}{\overline{N}} \sum_{j=1}^{\overline{N}} x_{ij}$$

$$\begin{aligned} \sigma^2 &= \frac{1}{N} \sum_{i=1} \sum_{j=1} (x_{ij} - \mu)^2 \\ &= \frac{1}{N} \sum_i \sum_j ((x_{ij} - \mu_i) + (\mu_i - \mu))^2 \\ &= \frac{1}{N} \sum_i \sum_j (x_{ij} - \mu_i)^2 + \frac{1}{M} \sum_i (\mu_i - \mu)^2 \qquad (2.1) \\ &= \sigma_w^2 + \sigma_b^2 \end{aligned}$$

여기서 σ_w^2은 부로트 내의 분산이며, σ_b^2은 부로트 간의 분산이다. 한편, 로트로부터 m개의 1차 샘플링 단위를 뽑고 각 $\bar{n}$개씩의 2차 샘플링 단위를 뽑아 모평균 μ의 불편 추정치를 구하면

$$\bar{\bar{x}} = \frac{1}{m\bar{n}} \sum_{i=1} \sum_{j=1} x_{ij} \tag{2.2}$$

이 된다. 여기서 x_{ij}는 i번째 1차 샘플링 단위에서 얻은 j번째 2차 단위의 데이터이다. $\bar{\bar{x}}$의 분산에 대해 고찰하자. 먼저 데이터의 구조식을 다음과 같이 가정한다.

$$\begin{aligned} x_{ij} &= \mu_i + e_{ij} \\ &= \mu + a_i + e_{ij} \\ &\quad e_{ij} \sim N(0,\ \sigma_w^2) \quad i = 1,\ 2,\ \cdots,\ m \quad j = 1,\ 2,\ \cdots,\ \bar{n} \end{aligned} \tag{2.3}$$

여기서 a_i는 $\mu_i - \mu$로서 부로트의 모평균과 로트의 모평균의 차를 의미한다. 식 (2.3)으로부터

$$\bar{x}_{i\cdot} = \frac{1}{\bar{n}} \sum_{j=1}^{\bar{n}} x_{ij} = \mu + a_i + \bar{e}_{i\cdot}$$

$$\bar{\bar{x}} = \frac{1}{m} \sum_{i=1} \bar{x}_{i\cdot} = \mu + \bar{a} + \bar{\bar{e}}$$

가 된다. 여기서 $\bar{e}_{i\cdot} = \frac{1}{\bar{n}} \sum_{j=1} e_{ij}$ $\bar{\bar{e}} = \frac{1}{m\bar{n}} \sum_i \sum_j e_{ij}$ $\bar{a} = \frac{1}{m} \sum_i a_i$ 이다. 무한모집단으로 취급될 경우, 즉 분산은 $\frac{\bar{n}}{\bar{N}} \le 0.1$이고, $\frac{m}{M} \le 0.1$인 경우

$$\begin{aligned} V(\bar{x}_{i\cdot}) &= V(a_i) + V(\bar{e}_{i\cdot}) \\ &= \sigma_b^2 + \frac{\sigma_w^2}{\bar{n}} \end{aligned}$$

$$V(\overline{\overline{X}}) = \frac{\sigma_b^2}{m} + \frac{\sigma_w^2}{m\overline{n}} \tag{2.4}$$

이 되며, 또 유한모집단인 경우는 다음과 같다.

$$V(\overline{\overline{X}}) = \frac{M-m}{M-1} \cdot \frac{\sigma_b^2}{m} + \frac{\overline{N}-\overline{n}}{\overline{N}-1} \cdot \frac{\sigma_w^2}{m\overline{n}}$$
$$= \left(1-\frac{m}{M}\right) \cdot \frac{\sigma_b^2}{m} + \left(1-\frac{\overline{n}}{\overline{N}}\right) \cdot \frac{\sigma_w^2}{m\overline{n}} \tag{2.5}$$

예제 2.1

H회사의 품질관리 부서에서는 거래처로부터 한 상자에 50개씩 들어 있는 자동차 부품을 100상자 납품을 받았다. 품질관리 부서에서는 납품을 받은 자동차의 각 부품들의 평균무게 μ에 관심을 갖고 샘플링을 하였다. 먼저 50개씩 들어 있는 100개의 상자로부터 5상자를 랜덤하게 뽑고, 다시 5상자로부터 각각 4개씩의 자동차 부품을 랜덤 샘플링 하였다. 자동차 부품의 무게에 대한 이 로트의 상자 간 산포 $\sigma_b = 0.8$kg이라 하고, 상자 내에 자동차 부품간의 산포 $\sigma_w = 0.5$kg이라고 하면, 이 로트의 모평균의 추정정밀도 $V(\overline{\overline{X}})$는 어떻게 되는가? 여기서 측정오차 $\sigma_m = 0$이다.

풀이

$$V(\overline{\overline{X}}) = \frac{\sigma_b^2}{m} + \frac{\sigma_w^2}{m\overline{n}}$$
$$= \frac{0.8^2}{5} + \frac{0.5^2}{5\times 4} = 0.1405$$

(3) 층별 샘플링(stratified sampling)

로트를 몇 개의 층으로 나누어 각 층마다 랜덤으로 시료를 추출하는 방법을 층별 샘플링이라 한다. 이것은 1차 단위(부로트) M개 모두에서 $(m = M)$ 2차 단위를 랜덤 샘플링하는 방법이다. 층의 크기가 같은 경우, 즉 $N_i = \overline{N}$이고, $n_i = \overline{n}$인 경우 층별 샘플링은 식 (2.5)에서 $M = m$인 경우로 $\overline{\overline{X}}$의 분산은

$$V(\overline{\overline{X}}) = \frac{\overline{N} - \overline{n}}{\overline{N} - 1} \frac{\sigma_w^2}{m\overline{\overline{n}}}$$

$$\fallingdotseq \left(1 - \frac{\overline{n}}{\overline{N}}\right) \frac{\sigma_w^2}{m\overline{\overline{n}}} \tag{2.6}$$

이 된다. 층별 샘플링에서는 층간분산 σ_b^2이 고려되지 않으므로 층간에는 비동질적이 되도록 층별하고, 층 내는 동질적으로 층별하면 추정 정밀도는 좋아진다.

(4) 집락 샘플링(cluster sampling)

모집단을 여러 개의 부로트로 나누어서 (부로트 간의 차는 작게, 부로트 내의 차는 크게) 몇 개의 부로트를 취한 후 모두 조사하는 방법을 집락 샘플링이라 한다. 예를 들면 100상자에 각 50개씩의 볼트가 들어 있는 로트가 입하되었을 때 상자를 랜덤하게 5상자를 뽑고, 그 상자의 볼트를 모두 조사하는 샘플링 방법이다. 집락 샘플링은 식 (2.5)에서 $\overline{n} = \overline{N}$인 경우로 $\overline{\overline{X}}$의 분산은

$$V(\overline{\overline{X}}) = \frac{M - m}{M - 1} \frac{\sigma_b^2}{m}$$

$$\fallingdotseq \left(1 - \frac{m}{M}\right) \frac{\sigma_b^2}{m} \tag{2.7}$$

이 된다. 위 분산은 층내분산 σ_w^2이 포함되어 있지 않다. 따라서 층별 샘플링과는 반대로 층내가 되도록 비동질적으로 집락을 만들면 그 반대로 σ_b가 작아져서 추정 정밀도가 좋아진다.

(5) 계통 샘플링(systematic sampling)

N개의 물품이 일련의 배열로 되어 있을 때, 첫 k개의 샘플링 단위 중 1개를 뽑고 그로부터 매 k번째를 선택하여 n개의 시료를 추출하는 샘플링이다.

$$k = \frac{N}{n}$$

(6) 지그재그 샘플링(zigzag sampling)

계통 샘플링에서 주기성에 의한 치우침이 들어갈 위험을 방지하기 위해, 하나씩 걸러서 일정한 간격으로 샘플을 취하는 방법이다.

5. 샘플링 검사의 분류 및 형식

샘플링 검사는 검사단위의 품질의 표시 방법(측정 데이터의 성질), 검사의 실시 방식, 검사횟수 등에 따라 여러 유형의 검사가 있다. 크게 부적합품수, 부적합수, 특성치 등에 따라 분류하면

· 부적합품수, 부적합수 등에 따라 계수형 샘플링 검사
· 특성치에 따라 계량형 샘플링 검사

그리고 형식에 따라 1회, 2회, 다회, 축차 샘플링 검사 등으로 나눈다.

(1) 샘플링 검사의 분류

[표 2.1] 샘플링 검사의 분류

	계수 샘플링검사	계량 샘플링검사
품질의 표시방법	부적합품 또는 부적합수로 표시	특성치로 표시
검사방법	숙련을 요하지 않는다. 소요시간이 짧다. 설비가 간단하다. 기록이 간단하다.	숙련을 요한다. 소요 시간이 길다. 설비가 복잡하다. 기록이 복잡하다.
적용 시 이론상의 제약	샘플링 검사를 적용하는 조건이 쉽게 만족될 수 있다.	시료채취에 랜덤성이 요구되며 그 적용범위가 정규분포를 하는 경우 혹은 특수한 경우로 제한된다.

[표 2.1] 샘플링검사의 분류(이어서)

	계수 샘플링검사	계량 샘플링검사
판별능력과 검사개수	검사개수가 같은 경우 계량보다 판별능력이 낮으므로 검사개수가 상대적으로 크다.	검사개수가 동등한 경우 계수보다 판별능력이 커지므로 검사개수가 상대적으로 적다.
검사기록의 이용	다른 목적에 이용되는 정도가 낮다.	다른 목적에 이용되는 정도가 높다.
적용해서 유리한 경우	검사의 비용이 적은 것. 검사의 시간, 설비, 인원을 많이 요하지 않는 것.	검사비용이 많은 것. 시간, 설비, 인원을 많아 요하는 것. 파괴검사에 유리하다.

(2) 샘플링 검사의 형식

① 1회 샘플링 검사

모집단(로트)에서 시료를 단 1회 추출하여 판정기준과 비교하여, 로트의 합격, 불합격을 결정하는 샘플링 방식으로 샘플링 형식 중에서 가장 간편하나 검사개수가 큰 단점이 있다.

② 2회 샘플링 검사

1회에서 지정된 시료로 검사한 결과 판정을 내리지 못할 때 다시 2차 시료를 채취하고 1차 결과와 누계하여 이에 따라 로트의 합격, 불합격을 판정하는 방식이다. 판정절차는 다음과 같다.

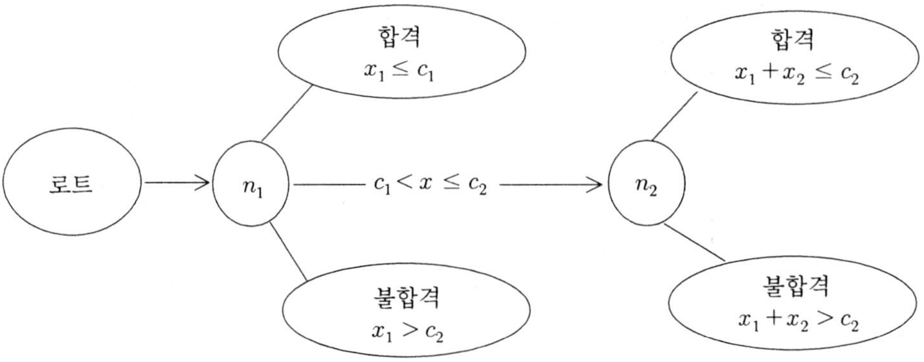

여기서 n_1은 1차 시료, n_2은 2차 시료, c_1은 1차 시료에서의 합격판정기준, c_2는 2차 시료에서의 합격판정기준이다.

③ 다회 샘플링 검사

2회 샘플링검사를 3회 이상의 샘플링 검사의 형식으로 확장한 것이다. 이는 각 회의 샘플링에서 조사한 결과를 일정기준과 비교하여 합격, 불합격, 검사 속행의 3종류로 분류하면서 어느 일정 횟수까지는 합격, 불합격 판정을 결정하는 형식이다.

④ 축차 샘플링 검사

일정개씩 혹은 1개씩 시료를 검사하면서 그 누계결과를 그때마다 판정기준과 비교하여 합격, 불합격, 검사 속행의 판정을 하는 것으로, 1개씩인 경우를 각개 축차 샘플링 검사라 한다. 이는 가장 적은 시료로써 검사를 행할 수 있다.

6. 검사특성곡선

(1) OC곡선 개요

샘플링 검사는 로트로부터 시료를 추출하여 검사하고, 이를 통하여 로트의 합격여부를 판정한다. 좋은 품질의 로트와 나쁜 품질의 로트를 구별하기 위하여 로트의 크기 N에서 적절한 시료의 크기 n과 합격판정기준 c를 정하는 것을 샘플링 검사방식의 결정이라 한다. 샘플링 검사방식이 결정되면 이 방식에 따라 샘플링 검사의 특성이 결정되며 이를 그래프로 나타낸 것이 검사특성곡선(operating characteristic curve; OC curve)이 된다. 따라서 이 곡선을 보면 로트가 얼마의 확률로 합격되고 불합격되는가를 쉽게 알 수 있다. 로트의 크기 N, 로트의 부적합품률 p인 로트로부터 크기 n의 시료를 채취할 때 시료중의 부적합품의 수가 x이며 합격판정기준을 c라 하면 계수형 샘

플링 검사에서 로트의 합격확률 $L(p)$는 초기하분포를 사용하여

$$L(p) = P(X \leq c) = \sum_{x=0}^{c} \frac{\binom{Np}{x}\binom{N-Np}{n-x}}{\binom{N}{n}} \quad x = 0, 1, 2, \cdots, \min(n, pN) \qquad (2.8)$$

으로 된다. 그런데 식 (2.8)에서 N과 n이 큰 경우는 계산이 어려워진다. 따라서 초기하분포의 근사적 성질을 이용하여 이항분포 또는 포아송분포로 로트의 합격확률을 계산하게 된다. 예를 들어 계수 규준형 1회 샘플링 검사의 경우 $N=1000$, $n=20$, $c=2$에서 $p=5$, 10, 20, 30%에 따른 로트의 합격확률을 생각하여 보자. 로트를 합격시킬 확률 $L(p)$를 이항분포표를 사용하여 계산하면 다음 표와 같다.

[표 2.2] p에 따른 $L(p)$값

p %	$L(p)$
5	0.925
10	0.677
20	0.206
30	0.035

여기서 로트를 합격시킬 확률은

$$L(p) = P(X \leq 2) = \sum_{x=0}^{2} \binom{20}{x} p^x (1-p)^{20-x}$$

이며 부적합품의 개수 X는 이항분포 $B(20, p)$를 따르게 된다. 이상의 부적합품률 p에 따른 로트의 합격확률 $L(p)$를 구한 다음, 부적합품률 p를 x축, 로트의 합격확률 $L(p)$을 y축으로 하여 그래프를 그리면 다음 그림과 같은 OC곡선을 얻게 된다.

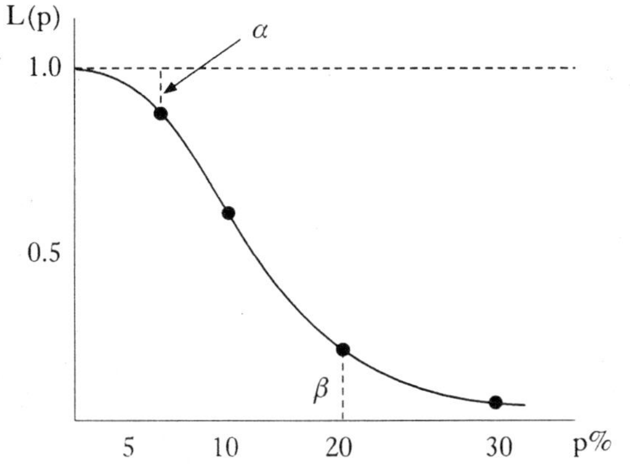

[그림 2.3] $N=1000,\ n=20,\ c=2$인 경우의 OC 곡선

위 [그림 2.3]에서 $p_0=0.05$인 좋은 품질의 로트는 0.925의 확률로 합격하게 된다. 이때 불합격 확률은 $\alpha=0.075$가 된다. 생산자 입장에서는 좋은 품질의 로트가 α의 확률로 불합격이 되므로 α를 생산자 위험이라고 한다. 또한 $p_1=0.2$인 나쁜 품질의 로트는 $\beta=0.206$의 낮은 합격확률을 갖는다. 소비자 입장에서는 나쁜 품질의 로트가 β의 확률로 합격되므로 β를 소비자 위험이라고 한다.

예제 2.2

크기 N=500의 로트로부터 샘플의 크기 n=50의 시료를 샘플링하여 합격판정개수 c=2인 경우 부적합품률 p가 1%, 2%, 4%, 6%인 로트가 합격할 확률을 구하라. (단, 포아송 분포로 계산할 것)

풀이

X는 50개중 부적합품수라 할 때 X는 근사적으로 $P(x)=\dfrac{e^{-m}m^x}{x!}$

$p=1\%$일 때

np=50×0.01=0.5이므로 $L(p)\,P(X\le 2)=\dfrac{e^{-0.5}\,0.5^0}{0!}+\dfrac{e^{-0.5}\,0.5^1}{1!}+\dfrac{e^{-0.5}\,0.5^2}{2!}=0.986$

$p=2\%$일 때

np=50×0.02=1이므로 $L(p)\,P(X\le 2)=\dfrac{e^{-1}1^0}{0!}+\dfrac{e^{-1}1^1}{1!}+\dfrac{e^{-1}1^2}{2!}=0.902$

$p=4\%$일 때

np=50×0.04=2이므로 $L(p)\,P(X\le 2)=\dfrac{e^{-2}2^0}{0!}+\dfrac{e^{-2}2^1}{1!}+\dfrac{e^{-2}2^2}{2!}=0.677$

$p=6\%$일 때

np=50×0.06=3이므로 $L(p)\,P(X\le 2)=\dfrac{e^{-3}3^0}{0!}+\dfrac{e^{-3}3^1}{1!}+\dfrac{e^{-3}3^2}{2!}=0.423$

(2) OC곡선의 성질

① c, n이 일정하고 N이 변할 때

N은 OC곡선에 별로 영향을 미치지 않으며 N≥10n이면 생산자 위험을 작은 수준으로 유지할 수 있는 샘플링방식이 가능하며 검사비용을 절감할 수 있다. 그러나 N이 지나치게 크게 설정하면 불합격에 따른 상대적 위험률이 너무 크므로 바람직하지 않다.

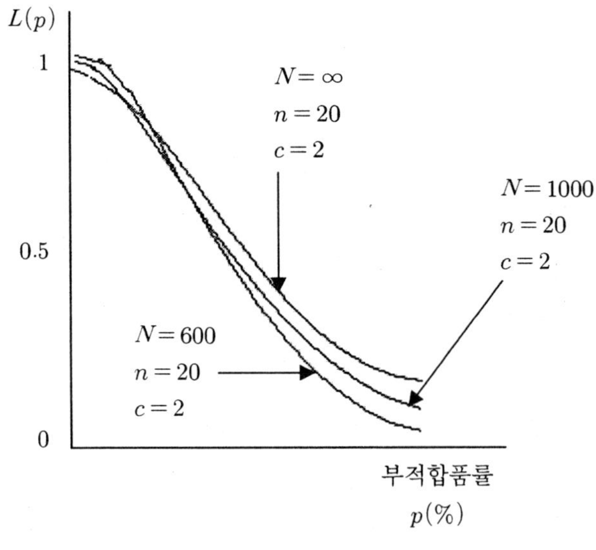

[그림 2.4] c, n이 일정하고 N이 변할 때

② 퍼센트 샘플링 ($\frac{c/N}{N}$ = 일정)

OC곡선의 기울기가 급해지면 샘플링검사의 판별능력이 좋아지나 로트의 크기가 변하면 품질보증의 정도가 달라지므로 일정한 품질의 보증을 얻을 수 없다.(단, N이 증가하는 비율만큼 샘플링의 정도가 향상되지는 않는다.)

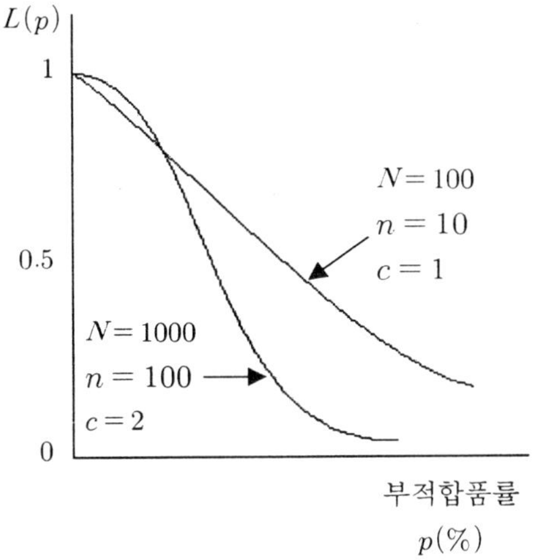

[그림 2.5] 퍼센트 샘플링

③ N, c가 일정하고 n이 변할 때

n이 증가할수록 OC곡선은 기울기가 급격히 변하며 β가 감소한다.

즉 품질이 나쁜 로트가 합격할 수 있는 확률 β가 대단히 적어지며 합격시키고 싶은 로트 쪽에서의 불합격할 확률 α는 변화폭이 그다지 크지 않다.

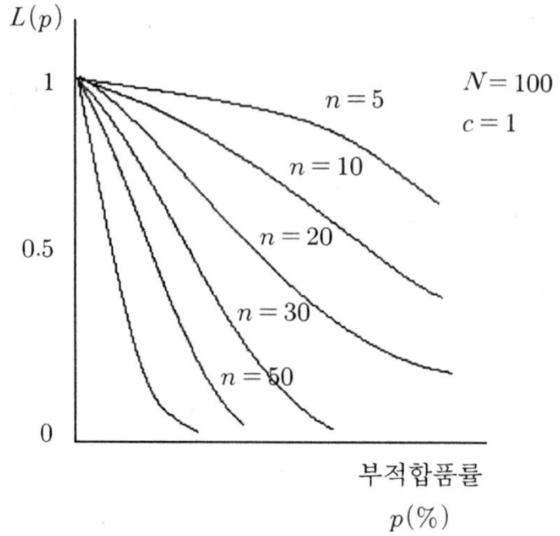

[그림 2.6] N, c가 일정하고 n이 변할 때

④ N, n이 일정하고 c가 변할 때

c가 증가할수록 OC곡선은 오른쪽으로 기울기가 완만하게 변하며 β가 증가하고, α는 상대적으로 감소한다. 따라서 $c=0$의 샘플링 검사는 OC곡선의 기울기가 급격해지므로 그리 좋은 방식의 샘플링 검사라고는 할 수 없다.

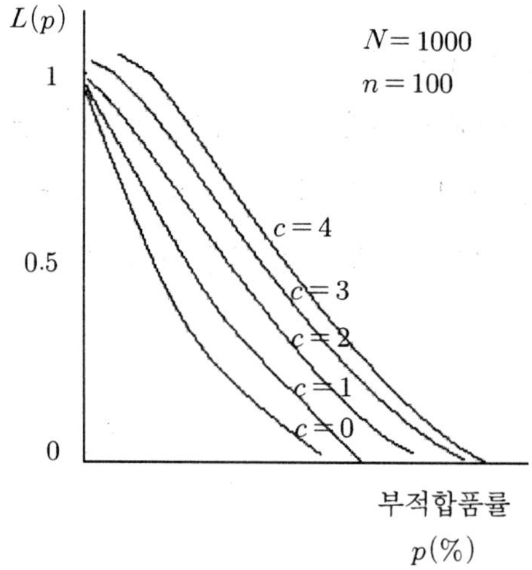

[그림 2.7] N, n이 일정하고 c가 변할 때

3 계수형 샘플링 검사

2001년 한국산업규격의 계수형 샘플링 검사는 종전의 계수 조정형(KS A 3109), 계수 선별형(KS A 3105)을 통합하여 연속 로트에 대한 계수값 AQL 지표형 샘플링 검사 KS A ISO 2859-1과, 고립 로트에 대한 LQ 지표형 샘플링 검사 KS A ISO 2859-2로 구분하고, 지정된 AQL보다 월등히 품질이 좋은 로트는 검사 빈도를 줄여 검사개수를 줄여가는 스킵로트 샘플링 검사 KS A ISO 2859-3을 신설하였다. 이러한 계수값 샘플링 검사는 구입자 측에서 샘플링 검사를 수월하게 하거나 까다롭게 하는 것을 조정하는 것이 특징인데, 합격으로 할 최소한의 로트의 품질(AQL)을 정하고 이 수준보다 좋은 품질의 로트를 제출하는 한 거의 합격시킬 것을 공급하는 쪽에 보증하는 동시에, 품질 높은 로트에 대하여는 샘플의 크기를 작게 하여 검사비용을 줄이려는 목적을 갖고 있는 샘플링 검사다.

1. 계수 규준형 1회 샘플링 검사(KS A 3102)

(1) 검사의 개요

계수 규준형 1회 샘플링 검사는 생산자와 소비자의 요구를 동시에 만족시킬 수 있도록 설계한 샘플링 검사로서 로트 크기 N 중에서 크기 n인 시료를 검사하여 불합격품의 수가 합격판정기준 c 이하이면 로트를 합격으로 처리하고 $c+1$ 이상이면 불합격으로 처리하는 검사방식이다.

로트의 품질을 부적합품률로 나타낼 때 로트의 부적합품률이 p_0 밖에 안 되는 좋은 품질의 로트가 불합격될 확률 α(생산자 위험)와 부적합품률이 p_1이 되는 나쁜 품질의 로트가 합격으로 될 확률 β(소비자 위험)를 미리 정하여 샘플링 검사방식을 결정하게 된다.

여기서 p_0는 합격품질수준(acceptable quality level; AQL)과 일치하여 소비자가 만족스럽게 생각하는 부적합품률의 범위 중 가장 높은 부적합품률을 뜻한다. p_1는 로트의 허용 부적합품률(lot tolerance percent defective; LTPD)과 일치하게 정하며 소비자의 입장에서 허용되어서는 안되는 로트의 부적합품률이다.

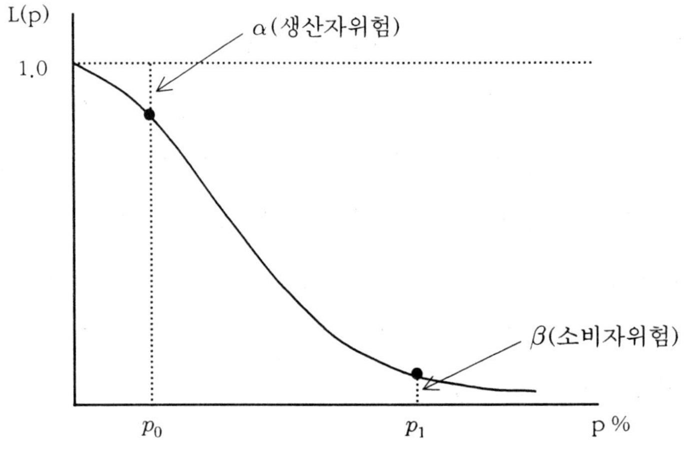

[그림 3.1] 샘플링검사의 α(생산자 위험)와 β(소비자 위험)

(2) 검사의 설계

계수 규준형 샘플링 검사의 설계는 OC곡선상의 2점$(p_0, 1-\alpha)$와 (p_1, β)에 대한 조건을 주면 이를 만족하는 (n, c)가 결정된다. 로트의 합격확률로 이항분포를 사용하면 OC곡선상의 두 점$(p_0, 1-\alpha)$, (p_1, β)를 만족하는 식은

$$1-\alpha = \sum_{x=0}^{c} \binom{n}{x} p_0^x (1-p_0)^{n-x}$$

$$\beta = \sum_{x=0}^{c} \binom{n}{x} p_1^x (1-p_1)^{n-x} \tag{3.1}$$

이 된다. 위의 연립방정식을 풀어서 (n, c)의 해를 구할 수 있다. 그러나 식

(3.1)은 쉽게 풀 수 없다. 따라서 실무에서는 부록에 있는 [표 8]을 이용하여 근사적으로 (n, c)를 구하게 된다.

(3) 검사의 절차

① 품질기준을 정한다.

검사 단위를 적합품과 부적합품으로 구분하기 위한 기준을 정한다.

② p_0, p_1의 값을 결정한다.

p_0, p_1의 값을 생산능력, 경제적 사정, 품질에 대한 필요한 요구 또는 검사에 쓰이는 비용, 노력, 시간 등 거래상의 실정을 고려해서 정한다. $\alpha=0.05$, $\beta=0.1$을 기준으로 한다.

③ 로트를 구축한다.

가능한 한 같은 조건에서 생산된 로트를 그대로 검사 로트로 한다. 로트가 아주 큰 경우에는 작은 로트로 구분해서 검사 로트로 삼아도 좋다.

④ 시료의 크기 n과 합격판정기준 c를 구한다.

⑤ 샘플링하여 시료를 조사하고, 시료중의 부적합품의 수가 합격판정기준 c 이하이면 그 로트를 합격으로 하고, c를 넘으면 그 로트를 불합격으로 처리한다.

예제 3.1

$p_0 = 1\%$, $p_1 = 6\%$, $\alpha = 0.05$, $\beta = 0.10$을 만족시키는 계수 규준형 1회 샘플링 검사 방식을 설계하라.

풀이

[표 8]에서 p_0난에서 $0.901 \sim 1.12(\%)$의 행과 p_1난에서 $5.61 \sim 7.10(\%)$의 열이 교차하는 칸에서$(n=80,\ c=2)$을 구한다.

예제 3.2

$p_0 = 0.2\%$, $p_1 = 1.0\%$, $\alpha = 0.05$, $\beta = 0.10$을 만족시키는 계수 규준형 1회 샘플링 검사를 설계하라.

풀이

[표 8]에서 p_0난에서 0.181 ~ 0.224(%)의 행과, p_1난에서 0.91 ~ 1.12(%)의 열이 교차하는 칸에서는 검사방식을 구할 수 없으므로(*표), 부록의 [표 9] 샘플링 검사 설계 보조표를 이용한다. p_1/p_0=1.0/0.2=5.0이므로 p_1/p_0난의 5.5 ~ 4.4의 행에서 c=3, n=68.3/0.2+344/1.0=685.5. 즉, 검사방식은 (n=686, c=3)

2. 계수 규준형 축차 샘플링 검사(KS A ISO 8422)

(1) 검사의 개요

계수 축차 샘플링 검사는 1로트에서 1개의 시료를 표본으로 채취하여 시험하면서 누적 부적합품수를 합격 및 불합격 판정개수와 비교하여 로트의 합격 또는 불합격을 정하는 샘플링 검사이다. 축차 샘플링 검사를 적용하는 경우에는 다음 [그림 3.2]와 같이 그래프에 n개의 누적된 시료에서 부적합품의 개수 D를 타점하여 로트의 합격여부를 판정하게 된다. 이 그래프는 h_A, h_R, g에 의해 2개의 직선 $R = h_R + gn_{cum}$, $A = -h_A + gn_{cum}$으로 합격, 불합격 및 검사 계속의 3개 영역으로 구분되어 있다. 실무에서는 다음의 검사절차에 의해서 검사방식이 이루어지고 있다.

(2) 검사절차

① 품질기준을 정한다.

② 생산자 위험 품질 $P_A(PRQ)$, 소비자 위험 품질 $P_R(CRQ)$을 설정한다.

③ 로트 크기 N를 형성한다.

④ 샘플링 검사표를 작성한다.

㉠ 샘플링 표에서 지정된 $P_A(PRQ)$를 포함하는 행과 지정된 $P_R(CRQ)$을 포함하는 열이 만나는 칸을 구한다.

㉡ 칸 속의 h_A, h_R, g 값을 읽는다.

㉢ 합격판정개수 및 불합격판정개수를 구한다.

ⓐ $n_{cum} < n_t$ 인 경우

· 합격판정개수

$A = -h_A + gn_{cum}$ → 소수점 이하의 숫자는 끊어 버린다.

여기서 n_{cum}은 누적검사수이다.

· 불합격판정개수

$R = h_R + gn_{cum}$ → 소수점 이하의 숫자는 끊어 올린다.

ⓑ $n_{cum} = n_t$ 인 경우

누계 샘플 크기 중지값 n_t에서의 판정개수

$A_t = gn_t$, $R_t = A_t + 1$

⑤ 시료를 채취하여 시험한다.

⑥ 로트의 합격, 불합격, 검사 속행을 판정한다.

㉠ $n_{cum} < n_t$ 인 경우

· $A < D < R$: 검사 속행

· $D \geq R$: 로트 불합격

· $D \leq A$: 로트 합격

단, $D = R_t$: 로트 불합격

㉡ $n_{cum} = n_t$ 인 경우

· $D \leq A_t$: 로트 합격

· $D \geq R_t$: 로트 불합격

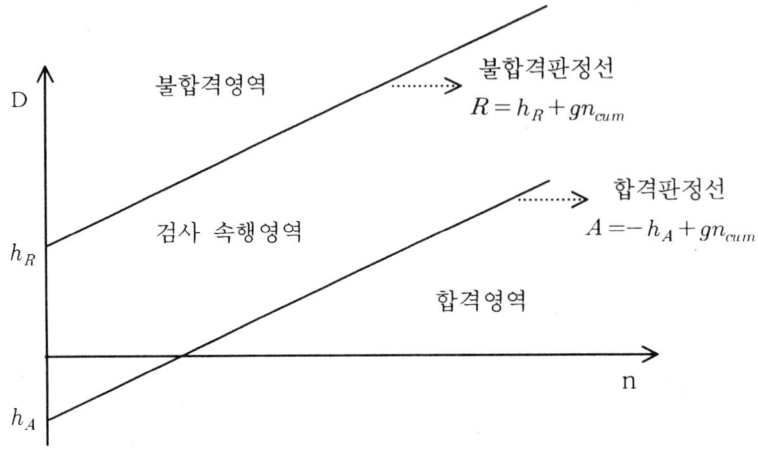

[그림 3.2] 계수값 축차 샘플링 검사

예제 3.3

어느 로트에 대해 가능한 한 합격시키고 싶은 로트의 품질수준을 1%로 되도록 불합격시키고 싶은 로트의 품질수준은 8%로 합의한 계수축차샘플링 검사에서

① 연속적으로 80개를 검사한 결과 6번째와 35번째, 80번째에서 부적합품이 발견되었다. $n = 80$에서의 합격판정선과 불합격판정선의 값을 구하라. 누계샘플크기의 중지값 n_t은 86개이다.

② 계속 검사를 진행하였더니 더 이상 부적합이 나오지 않고 86개째에 도달하여 검사를 중지하였다. 이 로트는 어떻게 판정하게 되는가?

풀이

① $n < n_t$이고, $P_A(PRQ) = 1\%$, $P_R(CRQ) = 8\%$이므로 부록의 표 10에서 $h_A = 1.046$, $h_R = 1.343$, $g = 0.03410$. 따라서

$A = -1.046 + 0.0341 \times n_{cum} = -1.046 + 0.0341 \times 80 = 1.682 \Rightarrow 1$(소수점이하 버림)

$R = 1.343 + 0.0341 \times n_{cum} = 1.343 + 0.0341 \times 80 = 4.071 \Rightarrow 5$(소수점이하 올림)

② $A_t = gn_t = 0.341 \times 86 = 2.9326 \Rightarrow 2$개$\geq$D이면 로트 합격

3개 이상이면 불합격이므로 총 부적합품수는 3개이므로 로트를 불합격 처리한다.

3. AQL 지표형 샘플링 검사(KS A ISO 2859-1): 연속로트

(1) 검사의 개념

AQL 지표형 샘플링 검사 방식은 우수한 제품의 생산자에게는 심적 부담감을 적게 주고, 불량제품의 생산자에게는 심적인 압박을 가하여 품질개선을 꾀하도록 하는 동시에, 검사량을 조절해 주는 검사방식으로, 2차 대전 중인 1942년 미 육군을 위해 Bell 전화연구소의 전문가들에 의하여 개발된 MIL-STD-105 샘플링 검사표에 기초를 두고 있다.

이 방식은 생산자들을 용이하게 관리해 가며 좋은 품질의 제품을 납품받기 위하여 AQL을 미리 정하여 놓고 생산자 누구에게나 최초에는 보통검사로 시작하지만 계속되는 로트의 검사성적이 AQL보다 나쁜 생산자에게는 까다로운 검사로 바꾸어 나쁜 품질의 합격을 막고, 반대로 검사성적이 AQL보다 좋은 생산자에게는 수월한 검사로 바꾸어서 검사량의 감소를 꾀한다.

이와 같이 생산자의 품질 수준에 따라 검사의 엄격도를 조정하기 때문에 조정형 샘플링 검사라고 하는 것이다. KS A ISO 2859의 기능 및 샘플링표의 구성상의 특징은 다음과 같다.

① 검사의 엄격도 조정(스코아법)에 의해 품질향상의 자극을 주고 동시에 검사량을 감소시킬 수 있다.
② 장기적인 안목에서 AQL의 품질이 보증된다.
③ 로트의 크기와 시료의 크기와의 관계가 분명히 정해졌고 합격 판정 개수와 불합격 판정 개수는 시료의 크기와 AQL을 가지고 정해지도록 되어 있다.
④ 로트의 크기에 따라 생산자위험 α가 일정하지 않다. 이것은 큰 로트일수록 큰 시료를 취하게 하여, 좋은 로트와 나쁜 로트의 판단력을 높여 주고, 소비자 위험 β를 작게 하려는 조치이다.
⑤ 샘플링 형식은 1회, 2회 및 다회 샘플링의 3종류가 있다. 시료문자,

AQL, 검사의 엄격도가 모두 같은 경우에는 OC곡선이 거의 일치되도록 만들어져 있다.

⑥ 검사수준은 검사비용, 제품가격 등에 따라 특별검사는 4개, 일반검사 3개로 이뤄져 있다.

⑦ AQL과 시료의 크기는 $10^{\frac{1}{5}}$ =1.585를 공비로 등비수열이 채택되어 있다.

(2) 보통검사의 절차

① 검사로트의 구성 및 크기를 정한다.

② 합격품질수준 AQL을 결정한다.

③ 검사수준을 결정한다. 검사수준으로 일반검사수준 I, II, III이 있고, S-1, S-2, S-3, S-4라는 4개의 특별 검사 수준이 있다.

④ 검사의 엄격도를 정한다. 보통검사, 까다로운 검사, 수월한 검사 중에서 어느 것을 적용하는가를 정한다.

⑤ 샘플링 형식을 정한다. 1회, 2회, 다회 샘플링 중에서 어느 것을 사용하는가를 정한다.

⑥ 로트의 크기와 검사수준으로부터 [표 11]에서 시료문자를 결정한다.

⑦ 정해진 시료문자, AQL, 샘플링 형식, 검사의 엄격도로부터 [표 12]~[표 14] 중의 해당 샘플링 검사표에서 샘플링 검사 방식을 읽어낸다.

검사표에서 ↓, ↑, A_c, R_e 등은 다음을 뜻한다.

↓=화살표 아래쪽의 최초의 샘플링 방식을 사용한다.

↑=화살표 위쪽의 최초의 샘플링 방식을 사용한다.

A_c=합격 판정개수

R_e=불합격 판정개수

⑧ 검사로트로부터 ⑦에서 정해진 시료를 채취한다.

⑨ 로트의 판정을 내리고 로트를 처리한다.

예제 3.4

어떤 제품의 수입검사를 위하여 KS A ISO 2859를 사용하기로 하였다. AQL 1.0%, 로트의 크기 1,000 통상 검사수준 II에 대한 1회 샘플링 보통검사, 까다로운 검사, 수월한 검사의 샘플링 방식을 구하라.

풀이

부록의 [표 11]에서 로트의 크기 N=1,000을 포함한 행과 통상 검사수준 II의 열에 있는 칸에서 시료문자 J를 읽는다. 그리고 시료문자 J와 AQL=1.0%을 사용하여 부록의 [표 12], [표 13], [표 14]에서 각각 다음 결과를 얻는다. 보통검사인 경우 (n=80, Ac=2, Re=3), 까다로운 검사인 경우 (n=80, Ac=1, Re=2), 수월한 검사인 경우 (n=32, Ac=1, Re=2)이다.

(3) 엄격도 조정의 절차

이 규격은 최초에 검사를 시작할 때에는 보통검사를 적용하는 것을 원칙으로 하고 있다.

① 보통 검사에서 까다로운 검사로

연속 5로트 이내에 2로트가 불합격이 되었을 경우 보통 검사에서 까다로운 검사로 변경한다.

② 까다로운 검사에서 보통검사로

까다로운 검사를 행하는 도중 연속 5개의 로트가 합격되었을 때에는 보통 검사로 변경한다.

③ 보통 검사에서 수월한 검사로

㉮ 전환 스코어 30점 이상

다음 조건을 만족하면 점수가 누적된다.(단, 로트가 불합격되면 전환스코어는 0점이 됨)

- 1회 샘플링 검사

  $A_c \geq 2$인 경우 : 스코어 3점(10로트 연속 합격)

  $A_c \leq 1$인 경우 : 스코어 2점(15로트 연속 합격)

- 2회 샘플링 검사(1회 합격) : 스코어 3점

㉯ 생산이 안정

㉰ 소관권한자가 수월한 검사로 넘어가도 좋다고 인정

여기서 소관권한자란 샘플링검사 시스템의 중립성을 유지하고, 이 절차를 원활하게 운영 유지할 수 있는 자로 계약 시 공급자와 구입자 양자의 합의에 의해 규정된다.

④ 수월한 검사에서 보통검사로

수월한 검사를 하고 있을 때, 다음의 조건 가운데서 어느 하나라도 발생하면 보통 검사로 돌아간다.

㉮ 1로트라도 불합격

㉯ 생산이 불규칙하게 되었거나 정체

㉰ 기타 보통 검사로 되돌아가는 것이 필요하다고 소관권한자가 인정할 때

⑤ 검사의 중지

까다로운 검사 개시 후, 불합격 로트의 누계가 5로트에 달한다면 원칙적으로 이 규칙에 따른 검사를 중지한다. 검사 중지 후 품질개선 처리가 취해진 경우에는 원칙적으로 까다로운 검사로 되돌린다.

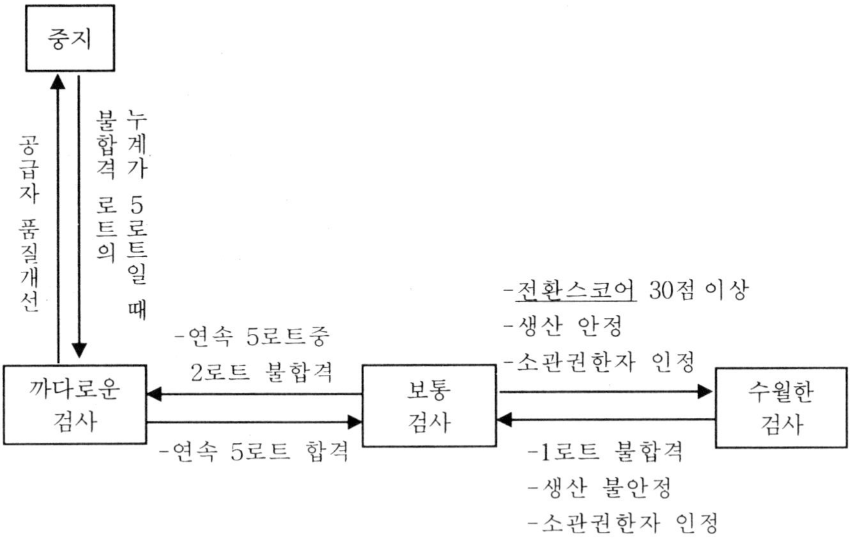

[그림 3.3] 검사의 엄격도 조정 절차

예제 3.5

B사는 어떤 부품의 수입검사에 계수값 샘플링 검사인 KS A ISO 2859-1을 사용하고 있다. 현재의 적용 조건은 AQL=1.5%, 검사수준 II, 1회 샘플링검사로 엄격도는 수월한 검사로 전환되어 검사하고 있다. 각 로트 당 검사 결과 부적합품 수는 다음과 같다. 빈칸을 채워라.

로트	N	시료 문자	n	A_c	R_e	부적합품수	합부 판정	전환 스코어	다음 로트에 대한 조치
70	2000	K	50	3	4	3	합	–	수월한 검사 속행
71	1000	J	32	2	3	3	불	–	보통검사로 전환
72	2000	K	( )	( )	( )	3	( )	( )	( )
73	1000	J	( )	( )	( )	5	( )	( )	( )
74	2000	K	( )	( )	( )	2	( )	( )	( )
75	1000	J	( )	( )	( )	4	( )	( )	( )
76	2000	K	( )	( )	( )	4	( )	( )	( )

풀이

로트	N	시료 문자	n	A_c	R_e	부적합품수	합부 판정	전환 스코어	다음 로트에 대한 조치
70	2000	K	50	3	4	3	합	–	수월한 검사 속행
71	1000	J	32	2	3	3	불	–	보통검사로 전환
72	2000	K	125	5	6	3	합	3	보통검사 속행
73	1000	J	80	3	4	5	불	0	보통검사 속행
74	2000	K	125	5	6	2	합	3	보통검사 속행
75	1000	J	80	3	4	4	불	–	까다로운 검사 전환
76	2000	K	125	3	4	4	불	–	까다로운 검사 속행

(4) 분수 합격판정개수의 샘플링 검사

소관권한자가 승인하는 경우 사용할 수 있으며, 주 샘플링 검사표의 합격판정개수가 0과 1의 중간에 화살표로 된 2개의 난(수월한 검사는 3개의 난)이 있는데, 화살표 대신 1/5(수월한 검사에만 적용됨), 1/3 및 1/2라는 분수 합격판정개수를 사용하여 검사개수의 변화 없이 지정된 AQL을 보증할 수 있도록 한 샘플링검사 방식이다.

이러한 분수 합격판정개수 샘플링검사는 샘플링 방식이 일정한 경우와 샘플링 방식이 일정하지 않은 경우로 나누며, 보조적 주샘플링 검사표로 명시하고 있다.

① 샘플링 방식이 일정한 경우

검사가 진행되는 동안 각 로트마다 지정된 AQL과 시료문자가 동일한 경우로 분수 합격판정 개수의 샘플링검사 방식은 다음과 같다.

㉮ 부적합품이 0개인 경우에는 로트가 합격되며, 2개 이상인 경우는 불합격된다.

㉯ 부적합품이 1개인 경우에 검사 로트가 합격되는 경우

· 합격판정개수 1/2 : 직전 1개 로트에 부적합품이 없다.

· 합격판정개수 1/3 : 직전 2개 로트에 부적합품이 없다.
· 합격판정개수 1/5 : 직전 4개 로트에 부적합품이 없다.

② 샘플링 방식이 일정하지 않은 경우
로트 크기의 변동 및 엄격도 전환에 따라서 검사가 계속되는 경우로, 합부판정스코어를 계산하여 검사 전 합부판정스코어가 8 이하이면 합격판정개수(A_c)가 0인 검사를 행하며, 검사 전 합부판정스코어가 9 이상이면 합격판정개수(A_c)가 1인 샘플링검사를 행하여 로트의 합격과 불합격을 결정한다.

[합부판정스코어의 계산]

㉮ 누계된 합부판정스코어를 이용하여 합격판정개수 A_c가 분수일 때 다음의 기준으로 적용한다.
· 검사 전 합부판정스코어가 8 이하이면 $A_c = 0$로 한다.
· 검사 전 합부판정스코어가 9 이상이면 $A_c = 1$로 한다.

㉯ 보통검사, 까다로운 검사, 수월한 검사의 개시 시점에서는 합부판정스코어가 0점에서 시작한다.
· $A_c = 0$이면, 합부판정스코어는 불변(0점 가산)
· $A_c = 1/5$이면, 합부판정스코어에 2점 가산
· $A_c = 1/3$이면, 합부판정스코어에 3점 가산
· $A_c = 1/2$이면, 합부판정스코어에 5점 가산
· $A_c \geq 1$이면, 합부판정스코어에 7점 가산

㉰ 만일 샘플중에 부적합품이 있으면 합격, 불합격의 판정 후, 검사 후 합부판정스코어를 0으로 되돌린다.

㉱ 주어진 A_c가 정수이면 적용되는 A_c는 합부판정스코어와 관계없이 바뀌지 않는다.

다음은 분수 합격판정개수의 샘플링 방식을 적용한 경우를 설명하고 있다. H사는 어떤 부품의 수입검사에 계수값 샘플링검사인 KS A ISO 2859-1을 사용하고 있다. 샘플링방법의 검토 후 AQL=1.0%, 통상검사 수준 II로 소관 권한자의 판단 아래 1회 보조적 주 샘플링 검사표를 이용해 샘플링 검사를 진행하기로 하고, 로트검사 시 최초의 검사로트는 보통검사에서 시작하였다. 다음 표의 합부판정스코어(검사 전, 후), 적용하는 A_c, 전환스코어, 합부판정을 기입하고 로트의 엄격도 전환을 결정하였더니 다음과 같은 표가 작성되었다.

여기서 ISO 2859-1의 보조적 주 샘플링검사표의 보통검사, 까다로운 검사, 수월한 검사표를 사용하여 샘플문자, 시료 수 및 당초의 A_c는 기입을 하였으며, 부적합품수는 표의 상태로 검사 시 발견되었다고 가정하였다.

[표 3.1] KS A ISO 2859-1 적용 예

로트 번호	N	샘플 문자	n	당초의 A_c	합부 판정 스코어 (검사전)	적용 하는 A_c	부적합 품수 d	합부 판정	합부 판정 스코어 (검사후)	전환 스코어	엄격도 적용
1	180	G	32	1/2	5	0	0	합	5	2	보통검사 적용
2	200	G	32	1/2	10	1	1	합	0	4	보통검사 적용
3	250	G	32	1/2	5	0	1	불	0	0	보통검사 적용
4	450	H	50	1	7	1	1	합	0	2	보통검사 적용
5	300	H	50	1	7	1	1	합	0	4	보통검사 적용
6	80	E	13	0	0	0	1	불	0	0	까다로운 검사로 전환
7	800	J	80	1	7	1	1	합	0	–	까다로운 검사 적용
8	300	H	50	1/2	5	0	0	합	5	–	까다로운 검사 적용
9	100	F	20	0	5	0	0	합	5	–	까다로운 검사 적용
10	600	J	80	1	12	1	0	합	12	–	까다로운 검사 적용

[표 3.1] KS A ISO 2859-1 적용 예(이어서)

로트 번호	N	샘플 문자	n	당초의 A_c	합부 판정 스코어 (검사전)	적용하는 A_c	부적합 품수 d	합부 판정	합부 판정 스코어 (검사후)	전환 스코어	엄격도 적용
11	200	G	32	1/3	15	1	0	합	0	–	보통검사로 전환
12	250	G	32	1/2	5	0	0	합	5	2	보통검사 적용
13	600	J	80	2	12	2	1	합	0	5	보통검사 적용
14	80	E	13	0	0	0	0	합	0	7	보통검사 적용
15	200	G	32	1/2	5	0	0	합	5	9	보통검사 적용
16	500	H	50	1	12	1	0	합	12	11	보통검사 적용
17	100	F	20	1/3	15	1	0	합	15	13	보통검사 적용
18	120	F	20	1/3	18	1	0	합	18	15	보통검사 적용
19	85	E	13	0	18	0	0	합	18	17	보통검사 적용
20	300	H	50	1	25	1	1	합	0	19	보통검사 적용
21	500	H	50	1	7	1	0	합	7	21	보통검사 적용
22	700	J	80	2	14	2	1	합	0	24	보통검사 적용
23	600	J	80	2	7	2	0	합	7	27	보통검사 적용
24	550	J	80	2	14	2	0	합	0	30	수월한 검사로전환
25	400	H	20	1/2	5	0	0	합	5	–	수월한 검사 적용

4. LQ 지표형 샘플링 검사(KS A ISO 2859-2): 고립로트

(1) 검사대상이 되는 로트

검사의 대상이 되는 로트는 연속로트(continuous lot)와 고립로트(isolated lot)의 두 종류가 있다. 연속로트는 검사를 받기 위하여 연속적으로 제출되는 일련의 로트로서 로트별 검사의 대상이 되는 반면, 고립 로트는 로트 단하나로 고립되어 있는 경우이다. 단지 하나의 로트만이 생산되어 이를 검사하거나, 이 로트에 대해서 마지막으로 검사가 실시되는 경우 등으로 한 로트의 품질이 다른 로트에 영향을 줄 수 없는 경우이다. 로트별 검사방식에서는 AQL의 값 및 검사수준을 사전에 결정하도록 요구되는 반면, KS A 2859-2

에서는 한계 품질(limiting quality)의 설정을 요구하고 있다.

(2) 한계 품질(limiting quality: LQ)

한계품질이란 고립 로트에서 합격으로 판정하고 싶지 않은 로트의 부적합 품률을 말한다. 고립 로트의 검사에서는 AQL을 사용하지 않고 LQ를 품질의 지표로 사용한다. LQ지표형은 소비자 위험을 10% 에서 13% 까지 낮은 합격 확률로 억제하고 있으며, LQ는 바람직한 품질의 3배 이상에서 결정한다.

(3) 특징

① AQL 지표형의 전환규칙을 사용할 수 없는 고립상태의 로트에 사용하는 샘플링검사 방식이다.

② 연속적 거래가 아닌 경우나 1회 거래 시에 사용하며 KS A 2859-1처럼 장기적인 품질을 보증하는 데는 관심이 없고 거래 시의 로트 자체의 품질에 관심이 있는 경우 사용한다.

③ 공급자와 소비자 양쪽 모두 로트가 고립로트이기를 바라는 경우는 검사절차 A를 사용하여 검사를 행하며 이때는 LQ를 지표로 하는 1회 샘플링 검사표(부표 A)가 이용된다.

④ 공급자는 제출한 로트가 연속로트라고 생각하고 있으나, 소비자는 로트를 고립상태로 받아들인다고 생각하는 경우는 검사절차 B를 사용하게 되는데, 이때는 LQ에 대응되는 AQL값을 지정하고 있는 부표 B1-B10을 이용하여 KS A 2859-1의 샘플링 방식으로 검사하게 되어 있다. 따라서 생산자는 구매자가 고립로트로 할 것인가, 연속로트로 할 것인가에 관계없이 같은 검사절차를 유지할 수 있다.

⑤ 검사절차 A인 경우는 합격판정개수가 0인 샘플링 방식을 포함하지만 검사절차 B인 경우는 합격판정개수가 0인 샘플링 방식은 포함하지 않고 전수검사를 행한다.

예제 3.6

P사에 부품 세트를 납품하는데 있어 세트당 부적합품률이 1% 이하이기를 희망하고 있다. 로트 크기는 700세트로 한다. 공급자와 소비자는 상호 협의에 의해 거래는 1회 거래의 경우로 한정하고 한계품질수준을 3.15%로 하기로 합의하였다. 이를 만족시킬 수 있는 샘플링 절차와 샘플링방식을 설계하고, 만약 공정의 부적합률이 2%라면 로트의 합격률을 구하라. 계산은 포아송분포를 이용하라.

풀이

LQ을 지표로 하는 1회 샘플링방식(절차 A) 또는 2859-2 샘플링방식은 n=125, Ac=1 즉, 125개를 검사해서 부적합품이 1개 이하면 로트를 합격시킨다.

로트의 합격률을 포아송분포를 이용하여 풀면 m=125 ×0.02=2.5이므로

$$L(p) = P(X \leq 1) = 2.5^0\, e^{-2.5} + 2.5^1\, e^{-2.5} = 0.28730$$

예제 3.7

A회사에서는 자동차 부품 7,500개를 1로트로 간주하기로 한다. 부품의 표면은 통상 2.5%의 확률로 흠이 발생한다. 이 흠은 사상 등으로 어느 정도 해결할 수 있으나, 5% 이상이 흠이 발생하면 도저히 납품할 수 없다고 결론을 내렸다. 공급자는 이 로트에 대해 전문성을 가지고 있어 제조에 어느 정도 연속성을 가지고 있으나 구입자는 1회의 거래로 한정하려 하고 있다.

① 이를 만족시킬 수 있는 샘플링절차는 무엇인가?

② 검사수준을 III으로 할 때의 샘플링방식을 설계하고 이때 50%가 합격될 수 있는 수준의 공정불량률은 얼마인가?

③ 이 검사절차와 비교되는 절차 A와의 샘플링방식 설계에 대한 차이점은 무엇인가?

풀이

① 구매자가 1회 거래로 한정하고 있으나 공급자의 연속성이 인정되므로 KS A ISO 2 8 5 9-2 : 절차 B를 따르는 LQ방식의 샘플링검사이다.

② N=7,500, LQ=5%, 검사수준 III에 대응되는 방식은 n=315, Ac=10이다. 이때 50%가 합격하는 로트의 부적합품률은 공정불량률 3.38%인 로트이다.

③ 절차 A에는 합격판정개수가 0인 샘플링검사 경우가 있지만, 절차 B에는 합격판정개수가 0인 샘플링검사가 없고 전수검사를 실시한다.

5. 스킵 로트 샘플링 검사(KS A ISO 2859-3)

연속 시리즈의 로트에서만 사용하며 검사에 제출된 제품의 품질이 AQL보다 상당히 좋다고 인정되어 소정의 판단기준과 합치했을 때는 소관권한자의 승인 하에 스킵 로트 샘플링검사를 사용할 수 있다.

(1) 특징

① 연속로트 시리즈에만 사용하며 고립로트에는 사용하지 않는다.

② 검사 특성값이 KS A 2859-1에 설정된 계수값의 경우에만 사용된다.

③ 검사하는 특성값의 수가 복수일 때 사용하는 스킵로트 절차는 조합하여 사용하는 KS A2859-1의 절차에 사용되는 원칙과 같은 원칙에 따른다.

④ 제품의 자격심사 기간 중 검사수준 I, II, III에서 보통검사, 수월한 검사, 혹은 보통 검사와 수월한 검사의 조합이 적용되어야 가능하다.

⑤ 자격심사기간 중 1로트라도 까다로운 검사를 받으면 자격을 상실한다.

⑥ 자격심사기준은 6개월로 한다.

⑦ 지정된 AQL보다 품질이 월등히 좋은 경우(2배 이상)에 사용한다.

⑧ 합격판정개수가 0인 샘플링검사에서는 이 규격의 사용을 자제한다.

⑨ 안전에 관계하는 제품의 특성검사에는 적용하지 않는다.

⑩ 스킵로트 샘플링 검사는 수월한 검사보다 비용적으로 유리한 경우에 수월한 검사 대신 사용할 수 있다.

4 계량형 샘플링 검사

계량형 샘플링 검사는 품질 특성치가 길이, 무게, 부피 등과 같이 연속적인 값을 갖는 경우에 적용하는 검사방식이다. 본 절에서는 품질 특성치가 정규분포를 할 때, 로트의 표준편차 σ를 아는 경우(기지)에서 로트의 부적합품률을 보증하는 방식과 로트의 평균값을 보증하는 방식(계량규준형 샘플링검사 KS A 3103)으로, 또 σ를 모르는 경우(미지) 로트의 부적합품률을 보증하는 방식(계량규준형 샘플링 검사 KS A 3104)으로 나누어 설명한다.

1. σ를 알고 있는 경우의 샘플링 검사

(1) 로트의 부적합품률을 보증하는 방식

① 상한규격치 S_U 가 주어진 경우

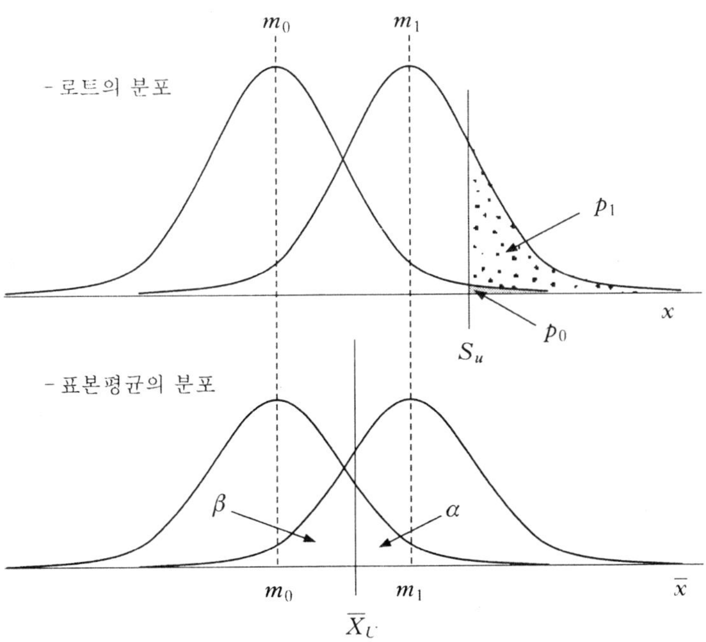

[그림 4.1] 상한규격치가 주어진 경우

품질특성치 X는 평균 m, 표준편차 σ인 정규분포를 하고 상한규격치 S_U를 초과하는 특성치를 부적합품이라 하자. 또 로트 중에 이 부적합품이 포함되는 비율이 부적합품률 p라 하자.

상한규격치 S_U가 존재하는 경우에 로트에 대한 합격여부는

$$\frac{S_U - \overline{X}}{\sigma} \geq k \quad \text{즉,}\ \overline{X} \leq \overline{X}_U = S_U - k\sigma \text{이면 로트 합격}$$

$$\frac{S_U - \overline{X}}{\sigma} < k \quad \text{즉,}\ \overline{X} > \overline{X}_U = S_U - k\sigma \text{이면 로트 불합격}$$

으로 판정한다. 여기서 $\overline{X}_U$는 $\overline{X}$에 대한 상한 합격판정치가 된다. 품질특성치 X에 대한 상한규격치 S_U이 존재할 때 부적합품률 p는

$$p = P(X \geq S_U) = P\left(\frac{X - m}{\sigma} \geq \frac{S_U - m}{\sigma}\right) \tag{4.1}$$

이 된다. 여기서 $\dfrac{S_U - m}{\sigma} = K_p$이고 부적합품률, p_0와 p_1에 대응하는 로트의 평균 m_0와 m_1은

$$K_{p_0} = \frac{S_U - m_0}{\sigma} \qquad\qquad K_{p_1} = \frac{S_U - m_1}{\sigma} \tag{4.2}$$

의 식으로 주어진다. 한편 부적합품률 p_0인 로트와 p_1인 로트의 합격확률은

$$P_{p = p_0}(\overline{X} \leq S_U - k\sigma) = 1 - \alpha$$

$$P_{p = p_1}(\overline{X} \leq S_U - k\sigma) = \beta \tag{4.3}$$

이 되며, 위 식으로부터 다음의 관계식을 얻는다.

$$\frac{S_U - k\sigma - m_0}{\sigma / \sqrt{n}} = K_\alpha \qquad\qquad \frac{S_U - k\sigma - m_1}{\sigma / \sqrt{n}} = -K_\beta \tag{4.4}$$

식 (4.2)를 식 (4.4)에 대입하여 정리하면

$$K_\alpha / \sqrt{n} = K_{p_0} - k \qquad -K_\beta / \sqrt{n} = K_{p_1} - k \tag{4.5}$$

가 되며 위 식을 n과 k에 대해 풀면

$$n = \left(\frac{K_\alpha + K_\beta}{K_{p_0} - K_{p_1}} \right)^2 \qquad k = \frac{K_{p_0} K_\beta + K_{p_1} K_\alpha}{K_\alpha + K_\beta} \tag{4.6}$$

을 얻는다. 이 공식을 이용하여 상한 합격판정치 $\overline{X}_u = S_U - k\sigma$를 구한다.

예제 4.1

$p_0 = 0.5\%$, $p_1 = 6\%$, $\sigma = 0.75$인 계량규준형 1회 샘플링 검사에서 $\alpha = 0.05$, $\beta = 0.10$일 때 상한규격치 S_U가 주어진 경우의 샘플링 검사방식을 구하라.

풀이

식 (4.6)로부터

$$n = (\frac{1.65 + 1.28}{2.58 - 1.56})^2 = 8.248, \quad k = \frac{(2.58)(1.28) + (1.56)(1.65)}{1.65 + 1.28} = 2.01$$

을 얻는다. 따라서 검사방식은 (n=9, k=2.01) 시료 n=9를 샘플링하여 평균 $\overline{x}$을 구하여

$\overline{x} \le \overline{X}_U = S_U - k\sigma = S_U - (2.01)(0.75)$이면 로트합격

$\overline{x} > \overline{X}_U = S_U - k\sigma = S_U - (2.01)(0.75)$이면 로트불합격

으로 판정한다.

② 하한규격치 S_L이 주어진 경우

하한규격치 S_L이 주어진 경우 상한규격치 S_U가 주어진 경우와 같은 방법으로 n, k와 하한 합격판정치 $\overline{X}_L$을 구한다.

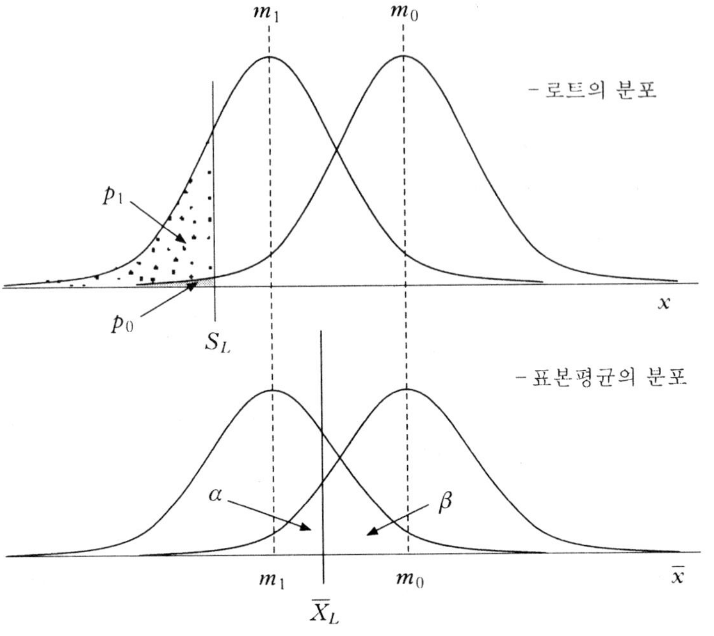

[그림 4.2] 하한규격치가 주어진 경우

n과 k의 공식은 식 (4.6)과 같으며 로트의 합격여부는

$$\frac{\overline{X} - S_L}{\sigma} \geq k \text{ 즉, } \overline{X} \geq \overline{X}_L = S_L + k\sigma \text{이면 로트 합격}$$

$$\frac{\overline{X} - S_L}{\sigma} < k \text{ 즉, } \overline{X} < \overline{X}_L = S_L + k\sigma \text{이면 로트 불합격}$$

으로 판정한다.

③ 로트의 부적합품률 보증방식에 대한 OC곡선

상한규격치 S_U가 주어진 경우에서 로트의 합격확률은

$$\begin{aligned} L(p) &= P\left(\frac{S_U - \overline{X}}{\sigma} \geq k\right) = P(\overline{X} \leq S_U - k\sigma) \\ &= P(U \geq \sqrt{n}\,(k - k_p)) \end{aligned} \tag{4.7}$$

가 된다. 여기서 $S_U = m + K_p \sigma$이 된다. 표준정규분포표로부터 p에 대한 $L(p)$ 값을 구해 OC곡선을 얻는다. 같은 방법으로 하한규격치 S_L가 주어진 경우 로트의 합격확률은 다음과 같다.

$$L(p) = P\left(\frac{\overline{X} - S_L}{\sigma} \geq k\right) = P(\overline{X} \geq S_L + k\sigma) = P(U \geq \sqrt{n}(k - k_p)) \quad (4.8)$$

예제 4.2

예제 4.1에서 구한 샘플링방식에 대한 OC함수의 값과 그래프를 그려라.

풀이

상한규격치 S_U가 주어진 경우 로트의 합격확률은 식 (4.7)이므로 표준정규분포표를 사용하여 다음과 같은 표를 얻는다.

[표 4.1] p에 따른 $L(p)$값

$p(\%)$	K_p	$\sqrt{n}(K_p - k)$	$L(p)$
0.5	2.58	1.71	0.9564
1.0	2.33	0.96	0.8315
2.0	2.05	0.12	0.5478
4.0	1.75	-0.78	0.2177
5.0	1.64	-1.11	0.1335
10	1.28	-2.19	0.0143

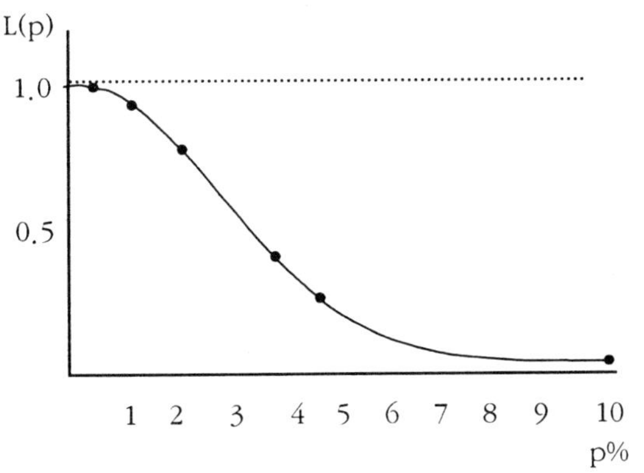

[그림 4.3] p에 따른 OC곡선

(2) 검사의 절차

① 측정방법을 정한다. S_U, S_L의 한쪽 또는 양쪽을 규정한다.

② p_0, p_1을 지정한다.

③ 로트를 구축한다.

④ 로트의 표준편차 σ을 지정한다.

⑤ 시료의 크기와 합격판정치를 다음의 절차에 따라 구한다.

㉮ 상한규격치 S_U가 주어진 경우 검사절차는 지정된 p_0, p_1의 값을 사용하여 부록의 [표 17]로부터 n, k를 찾아낸다.

이때 상한 합격판정치는 $\overline{X}_U = S_U - k\sigma$로 계산한다.

㉯ 하한규격치 S_L이 주어지는 경우에는 p_0, p_1의 값을 사용하여 부록의 [표 17]에서 n, k를 찾아 하한 합격판정치 $\overline{X}_L = S_L + k\sigma$를 계산한다.

㉰ S_U과 S_L이 동시에 주어진 경우는 지정된 p_0, p_1을 사용하여 부록의 [표 17]로부터 n과 k를 구하고, 상한 및 하한 합격 판정치를 다음과 같이 구하여 사용한다.

$$\overline{X}_L \fallingdotseq S_L + k\sigma \qquad \overline{X}_U \fallingdotseq S_U - k\sigma$$

단, $\dfrac{S_U - S_L}{\sigma}$의 값이 4 이하인 경우에는 사용하기 어렵다.

예제 4.3

슬레이트 경도의 상한규격치가 52로 규정되어 있다. 52를 넘는 것이 0.4% 이하인 로트는 통과시키고, 3% 이상되는 로트는 통과시키지 않도록 하는 계량규준형 1회 샘플링 검사방식을 설계하라. 로트의 표준편차는 $\sigma = 2$이고 $\alpha = 0.05$, $\beta = 0.10$이다.

풀이

$p_0 = 0.4\%$, $p_1 = 3\%$이므로 부록의 [표 17]에서 $n = 14$, $k = 2.21$을 찾을 수 있다. 상한 합격판정치는 $\overline{X}_U = S_U - k\sigma = 52 - (2.21)(2) = 47.59$이다. 따라서 검사방식은 시료 $n = 14$개를 채

취하여 $\bar{x}$를 구하고 $\bar{x} \le 47.59$이면 로트를 합격시키고, $\bar{x} > 47.59$이면 로트를 불합격시킨다.

(3) 로트의 평균값을 보증하는 방식

① 특성치가 낮을수록 좋은 경우

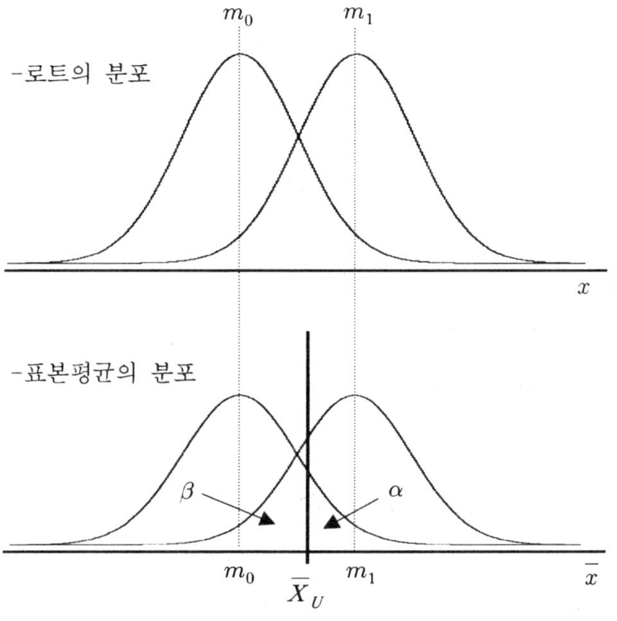

[그림 4.4] 특성치가 낮을수록 좋은 경우

로트로부터 크기 n인 시료를 취하여 평균 $\overline{X}$를 구한 후 상한 합격판정치 $\overline{X}_U$와 비교하여

$\overline{X} \le \overline{X}_U$이면 로트 합격

$\overline{X} > \overline{X}_U$이면 로트 불합격

으로 하는 샘플링 검사방식은 다음과 같다. 평균치 m_0를 갖는 좋은 로트로부터 추출된 시료의 평균 $\overline{X}$가 $\overline{X}_U$보다 커 잘못 불합격될 확률은

$$P_{m=m_0}(\overline{X} \ge \overline{X}_U) = \alpha \tag{4.9}$$

이 되고 이로부터

$$\overline{X}_U = m_0 + K_\alpha \, \sigma / \sqrt{n} \tag{4.10}$$

이 된다. 또한 평균치 m_1를 갖는 나쁜 로트에서 추출된 시료의 평균 $\overline{X}$가 $\overline{X}_U$보다 작아 잘못 합격될 확률은

$$P_{m = m_1}(\overline{X} \le \overline{X}_U) = \beta \tag{4.11}$$

이고 이로부터

$$\overline{X}_U = m_1 - K_\beta \, \sigma / \sqrt{n} \tag{4.12}$$

이 된다. 식 (4.10), (4.12)로부터 n과 $\overline{X}_U$은

$$n = \left(\frac{K_\alpha + K_\beta}{m_1 - m_0} \right)^2 \sigma^2 \qquad \overline{X}_U = \frac{m_0 K_\beta + m_1 K_\alpha}{K_\alpha + K_\beta} \tag{4.13}$$

이 된다.

② 특성치가 높을수록 좋은 경우

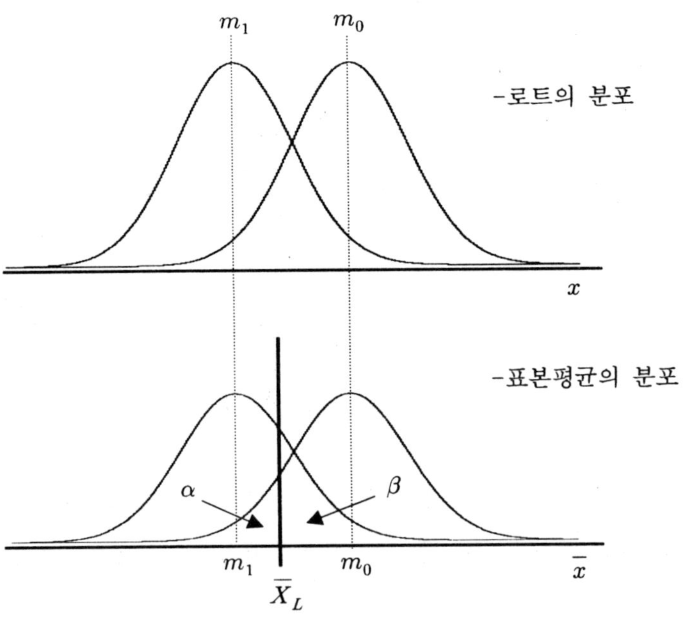

[그림 4.5] 특성치가 높을수록 좋은 경우

평균치 m_0를 갖는 좋은 로트로부터 시료의 평균 $\overline{X}$가 $\overline{X}_L$보다 작아 잘못 불합격될 확률은 다음과 같이 된다.

$$P_{m=m_0}(\overline{X} \leq \overline{X}_L) = \alpha \tag{4.14}$$

$$\overline{X}_L = m_0 - K_\alpha \sigma / \sqrt{n}$$

같은 방법으로 평균치 m_1을 갖는 나쁜 로트가 $\overline{X}$가 $\overline{X}_L$보다 커 잘못 합격될 확률은

$$P_{m=m_1}(\overline{X} \geq \overline{X}_L) = \beta \tag{4.15}$$

이고 이로부터

$$\overline{X}_L = m_1 + K_\beta \sigma / \sqrt{n} \tag{4.16}$$

이 된다. 식 (4.14), (4.16)으로부터 n과 $\overline{X}_L$은

$$n = \left(\frac{K_\alpha + K_\beta}{m_0 - m_1}\right)^2 \sigma^2 \qquad \overline{X}_L = \frac{m_0 K_\beta + m_1 K_\alpha}{K_\alpha + K_\beta} \tag{4.17}$$

이 된다.

예제 4.4

평균치가 20g 이상인 로트는 될 수 있는 한 합격시키고, 평균치가 18g 이하인 로트는 될 수 있는 한 불합격시키고 싶다. 과거의 데이터로 볼 때 특성치는 정규분포를 따르고, 표준편차는 $\sigma=1.2$g이다. $\alpha=0.05$, $\beta=0.10$을 만족시키는 샘플링 검사방식을 구하라.

풀이

특성치가 높을수록 좋은 경우이므로 식 (4.17)에 의하여 n과 $\overline{X}_L$를 구할 수 있다.

$m_0 = 20,\ m_1 = 18,\ \sigma = 1.2$이고 $K_\alpha = K_{0.05} = 1.645,\ K_\beta = K_{0.10} = 1.282$이므로

$$n = (\frac{K_\alpha + K_\beta}{m_0 - m_1})^2 \sigma^2 = (\frac{1.645 + 1.282}{20 - 18})^2 (1.2)^2 = 3.09$$

$$\overline{X}_L = \frac{m_0 K_\beta + m_1 K_\alpha}{K_\alpha + K_\beta} = \frac{(20)(1.282) + (18)(1.645)}{1.645 + 1.282} = 18.9$$

따라서 검사방식은 $(n = 4,\ \overline{X}_L = 18.9)$이고, $n = 4$의 시료를 샘플링하여 그 평균치 $\overline{x}$를 구하여 다음과 같이 판정한다.

$\overline{x} \geq 18.9$이면 로트합격

$\overline{x} < 18.9$이면 로트불합격

③ 로트의 평균치 보증방식에 대한 OC곡선

특성치가 낮을수록 좋은 경우 로트를 합격시킬 확률은

$$\begin{aligned} L(m) &= P_m(\overline{X} \leq \overline{X}_U) \\ &= P_m(U \leq \sqrt{n}(\overline{X}_U - m)/\sigma) \end{aligned} \tag{4.18}$$

이 된다. 이 식으로부터 m에 대한 $L(m)$의 값을 구해 OC곡선을 얻는다.

같은 방법으로 특성치가 높을수록 좋은 경우 로트를 합격시킬 확률은

$$\begin{aligned} L(m) &= P_m(\overline{X} \geq \overline{X}_L) \\ &= P_m(U \geq \sqrt{n}(\overline{X}_L - m)/\sigma) \end{aligned}$$

이 된다.

한편, 로트의 평균치를 보증하고 σ를 아는 경우에 있어서, KS A 3103에는 샘플링 검사에 필요한 표가 부록의 [표 18]에 소개되어 있다. 이 표에 주어진 n과 G_0의 값은 다음과 같은 과정을 통해 결정되었다. n은 식 (4.13), 식 (4.17)으로부터

$$n = \left(\frac{K_\alpha + K_\beta}{m_1 - m_0}\right)^2 \sigma^2$$

구해지며, 또 $\alpha = 0.05$, $\beta = 0.10$으로부터

$$n = \left(\frac{2.927}{m_1 - m_0}\right)^2 \sigma^2 = \left(\frac{2.927}{\left|\frac{m_1 - m_0}{\sigma}\right|}\right)^2$$

이 된다. 합격 판정치 $\overline{X}_U$나 $\overline{X}_L$를 계산하기 위한 계수 $G_0 = \frac{K_\alpha}{\sqrt{n}}$는 식 (4.20)과 (4.24)로부터 다음과 같다.

$$\overline{X}_U = m_0 + K_\alpha \frac{\sigma}{\sqrt{n}} = m_0 + G_0\sigma \qquad \overline{X}_L = m_0 - K_\alpha \frac{\sigma}{\sqrt{n}} = m_0 - G_0\sigma$$

(4) 검사의 절차

① 측정 방법을 결정한다.

② m_0, m_1을 지정한다.

③ 로트를 구축한다.

④ 로트의 표준편차 σ를 지정한다.

⑤ 시료의 크기와 합격판정치를 구하며, 다음의 절차로 판정한다.

㉮ 특성치가 낮을수록 좋은 경우, 시료의 크기 n과 상한 합격판정치 $\overline{X}_U$ 구하는 방법 :

$\frac{m_1 - m_0}{\sigma}$을 계산하고 부록의 [표 18]으로부터 n과 G_0을 읽어내어 $\overline{X}_U = m_0 + G_0\sigma$을 계산하여 판정한다. 여기서 $G_0 = K_\alpha / \sqrt{n}$ 이다.

$$\overline{x} \le \overline{X}_U \text{ 이면 로트 합격}$$

$$\overline{x} > \overline{X}_U \text{ 이면 로트 불합격}$$

㉯ 특성치가 높을수록 좋은 경우, 시료의 크기 n과 하한 합격판정치 $\overline{X}_L$를 구하는 방법 :

부록의 [표 18]로부터 n과 G_0을 읽어서 $\overline{X}_L = m_0 - G_0\sigma$을 계산하여 판정한다.

$$\bar{x} \geq \overline{X}_L \text{ 이면 로트 합격}$$

$$\bar{x} < \overline{X}_L \text{ 이면 로트 불합격}$$

㉰ 상한합격, 하한합격을 동시에 주는 경우

m_0', m_1'(상한에 대한 값)과 m_0'', m_1''(하한에 대한 값)을 지정해서, 시료의 크기 n과 계수 G_0를 부록의 [표 18]에서 구하고, 다음과 같이 하여 상한 및 하한 합격판정치를 구한다.

$$\overline{X}_U = m_0' + G_0\sigma \qquad \overline{X}_L = m_0'' - G_0\sigma$$

단, 이 경우에는 $\dfrac{m_0' - m_0''}{\sigma/\sqrt{n}} > 1.7$이 만족되어야 한다.

예제 4.5

예제 4.4에서 KS A 3103 계량규준형 1회 샘플링검사방식을 구하라.

풀이

$\dfrac{|m_1 - m_0|}{\sigma} = \dfrac{|18-20|}{1.20} = 1.667$이므로 부록의 [표 18]에서 $n=4$, $G_0=0.822$을 얻는다. 여기서 하한 합격판정치 $\overline{X}_L = m_0 - G_0\sigma = 20-(0.822)(1.2) = 19.014$이므로 시료 $n=4$개를 채취하여 그 평균치 $\bar{x}$를 구하여 다음과 같이 판정한다.

$$\bar{x} \geq 19.0 \text{이면 로트 합격}$$

$$\bar{x} < 19.0 \text{이면 로트 불합격}$$

2. σ를 모르는 경우의 샘플링 검사 : 로트의 부적합품률 보증

(1) 검사의 개요

① 상한규격치 S_U가 주어진 경우

σ가 미지인 경우 σ의 추정치를 표본표준편차 $s = \sqrt{\Sigma(x_i - \bar{x})^2/n-1}$를 사용하여 시료의 평균 $\overline{X}$가

$$\overline{X} \leq \overline{X}_U = S_U - ks \text{이면 로트 합격}$$
$$\overline{X} > \overline{X}_U = S_U - ks \text{이면 로트 불합격}$$

으로 판정한다. 즉

$$S_U \geq \overline{X} + ks \text{이면 로트 합격}$$
$$S_U < \overline{X} + ks \text{이면 로트 불합격}$$

으로 판정하게 된다. 그런데 X가 정규분포를 따르는 경우 $\overline{X}$와 s는 서로 독립이며 $\overline{X} + ks$는 근사적으로 $N\left(m + k\sigma,\ \dfrac{\sigma^2}{n} + \dfrac{k^2\sigma^2}{2n}\right)$임이 알려져 있다. 부적합품률 p_0인 좋은 품질의 로트는

$$P_{p=p_0}(\overline{X} + ks \leq S_U) = 1 - \alpha \tag{4.19}$$

로 합격시키고 부적합품률 p_1인 나쁜 품질의 로트는

$$P_{p=p_1}(\overline{X} + ks \leq S_U) = \beta \tag{4.20}$$

로 합격시킨다. 이상으로부터 다음의 관계식을 얻는다.

$$S_U = m_0 + k\sigma + K_\alpha \sigma \sqrt{\frac{1}{n} + \frac{k^2}{2n}} \tag{4.21}$$
$$S_U = m_1 + k\sigma - K_\beta \sigma \sqrt{\frac{1}{n} + \frac{k^2}{2n}}$$

또한 $\dfrac{S_U - m_0}{\sigma} = K_{p_0}$이고 $\dfrac{S_U - m_1}{\sigma} = K_{p_1}$이므로 식 (4.21)은

$$\frac{K_{p_0} - k}{K_\alpha} = \sqrt{\frac{1}{n} + \frac{k^2}{2n}} \qquad \frac{k - K_{p_1}}{K_\beta} = \sqrt{\frac{1}{n} + \frac{k^2}{2n}} \tag{4.22}$$

을 얻는다. 이로부터 k와 n을 얻는다.

$$k = \frac{K_{p_0} K_\beta + K_{p_1} K_\alpha}{K_\alpha + K_\beta} \qquad n = \left(1 + \frac{k^2}{2}\right)\left(\frac{K_\alpha + K_\beta}{K_{p_0} - K_{p_1}}\right)^2 \tag{4.23}$$

이상으로부터 σ를 모르는 경우 시료의 크기는 σ 기지인 경우보다 $\left(1 + \dfrac{k^2}{2}\right)$배 증가함을 알 수 있다.

② 하한규격치 S_L가 주어진 경우

하한규격치 S_L이 주어진 경우의 절차는 상한규격치 S_U가 주어진 경우와 같은 방법으로 n, k을 구하게 된다. n, k의 공식은 식 (4.23)과 같으며 이 경우의 검사방식은 로트로부터 크기 n의 시료를 채취하여 판정하면 다음과 같다.

$$\overline{X} \geq \overline{X}_L = S_L + ks \text{이면 로트 합격}$$

$$\overline{X} < \overline{X}_L = S_L + ks \text{이면 로트 불합격}$$

예제 4.6

품질특성이 정규분포를 하며 하한규격치 $S_L = 1.00$을 가지는 어떤 제품의 로트에 대하여 계량형 샘플링 검사를 적용하려고 한다. $p_0 = 0.005$일 때 $\alpha = 0.05$으로, $p_1 = 0.05$일 때 $\beta = 0.10$으로 하고 싶다. 검사방식을 구하라.

풀이

$K_{p_0} = 2.576$, $K_{p_1} = 1.645$, $K_\alpha = 1.645$, $K_\beta = 1.282$이므로

$$k = \frac{K_{p_0}K_\beta + K_{p_1}K_\alpha}{K_\alpha + K_\beta} = \frac{(2.576)(1.282)+(1.645)(1.645)}{1.645+1.282} \fallingdotseq 2.05$$

$$n = \left(1+\frac{k^2}{2}\right)\left(\frac{K_\alpha + K_\beta}{K_{p_0} - K_{p_1}}\right)^2 = \left(1+\frac{(2.05)^2}{2}\right)\left(\frac{1.645+1.282}{2.576-1.645}\right)^2 \fallingdotseq 30.653$$

따라서 검사방식은 $(n=31, k=2.05)$이며, 로트에서 $n=31$의 시료를 채취하여 $\bar{x}$와 s를 구한 후, 다음 식에 의하여 로트를 판정한다.

$1.00 \le \bar{x} - 2.05s$이면 로트합격

$1.00 > \bar{x} - 2.05s$이면 로트불합격

③ 표준편차 σ가 미지이고, 로트의 부적합품률을 보증하는 경우의 OC곡선

상한규격치 S_U가 주어진 경우, $\dfrac{S_U - m}{\sigma} = K_p$로부터 로트의 합격확률은

$$L(p) = P(\overline{X} + ks \le S_U) = P\left(U \le \frac{S_U - (m+k\sigma)}{\sigma\sqrt{\dfrac{1}{n}+\dfrac{k^2}{2n}}}\right)$$

$$= P\left(U \le \frac{K_p - k}{\sqrt{\dfrac{1}{n}+\dfrac{k^2}{2n}}}\right) \tag{4.24}$$

한편, 하한규격치 S_L가 주어진 경우, $\dfrac{S_L - m}{\sigma} = -K_p$ 로부터 로트의 합격확률은

$$L(p) = P(\overline{X} - ks \ge S_L) = P\left(U \ge \frac{S_L - (m-k\sigma)}{\sigma\sqrt{\dfrac{1}{n}+\dfrac{k^2}{2n}}}\right)$$

$$= P\left(U \ge \frac{k - K_p}{\sqrt{\dfrac{1}{n}+\dfrac{k^2}{2n}}}\right) \tag{4.25}$$

가 된다. 따라서 p에 따라 로트의 합격확률 $L(p)$을 구해서 OC곡선을 그릴 수 있다.

예제 4.7

앞의 예제 4.6에서 검사방식에 대한 OC함수값을 계산하라(표준정규분포표를 이용할 것).

풀이

로트를 합격시킬 확률은 식 (4.35)를 만족해야 하며, 앞의 예제 4.6에서 $n=31$, $k=2.05$이 계산되었다. 따라서 $p_0=0.5\%, p_1=5\%$ 등을 포함하여 p의 값에 따라 다음과 같은 결과를 얻었다.

$p(\%)$	K_p	$\frac{k-K_p}{\sqrt{1/n+k^2/2n}}$	$L(p)$
0.5	2.58	−1.677	0.9532
1.0	2.33	−0.886	0.8122
2.0	2.05	0.000	0.5000
4.0	1.75	0.949	0.1713
5.0	1.64	1.297	0.0973
10.0	1.28	2.436	0.0074

(2) 검사의 절차

① 품질의 기준을 정한다.

검사단위의 특성치 x의 측정방법을 구체적으로 정하고, 상한규격치 S_U 또는 하한규격치 S_L을 정한다.

② p_0, p_1을 정한다.

③ 로트를 구축한다.

④ 검사방식을 결정한다.

주어진 p_0, p_1에 대한 $(n,\ k)$를 부록의 [표 19]에서 찾는다. 이때 주어진 p_0에서 p_1의 값이 없으면 p_1보다 작은 값 중에서 p_1에 가장 가까운 값을 찾는다.

⑤ 로트의 판정

크기 n의 시료를 채취하여 $\bar{x}$와 s를 계산한 후, 다음과 같이 로트의 합격여부를 판정한다.

㉮ 상한규격치 S_U인 경우

$\bar{x} + ks \leq S_U$이면 로트 합격, $\bar{x} + ks > S_U$이면 로트 불합격

㉯ 하한규격치 S_L의 경우

$\bar{x} - ks \geq S_L$이면 로트 합격, $\bar{x} - ks < S_L$이면 로트 불합격

예제 4.8

예제 4.6에서 KS A 3104 계량규준형 1회 샘플링 검사방식을 구하라.

풀이

$p_0 = 0.5\%$, $p_1 = 5\%$으로 KS A 3104의 부록의 [표 19]에 있는 p_0, p_1을 기초로 하여 n, k을 구하는 표에서 $p_0 = 0.5\%$의 행과 $p_1 = 5\%$의 열이 만나는 칸에서 샘플링검사방식($n = 32$, $k = 2.07$)을 얻는다. 따라서 로트에서 $n = 32$의 시료를 채취하여 $\bar{x}$와 s을 계산하여 다음 식에 따라 로트를 판정한다.

$$1.00 \leq \bar{x} - 2.07s \text{이면 로트 합격}$$
$$1.00 > \bar{x} - 2.07s \text{이면 로트 불합격}$$

예제 4.9

예제 4.8에서 다음의 데이터가 로트에서 추출한 시료의 측정치라면 로트의 합격여부를 판정하라. 단, 시료의 크기에 해당하는 데이터만을 순서대로 뽑거나 또는 시료의 크기가

모자라면 반복해서 사용하라.

1.15	1.13	1.15	1.20	1.18	1.14	1.14	1.10	1.06	1.08
0.95	1.07	1.03	1.17	1.16	1.18	1.02	1.09	1.12	1.07
1.09	0.98	1.22	1.17	1.03	0.97	1.05	1.17	1.03	0.96
1.07	1.04	1.23	1.07	1.11	1.09	1.20	1.00	1.08	0.98

풀이

주어진 데이터로부터 시료의 평균 및 표준편차를 다음과 같이 구한다.

$$\overline{x} = \sum_{i=1} x_i / n = 35.06/32 \fallingdotseq 1.096$$

$$s = \sqrt{V} = \sqrt{\frac{\Sigma(x-\overline{x})^2}{n-1}} = \frac{1}{\sqrt{n-1}} \sqrt{\Sigma x^2 - (\Sigma x)^2/n}$$

$$= \frac{1}{\sqrt{32-1}} \times \sqrt{38.5942-(35.06)^2/32} \fallingdotseq 0.07533$$

여기서 $\overline{x} - 2.07s = 1.096-(2.07)(0.07533) \fallingdotseq 0.94$이므로 따라서 $1.00 > 0.94$으로, 로트를 불합격 판정한다.

[표 4.2] 계량 규준형 1회 샘플링 검사 요약

<table>
<tr><th>규격명</th><th>상황</th><th colspan="2">보 증</th><th colspan="2">공 식</th><th>비 고</th></tr>
<tr><td rowspan="4">KS A 3103</td><td rowspan="4">σ 알 때</td><td rowspan="2">부적합 품률 (불량률)</td><td>S_U</td><td>$\overline{X} \le \overline{X}_U = S_U - k\sigma$이면 lot합격
$\overline{X} > \overline{X}_U = S_U - k\sigma$이면 lot불합격</td><td rowspan="2">$n = \left(\dfrac{K_\alpha + K_\beta}{K_{p_0} - K_{p_1}}\right)^2$
$k = \dfrac{K_{p_0}K_\beta + K_{p_1}K_\alpha}{K_\alpha + K_\beta}$</td><td rowspan="2"></td></tr>
<tr><td>S_L</td><td>$\overline{X} \ge \overline{X}_L = S_L + k\sigma$이면 lot합격
$\overline{X} < \overline{X}_L = S_L + k\sigma$이면 lot불합격</td></tr>
<tr><td rowspan="2">평균치</td><td>낮을수록</td><td>$\overline{X} \le \overline{X}_U$이면 lot합격
$\overline{X} > \overline{X}_U$이면 lot불합격</td><td rowspan="2">$n = \left(\dfrac{K_\alpha + K_\beta}{m_1 - m_0}\right)^2 \sigma^2$
$\overline{X}_U = \dfrac{m_0 K_\beta + m_1 K_\alpha}{K_\alpha + K_\beta}$
$\overline{X}_L = \dfrac{m_0 K_\beta + m_1 K_\alpha}{K_\alpha + K_\beta}$</td><td>$\overline{X}_U = m_0 + K_\alpha \dfrac{\sigma}{\sqrt{n}}$
$= m_0 + G_0\sigma$</td></tr>
<tr><td>높을수록</td><td>$\overline{X} \ge \overline{X}_L$이면 lot합격
$\overline{X} < \overline{X}_L$이면 lot불합격</td><td>$\overline{X}_L = m_0 - K_\alpha \dfrac{\sigma}{\sqrt{n}}$
$= m_0 - G_0\sigma$</td></tr>
<tr><td rowspan="2">KS A 3104</td><td rowspan="2">σ 모를 때</td><td rowspan="2">부적합 품률 (불량률)</td><td>S_U</td><td>$\overline{X} \le \overline{X}_U = S_U - ks$이면 lot합격
$\overline{X} > \overline{X}_U = S_U - ks$이면 lot불합격</td><td rowspan="2">$n = \left(1 + \dfrac{k^2}{2}\right)\left(\dfrac{K_\alpha + K_\beta}{K_{p_0} - K_{p_1}}\right)^2$
$k = \dfrac{K_{p_0}K_\beta + K_{p_1}K_\alpha}{K_\alpha + K_\beta}$</td><td rowspan="2"></td></tr>
<tr><td>S_L</td><td>$\overline{X} \ge \overline{X}_L = S_L + ks$이면 lot합격
$\overline{X} < \overline{X}_L = S_L + ks$이면 lot불합격</td></tr>
</table>

연습문제

[1] 샘플링 검사를 실시할 경우의 조건을 5가지 기술하라.

[2] 전수 검사에 비해서 샘플링 검사가 유리한 경우를 4가지만 기술하라.

[3] 로트의 크기 N=8,000, $\sigma=2$인 로트가 있다. 시료를 추출하여 $\overline{X}$의 표준편차를 0.05로 하기 위한 시료의 크기는 얼마인가?

[4] 종래 A사로부터 납품되고 있는 약품의 유황 함유량의 산포는 표준편차가 0.35%였다. 이번에 납품된 로트의 평균치를 신뢰도 95%, 정밀도 0.2%로 추정하고 싶다. 시료를 몇 개 취하면 되겠는가?

[5] TV조립에 사용되는 부품의 100개씩 들어있는 상자가 50상자로, 로트로 구성되어 있다. 다음과 같이 시료로 부품을 샘플링을 할 경우 어떤 샘플링이 되겠는가?

① 전체 부품으로부터 램덤하게 50개 부품을 취한다.

② 우선 상자를 랜덤하게 5상자를 취하고, 취해진 각 상자로부터 랜덤하게 10개씩 샘플링한다.

③ 50상자 전부를 취하고 각 상자로부터 5개씩 부품을 샘플링한다.

④ 전체 50상자 중 3상자를 랜덤하게 취하고 각 상자의 부품 전부를 조사한다.

[6] 같은 부품의 50개식 들어있는 100개의 상자가 있다. 이 로트에서 각 부품들의 평균무게 μ를 알고 싶다. 상자 간의 무게의 산포를 $\sigma_b=0.8$kg이라 하고, 상자 내의 부품 간의 산포를 $\sigma_w=0.5$kg이라고 한다. 이때 5상자를 랜덤하게 뽑고, 그 가운데서 4개의 부품을 랜덤하게 샘플링하여 모두 20개의 부품이 샘플링되었다.

① 각각의 부품의 무게를 측정할 때 측정오차를 무시할 수 있다면 (즉, $\sigma_M=0$), $\overline{\overline{X}}$의 분산은?

② 위의 ①에서 $\sigma_M=0.4$kg이라면 $\overline{\overline{X}}$의 분산은?

[7] 샘플링검사를 실시하지 못하고 전수검사를 실시하여야 하는 경우는?

[8] 납품되는 부품에 대하여 샘플링검사를 실시하기로 하였다.
$N=6{,}000$, $p_0=0.4\%$, $p_1=1.2\%$를 공급자와 구입자간에 합의하에 정하였다.
단, $\alpha=0.05$, $\beta=0.10$이다.

① n, c를 구하라.

② 만약 제출된 로트가 부적합품률이 0.5%라고 하면 이 샘플링방식에 의한 로트가 합격할 확률을 포아송분포를 이용하여 구하라.

[9] N=1,000인 로트에 대하여 합격시키고 싶은 로트의 부적합품률의 상한 p_0, 불합격시키고 싶은 로트의 부적합품률 하한을 p_1이라고 하고, $\alpha=0.05$, $\beta=0.10$일 때, 샘플링 검사방법이 $n=10$, $c=0$로 결정되었다면 p_0, p_1의 값은 얼마인가?
이항분포로 계산하라.

[10] 어떤 공정에서 생산되는 부품의 품질특성은 대략 정규분포를 하며, 이 공정은 통계적으로 안정상태에 있다고 한다. 그 평균치와 표준편차는 각각 $\mu=1.0\text{cm}$, $\sigma=0.2\text{cm}$이며, 이 품질특성에 대한 규격한계선은 $1\pm0.392\text{cm}$이다. 이 공정에서 생산되는 제품의 로트에 대하여 $n=100$, $A_c=2$인 계수규준형 1회 샘플링검사 방식을 적용한다면 로트의 합격 확률은?

[11] 크기 $N=1{,}000$인 로트에 대하여 $n=80$, $c=2$인 계수규준형 1회 샘플링검사를 적용한다. 로트의 부적합품률이 $p=0.01$, 0.02, 0.04, 0.06, 0.08, 0.10일 때의 로트의 합격확률 $L(p)$을 구하고 OC곡선을 그려라. 이때 확률계산에서 사용된 확률분포는 무엇이며, 그것을 사용하게 된 이유를 설명하라.

[12] 계수 축차 샘플링검사에서 어떤 로트에서 1개씩 샘플링 하여 60개의 시료를 검사한 결과 5번째와 20번째의 시료에서 부적합품이 나왔다. 로트를 어떻게 처리해야 하는가? (단, $PRQ=1\%$, $CRQ=5\%$, $\alpha=0.05$, $\beta=0.10$)

[13] AQL지표형 샘플링검사방식(KS A ISO 2859-1)에서 적용하고 있는 1회 샘플링방식의 합부판정기준에 대하여 써라.

[14] 어떤 제품의 수입검사를 하기 위하여 KS A ISO 2859-1 샘플링검사를 이용하기로 하였다. AQL 1.5%, 로트이 크기 N=1,500, 검사수준 II에 대한 1회 샘플링 보통검사, 까다로운 검사, 수월한검사의 샘플링방식을 구하라.

[15] A사는 어떤 부품의 수입검사에 계수값 샘플링 검사인 ISO 2859-1의 보조표인 분수 샘플링 검사를 적용하고 있다. 현재 이 회사의 적용조건은 AQL=1.5%, 통상검사 수준 II이며, 엄격도는 21번째 로트부터 엄격한검사로 전환되었다. 답안지 표의 샘플문자, n, 당초의 Ac, 합부판정스코어(검사 전, 후), 적용하는 Ac, 합부판정을 기입하고 25번째 로트의 검사 결과 다음 로트에 적용할 엄격도를 결정하라.

로트 번호	N	샘플 문자	n	당초의 Ac	합부판정 스코어 (검사 전)	적용하는 Ac	부적합 품수 d	합부 판정	합부판정 스코어 (검사 후)	전 환 스코어
21	200	G	32	1/2	5	0	0	합격	5	–
22	250	G	32	1/2	10	1	1	합격	0	–
23	600	J	80	2	(　)	(　)	1	(　)	(　)	(　)
24	80	E	13	0	(　)	(　)	0	(　)	(　)	(　)
25	120	F	20	1/3	(　)	(　)	0	(　)	(　)	(　)

[16] 자동차 부품을 납품하는데 있어 10개씩의 나사를 패킹하여 첨부하여야 한다. 이때 나사의 수는 정확히 팩당 10개이어야 하지만 약간의 부적합품을 인정하기로 하되 나사의 개수가 부족한 팩이 1%가 넘어서는 안 된다. 생산계획은 5,000세트이며 로트 크기는 1,250으로 하기로 하였다. 공급자와 구입자는 상호 협의에 의해 1회 거래로 한정하고 한계품질수준을 3.15%로 하기로 합의하였다. 샘플링절차와 샘플링 방식을 설계하여라. 또 1%인 로트의 합격확률은 얼마인가?

[17] 상한규격치 S_U가 주어지고, σ 기지라고 가정하며, 품질특성치는 정규분포를 따를 때 $p_0=1\%$, $p_1=10\%$, $\alpha=0.05$, $\beta=0.10$을 만족시키는 로트의 부적합품률을 보증하는 계량형 샘플링방식과 OC 곡선을 그려라.

[18] 어떤 제품의 장력의 하한규격치가 17,000 [psi]로 되어 있다. 납품되는 제품들의 장력에 관한 표준편차가 대략 80 [psi] 정도라고 알려져 있다고 한다. 지금 부적합품률이 1%인 로트는 95%정도 합격하고, 그것이 8%인 로트는 10%정도만 합격시키기로 했을 때 샘플링검사방식을 구하라.

[19] 철강재의 인장강도는 큰 편이 좋다. 평균치가 $47\mathrm{kg/mm^2}$ 이상인 로트는 통과시키고 $42\mathrm{kg/mm^2}$ 이하인 로트는 통과시키고 싶지 않을 때 로트의 표준편차 $\sigma=5\mathrm{kg/mm^2}$이며, $\alpha=0.05$, $\beta=0.10$으로 하고, m_0, m_1을 근거로 하여 n과 G_0을 구하는 표를 이용해 $\overline{X}_L$를 구하라.

[20] 강판의 인장강도의 평균치가 $100\mathrm{kg/mm^2}$ 이상인 로트는 통과시키고, 그것이 $90\mathrm{kg/mm^2}$ 이하인 로트는 통과시키지 않도록 하는 계량 규준형 1회 샘플링 검사방식을 설계하라. $\alpha=0.05$, $\beta=0.10$, $\sigma=4\mathrm{kg/mm^2}$으로 알고 있다고 한다.

[21] 품질특성치가 정규분포를 따르며 하한규격치 $S_L=5.0$을 갖는 제품에 대하여 OC 곡선상의 두 점$(p_0, 1-\alpha)=(0.01, 0.95)$ $(p_1, \beta)=(0.04, 0.05)$를 동시에 만족하는 계량형 샘플링방식을 적용하려고 한다. 표준편차는 과거의 데이터로부터 0.2로 알려져 있다고 한다.

① n, k를 구하라.

② ①에서 구한 샘플링 검사방식에 대한 OC 곡선을 그려라.

③ 로트로부터 추출된 시료의 측정치가 다음과 같다. 로트의 합격여부를 판정하라. 단, 시료의 크기에 해당하는 데이터만을 순서대로 뽑아 사용하라. 만일 데이터의 수가 모자라면 반복해서 사용하라.

5.15, 5.21, 5.23, 5.05, 5.97, 5.10, 5.31, 4.91, 5.17, 5.01
5.00, 5.03, 5.07, 5,24, 5.33, 5.00, 5.08, 5.22, 5.02, 5.11

연습문제 풀이

■≫ 제3장 **데이터 정리**

[1] ① 질적자료

② 양적자료(연속형)

③ 양적자료(이산형)

④ 질적자료

⑤ 질적자료

⑥ 양적자료(연속형)

⑦ 양적자료(이산형)

[2] ① 평균 $\bar{x} = \frac{1}{n}\Sigma x_i = \frac{10+17+20+33+15+22+19}{7} = 19.428$

② 중위수 데이터가 홀수이므로 19

③ 제곱합 $S = \Sigma x_i^2 - \frac{(\Sigma x_i)^2}{n}$

$$= (10)^2 + (17)^2 + (20)^2 + (33)^2 + (15)^2 + (22)^2 + (19)^2 - \frac{(10+17+20+33+15+22+19)^2}{7}$$

$$= 2948 - \frac{18496}{7} = 2948 - 2642.28 = 305.71$$

④ 분산 $V = \frac{S}{n-1} = \frac{305.71}{7-1} = 50.95$

⑤ 표준편차 $s = \sqrt{V} = \sqrt{50.95} = 7.137$

⑥ 범위 $R = x_{\max} - x_{\min} = 33 - 10 = 22$

⑦ 사분위범위 $QR = Q_3 - Q_1 = 22 - 15 = 7$

⑧ 변동계수 $CV = \frac{s}{\bar{x}} \times 100 = \frac{7.137}{19.428} \times 100 = 36.735$

[4] ① $\bar{x}=10.1,\ V=1.433$

② $\bar{x}=13.1,\ V=1.433$

③ 데이터가 일정하게 3씩 더해졌기 때문에 데이터의 흩어진 정도를 측정하는 분산값은 같다.

■≫ 제4장 **분포**

[1] ① 이산형

② 이산형

③ 연속형

④ 연속형

⑤ 이산형

[2] ① $E(Z)=3E(X)-5E(Y)+3$

$=3(10)-5(14)+3=-37$

② $V(Z)=V(3X-5Y+3)=3^2V(X)+5^2V(Y)$

[6] ① $P(2\le X\le 5)=P(X\le 5)-P(X\le 1)$

$=0.989-0.392$

$=0.597$

② $X\sim B(n,p)\ \rightarrow\ X\sim N(np,\ npq)$

$np=2,\ npq=1.8$일 때

$$P(2\leqq X\leqq 5)=P(\frac{2-np}{\sqrt{npq}}\leqq\frac{X-np}{\sqrt{npq}}\leqq\frac{5-np}{\sqrt{npq}})$$

$$=P(\frac{2-2}{\sqrt{1.8}}\leqq U\leqq\frac{5-2}{\sqrt{1.8}})$$

$$=P(0\leqq U\leqq 2.24)$$

$$=P(U\leqq 2.24)-P(U\leqq 0)$$

$$=0.4875$$

[7] ① $P(X=1) = \binom{n}{x} p^x (1-p)^{n-x}$

$= \binom{3}{1} 0.2^1 (1-0.2)^{3-1}$

$= 0.384$

② $p(X=1) = \dfrac{\binom{Np}{x}\binom{N-Np}{n-x}}{\binom{N}{n}}$

$= \dfrac{\binom{2}{1}\binom{8}{2}}{\binom{10}{3}}$

$= 0.467$

[8] ① $m=3$일 때

$P(X \leqq 3) = \sum_{x=0}^{3} \dfrac{e^{-3}3^x}{x!}$

$= 0.647$

$P(X=5) = 0.101$

② $m=4$일 때 $P(3 \leq X \leq 7) = P(X \leq 7) - P(X \leq 2)$

$= 0.949 - 0.238$

$= 0.711$

③ $m=0.5$일 때 $P(X=0) = 0.607$

[9] $m=4$

$P(X=8) = 0.03$

즉, 이 공장에서 한 달에 8건의 사고가 발생할 확률은 0.03이다.

[12] ① $P(U \leqq 0.42) = 1 - P(U \geqq 0.42)$

$= 0.6628$

② $P(U \leqq -0.42) = P(U \geqq 0.42)$

$= 0.3372$

③ $P(-1.2 < U < 2.1) = 1 - P(U > 2.1) - P(U > 1.2)$

$= 0.867$

④ $P(U > -1.69) = 1 - P(U \geqq 1.69)$

$= 0.9545$

[16] $X \sim N(900,\ 40^2) \quad n = 1000$

$P(X \leqq 940) = P\left(\frac{X-900}{40} \leqq \frac{940-900}{40}\right)$

$= P(U \leqq 1) = 1 - P(U \geqq 1)$

$= 1 - 0.1587 = 0.8413$

즉, 1000개의 전구중에서 940시간 이하의 수명을 가진 전구는 약 842개이다.

[17] ① 치우침(Bias)

$M = \frac{1}{2}(80.7 + 79.9) = 80.3$

$Bias = |\bar{x} - M|$

$= |80.2 - 80.3| = 0.1$

② 현 상태의 부적합품률

$P(\%) = 1 - P(S_L \leq X \leq S_U)$

$= P(X < S_L) + P(X > S_U)$

$= P(X < 79.9) + P(X > 80.7)$

$= P\left(U < \frac{79.9 - 80.2}{0.2}\right) + P\left(U > \frac{80.7 - 80.2}{0.2}\right)$

$= P(U < -1.5) + P(U > 2.5)$

$= 0.0668 + 0.0062 = 0.073$

③ 편기를 없애고 평균을 규격중심과 일치시킨 경우

$$
\begin{aligned}
P(\%) &= 1 - P(S_L \le X \le S_U) \\
&= P(X < S_L) + P(X > S_U) \\
&= P(X < 79.9) + P(X > 80.7) \\
&= P(U < \frac{79.9 - 80.3}{0.2}) + P(U > \frac{80.7 - 80.3}{0.2}) \\
&= P(U < -2.0) + P(U > 2.0) \\
&= 0.0456
\end{aligned}
$$

④ 부적합품률 감소

$0.073 - 0.0456 = 0.0274$이므로 즉 2.74%가 감소된다.

[18] ① $P(T < 2.179) = 1 - P(T \ge 2.179)$

$$= 0.975$$

② $P(-1.345 < T < 2.624) = 1 - P(T \ge 2.624) - P(T \ge 1.345)$

$$= 1 - 0.01 - 0.1$$

$$= 0.89$$

[19] ① $P(\chi^2 > 5.692) = 0.975$

② $P(4.660 < \chi^2 < 26.119) = P(\chi^2 \ge 4.660) - P(\chi^2 \ge 26.119)$

$$= 0.9 - 0.025 = 0.875$$

③ $P(\chi^2 > a) = 0.01$

$$a = 29.14$$

[23] $F = \dfrac{V_1 / \sigma_1^2}{V_2 / \sigma_2^2} \sim N(9, 14)$

$P(\dfrac{V_1}{V_2} > 4) = 0.01$

즉, 두 모집단의 분산이 같다면 분산비가 4를 넘을 확률은 0.01이다.

[24] $n = 100,\ \mu = 20,\ \sigma^2 = 25$

① 중심극한정리에 의해 $\overline{X} \sim N(20,\ \frac{5^2}{100})$

② $P(18 \le \overline{X} \le 21) = P(\frac{18-20}{0.5} \le \frac{\overline{X}-20}{0.5} \le \frac{21-20}{0.5})$

$= P(-4 \leqq U \leqq 2) = 1 - P(U \geqq 2) - P(U \geqq 4)$

$= 1 - 0.0228 - 0 = 0.9772$

■≫ 제 5 장 **추검정**

[1] ① $\hat{\mu} = 145$

② μ에 대한 95%의 신뢰구간은

$(\overline{X} \pm u_{1-\frac{\alpha}{2}} \frac{5}{\sqrt{n}}) = (145 \pm 1.96 \frac{5}{\sqrt{100}})$ 따라서 95%의 신뢰구간은

(144.02, 145.98)이다.

③ μ에 대한 99%의 신뢰구간은

$(\overline{X} \pm u_{1-\frac{\alpha}{2}} \frac{5}{\sqrt{n}}) = (145 \pm 2.576 \frac{5}{\sqrt{100}})$ 따라서 99%의 신뢰구간은

(143.713, 146.288)이므로 95%의 신뢰구간의 폭보다 크다.

[2] $n = \left(\frac{u_{1-\alpha/2}\sigma}{d}\right)^2 = (\frac{1.96 \cdot 100}{20})^2 = 96.04$. 따라서 표본의 크기는 97개이다.

[4] $\hat{p} = \frac{X}{n} = \frac{20}{100}$

$\hat{p} \pm u_{1-\alpha/2} \sqrt{\frac{\hat{p} \cdot \hat{q}}{n}} = 0.2 \pm u_{0.975} \sqrt{\frac{0.2 \cdot 0.8}{100}} = 0.2 \pm 1.96 \cdot 0.04$

따라서 이 회사의 제품을 좋아하는 모집단 비율에 대한 95% 신뢰구간은 (0.122, 0.278)이다.

[6] $\overline{X}-\overline{Y}\pm u_{1-\alpha/2}\sqrt{\frac{V_1}{n_1}+\frac{V_2}{n_2}}=2035-1920\pm u_{0.975}\sqrt{\frac{64^2}{100}+\frac{64^2}{100}}$

$$=115\pm1.96\cdot9.05$$

따라서 두 개 회사의 백열전구의 수명의 차에 대한 95% 신뢰구간은 (97.262, 132.738)이다.(단, 단위는 시간)

[9] ① 가설 $H_o:\mu=18.52\quad H_1:\mu>18.52$

② 검정통계량: $u_o=\dfrac{\overline{X}-\mu}{\dfrac{\sigma}{\sqrt{n}}}=\dfrac{18.56-18.52}{\dfrac{0.03}{\sqrt{10}}}=4.64$

여기서 $\overline{X}=18.56,\ n=10,\ \sigma=0.03$)

③ 기각치: $u_{0.95}=1.645$

④ 판정: $u_o>u_{0.95}$이므로 H_o는 기각된다. 즉 기계를 조정한 후의 치수의 모평균이 기준으로서 설정한 값 18.52mm보다 크다고 볼 수 있다.

[10] ① 가설 $H_o:\sigma=0.02,\quad H_1:\sigma\neq0.02$

② 검정통계량: $\chi_o^2=\dfrac{(n-1)V}{\sigma_o^2}=\dfrac{0.01229}{0.02^2}=30.725$

③ 기각치: $\chi^2_{0.95}(9)=16.92$

④ 판정: $\chi^2_{0.95}(9)=16.92\leq\chi^2=30.825$이므로 H_0를 기각한다. 즉, 유의수준 5%로 견적서의 값은 적당하지 않다고 할 수 있다.

[11] ① $\overline{X}\pm t_{1-\frac{\alpha}{2}}(n-1)\dfrac{s}{\sqrt{n}}=195.92\pm t_{0.975}(12)\dfrac{10.01}{\sqrt{13}}$

$$=195.92\pm6.049$$

여기서, $t_{0.975}(12)=2.179$

즉, 새로운 제품의 평균강도에 대한 95% 신뢰구간은 (189.872, 201.969)이다.

■≫ 제6장 **관리도**

[1] ① x관리도

② x관리도

③ c관리도

④ u관리도

⑤ p관리도

⑥ $\bar{x}-R$관리도

⑦ np관리도

[4] ① $\bar{c}=\sum c/k=80/20=4$

$UCL=\bar{c}+3\sqrt{\bar{c}}=10$

$LCL=\bar{c}-3\sqrt{\bar{c}}=-$(고려하지 않음)

② $L(c)$의 계산

$UCL=10$, $LCL=$(고려하지 않음)이므로, 결점수 X가 관리한계선 안에 포함될 확률은 다음과 같다.

$$\begin{aligned}L(c)&=P(LCL\le X\le UCL)\\&=P(X\le 10)\\&=\sum_{x=0}^{10}e^{-c}\cdot c^x/x!\end{aligned}$$

위의 식에 따라 c의 값을 변화시키면서 누적포아송 분포표를 이용하여 $L(c)$의 값을 구하면

$$c=3\text{일 때 } L(c)=\sum_{x=0}^{10}\frac{e^{-3}3^x}{x!}=0.99971$$

$$c=5\text{일 때 } L(c)=\sum_{x=0}^{10}\frac{e^{-5}5^x}{x!}=0.98630$$

같은 방법으로 c의 값에 따라 계산한다.

③ $UCL=10$, $LCL=-$, $CL=4$의 3σ관리도에서 평균결점수 $c=6$(근사적으로 정규분포로 본다)으로 변하였을 때 제 2종 과오는

$$\beta = P(X \le UCL)$$
$$= P\left(U \leqq \frac{10-6}{\sqrt{6}}\right)$$
$$= P(U \leqq 1.63)$$
$$= 0.9484(94.84\%)$$

④ 2σ c관리도를 사용할 경우의 관리한계선의 계산을

$CL=4$

$UCL=\bar{c}+2\sqrt{\bar{c}}=8$

$LCL=\bar{c}-2\sqrt{\bar{c}}=0$

평균결점수 $c=6$으로 변하였을 때 제 2종과오는

$$\beta = P(LCL \leqq X \leqq UCL)$$
$$= P\left(\frac{0-6}{\sqrt{6}} \leqq U \leqq \frac{8-6}{\sqrt{6}}\right)$$
$$= P(-2.45 \leqq U \leqq 0.82)$$
$$= 0.7868(78.68(\%)$$

[7] ① $\bar{\bar{x}} = \sum \bar{x}/k = 120/40 = 3$

$\bar{R} = \sum R/k = 50/40 = 1.25$이고

$n=4$일때 $A_2=0.729$이므로

$UCL = \bar{\bar{x}} + A_2\bar{R} = 3.91125$

$LCL = \bar{\bar{x}} - A_2\bar{R} = 2.08875$

② $n=4$일 때, $D_4=2.282$, $D_3=-$이므로

$UCL = D_4\bar{R} = 2.8525$

$LCL = D_3\bar{R} = -$고려하지 않음

③ $\sigma_w = \overline{R}/d_2 = 1.25/2.059 = 0.60709$

(단, $n=4$일 때 $d_2 = 2.059$)

[9] ① $p = P(X \geqq 144.5) + P(X \leqq 113.5)$

$= P(U \geqq \frac{144.5-130}{14.8}) + P(U \leqq \frac{113.5-130}{14.8})$

$= P(U \geqq 0.98) + P(U \leqq -1.11)$

$= 0.1635 + 0.1335$

$= 0.297(29.7\%)$

따라서 규격 밖으로 벗어나는 제품의 비율은 29.7%이다.

② 변동 전의 공정평균 $\mu = 130$,

변동수의 공정평균 $\mu_1 = \mu + \sigma = 130 + 14.8$이므로

x가 $UCL = 145.8$을 벗어나는 확률은

$1-\beta = P(\overline{X} \geqq UCL)$

$= P(U \geqq \frac{145.8-144.8}{14.8/\sqrt{4}})$

$= P(U \geqq 0.14)$

$= 0.4443(44.43\%)$

[10] ① $|\overline{\overline{x}}_A - \overline{\overline{x}}_B| = 28.2$

② $A_2 \overline{R}\sqrt{1/k_A + 1/k_B} = 0.483 \times 28.55\sqrt{1/10+1/10} = 6.16692$

(단, $\overline{R} = (k_A \overline{R}_A + k_B \overline{R}_B)/(k_A + k_B) = 28.55$, $n=6$일 때 $A_2 = 0.483$)

따라서 ①≥②을 만족하므로 두 관리도의 평균치에 차이가 있다 할 수 있다.

[11] 1단계: $H_0: \mu_A - \mu_B = 0$, $H_1: \mu_A - \mu_B \neq 0$

2단계: H_0 하에서 검정통계량

$$U_0 = \frac{|\overline{\overline{x}}_A - \overline{\overline{x}}_B|}{\sqrt{\frac{\sigma_A^2}{k_A n_A} + \frac{\sigma_B^2}{k_B n_B}}} = \frac{|\overline{\overline{x}}_A - \overline{\overline{x}}_B|}{\sqrt{\frac{\sigma^2}{n}(\frac{1}{k_A} + \frac{1}{k_B})}}$$

$$= \frac{|\overline{\overline{x}}_A - \overline{\overline{x}}_B|}{\frac{\overline{R}}{d_2\sqrt{n}}\sqrt{\frac{1}{k_A} + \frac{1}{k_B}}}$$

여기서 주어진 가정에 의해

$n_A = n_B = n$, $\sigma_A^2 = \sigma_B^2 = \sigma^2$이고 $\hat{\sigma} = \frac{\overline{R}}{d_2}$

3단계: 기각치

$\alpha = 0.0027$로 $u_{1-\frac{\alpha}{2}} = u_{1-0.00135} = 3$

4단계: 판정

$$U_0 = \frac{|\overline{\overline{x}}_A - \overline{\overline{x}}_B|}{\frac{\overline{R}}{d_2\sqrt{n}}\sqrt{\frac{1}{k_A} + \frac{1}{k_B}}} > u_{1-0.00135} = 3\text{이면 } H_0\text{를 기각한다.}$$

따라서 $|\overline{\overline{x}_A} - \overline{\overline{x}_B}| > 3\frac{\overline{R}}{d_2\sqrt{n}}\sqrt{\frac{1}{k_A} + \frac{1}{k_B}}$

[12] 공정이 이상이 생기기전의 평균 μ

생긴 후의 평균 $\mu_1 = \mu + 1.5\sigma_x$이므로

$\overline{x}$가 UCL을 벗어나는 확률은

$$1-\beta = P(\overline{X} \geqq UCL) \qquad (\text{단, } UCL = \mu + 3\frac{\sigma_x}{\sqrt{n}})$$

$$= P\left(U \geqq \frac{\mu + 3\frac{\sigma_x}{\sqrt{n}} - (\mu + 1.5\sigma_x)}{\sigma_x / \sqrt{n}}\right)$$

$$= P(U \geqq 0)$$

$$= 0.5(50\%)$$

[13] ① x 관리도에서

$$UCL = \bar{x} + 3\sigma = 100 + 3\sigma = 130 \qquad \therefore \sigma = 10$$

$$p = P(X \geqq UCL) + P(X \leqq LCL)$$
$$= P\left(U \geqq \frac{130-95}{10}\right) + P\left(U \leqq \frac{70-95}{10}\right)$$
$$= P(U \geqq 3.5) + P(U \leqq -2.5)$$
$$= 0.0062(0.62\%)$$

$\bar{x}$ 관리도에서

$$UCL = \bar{\bar{x}} + 3\frac{\sigma}{\sqrt{n}} = 100 + 3\frac{\sigma}{\sqrt{5}} = 113.4$$

$$\therefore \sigma = 9.9877\cdots \fallingdotseq 10$$

$$p = P(X \geqq UCL) + P(X \leqq LCL)$$
$$= P\left(U \geqq \frac{113.4-95}{10/\sqrt{5}}\right) + P\left(U \leqq \frac{86.6-95}{10/\sqrt{5}}\right)$$
$$= P(U \geqq 4.11) + P(U \leqq -1.88)$$
$$= 0.0301(3.01\%)$$

따라서 공정평균이 95가 되었을 때

x 관리도에서 x가 관리한계선을 벗어날 확률은 0.62%,

$\bar{x}$ 관리도에서는 $\bar{x}$가 관리한계선을 벗어날 확률은 3.01%이다.

[14] ① $\bar{x} = \sum x/k = 98.6/20 = 4.93$

$$\overline{R}_S = \sum R_S/(k-1) = 7.7/19 = 0.40526$$

② 합리적인 군 구분이 안되는 경우의 x관리도에서

$$UCL = \bar{x} + 2.66\,\overline{R}_S = 6.00799$$
$$LCL = \bar{x} - 2.66\,\overline{R}_S = 3.85201$$ 이고,

R_s 관리도에서는

$$UCL = 3.27\,\overline{R}_S = 1.32520$$

$$LCL = D_3\,\overline{R}_S = \text{고려하지 않음}$$

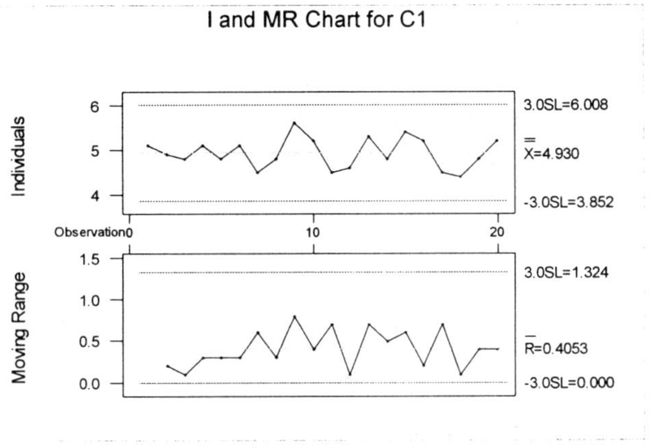

따라서 관리한계선을 벗어나는 점이 없고, 점의 배열에 아무런 습성이 없으므로 이 공정은 관리상태에 있다고 볼 수 있다.

■» 제8장 **샘플링 검사**

[1] ① 제품이 로트로서 처리될 수 있을 것

② 합격 로트 중에는 어느 정도 부적합품의 섞임을 허용할 것

③ 품질기준이 명확할 것

④ 계량 샘플링 검사에서는 로트 검사 단위의 특성치 분포를 대략 알고 있을 것

⑤ 시료의 샘플링이 랜덤하게 될 것

[2] 전수 검사에 비해 샘플링이 유리한 경우

① 다수, 다량의 것으로서 어느 정도 부적합품의 혼입이 허용되는 경우

② 검사항목이 많은 경우

③ 불완전한 전수 검사에 비하여 신뢰성이 높은 결과를 얻을 수 있는 경우

④ 검사비용을 적게 하고자 하는 경우

⑤ 생산자에게 품질 향상의 자극을 주고자 할 때

[3] 유한모집단에서의 $\overline{X}$에 대한 분산 $V(\overline{X}) = \frac{N-n}{N-1}\frac{\sigma^2}{n}$이므로

$$0.05^2 = \frac{8000-n}{8000-1}\frac{2^2}{n}$$

$n = 1333.47 \cdots \fallingdotseq 1334$개

[4] $0.2 = \pm u_{0.975}\,\sigma/\sqrt{n} = \pm 1.96 \times 0.35 / \sqrt{n}$

$\therefore n = 11.7649 \fallingdotseq 12$개

[5] $M = 50 \ \ \overline{N} = 100$에서

① 단순랜덤 샘플링

② $m = 5,\ \overline{n} = 10$이므로 $M > m,\ \overline{N} > \overline{n}$. 따라서 2단계 샘플링

③ $M = m = 50,\ \overline{N} > \overline{n} = 5$이므로 층별 샘플링

④ $M > m = 3,\ \overline{N} = \overline{n} = 100$이므로 취락 샘플링

[6] ① $V(\overline{\overline{X}}) = \frac{\sigma_b^2}{m} + \frac{\sigma_w^2}{m\overline{n}} = \frac{0.8^2}{5} + \frac{0.5^2}{5 \times 4} = 0.1405\text{kg}$

② $V(\overline{\overline{X}}) = \frac{\sigma_b^2}{m} + \frac{\sigma_w^2}{m\overline{n}} + \frac{\sigma_m^2}{m\overline{n}} = \frac{0.8^2}{5} + \frac{0.5^2}{5 \times 4} + \frac{0.4^2}{5 \times 4} = 0.1485\text{kg}$

[7] ① 부적합품(불량품)이 하나라도 섞여 들어가면 안전면에서 또는 경제적으로 중대한 영향을 미칠 때

② 부적합품(불량품)을 넘겼을 경우 다음 공정에 커다란 손실을 줄 경우

[8] ① 표에서 $p_0 = 0.4\%$이 속하는 행과 $p_1 = 1.2\%$가 속하는 열이 만나는 칸에는 검사 방식을 구할 수 없으므로 KS A3102 샘플링검사 설계보조표를 이용한다.

$p_1 / p_0 = 1.2/0.4 = 3.0$이므로

$c = 6,\ n = 164 / p_0 + 527 / p_1 = 849.166 \cdots ≒ 850$개

따라서 구하는 검사방식은 $n = 850,\ c = 6$이다.

② $N = 6000,\ n = 850,\ c = 6,\ p = 0.5\%$에서

$np = 850 \times 0.005 = 4.25$

$$\begin{aligned} \therefore L_{(p)} &= \sum_{x=0}^{c} e^{-np}(np)^x / x! \\ &= \sum_{x=0}^{6} e^{-4.25}(4.25)^x / x! \\ &= 0.8617(86.17\%) \end{aligned}$$

따라서 이 샘플링 방식에 의한 로트의 합격할 확률은 86.17%이다.

[9] $1 - \alpha = \sum_{x=0}^{c} \binom{n}{x} p_0^x (1 - p_0)^{n-x}$에서

$n = 10,\ c = 0$이므로 $1 - 0.05 = \binom{10}{0} p_0^0 (1 - p_0)^{10}$

$0.95 = (1 - p_0)^{10}$

$1 - p_0 = \sqrt[10]{0.95}$

따라서 $p_0 = 1 - \sqrt[10]{0.95} = 0.00512(0.512\%)$

한편, $\beta = \sum_{x=0}^{c} \binom{n}{x} p_1^x (1 - p_1)^{n-x}$이므로

$0.1 = \binom{10}{0} p_1^0 (1 - p_1)^{10}$

$0.1 = (1 - p_1)^{10}$

$1 - p_1 = \sqrt[10]{0.1}$

따라서 $p_1 = 1 - \sqrt[10]{0.1} = 0.20567(20.567\%)$

[10] 부적합품률 $p = P(X \le 0.608) + P(X \ge 1.392)$

$$\begin{aligned} &= P\left(U \le \frac{0.608 - 1}{0.2}\right) + P\left(U \ge \frac{1.392 - 1}{0.2}\right) \\ &= 0.05 \end{aligned}$$

부적합품수 X는 n이 매우 크고 $p=0.05<0.1$으로 근사적으로 포아송분포를 따른다. 따라서 $m=np=100\times0.05=5$으로, 로트의 합격합률

$$L(p)=P(X\leq 2)=\sum_{x=0}^{2}e^{-5}5^{x}/x!\equiv 0.12465$$

[11] $n/N=80/1000<0.1$이고, $p\leq 0.1$이므로
포아송 분포로 계산을 해서 $L(p)$의 값을 구한다.

· $L(p)$의 계산

$p=0.01$일 때 $c=2$일 때 $np=80\times0.01=0.8$이므로

$$L(p)=\sum_{x=0}^{2}e^{-0.8}0.8^{x}/x!=0.95258$$

$p=0.02$일 때 $np=80\times0.02=1.6$이므로

$$L(p)=\sum_{x=0}^{2}e^{-1.6}1.6^{x}/x!=0.78336$$

같은 방법으로

$p=0.04$일 때

$$L(p)=\sum_{x=0}^{2}e^{-3.2}3.2^{x}/x!=0.37990$$

$p=0.06$일 때

$$L(p)=\sum_{x=0}^{2}e^{-4.8}4.8^{x}/x!=0.14254$$

$p=0.08$일 때

$$L(p)=\sum_{x=0}^{2}e^{-6.4}6.4^{x}/x!=0.04632$$

$p=0.10$일 때

$$L(p)=\sum_{x=0}^{2}e^{-8}8^{x}/x!=0.0140$$

[12] ① $A = -h_A + gn_{cum} = -1.364 + 0.030\,n_{cum}$

$R = h_R + gn_{cum} = 1.751 + 0.030n_{cum}$

② 로트의 조치

$n_{cum} = 60$, $D = 2$이므로

$A = -1.364 + 0.030 \times 60 = -$

$R = 1.751 + 0.030 \times 60 = 3.551 \fallingdotseq 4$(소수점 이하 올림)

따라서 $A(0) < D(2) < R(4)$이므로 검사를 속행한다.

$A < D < R$: 검사 속행

$D \geq R$: 로트 불합격

$D \leq A$: 로트 합격

[14] 시료문자표에서 $N = 1500$을 포함하는 행과 일반 검사수준표의 열이 만나는 곳에서 시료문자 K를 읽는다. 시료문자 K와 AOQ=1.5(%)가 만나는 난에서 다음의 1회 샘플링 방식을 얻는다.

엄격도	n	Ac	Re
보통검사	125	5	6
까다로운 검사	125	3	4
수월한 검사	50	2	5

[15]

로트 번호	N	샘플 문자	n	당초의 Ac	합부판정 스코어 (검사 전)	적용하는 Ac	부적합 품수 d	합부 판정	합부판정 스코어 (검사 후)	전환 스코어
21	200	G	32	1/2	5	0	0	합격	5	–
22	250	G	32	1/2	10	1	1	합격	0	–
23	600	J	80	2	7	2	1	합격	0	–
24	80	E	13	0	0	0	0	합격	0	–
25	120	F	20	1/3	3	0	0	합격	0	–

연속 5로트 합격이므로 보통검사로 전환

[18] (1) KS A 3103 계량규준형 1회 샘플링검사

(2) $k_\alpha = k_{0.05} = 1.645$, $k_\beta = k_{0.10} = 1.282$, $k_{p_0} = k_{0.01} = 2.326$,

$k_{p_1} = k_{0.08} = 1.405$ 이므로

$$n = (\frac{k_\alpha + k_\beta}{k_{p_0} - k_{p_1}})^2 = 10.1 \cdots \fallingdotseq 11\text{개}$$

$$k = \frac{k_{p_0} \cdot k_\beta + k_{p_1} \cdot k_\alpha}{k_\alpha + k_\beta} \fallingdotseq 1.80839$$

$$\therefore \overline{X}_L = S_L + k\sigma = 17144.6712[\psi]$$

따라서 구하는 검사방식은 $n = 11$, $k = 1.80839$ 이며 11개의 시료를 채취하여 $\bar{x}$를 계산하여

$\bar{x} \geqq 17144.6712[\psi]$ 이면 lot 합격

$\bar{x} < 17144.6712[\psi]$ 이면 lot 불합격

[19] σ기지의 계량규준형 1회 샘플링검사에서, 특성치가 높을수록 좋은 로트의 평균치를 보증하는 경우이고, 이 경우의 검사방식은 n, $\overline{X_L}$로 결정된다.

$m_0 = 47$, $m_1 = 42$, $\sigma = 5$ 이므로

$$\frac{|m_1 - m_0|}{\sigma} = 1$$

주어진 표로부터 $n = 9$, $G_0 = 0.548$

따라서 $\overline{X}_L = m_0 - G_0 \cdot \sigma = 47 - 0.548 \times 5 = 44.26(\text{kg/mm}^2)$

[20] $m_0 = 100$, $m_1 = 90$, $k_{0.05} = 1.645$, $k_{0.1} = 1.282$ 이므로

$$n = (\frac{k_\alpha + k_\beta}{m_0 - m_1})^2 \sigma^2 = 1.37 \cdots \fallingdotseq 2\text{개}$$

$$\overline{X}_L = m_0 - k_\alpha \cdot \sigma / \sqrt{n} = 100 - 1.64 \times 4 / \sqrt{2} \fallingdotseq 95.34724(\text{kg/mm}^2)$$

따라서 σ 기지의 계량 샘플링검사에서 특성치가 높을수록 좋은 경우이므로 검사 방식은 $n = 2$, $\overline{X}_L = 95.34724\ \text{kg/mm}^2$ 이다.

부록-표

■≫ [표 1] 정규분포표

양쪽의 경우(빗금확률면적 $\alpha/2$)　　　　한쪽의 경우(빗금확률면적 α)

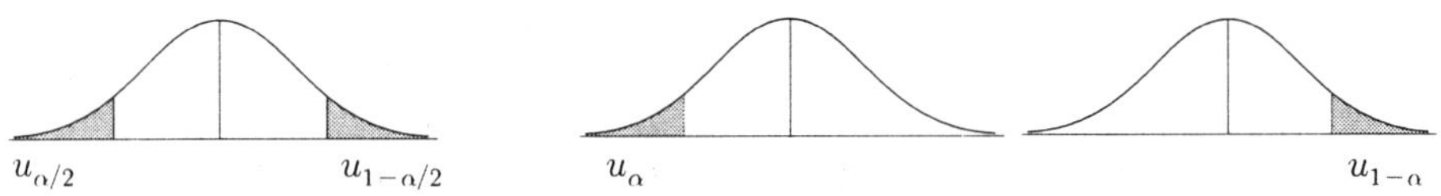

표준화 정규분포의 상측 빗금확률면적 α에 의한 상측 분위점 $u_{1-\alpha}$의 표

α	0	1	2	3	4	5	6	7	8	9
0.00*	∞	3.090	2.878	2.748	2.652	2.576	2.512	2.457	2.409	2.366
0.0*	∞	2.326	2.054	1.881	1.751	1.645	1.555	1.476	1.405	1.341
0.1*	1.282	1.227	1.175	1.126	1.080	1.036	.994	.954	.915	.878
0.2*	.842	.806	.772	.739	.706	.674	.643	.613	.583	.553
0.3*	.524	.496	.468	.440	.412	.385	.358	.358	.305	.279
0.4*	.253	.228	.202	.176	.151	.126	.100	.100	.075	.025

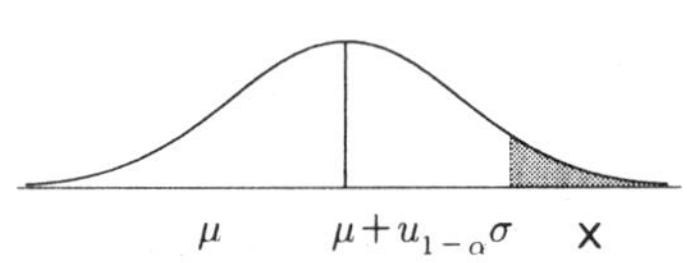

정규분포의 x가 $\mu+u_{1-\alpha}\sigma$ 이상의 값이 될 확률 α의 표(빗금확률면적은 α를 의미함)

u	.00	.01	.02	.03	.04	.05	.06	.07	.08	.09
0.0	.5000	.4960	.4920	.4880	.4840	.4801	.4761	.4721	.4681	.4641
0.1	.4602	.4562	.4522	.4483	.4443	.4404	.4364	.4325	.4286	.4247
0.2	.4207	.4168	.4129	.4090	.4052	.4013	.3974	.3936	.3897	.3859
0.3	.3821	.3783	.3745	.3707	.3669	.3632	.3594	.3557	.3520	.3483
0.4	.3446	.3409	.3372	.3336	.3300	.3264	.3228	.3192	.3156	.3121
0.5	.3085	.3050	.3015	.2981	.2946	.2912	.2877	.2843	.2810	.2776

	.00	.01	.02	.03	.04	.05	.06	.07	.08	.09
0.6	.2743	.2709	.2676	.2643	.2611	.2578	.2546	.2514	.2483	.2451
0.7	.2420	.2389	.2358	.2327	.2297	.2266	.2236	.2206	.2177	.2148
0.8	.2119	.2090	.2061	.2033	.2005	.1977	.1949	.1922	.1894	.1867
0.9	.1841	.1814	.1788	.1762	.1736	.1711	.1685	.1660	.1635	.1611
1.0	.1587	.1562	.1539	.1515	.1492	.1469	.1446	.1423	.1401	.1379
1.1	.1357	.1335	.1314	.1292	.1271	.1251	.1230	.1210	.1190	.1170
1.2	.1151	.1131	.1112	.1093	.1075	.1056	.1038	.1020	.1003	.0985
1.3	.0968	.0951	.0934	.0918	.0901	.0885	.0869	.0853	.0838	.0823
1.4	.0808	.0793	.0778	.0764	.0749	.0735	.0721	.0708	.0694	.0681
1.5	.0668	.0655	.0643	.0630	.0618	.0606	.0594	.0582	.0571	.0559
1.6	.0548	.0537	.0526	.0516	.0505	.0495	.0485	.0475	.0465	.0455
1.7	.0446	.0436	.0427	.0418	.0409	.0401	.0392	.0384	.0375	.0367
1.8	.0359	.0351	.0344	.0336	.0329	.0322	.0314	.0307	.0301	.0294
1.9	.0287	.0281	.0274	.0268	.0262	.0256	.0250	.0244	.0239	.0233
2.0	.0228	.0222	.0217	.0212	.0207	.0202	.0197	.0192	.0188	.0183
2.1	.0179	.0174	.0170	.0166	.0162	.0158	.0154	.0150	.0146	.0143
2.2	.0139	.0136	.0132	.0129	.0125	.0122	.0119	.0116	.0113	.0110
2.3	.0107	.0104	.0102	.0099	.0096	.0094	.0091	.0089	.0087	.0084
2.4	.0082	.0080	.0078	.0075	.0073	.0071	.0069	.0068	.0066	.0064
2.5	.0062	.0060	.0059	.0057	.0055	.0054	.0052	.0051	.0049	.0048
2.6	$.0^{2}4661$	$.0^{2}4527$	$.0^{2}4396$	$.0^{2}4269$	$.0^{2}4145$	$.0^{2}4025$	$.0^{2}3907$	$.0^{2}3793$	$.0^{2}3681$	$.0^{2}3573$
2.7	$.0^{2}3467$	$.0^{2}3364$	$.0^{2}3264$	$.0^{2}3167$	$.0^{2}3072$	$.0^{2}2980$	$.0^{2}2890$	$.0^{2}2803$	$.0^{2}2718$	$.0^{2}2635$
2.8	$.0^{2}2555$	$.0^{2}2477$	$.0^{2}2401$	$.0^{2}2327$	$.0^{2}2250$	$.0^{2}2180$	$.0^{2}2118$	$.0^{2}2052$	$.0^{2}1988$	$.0^{2}1920$
2.9	$.0^{2}1866$	$.0^{2}1807$	$.0^{2}1750$	$.0^{2}1695$	$.0^{2}1041$	$.0^{2}1589$	$.0^{2}1538$	$.0^{2}1489$	$.0^{2}1441$	$.0^{2}1395$
3.0	$.0^{2}1350$	$.0^{2}1306$	$.0^{2}1264$	$.0^{2}1223$	$.0^{2}1183$	$.0^{2}1144$	$.0^{2}1107$	$.0^{2}1070$	$.0^{2}1035$	$.0^{2}1001$
3.1	$.0^{3}9676$	$.0^{3}9351$	$.0^{3}9043$	$.0^{3}8740$	$.0^{3}8447$	$.0^{3}8104$	$.0^{3}7888$	$.0^{3}7622$	$.0^{3}7364$	$.0^{3}7114$
3.2	$.0^{3}6871$	$.0^{3}6637$	$.0^{3}6410$	$.0^{3}6190$	$.0^{3}5976$	$.0^{3}5770$	$.0^{3}5571$	$.0^{3}5377$	$.0^{3}5190$	$.0^{3}5009$
3.3	$.0^{3}4834$	$.0^{3}4665$	$.0^{3}4501$	$.0^{3}4342$	$.0^{3}4189$	$.0^{3}4041$	$.0^{3}3897$	$.0^{3}3758$	$.0^{3}3624$	$.0^{3}3495$
3.4	$.0^{3}3369$	$.0^{3}3248$	$.0^{3}3131$	$.0^{3}3018$	$.0^{3}2909$	$.0^{3}2803$	$.0^{3}2701$	$.0^{3}2602$	$.0^{3}2507$	$.0^{3}2415$
3.5	$.0^{3}2326$	$.0^{3}2241$	$.0^{3}2158$	$.0^{3}2078$	$.0^{3}2001$	$.0^{3}1926$	$.0^{3}1854$	$.0^{3}1785$	$.0^{3}1718$	$.0^{3}1653$
3.6	$.0^{3}1591$	$.0^{3}1531$	$.0^{3}1473$	$.0^{3}1417$	$.0^{3}1363$	$.0^{3}1311$	$.0^{3}1261$	$.0^{3}1213$	$.0^{3}1166$	$.0^{3}1121$
3.7	$.0^{3}1078$	$.0^{3}1036$	$.0^{4}9961$	$.0^{4}9574$	$.0^{4}9201$	$.0^{4}8842$	$.0^{4}8496$	$.0^{4}8162$	$.0^{4}7841$	$.0^{4}7532$
3.8	$.0^{4}7235$	$.0^{4}6948$	$.0^{4}6673$	$.0^{4}6407$	$.0^{4}6152$	$.0^{4}5906$	$.0^{4}5669$	$.0^{4}5442$	$.0^{4}5223$	$.0^{4}5012$
3.9	$.0^{4}4810$	$.0^{4}4615$	$.0^{4}4427$	$.0^{4}4247$	$.0^{4}4074$	$.0^{4}3908$	$.0^{4}3747$	$.0^{4}3594$	$.0^{4}3446$	$.0^{4}3304$
4.0	$.0^{4}3167$	$.0^{4}3036$	$.0^{4}2910$	$.0^{4}2789$	$.0^{4}2673$	$.0^{4}2561$	$.0^{4}2454$	$.0^{4}2351$	$.0^{4}2252$	$.0^{4}2157$
4.1	$.0^{4}2066$	$.0^{4}1978$	$.0^{4}1894$	$.0^{4}1814$	$.0^{4}1737$	$.0^{4}1662$	$.0^{4}1591$	$.0^{4}1523$	$.0^{4}1458$	$.0^{4}1395$
4.2	$.0^{4}1335$	$.0^{4}1277$	$.0^{4}1222$	$.0^{4}1168$	$.0^{4}1118$	$.0^{4}1069$	$.0^{4}1022$	$.0^{5}9774$	$.0^{5}9345$	$.0^{5}8934$
4.3	$.0^{5}8540$	$.0^{5}8163$	$.0^{5}7801$	$.0^{5}7455$	$.0^{5}7124$	$.0^{5}6807$	$.0^{5}6503$	$.0^{5}6212$	$.0^{5}5934$	$.0^{5}5668$
4.4	$.0^{5}5419$	$.0^{5}5169$	$.0^{5}4935$	$.0^{5}4712$	$.0^{5}4498$	$.0^{5}4294$	$.0^{5}4098$	$.0^{5}3911$	$.0^{5}3732$	$.0^{5}3561$
4.5	$.0^{5}3398$	$.0^{5}3241$	$.0^{5}3092$	$.0^{5}2949$	$.0^{5}2813$	$.0^{5}2682$	$.0^{5}2558$	$.0^{5}2439$	$.0^{5}2325$	$.0^{5}2216$
5.0	$.0^{6}2867$	$.0^{6}2722$	$.0^{6}2584$	$.0^{6}2452$	$.0^{6}2328$	$.0^{6}2209$	$.0^{6}2096$	$.0^{6}1989$	$.0^{6}1887$	$.0^{6}1790$
5.5	$.0^{7}1899$	$.0^{7}1794$	$.0^{7}1695$	$.0^{7}1601$	$.0^{7}1512$	$.0^{7}1428$	$.0^{7}1349$	$.0^{7}1274$	$.0^{7}1203$	$.0^{7}1135$
6.0	$.0^{9}9899$	$.0^{9}9276$	$.0^{9}8721$	$.0^{9}8198$	$.0^{9}7706$	$.0^{9}7242$	$.0^{9}6806$	$.0^{9}6396$	$.0^{9}6009$	$.0^{9}5646$

■》 [표 2] t 분포표

양쪽의 경우(빗금확률면적 $\alpha/2$)　　　　한쪽의 경우(빗금확률면적 α)

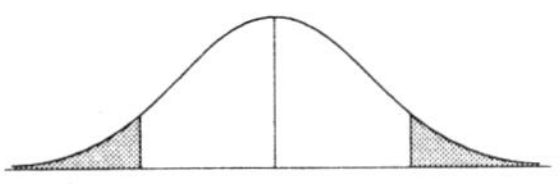

$t_{\alpha/2}(\nu)$　　$t_{1-\alpha/2}(\nu)$

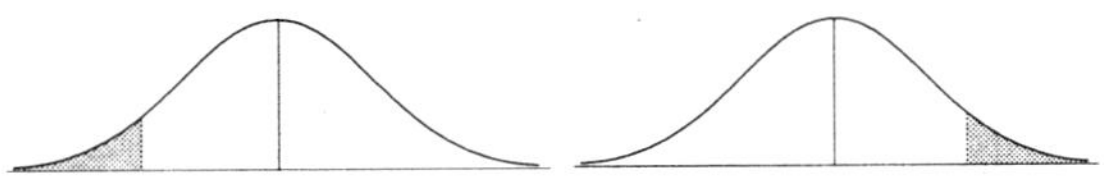

$t_{\alpha}(\nu)$　　$t_{1-\alpha}(\nu)$

t 분포의 상측 분위점 $t_{1-\alpha}(\nu)$의 표

ν \ $1-\alpha$	0.75	0.80	0.85	0.90	0.95	0.975	0.99	0.995	0.9995
1	1.000	1.376	1.963	3.078	6.314	12.706	31.821	63.657	636.619
2	0.816	1.061	1.386	1.886	2.920	4.303	6.965	9.925	31.598
3	0.765	0.978	1.250	1.638	2.353	3.182	4.541	5.841	12.941
4	0.741	0.941	1.109	1.533	2.132	2.776	3.747	4.604	8.610
5	0.727	0.920	1.156	1.476	2.015	2.571	3.365	4.032	6.859
6	0.718	0.906	1.134	1.440	1.943	2.447	3.143	3.707	5.959
7	0.711	0.896	1.119	1.415	1.895	2.365	2.998	3.499	5.405
8	0.706	0.889	1.108	1.397	1.860	2.306	2.896	3.355	5.041
9	0.703	0.883	1.100	1.383	1.833	2.262	2.821	3.250	4.781
10	0.700	0.879	1.093	1.372	1.812	2.228	2.764	3.169	4.587
11	0.697	0.876	1.088	1.363	1.796	2.201	2.718	3.106	4.437
12	0.695	0.873	1.083	1.356	1.782	2.179	2.681	3.055	4.318
13	0.694	0.870	1.079	1.350	1.771	2.160	2.650	3.012	4.221
14	0.692	0.868	1.076	1.345	1.761	2.145	2.624	2.977	4.140
15	0.691	0.866	1.074	1.341	1.753	2.131	2.602	2.947	4.073
16	0.690	0.865	1.071	1.337	1.746	2.120	2.583	2.921	4.015
17	0.689	0.863	1.069	1.333	1.740	2.110	2.567	2.898	3.965
18	0.688	0.862	1.067	1.330	1.734	2.101	2.552	2.878	3.922
19	0.688	0.861	1.066	1.328	1.729	2.093	2.539	2.861	3.883
20	0.687	0.860	1.064	1.325	1.725	2.086	2.528	2.845	3.850
21	0.686	0.859	1.063	1.323	1.721	2.080	2.518	2.831	3.819
22	0.686	0.858	1.061	1.321	1.717	2.074	2.508	2.819	3.792
23	0.685	0.858	1.060	1.319	1.714	2.069	2.500	2.807	3.767
24	0.685	0.857	1.059	1.318	1.711	2.064	2.492	2.797	3.745
25	0.684	0.856	1.058	1.316	1.708	2.060	2.485	2.787	3.725
26	0.684	0.856	1.058	1.315	1.706	2.056	2.479	2.779	3.707
27	0.684	0.855	1.057	1.314	1.703	2.052	2.473	2.771	3.690
28	0.683	0.855	1.056	1.313	1.701	2.048	2.467	2.763	3.674
29	0.683	0.854	1.055	1.311	1.699	2.045	2.462	2.756	3.659
30	0.683	0.854	1.055	1.310	1.697	2.042	2.457	2.750	3.646
40	0.681	0.851	1.050	1.303	1.684	2.021	2.423	2.704	3.551
60	0.679	0.848	1.046	1.296	1.671	2.000	2.390	2.660	3.460
120	0.677	0.845	1.041	1.289	1.658	1.980	2.358	2.617	3.373
∞	0.674	0.842	1.036	1.282	1.645	1.960	2.326	2.576	3.291

■≫ [표 3] χ^2 분포표

양쪽의 경우(빗금확률면적 $\alpha/2$)

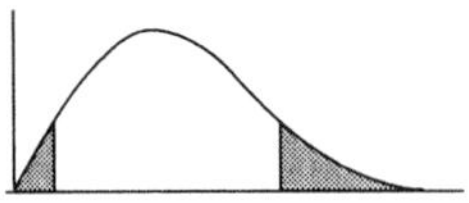

$\chi^2_{\alpha/2}(\nu)$ $\chi^2_{1-\alpha/2}(\nu)$

한쪽의 경우(빗금확률면적 α)

$\chi^2_{\alpha}(\nu)$ $\chi^2_{1-\alpha}(\nu)$

카이제곱 분포의 하측, 상측 분위점 $\chi^2_\alpha(\nu)$와 $\chi^2_{1-\alpha}(\nu)$의 표

ν	α인 경우						1−α인 경우				
	0.005	0.01	0.025	0.05	0.10	.50	0.90	0.95	0.975	0.99	0.995
1	$0.0^4 39$	$0.0^3 16$	$0.0^3 98$	$0.0^2 39$	0.0158	0.455	2.71	3.84	5.02	6.63	7.88
2	0.0100	0.0201	0.0506	0.103	0.211	1.386	4.61	5.99	7.38	9.21	10.60
3	0.0717	0.115	0.216	0.352	0.584	2.37	6.25	7.81	9.35	11.34	12.84
4	0.207	0.297	0.484	0.711	1.064	3.36	7.78	9.49	11.14	13.28	14.86
5	0.412	0.554	0.831	1.145	1.610	4.35	9.24	11.07	12.82	15.09	16.75
6	0.676	0.872	1.237	1.635	2.20	5.35	10.64	12.59	14.45	16.81	18.55
7	0.989	1.239	1.690	2.17	2.83	6.35	12.02	14.07	16.01	18.48	20.28
8	1.344	1.646	2.18	2.73	3.49	7.34	13.36	15.51	17.53	20.09	21.96
9	1.735	2.09	2.70	3.33	4.17	8.34	14.68	16.92	19.02	21.67	23.59
10	2.16	2.56	3.25	3.94	4.87	9.34	15.99	18.31	20.48	23.21	25.19
11	2.60	3.05	3.82	4.57	5.58	10.34	17.28	19.68	21.92	24.73	26.76
12	3.07	3.57	4.40	5.23	6.30	11.34	18.55	21.03	23.34	26.22	28.30
13	3.57	4.11	5.01	5.89	7.04	12.34	19.81	22.36	24.74	27.69	29.82
14	4.07	4.66	5.63	6.57	7.79	13.34	21.06	23.68	26.12	29.14	31.32
15	4.60	5.23	6.26	7.26	8.55	14.34	22.31	25.00	27.49	30.58	32.80
16	5.14	5.81	6.91	7.96	9.31	15.34	23.54	26.30	28.85	32.00	34.27
17	5.70	6.41	7.56	8.67	10.09	16.34	24.77	27.59	30.19	33.41	35.72
18	6.26	7.01	8.23	9.39	10.86	17.34	25.99	28.87	31.53	34.81	37.16
19	6.84	7.63	8.91	10.12	11.65	18.34	27.20	30.14	32.85	36.19	38.58
20	7.43	8.26	9.59	10.85	12.44	19.34	28.41	31.41	34.17	37.57	40.00
21	8.03	8.90	10.28	11.59	13.24	20.30	29.62	32.67	35.48	38.93	41.40
22	8.64	9.54	10.98	12.34	14.04	21.30	30.81	33.92	36.78	40.29	42.80
23	9.26	10.20	11.69	13.09	14.85	22.30	32.01	35.17	38.08	41.64	44.18
24	9.89	10.86	12.40	13.85	15.66	23.30	33.20	36.42	39.36	42.98	45.56
25	10.52	11.52	13.12	14.61	16.47	24.30	34.38	37.65	40.65	44.31	46.93
26	11.16	12.20	13.84	15.38	17.29	25.30	35.56	38.89	41.92	45.64	48.29
27	11.81	12.88	14.57	16.15	18.11	26.30	36.74	40.11	43.19	46.96	49.64
28	12.46	13.56	15.31	16.93	18.94	27.30	37.92	41.34	44.46	48.28	50.99
29	13.12	14.26	16.05	17.71	19.77	28.30	39.09	42.56	45.72	49.59	52.34
30	13.79	14.95	16.79	18.49	20.60	29.30	40.26	43.77	46.98	50.89	53.67
40	20.71	22.16	24.43	26.51	29.05	39.30	51.81	55.76	59.34	63.69	66.77
50	27.99	29.17	32.36	34.76	37.69	49.30	63.17	67.50	71.42	76.15	79.49
60	35.53	37.48	40.48	43.19	46.46	59.30	74.40	79.08	83.30	88.38	91.95
70	43.28	45.44	48.76	51.74	55.33	69.30	85.53	90.53	95.02	100.4	104.2
80	51.17	53.54	57.15	60.39	64.28	79.30	96.58	101.9	106.6	112.3	113.6
90	59.20	61.75	65.65	69.13	73.29	89.30	107.60	113.1	118.1	124.1	128.3
100	67.33	70.06	74.22	77.93	82.36	99.30	118.50	124.3	129.6	153.8	140.2

■≫ [표 4] F 분포표

양쪽의 경우(빗금확률면적 $\alpha/2$)

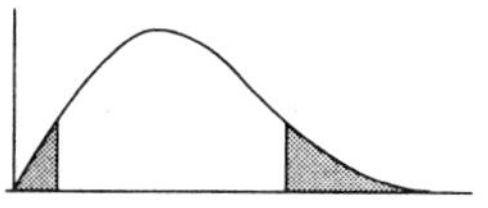

$F_{\alpha/2}(\nu_1, \nu_2)$ $F_{1-\alpha/2}(\nu_1, \nu_2)$

한쪽의 경우(빗금확률면적 α)

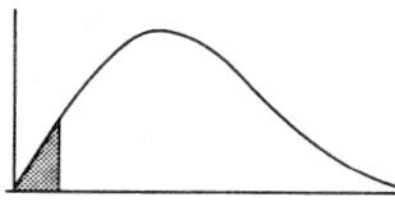

$F_{\alpha}(\nu_1, \nu_2)$

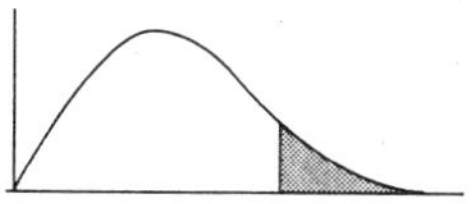

$F_{1-\alpha}(\nu_1, \nu_2)$

F 분포 상측 분위점 $F_{1-\alpha}(\nu_1, \nu_2)$의 표 (단, $F_{\alpha}(\nu_1, \nu_2)=1/F_{1-\alpha}(\nu_2, \nu_1)$ 이다)

ν_2	$1-\alpha$	ν_1																		
		1	2	3	4	5	6	7	8	9	10	11	12	15	20	24	30	60	120	∞
1	0.90	39.9	49.5	53.6	55.8	57.2	58.2	58.9	59.4	59.9	60.2	60.5	60.7	61.2	61.7	62.0	62.3	62.8	63.1	63.3
	0.95	161	200	216	225	230	234	237	239	241	242	243	244	246	248	249	250	252	253	254
	0.975	648	800	864	900	922	937	948	957	963	969	973	977	985	993	997	1001	1010	1014	1018
	0.99	4052	5000	5403	5625	5764	5859	5928	5981	6022	6056	6082	6106	6157	6209	6235	6261	6313	6339	6366
2	0.90	8.53	9.00	9.16	9.24	9.29	9.33	9.35	9.37	9.38	9.39	9.40	9.41	9.42	9.44	9.45	9.46	9.47	9.48	9.49
	0.95	18.5	19.0	19.2	19.2	19.3	19.3	19.4	19.4	19.4	19.4	19.4	19.4	19.4	19.4	19.5	19.5	19.5	19.5	19.5
	0.975	38.5	39.0	39.2	39.3	39.3	39.3	39.4	39.4	39.4	39.4	39.4	39.4	39.4	39.5	39.5	39.5	39.5	39.5	39.5
	0.99	88.5	99.0	99.2	99.2	99.3	99.3	99.4	99.4	99.4	99.4	99.4	99.4	99.4	99.4	99.5	99.5	99.5	99.5	99.5
3	0.90	5.54	5.46	6.39	5.34	5.31	5.28	5.27	5.25	5.24	5.23	5.22	5.22	5.20	5.18	5.18	5.17	5.15	5.14	5.13
	0.95	10.1	9.55	9.28	9.12	9.01	8.94	8.89	8.85	8.81	8.79	8.76	8.74	8.70	8.66	8.64	8.62	8.57	8.55	8.53
	0.975	17.4	16.0	15.4	15.1	14.9	14.7	14.6	14.5	14.5	14.4	14.4	14.3	14.3	14.2	14.1	14.1	14.0	14.0	13.9
	0.99	34.1	30.8	29.5	28.7	28.2	27.9	27.7	27.5	27.3	27.2	27.1	27.1	26.9	26.7	26.6	26.5	26.3	26.2	26.1
4	0.90	4.54	4.32	4.19	4.11	4.05	4.01	3.98	3.95	3.94	3.92	3.91	3.90	3.87	3.84	3.83	3.82	3.79	3.78	3.76
	0.95	7.71	6.94	6.59	6.39	6.26	6.16	6.09	6.04	6.00	5.96	5.94	5.91	5.85	5.80	5.77	5.75	5.69	5.66	5.63
	0.975	12.2	10.7	9.98	9.60	9.36	9.20	9.07	8.98	8.90	8.84	8.80	8.75	8.66	8.56	8.51	8.46	8.36	8.31	8.26
	0.99	21.2	18.0	16.7	16.0	15.5	15.2	15.0	14.8	14.7	14.5	14.4	14.4	14.2	14.0	13.9	13.8	13.7	13.6	13.5
5	0.90	4.06	3.78	3.62	3.52	3.45	3.40	3.37	3.34	3.32	3.30	3.28	3.27	3.24	3.21	3.19	3.17	3.14	3.12	3.11
	0.95	6.61	5.79	5.41	5.19	5.05	4.95	4.88	4.82	4.77	4.74	4.71	4.68	4.62	4.56	4.53	4.50	4.43	4.40	4.37
	0.975	10.0	8.43	7.76	7.39	7.15	6.98	6.85	6.76	6.68	6.62	6.57	6.52	6.43	6.33	6.28	6.23	6.12	6.07	6.02
	0.99	16.3	13.3	12.1	11.4	11.0	10.7	10.5	10.3	10.2	10.1	9.96	9.89	9.72	9.55	9.47	9.38	9.20	9.11	9.02
6	0.90	3.78	3.46	3.29	3.18	3.11	3.05	3.01	2.98	2.96	2.94	2.92	2.90	2.87	2.84	2.82	2.80	2.76	2.74	2.72
	0.95	5.99	5.14	4.76	4.53	4.39	4.28	4.21	4.15	4.10	4.06	4.03	4.00	3.04	3.87	3.84	3.81	3.74	3.70	3.67
	0.975	8.81	7.26	6.60	6.23	5.99	5.82	5.70	5.60	5.52	5.46	5.41	5.27	5.27	5.17	5.12	5.07	4.96	4.90	4.85
	0.99	13.7	10.9	9.78	9.15	8.75	8.47	8.26	8.10	7.98	7.87	7.79	7.72	7.56	7.40	7.31	7.23	7.06	6.97	6.88
7	0.90	3.59	3.26	3.07	2.96	2.88	2.83	2.78	2.75	2.72	2.70	2.68	2.67	2.63	2.59	2.58	2.56	2.51	2.49	2.47
	0.95	5.59	4.74	4.35	4.12	3.97	3.87	3.79	3.73	3.68	3.64	3.60	3.57	3.51	3.44	3.41	3.38	3.30	3.27	3.23
	0.975	8.07	6.54	5.89	5.52	5.29	5.12	4.99	4.90	4.82	4.76	4.71	4.67	4.57	4.47	4.42	4.36	4.25	4.20	4.14
	0.99	12.2	9.55	8.45	7.85	7.46	7.19	6.99	6.84	6.72	6.62	6.54	6.47	6.31	6.16	6.07	5.99	5.82	5.74	5.65
8	0.90	3.46	3.11	2.92	2.81	2.73	2.67	2.62	2.59	2.56	2.54	2.52	2.50	2.46	2.42	2.40	2.38	2.34	2.32	2.29
	0.95	5.32	4.46	4.07	3.84	3.69	3.58	3.50	3.44	3.39	3.35	3.31	3.28	3.22	3.15	3.12	3.08	3.01	2.97	2.93
	0.975	7.57	6.06	5.42	5.05	4.82	4.65	4.53	4.43	4.36	4.30	4.25	4.20	4.10	4.00	3.95	3.89	3.78	3.73	3.67
	0.99	11.3	8.65	7.59	7.01	6.63	6.37	6.18	6.03	5.91	5.81	5.73	5.67	5.52	5.36	5.28	5.20	5.03	4.95	4.86
9	0.90	3.36	3.01	2.81	2.69	2.61	2.55	2.51	2.47	2.44	2.42	2.40	2.38	2.34	2.30	2.28	2.25	2.21	2.18	2.16
	0.95	5.12	4.26	3.86	3.63	3.48	3.37	3.29	3.23	3.18	3.14	3.10	3.07	3.01	2.94	2.90	2.86	2.79	2.75	2.71
	0.975	7.21	5.71	5.08	4.72	4.48	4.32	4.20	4.10	4.03	3.96	3.91	3.87	3.77	3.67	3.61	3.56	3.45	3.39	3.33
	0.99	10.6	8.02	6.99	6.42	6.06	5.80	5.61	5.47	5.35	5.26	5.18	5.11	4.96	4.81	4.73	4.65	4.48	4.40	4.31

ν_2	$1-\alpha$	ν_1																		
		1	2	3	4	5	6	7	8	9	10	11	12	15	20	24	30	60	120	∞
10	0.90	3.29	2.92	2.73	2.61	2.52	2.46	2.41	2.38	2.35	2.32	2.30	2.28	2.24	2.20	2.18	2.16	2.11	2.08	2.06
	0.95	4.96	4.10	3.71	3.48	3.33	3.22	3.14	3.07	3.02	2.98	2.94	2.91	2.84	2.77	2.74	2.70	2.62	2.58	2.54
	0.975	6.94	5.46	4.83	4.47	4.24	4.07	3.95	3.85	3.78	3.72	3.67	3.62	3.52	3.42	3.37	3.31	3.20	3.14	3.08
	0.99	10.0	7.66	6.55	5.99	5.64	5.39	5.20	5.06	4.94	4.85	4.77	4.71	4.56	4.41	4.33	4.25	4.08	4.00	3.91
11	0.90	3.23	2.86	2.66	2.54	2.45	2.39	2.34	2.30	2.27	2.25	2.23	2.21	2.17	2.12	2.10	2.08	2.03	1.99	1.97
	0.95	4.84	3.98	3.59	3.36	3.20	3.09	3.01	2.95	2.90	2.85	2.82	2.79	2.72	2.65	2.61	2.57	2.49	2.43	2.40
	0.975	6.72	5.26	4.63	4.28	4.04	3.88	3.76	3.66	3.59	3.53	3.48	3.43	3.33	3.23	3.17	3.12	3.00	2.94	2.88
	0.99	9.65	7.21	6.22	5.67	5.32	5.07	4.89	4.74	4.63	4.54	4.46	4.40	4.25	4.10	4.02	3.94	3.78	3.66	3.60
12	0.90	3.18	2.81	2.61	2.48	2.39	2.33	2.28	2.24	2.21	2.19	2.17	2.15	2.10	2.06	2.04	2.01	1.96	1.93	1.90
	0.95	4.75	3.89	3.49	3.26	3.11	3.00	2.91	2.85	2.80	2.75	2.72	2.69	2.62	2.54	2.51	2.47	2.38	2.34	2.30
	0.975	6.55	5.10	4.47	4.12	3.89	3.73	3.61	3.51	3.44	3.37	3.32	3.28	3.18	3.07	3.02	2.96	2.85	2.79	2.72
	0.99	9.33	6.93	5.95	5.41	5.06	4.82	4.64	4.50	4.39	4.30	4.22	4.16	4.01	3.86	3.78	3.70	3.54	3.45	3.36
13	0.90	3.14	2.76	2.56	2.43	2.35	2.28	2.23	2.20	2.16	2.14	2.12	2.05	2.10	2.01	1.98	1.96	1.90	1.86	1.85
	0.95	4.67	3.81	3.41	3.18	3.03	2.92	2.83	2.77	2.71	2.67	2.63	2.53	2.60	2.46	2.42	2.38	2.30	2.23	2.21
	0.975	6.41	4.97	4.35	4.00	3.77	3.60	3.48	3.39	3.31	3.25	3.20	3.05	3.15	2.95	2.89	2.84	2.72	2.66	2.60
	0.99	9.07	6.70	5.74	5.21	4.86	4.62	4.44	4.30	4.19	4.10	4.02	3.82	3.96	3.66	3.59	3.51	3.34	3.22	3.17
14	0.90	3.10	2.73	2.52	2.39	2.31	2.24	2.19	2.15	21.2	2.10	2.08	2.05	2.01	1.96	1.94	1.91	1.86	1.83	1.80
	0.95	4.60	3.74	3.34	3.11	2.96	2.85	2.76	2.70	2.65	2.60	2.57	2.53	2.46	2.39	2.35	2.31	2.22	2.18	2.13
	0.975	6.30	4.86	4.24	3.89	3.66	3.50	3.36	3.29	3.26	3.15	3.10	3.05	2.95	2.84	2.79	2.73	2.61	2.55	2.49
	0.99	8.86	6.51	5.56	5.04	4.69	4.46	4.28	4.14	4.03	3.94	3.86	3.38	3.66	3.51	3.43	3.35	3.18	3.09	3.00
15	0.90	3.07	2.70	2.49	2.36	2.27	2.21	2.16	2.12	2.09	2.06	2.04	2.02	1.97	1.92	1.90	1.87	1.82	1.79	1.76
	0.95	4.54	3.68	3.29	3.06	2.90	2.79	2.71	2.64	2.59	2.54	2.51	2.48	2.40	2.33	2.29	2.25	2.16	2.11	2.07
	0.975	6.20	4.77	4.15	3.80	3.58	3.41	3.29	3.20	3.12	3.06	3.01	2.96	2.86	2.76	2.70	2.64	2.52	2.46	2.40
	0.99	8.68	6.36	5.42	4.89	4.56	4.32	4.14	4.00	3.89	3.80	3.73	3.67	3.52	3.37	3.29	3.21	3.05	2.96	2.87
20	0.90	2.97	2.59	2.38	2.25	2.16	2.09	2.04	2.00	1.96	1.94	1.92	1.89	1.84	1.79	1.77	1.74	1.68	1.64	1.61
	0.95	4.35	3.49	3.10	2.87	2.71	2.60	2.51	2.45	2.39	2.35	2.31	2.28	2.20	2.12	2.08	2.04	1.95	1.90	1.84
	0.975	5.87	4.46	3.86	3.51	3.29	3.13	3.01	2.91	2.84	2.77	2.72	2.68	2.57	2.46	2.41	2.35	2.22	2.16	2.09
	0.99	8.10	5.85	4.94	4.43	4.10	3.87	3.70	3.56	3.46	3.37	3.29	3.23	3.09	2.94	2.86	2.78	2.61	2.52	2.42
24	0.90	2.93	2.54	2.33	2.19	2.10	2.04	1.98	1.94	1.91	1.88	1.85	1.83	1.78	1.73	1.70	1.67	1.61	1.57	1.53
	0.95	4.26	3.40	3.01	2.78	2.62	2.51	2.42	2.36	2.30	2.25	2.21	2.18	2.11	2.03	1.98	1.94	1.84	1.79	1.73
	0.975	5.72	4.32	3.72	3.38	3.15	2.99	2.87	2.78	2.70	2.64	2.59	2.54	2.44	2.33	2.27	2.21	2.08	2.01	1.94
	0.99	7.82	5.61	4.72	4.22	3.90	3.67	3.50	3.36	3.26	3.17	3.09	3.03	2.89	2.74	2.66	2.58	2.40	2.31	2.21
30	0.90	2.88	2.49	2.28	2.14	2.05	1.98	1.93	1.88	1.85	1.82	1.79	1.77	1.72	1.67	1.64	1.61	1.54	1.50	1.46
	0.95	4.17	3.32	2.92	2.69	2.53	2.42	2.33	2.27	2.21	2.16	2.13	2.09	2.01	1.93	1.89	1.84	1.74	1.68	1.62
	0.975	5.57	4.18	3.59	3.25	3.03	2.87	2.75	2.65	2.57	2.51	2.46	2.41	2.31	2.20	2.14	2.07	1.94	1.87	1.79
	0.99	7.56	5.39	4.51	4.02	3.70	3.47	3.30	3.17	3.07	2.98	2.91	2.84	2.70	2.55	2.47	2.39	2.21	2.11	2.01
60	0.90	2.79	2.39	2.18	2.04	1.95	1.87	1.82	1.77	1.74	1.71	1.68	1.66	1.60	1.54	1.51	1.48	1.40	1.35	1.29
	0.95	4.00	3.15	2.76	2.53	2.37	2.25	2.17	2.10	2.04	1.99	1.95	1.92	1.84	1.75	1.70	1.65	1.53	1.47	1.39
	0.975	5.29	3.93	3.34	3.01	2.79	2.63	2.51	2.41	2.33	2.27	2.22	2.17	2.06	1.94	1.88	1.82	1.67	1.58	1.48
	0.99	7.08	4.98	4.13	3.65	3.34	3.12	2.95	2.82	2.72	2.63	2.56	2.50	2.35	2.20	2.12	2.03	1.84	1.73	1.60
120	0.90	2.75	2.36	2.13	1.99	1.90	1.82	1.77	1.72	1.68	1.65	1.62	1.60	1.55	1.48	1.45	1.41	1.32	1.26	1.19
	0.95	3.92	3.07	2.68	2.45	2.29	2.18	2.09	2.02	1.96	1.91	1.87	1.83	1.75	1.66	1.61	1.55	1.43	1.35	1.25
	0.975	5.15	3.80	3.23	2.89	2.67	2.52	2.39	2.30	2.22	2.16	2.11	2.05	1.94	1.82	1.76	1.69	1.53	1.43	1.31
	0.99	7.08	4.98	4.13	3.65	3.34	3.12	2.95	2.82	2.72	2.47	2.40	2.34	2.19	2.03	1.95	1.86	1.66	1.53	1.38
∞	0.90	2.71	2.30	2.08	1.94	1.85	1.77	1.72	1.67	1.63	1.60	1.57	1.55	1.49	1.42	1.38	1.34	1.24	1.17	1.00
	0.95	3.84	3.00	2.60	2.37	2.21	2.10	2.01	1.94	1.88	1.83	1.79	1.79	1.67	1.57	1.52	1.46	1.32	1.22	1.00
	0.975	5.02	3.69	3.12	2.79	2.57	2.41	2.29	2.19	2.11	2.05	2.00	1.94	1.83	1.71	1.64	1.57	1.39	1.27	1.00
	0.99	6.63	4.61	3.78	3.32	3.02	2.80	2.64	2.51	2.41	2.32	2.25	2.18	2.04	1.88	1.79	1.70	1.47	1.32	1.00

[표 5] 이항 분포표

$$P[X \leq c] = \sum_{x=0}^{c} \binom{n}{x} p^{x} (1-p)^{n-x}$$

	c	0.05	0.10	0.20	0.30	0.40	0.50	0.60	0.70	0.80	0.90	0.95
$n=1$	0	0.950	0.900	0.800	0.700	0.600	0.500	0.400	0.300	0.200	0.100	0.050
	1	1.000	1.000	1.000	1.000	1.000	1.000	1.000	1.000	1.000	1.000	1.000
$n=2$	0	0.902	0.810	0.640	0.490	0.360	0.250	0.160	0.090	0.040	0.010	0.002
	1	0.997	0.990	0.960	0.910	0.840	0.750	0.640	0.510	0.360	0.190	0.097
	2	1.000	1.000	1.000	1.000	1.000	1.000	1.000	1.000	1.000	1.000	1.000
$n=3$	0	0.857	0.729	0.512	0.343	0.216	0.125	0.064	0.027	0.008	0.001	0.000
	1	0.993	0.972	0.896	0.784	0.648	0.500	0.352	0.216	0.104	0.028	0.007
	2	1.000	0.999	0.992	0.973	0.936	0.875	0.784	0.657	0.488	0.271	0.143
	3	1.000	1.000	1.000	1.000	1.000	1.000	1.000	1.000	1.000	1.000	1.000
$n=4$	0	0.815	0.656	0.410	0.240	0.130	0.063	0.026	0.008	0.002	0.000	0.000
	1	0986	0948	0.810	0.652	0.478	0.313	0.179	0.084	0.027	0.004	0.000
	2	1.000	0.996	0.973	0.916	0.821	0.688	0.525	0.348	0.181	0.052	0.014
	3	1.000	1.000	0.998	0.992	0.974	0.938	0.870	0.760	0.590	0.644	0.185
	4	1.000	1.000	1.000	1.000	1.000	1.000	1.000	1.000	1.000	1.000	1.000
$n=5$	0	0.774	0.590	0.328	0.168	0.078	0.031	0.010	0.002	0.000	0.000	0.000
	1	0.977	0.919	0.737	0.528	0.337	0.188	0.087	0.031	0.007	0.000	0.000
	2	0.999	0.991	0.942	0.837	0.683	0.500	0.317	0.163	0.058	0.009	0.001
	3	1.000	1.000	0.993	0.969	0.913	0.812	0.663	0.472	0.263	0.081	0.023
	4	1.000	1.000	1.000	0.998	0.990	0.969	0.922	0.832	0.672	0.410	0.226
	5	1.000	1.000	1.000	1.000	1.000	1.000	1.000	1.000	1.000	1.000	1.000
$n=6$	0	0.735	0.531	0.262	0.118	0.047	0.016	0.004	0.001	0.000	0.000	0.000
	1	0.967	0.886	0.655	0.420	0.233	0.109	0.041	0.011	0.002	0.000	0.000
	2	0.998	0.984	0.901	0.744	0.544	0.344	0.179	0.070	0.017	0.001	0.000
	3	1.000	0.999	0.983	0.930	0.821	0.656	0.456	0.256	0.099	0.016	0.002
	4	1.000	1.000	0.998	0.989	0.959	0.891	0.767	0.580	0.345	0.114	0.033
	5	1.000	1.000	1.000	0.999	0.996	0.984	0.953	0.882	0.738	0.469	0.265
	6	1.000	1.000	1.000	1.000	1.000	1.000	1.000	1.000	1.000	1.000	1.000
$n=7$	0	0.698	0.478	0.210	0.082	0.028	0.008	0.002	0.000	0.000	0.000	0.000
	1	0.956	0.850	0.577	0.329	0.159	0.063	0.019	0.004	0.000	0.000	0.000
	2	0.996	0.974	0.852	0.647	0.420	0.227	0.096	0.029	0.005	0.000	0.000
	3	1.000	0.997	0.967	0.874	0.710	0.500	0.290	0.126	0.033	0.003	0.000
	4	1.000	1.000	0.995	0.971	0.904	0.773	0.580	0.353	0.148	0.026	0.004
	5	1.000	1.000	1.000	0.996	0.981	0.937	0.841	0.671	0.423	0.150	0.044
	6	1.000	1.000	1.000	1.000	0.998	0.992	0.972	0.918	0.790	0.522	0.302
	7	1.000	1.000	1.000	1.000	1.000	1.000	1.000	1.000	1.000	1.000	1.000
$n=8$	0	0.663	0.430	0.163	0.058	0.017	0.004	0.001	0.000	0.000	0.000	0.000
	1	0.943	0.813	0.503	0.255	0.106	0.035	0.009	0.001	0.000	0.000	0.000
	2	0.994	0.962	0.797	0.552	0.315	0.145	0.050	0.011	0.001	0.000	0.000
	3	1.000	0.995	0.944	0.806	0.594	0.363	0.174	0.058	0.010	0.000	0.000
	4	1.000	1.000	0.990	0.942	0.826	0.637	0.406	0.194	0.056	0.005	0.000
	5	1.000	1.000	0.999	0.989	0.950	0.885	0.685	0.448	0.203	0.038	0.006
	6	1.000	1.000	1.000	0.999	0.991	0.965	0.894	0.745	0.497	0.187	0.057
	7	1.000	1.000	1.000	1.000	0.999	0.996	0.983	0.942	0.832	0.570	0.337
	8	1.000	1.000	1.000	1.000	1.000	1.000	1.000	1.000	1.000	1.000	1.000

	c	p 0.05	0.10	0.20	0.30	0.40	0.50	0.60	0.70	0.80	0.90	0.95
$n=9$	0	0.630	0.387	0.134	0.040	0.010	0.002	0.000	0.000	0.000	0.000	0.000
	1	0.929	0.775	0.436	0.196	0.071	0.020	0.004	0.000	0.000	0.000	0.000
	2	0.992	0.947	0.738	0.463	0.232	0.090	0.025	0.004	0.000	0.000	0.000
	3	0.999	0.992	0.914	0.730	0.483	0.254	0.099	0.025	0.003	0.000	0.000
	4	1.000	0.999	0.980	0.901	0.733	0.500	0.267	0.099	0.020	0.001	0.000
	5	1.000	1.000	0.997	0.975	0.901	0.746	0.517	0.270	0.086	0.008	0.001
	6	1.000	1.000	1.000	0.996	0.975	0.910	0.768	0.537	0.262	0.053	0.008
	7	1.000	1.000	1.000	1.000	0.996	0.980	0.929	0.804	0.564	0.225	0.071
	8	1.000	1.000	1.000	1.000	1.000	0.998	0.990	0.960	0.866	0.613	0.370
	9	1.000	1.000	1.000	1.000	1.000	1.000	1.000	1.000	1.000	1.000	1.000
$n=10$	0	0.599	0.349	0.107	0.028	0.006	0.001	0.000	0.000	0.000	0.000	0.000
	1	0.914	0.736	0.376	0.149	0.046	0.011	0.002	0.000	0.000	0.000	0.000
	2	0.988	0.930	0.678	0.383	0.167	0.055	0.012	0.002	0.000	0.000	0.000
	3	0.999	0.987	0.879	0.650	0.382	0.172	0.055	0.011	0.001	0.000	0.000
	4	1.000	0.998	0.967	0.850	0.633	0.377	0.166	0.047	0.006	0.000	0.000
	5	1.000	1.000	0.994	0.953	0.834	0.623	0.367	0.150	0.033	0.002	0.000
	6	1.000	1.000	0.999	0.989	0.945	0.828	0.618	0.350	0.121	0.013	0.001
	7	1.000	1.000	1.000	0.998	0.988	0.945	0.833	0.617	0.322	0.070	0.012
	8	1.000	1.000	1.000	1.000	0.998	0.989	0.954	0.851	0.624	0.264	0.086
	9	1.000	1.000	1.000	1.000	1.000	0.999	0.994	0.972	0.893	0.651	0.401
	10	1.000	1.000	1.000	1.000	1.000	1.000	1.000	1.000	1.000	1.000	1.000
$n=11$	0	0.569	0.314	0.086	0.020	0.004	0.000	0.000	0.000	0.000	0.000	0.000
	1	0.898	0.697	0.322	0.113	0.030	0.006	0.001	0.000	0.000	0.000	0.000
	2	0.985	0.910	0.617	0.313	0.119	0.033	0.006	0.001	0.000	0.000	0.000
	3	0.998	0.981	0.839	0.570	0.290	0.113	0.029	0.004	0.000	0.000	0.000
	4	1.000	0.997	0.950	0.790	0.533	0.274	0.099	0.022	0.002	0.000	0.000
	5	1.000	1.000	0.988	0.922	0.753	0.500	0.247	0.078	0.012	0.000	0.000
	6	1.000	1.000	0.998	0.978	0.901	0.726	0.467	0.210	0.050	0.003	0.000
	7	1.000	1.000	1.000	0.996	0.971	0.887	0.704	0.430	0.161	0.019	0.002
	8	1.000	1.000	1.000	0.999	0.994	0.967	0.881	0.687	0.383	0.090	0.015
	9	1.000	1.000	1.000	1.000	0.999	0.994	0.970	0.887	0.678	0.303	0.102
	10	1.000	1.000	1.000	1.000	1.000	1.000	0.996	0.980	0.914	0.686	0.431
	11	1.000	1.000	1.000	1.000	1.000	1.000	1.000	1.000	1.000	1.000	1.000
$n=12$	0	0.540	0.282	0.069	0.014	0.002	0.000	0.000	0.000	0.000	0.000	0.000
	1	0.882	0.650	0.275	0.085	0.020	0.003	0.000	0.000	0.000	0.000	0.000
	2	0.980	0.889	0.558	0.253	0.083	0.019	0.003	0.000	0.000	0.000	0.000
	3	0.998	0.974	0795	0.493	0.225	0.073	0.015	0.002	0.000	0.000	0.000
	4	1.000	0.996	0927	0.724	0.438	0.194	0.057	0.009	0.001	0.000	0.000
	5	1.000	0.999	0.981	0.882	0.665	0.387	0.158	0.039	0.004	0.000	0.000
	6	1.000	1.000	0.996	0.961	0.842	0.613	0.335	0.118	0.019	0.001	0.000
	7	1.000	1.000	0.999	0.991	0.943	0.806	0.562	0.276	0.073	0.004	0.000
	8	1.000	1.000	1.000	0.998	0.985	0.927	0.775	0.507	0.205	0.026	0.002
	9	1.000	1.000	1.000	1.0000	0.997	0.981	0.917	0.7417	0.442	0.111	0.020
	10	1.000	1.000	1.000	1.000	1.000	0.997	0.980	0.915	0.725	0.341	0.118
	11	1.000	1.000	1.000	1.000	1.0000	1.0000	0.998	0.986	0.931	0.718	0.460
	12	1.000	1.000	1.000	1.000	1.000	1.000	1.000	1.000	1.000	1.000	1.000
$n=13$	0	0.513	0.254	0.055	0.010	0.001	0.000	0.000	0.000	0.000	0.000	0.000
	1	0.865	0.621	0.234	0.064	0.013	0.002	0.000	0.000	0.000	0.000	0.000
	2	0.975	0.866	0.502	00.202	0.058	0.011	0.001	0.000	0.000	0.000	0.000
	3	0.997	0.966	0.747	0.421	0.169	0.046	0.008	0.001	0.000	0.000	0.000
	4	1.000	0.994	0.901	0.654	0.353	0.133	0.032	0.004	0.000	0.000	0.000
	5	1.000	0.999	0.970	0.835	0.574	0.291	0.098	0.018	0.001	0.000	0.000
	6	1.000	1.000	0.993	0.938	0.771	0.500	0.229	0.062	0.007	0.000	0.000
	7	1.000	1.000	0.999	0.982	0.902	0.709	0.426	0.165	0.030	0.001	0.000
	8	1.000	1.000	1.000	0.996	0.968	0.867	0.647	0.346	0.099	0.006	0.000
	9	1.000	1.000	1.000	0.999	0.992	0.954	0.831	0.579	0.253	0.034	0.003
	10	1.000	1.000	1.000	1.000	0.999	0989	0.942	0.798	0.498	0.134	0.025
	11	1.000	1.000	1.000	1.000	1.000	0.998	0.987	0.936	0.776	0.379	0.135
	12	1.000	1.000	1.000	1.000	1.000	1.000	0.999	0.990	0.945	0.746	0.487
	13	1.000	1.000	1.000	1.000	1.000	1.000	1.000	1.000	1.000	1.000	1.000

n	c	p=0.05	0.10	0.20	0.30	0.40	0.50	0.60	0.70	0.80	0.90	0.95
$n=14$	0	0.488	0.229	0.044	0.007	0.001	0.000	0.000	0.000	0.000	0.000	0.000
	1	0.847	0.585	0.198	0.047	0.008	0.001	0.000	0.000	0.000	0.000	0.000
	2	0.970	0.842	0.448	0.161	0.040	0.006	0.001	0.000	0.000	0.000	0.000
	3	0.996	0.956	0.698	0.355	0.124	0.029	0.004	0.000	0.000	0.000	0.000
	4	1.000	0.991	0.870	0.584	0.279	0.090	0.018	0.002	0.000	0.000	0.000
	5	1.000	0.999	0.956	0.781	0.486	0.212	0.058	0.008	0.000	0.000	0.000
	6	1.000	1.000	0.988	0.907	0.692	0.395	0.150	0.031	0.002	0.000	0.000
	7	1.000	1.000	0.998	0.969	0.850	0.605	0.308	0.093	0.012	0.000	0.000
	8	1.000	1.000	1.000	0.992	0.942	0.788	0.514	0.219	0.044	0.001	0.000
	9	1.000	1.000	1.000	0.998	0.982	0.910	0.721	0.416	0.130	0.009	0.000
	10	1.000	1.000	1.000	1.000	0.996	0.971	0.876	0.645	0.302	0.044	0.004
	11	1.000	1.000	1.000	1.000	0.999	0.994	0.960	0.839	0.552	0.158	0.030
	12	1.000	1.000	1.000	1.000	1.000	0.999	0.992	0.953	0.802	0.415	0.153
	13	1.000	1.000	1.000	1.000	1.000	1.000	0.999	0.993	0.956	0.771	0.512
	14	1.000	1.000	1.000	1.000	1.000	1.000	1.000	1.000	1.000	1.000	1.000
$n=15$	0	0.463	0.206	0.035	0.005	0.000	0.000	0.000	0.000	0.000	0.000	0.000
	1	0.829	0.549	0.167	0.035	0.005	0.000	0.000	0.000	0.000	0.000	0.000
	2	0.964	0.816	0.398	0.127	0.027	0.004	0.000	0.000	0.000	0.000	0.000
	3	0.995	0.944	0.648	0.297	0.091	0.018	0.002	0.000	0.000	0.000	0.000
	4	0.999	0.987	0.836	0.515	0.217	0.059	0.009	0.001	0.000	0.000	0.000
	5	1.000	0.998	0.939	0.722	0.403	0.151	0.034	0.004	0.000	0.000	0.000
	6	1.000	1.000	0.982	0.869	0.610	0.304	0.095	0.015	0.001	0.000	0.000
	7	1.000	1.000	0.996	0.950	0.787	0.500	0.213	0.050	0.004	0.000	0.000
	8	1.000	1.000	0.999	0.985	0.905	0.696	0.390	0.131	0.018	0.000	0.000
	9	1.000	1.000	1.000	0.996	0.966	0.849	0.597	0.278	0.061	0.002	0.000
	10	1.000	1.000	1.000	0.999	0.991	0.941	0.783	0.485	0.164	0.013	0.001
	11	1.000	1.000	1.000	1.000	0.998	0.982	0.909	0.703	0.352	0.056	0.005
	12	1.000	1.000	1.000	1.000	1.000	0.996	0.973	0.873	0.602	0.184	0.036
	13	1.000	1.000	1.000	1.000	1.000	1.000	0.995	0.965	0.833	0.451	0.171
	14	1.000	1.000	1.000	1.000	1.000	1.000	1.000	0.995	0.965	0.794	0.537
	15	1.000	1.000	1.000	1.000	1.000	1.000	1.000	1.000	1.000	1.000	1.000
$n=16$	0	0.440	0.185	0.028	0.003	0.000	0.000	0.000	0.000	0.000	0.000	0.000
	1	0.811	0.515	0.141	0.026	0.003	0.000	0.000	0.000	0.000	0.000	0.000
	2	0.957	0.789	0.352	0.099	0.018	0.002	0.000	0.000	0.000	0.000	0.000
	3	0.993	0.932	0.598	0.246	0.065	0.011	0.001	0.000	0.000	0.000	0.000
	4	0.999	0.983	0.798	0.450	0.617	0.038	0.005	0.000	0.000	0.000	0.000
	5	1.000	0.997	0.918	0.660	0.329	0.105	0.019	0.002	0.000	0.000	0.000
	6	1.000	0.999	0.973	0.825	0.527	0.227	0.058	0.007	0.000	0.000	0.000
	7	1.000	1.000	0.993	0.926	0.716	0.402	0.142	0.026	0.001	0.000	0.000
	8	1.000	1.0000	0.999	0.974	0.858	0.598	0.284	0.074	0.007	0.000	0.000
	9	1.000	1.000	1.000	0.993	0.942	0.773	0.473	0.175	0.027	0.001	0.000
	10	1.000	1.000	1.00	0.998	0.981	0.895	0.671	0.340	0.082	0.003	0.000
	11	1.000	1.000	1.000	1.000	0.995	0.962	0.833	0.550	0.202	0.017	0.001
	12	1.000	1.000	1.000	1.000	0.999	0.989	0.935	0.754	0.402	0.068	0.007
	13	1.000	1.000	1.000	1.000	1.000	0.998	0.982	0.901	0.648	0.211	0.043
	14	1.000	1.000	1.000	1.000	1..000	1.000	0.997	0.974	0.859	0.485	0.189
	15	1.000	1.000	1.000	1.000	1.0000	1.000	1.000	0.997	0.972	0.815	0.560
	16	1.000	1.000	1.000	1.000	1.000	1.000	1.000	1.000	1.000	1.000	1.000
$n=17$	0	0.481	0.167	0.023	0.002	0.000	0.000	0.000	0.000	0.000	0.000	0.000
	1	0.792	0.482	0.118	0.019	0.002	0.000	0.000	0.000	0.000	0.000	0.000
	2	0.950	0.762	0.310	0.077	0.012	0.001	0.000	0.000	0.000	0.000	0.000
	3	0.991	0.917	0.549	0.202	0.046	0.006	0.000	0.000	0.000	0.000	0.000
	4	0.999	0.978	0.758	0.389	0.126	0.025	0.003	0.000	0.000	0.000	0.000
	5	1.000	0.995	0.894	0.597	0.264	0.072	0.011	0.001	0.000	0.000	0.000
	6	1.000	0.999	0.962	0.775	0.448	0.166	0.035	0.003	0.000	0.000	0.000
	7	1.000	1.000	0.989	0.895	0.641	0.315	0.092	0.013	0.000	0.000	0.000
	8	1.000	1.000	0.997	0.960	0.801	0.500	0.199	0.040	0.003	0.000	0.000
	9	1.000	1.000	1.000	0.987	0.908	0.685	0.359	0.105	0.011	0.000	0.000
	10	1.000	1.000	1.000	0.997	0.965	0.834	0.552	0.225	0.038	0.001	0.000
	11	1.000	1.000	1.000	0.999	0.989	0.928	0.736	0.403	0.106	0.005	0.000
	12	1.000	1.000	1.000	1.000	0.997	0.978	0.874	0.611	0.242	0.022	0.001
	13	1.000	1.000	1.000	1.000	1.000	0.994	0.954	0.798	0.451	0.083	0.009
	14	1.000	1.000	1.000	1.000	1.000	0.999	0.988	0.923	0.690	0.238	0.050
	15	1.000	1.000	1.000	1.000	1.000	1.000	0.998	0.981	0.882	0.518	0.208
	16	1.000	1.000	1.000	1.000	1.000	1.000	1.000	0.998	0.997	0.833	0.582
	17	1.000	1.000	1.000	1.000	1.000	1.000	1.000	1.000	1.000	1.000	1.000
$n=18$	0	0.397	0.150	0.018	0.002	0.000	0.000	0.000	0.000	0.000	0.000	0.000
	1	0.774	0.450	0.099	0.014	0.001	0.000	0.000	0.000	0.000	0.000	0.000
	2	0.942	0.734	0.271	0.060	0.008	0.001	0.000	0.000	0.000	0.000	0.000
	3	0.989	0.902	0.501	0.165	0.033	0.004	0.000	0.000	0.000	0.000	0.000
	4	0.998	0.972	0.716	0.333	0094	0.015	0.001	0.000	0.000	0.000	0.000
	5	1.000	0.994	0.867	0.534	0.209	0.048	0.006	0.000	0.000	0.000	0.000
	6	1.000	0.999	0.949	0.722	0.374	0.119	0.020	0.001	0.000	0.000	0.000
	7	1.000	1.000	0.984	0.859	0.563	0.240	0.058	0.006	0.000	0.000	0.000
	8	1.000	1.000	0.996	0.940	0.737	0.407	0.135	0.021	0.001	0.000	0.000
	9	1.000	1.000	0.999	0.979	0.865	0.593	0.263	0.060	0.004	0.000	0.000

	c	p 0.05	0.10	0.20	0.30	0.40	0.50	0.60	0.70	0.80	0.90	0.95
	10	1.000	1.000	1.000	0.994	0.942	0.760	0.437	0.141	0.016	0.000	0.000
	11	1.000	1.000	1.000	0.999	0.980	0.881	0.626	0.278	0.051	0.001	0.000
	12	1.000	1.000	1.000	1.000	0.994	0.952	0.791	0.466	0.133	0.006	0.000
	13	1.000	1.000	1.000	1.000	0.999	0.985	0.906	0.667	0.284	0.028	0.002
	14	1.000	1.000	1.000	1.0000	1.000	0.996	0.967	0.835	0.499	0.098	0.011
	15	1.000	1.000	1.000	1.000	1.000	0.999	0.992	0.940	0.729	0.266	0.058
	16	1.000	1.000	1.000	1.000	1.000	1.000	0.999	0.986	0.901	0.550	0.226
	17	1.000	1.000	1.000	1.000	1.000	1.000	1.000	0.998	0.982	0.850	0.603
	18	1.000	1.000	1.000	1.000	1.000	1.000	1.000	1.000	1.000	1.000	1.000
$n=19$	0	0.377	0.135	0.014	0.001	0.000	0.000	0.000	0.000	0.000	0.000	0.000
	1	0.755	0.420	0.083	0.010	0.001	0.000	0.000	0.000	0.000	0.000	0.000
	2	0.933	0.705	0.237	0.046	0.005	0.000	0.000	0.000	0.000	0.000	0.000
	3	0.987	0.885	0.455	0.133	0.023	0.002	0.000	0.000	0.000	0.000	0.000
	4	0.998	0.965	0.673	0.282	0.070	0.010	0.001	0.000	0.000	0.000	0.000
	5	1.000	0.991	0.837	0.474	0.163	0.032	0.003	0.000	0.000	0.000	0.000
	6	1.000	0.998	0.932	0.666	0.308	0.084	0.012	0.001	0.000	0.000	0.000
	7	1.000	1.000	0.977	0.818	0.488	0.180	0.035	0.003	0.000	0.000	0.000
	8	1.000	1.000	0.993	0.916	0.667	0.324	0.088	0.011	0.000	0.000	0.000
	9	1.000	1.000	0.998	0.967	0.814	0.500	0.186	0.033	0.002	0.000	0.000
	10	1.000	1.000	1.000	0.980	0.912	0.676	0.333	0.084	0.007	0.000	0.000
	11	1.000	1.000	1.000	0.997	0.965	0.820	0.512	0.182	0.023	0.000	0.000
	12	1.000	1.000	1.000	0.999	0.988	0.916	0.692	0.334	0.068	0.002	0.000
	13	1.000	1.000	1.000	1.000	0.997	0.968	0.837	0.526	0.163	0.009	0.000
	14	1.000	1.000	1.000	1.000	0.999	0.990	0.930	0.718	0.327	0.035	0.002
	15	1.000	1.000	1.000	1.000	1.000	0.998	0.977	0.867	0.545	0.115	0.013
	16	1.000	1.000	1.000	1.000	1.000	1.000	0.995	0.954	0.763	0.295	0.067
	17	1.000	1.000	1.000	1.000	1.000	1.000	0.999	0.990	0.917	0.580	0.245
	18	1.000	1.000	1.000	1.000	1.000	1.000	1.000	0.999	0.986	0.865	0.623
	19	1.000	1.000	1.000	1.000	1.000	1.000	1.000	1.000	1.000	1.000	1.000
$n=20$	0	0.358	0.122	0.012	0.001	0.000	0.000	0.000	0.000	0.000	0.000	0.000
	1	0.736	0.392	0.069	0.008	0.001	0.000	0.000	0.000	0.000	0.000	0.000
	2	0.925	0.677	0.206	0.035	0.004	0.000	0.000	0.000	0.000	0.000	0.000
	3	0.984	0.867	0.411	0.107	0.016	0.001	0.000	0.000	0.000	0.000	0.000
	4	0.997	0.957	0.630	0.238	0.051	0.006	0.000	0.000	0.000	0.000	0.000
	5	1.000	0.989	0.804	0.416	0.126	0.021	0.002	0.000	0.000	0.000	0.000
	6	1.000	0.998	0.913	0.608	0.250	0.058	0.006	0.000	0.000	0.000	0.000
	7	1.000	1.000	0.968	0.772	0.416	0.132	0.021	0.001	0.000	0.000	0.000
	8	1.000	1.000	0.990	0.887	0.596	0.252	0.057	0.005	0.000	0.000	0.000
	9	1.000	1.000	0.997	0.952	0.755	0.412	0.128	0.017	0.001	0.000	0.000
	10	1.000	1.000	0.999	0.983	0.872	0.588	0.245	0.048	0.003	0.000	0.000
	11	1.000	1.000	1.000	0.995	0.943	0.748	0.404	0.113	0.010	0.000	0.000
	12	1.000	1.000	1.000	0.999	0.979	0.868	0.584	0.228	0.032	0.000	0.000
	13	1.000	1.000	1.000	1.000	0.994	0.942	0.750	0.392	0.087	0.002	0.000
	14	1.000	1.000	1.000	1.000	0.998	0.979	0.874	0.584	0.196	0.011	0.000
	15	1.000	1.000	1.000	1.000	1.000	0.994	0.949	0.762	0.370	0.043	0.003
	16	1.000	1.000	1.000	1.000	1.000	0.999	0.984	0.893	0.589	0.133	0.016
	17	1.000	1.000	1.000	1.000	1.000	1.000	0.996	0.965	0.794	0.323	0.075
	18	1.000	1.000	1.000	1.000	1.000	1.000	0.999	0.992	0.931	0.608	0.264
	19	1.000	1.000	1.000	1.000	1.000	1.000	1.000	0.999	0.998	0.878	0.642
	20	1.000	1.000	1.000	1.000	1.000	1.000	1.000	1.000	1.000	1.000	1.000
$n=25$	0	0.277	0.072	0.004	0.000	0.000	0.000	0.000	0.000	0.000	0.000	0.000
	1	0.642	0.271	0.027	0.002	0.000	0.000	0.000	0.000	0.000	0.000	0.000
	2	0.873	0.537	0.098	0.009	0.000	0.000	0.000	0.000	0.000	0.000	0.000
	3	0.966	0.764	0.234	0.033	0.002	0.000	0.000	0.000	0.000	0.000	0.000
	4	0.993	0.902	0.421	0.090	0.009	0.000	0.000	0.000	0.000	0.000	0.000
	5	0.999	0.967	0.617	0.193	0.029	0.002	0.000	0.000	0.000	0.000	0.000
	6	1.000	0.991	0.780	0.341	0.074	0.007	0.000	0.000	0.000	0.000	0.000
	7	1.000	0.998	0.891	0.512	0.154	0.022	0.001	0.000	0.000	0.000	0.000
	8	1.000	1.000	0.953	0.677	0.274	0.054	0.004	0.000	0.000	0.000	0.000
	9	1.000	1.000	0.983	0.811	0.425	0.115	0.013	0.000	0.000	0.000	0.000
	10	1.000	1.000	0.994	0.902	0.586	0.212	0.034	0.002	0.000	0.000	0.000
	11	1.000	1.000	0.998	0.956	0.732	0.345	0.078	0.006	0.000	0.000	0.000
	12	1.000	1.000	1.000	0.983	0.846	0.500	0.154	0.017	0.000	0.000	0.000
	13	1.000	1.000	1.000	0.994	0.922	0.655	0.268	0.044	0.002	0.000	0.000
	14	1.000	1.000	1.000	0.998	0.966	0.788	0.414	0.098	0.006	0.000	0.000
	15	1.000	1.000	1.000	1.000	0.987	0.885	0.575	0.189	0.017	0.000	0.000
	16	1.000	1.000	1.000	1.000	0.996	0.946	0.726	0.323	0.047	0.000	0.000
	17	1.000	1.000	1.000	1.000	0.999	0.978	0.846	0.488	0.109	0.002	0.000
	18	1.000	1.000	1.000	1.000	1.000	0.993	0.926	0.659	0.220	0.009	0.000
	19	1.000	1.000	1.000	1.000	1.000	0.998	0.971	0.807	0.383	0.033	0.001
	20	1.000	1.000	1.000	1.000	1.000	1.000	0.991	0.910	0.579	0.098	0.007
	21	1.000	1.000	1.000	1.000	1.000	1.000	0.998	0.967	0.766	0.236	0.034
	22	1.000	1.000	1.000	1.000	1.000	1.000	1.000	0.991	0.902	0.463	0.127
	23	1.000	1.000	1.000	1.000	1.000	1.000	1.000	0.998	0.973	0.729	0.358
	24	1.000	1.000	1.000	1.000	1.000	1.000	1.000	1.000	0.996	0.928	0.723
	25	1.000	1.000	1.000	1.000	1.000	1.000	1.000	1.000	1.000	1.000	1.000

[표 6] 포아송 분포표

$$P[X \leq c] = \sum_{x=0}^{c} \frac{e^{-m} m^x}{x!}$$

c	m: 0.10	0.20	0.30	0.40	0.50	0.60	0.70	0.80	0.90	1.00
0	0.905	0.819	0.741	0.670	0.607	0.549	0.497	0.449	0.407	0.368
1	0.999	0.982	0.963	0.938	0.910	0.878	0.844	0.809	0.772	0.736
2	1.000	0.999	0.996	0.992	0.986	0.977	0.966	0.953	0.937	0.920
3	1.000	1.000	1.000	0.999	0.998	0.997	0.994	0.991	0.945	0.981
4	1.000	1.000	1.000	1.000	1.000	1.000	0.999	0.999	0.989	0.996
5	1.000	1.000	1.000	1.000	1.000	1.000	1.000	1.000	0.998	0.999
6	1.000	1.000	1.000	1.000	1.000	1.000	1.000	1.000	1.000	1.000
7	1.000	1.000	1.000	1.000	1.000	1.000	1.000	1.000	1.000	1.000

c	m: 1.10	1.20	1.30	1.40	1.50	1.60	1.70	1.80	1.90	2.00
0	0.333	0.301	0.273	0.247	0.223	0.202	0.183	0.165	0.150	0.135
1	03699	0.663	0.627	0.592	0.558	0.525	0.493	0.463	0.434	0.406
2	0.900	0.879	0.857	0.833	0.809	0.783	0.757	0.731	0.704	0.677
3	0.974	0.966	0.957	0.946	0.934	0.921	0.907	0.891	0.875	0.857
4	0.995	0.992	0.989	0.986	0.981	0.976	0.970	0.964	0.956	0.947
5	0.999	0.998	0.998	0.997	0.996	0.994	0.992	0.990	0.987	0.983
6	1.000	1.000	1.000	0.999	0.999	0.999	0.998	0.997	0.997	0.995
7	1.000	1.000	1.000	1.000	1.000	1.000	1.000	0.999	0.999	0.999
8	1.000	1.000	1.000	1.000	1.000	1.000	1.000	1.000	1.000	1.000
9	1.000	1.000	1.000	1.000	1.000	1.000	1.000	1.000	1.000	1.000

c	m: 2.10	2.20	2.30	2.40	2.50	2.60	2.70	2.80	2.90	3.00
0	0.122	0.111	0.100	0.091	0.082	0.074	0.067	0.061	0.055	0.050
1	0.380	0.355	0.331	0.308	0.287	0.267	0.249	0.231	0.215	0.199
2	0.650	0.623	0.596	0.570	0.544	0.518	0.494	0.469	0.446	0.423
3	0.839	0.819	0.799	0.779	0.758	0.736	0.714	0.962	0.670	0.647
4	0.938	0.928	0.916	0.904	0.891	0.877	0.863	0.848	0.832	0.815
5	0.980	0.975	0.970	0.964	0.958	0.951	0.943	0.935	0.926	0.916
6	0.994	0.993	0.991	0.988	0.986	0.983	0.979	0.976	0.971	0.966
7	0.999	0.998	0.997	0.997	0.996	0.995	0.993	0.992	0.990	0.988
8	1.000	1.000	0.999	0.999	0.999	0.999	0.998	0.998	0.997	0.996
9	1.000	1.000	1.000	1.000	1.000	1.000	0.999	0.999	0.999	0.999
10	1.000	1.000	1.000	1.000	1.000	1.000	1.000	1.000	1.000	1.000
11	1.000	1.000	1.000	1.000	1.000	1.000	1.000	1.000	1.000	1.000
12	1.000	1.000	1.000	1.000	1.000	1.000	1.000	1.000	1.000	1.000

c	m									
	3.10	3.20	3.30	3.40	3.50	3.60	3.70	3.80	3.90	4.00
0	0.045	0.041	0.037	0.033	0.030	0.027	0.025	0.022	0.020	0.018
1	0.185	0.171	0.159	0.147	0.136	0.126	0.116	0.107	0.099	0.092
2	0.401	0.380	0.359	0.340	0.321	0.303	0.285	0.269	0.253	0.238
3	0.625	0.603	0.580	0.558	0.537	0.515	0.494	0.473	0.453	0.433
4	0.798	0.781	0.763	0.744	0.725	0.706	0.687	0.668	0.648	0.629
5	0.906	0.895	0.883	0.871	0.858	0.844	0.830	0.816	0.801	0.785
6	0.961	0.955	0.949	0.942	0.935	0.927	0.918	0.909	0.899	0.889
7	0.986	0.983	0.980	0.977	0.973	0.969	0.965	0.960	0.955	0.944
8	0.995	0.994	0.993	0.992	0.990	0.988	0.986	0.984	0.981	0.979
9	0.999	0.998	0.998	0.997	0.997	0.996	0.995	0.994	0.993	0.992
10	1.000	1.000	0.999	0.999	0.999	0.999	0.998	0.998	0.998	0.997
11	1.000	1.000	1.000	1.000	1.000	1.000	1.000	0.999	0.999	0.999
12	1.000	1.000	1.000	1.000	1.000	1.000	1.000	1.000	1.000	1.000
13	1.000	1.000	1.000	1.000	1.000	1.000	1.000	1.000	1.000	1.000
14	1.000	1.000	1.000	1.000	1.000	1.000	1.000	1.000	1.000	1.000

c	m									
	4.50	5.00	5.50	6.00	6.50	7.00	7.50	8.00	8.50	9.00
0	0.011	0.007	0.004	0.002	0.002	0.001	0.001	0.000	0.000	0.000
1	0.061	0.040	0.027	0.017	0.011	0.007	0.005	0.003	0.002	0.001
2	0.174	0.125	0.088	0.062	0.043	0.030	0.020	0.014	0.009	0.006
3	0.342	0.265	0.202	0.151	0.112	0.082	0.059	0.042	0.030	0.021
4	0.532	0.440	0.358	0.285	0.224	0.173	0.132	0.100	0.074	0.055
5	0.703	0.616	0.529	0.446	0.369	0.301	0.241	0.191	0.150	0.116
6	0.831	0.762	0.686	0.606	0.527	0.450	0.378	0.313	0.256	0.207
7	0.913	0.867	0.809	0.744	0.673	0.599	0.525	0.453	0.386	0.324
8	0.960	0.932	0.894	0.847	0.792	0.729	0.662	0.593	0.523	0.456
9	0.983	0.968	0.946	0.916	0.877	0.830	0.776	0.717	0.653	0.857
10	0.993	0.986	0.975	0.957	0.933	0.901	0.862	0.816	0.763	0.706
11	0.998	0.995	0.989	0.980	0.966	0.947	0.921	0.883	0.849	0.803
12	0.999	0.998	0.996	0.991	0.984	0.973	0.957	0.936	0.909	0.876
13	1.000	0.999	0.998	0.996	0.993	0.987	0.978	0.966	0.949	0.926
14	1.000	1.000	0.999	0.999	0.997	0.994	0.990	0.983	0.973	0.959
15	1.000	1.000	1.000	0.999	0.999	0.998	0.995	0.992	0.986	0.978
16	1.000	1.000	1.000	1.000	1.000	0.999	0.998	0.996	0.993	0.989
17	1.000	1.000	1.000	1.000	1.000	1.000	0.999	0.998	0.997	0.995
18	1.000	1.000	1.000	1.000	1.000	1.000	1.000	0.999	0.999	0.998
19	1.000	1.000	1.000	1.000	1.000	1.000	1.000	1.000	0.999	0.999
20	1.000	1.000	1.000	1.000	1.000	1.000	1.000	1.000	1.000	1.000
21	1.000	1.000	1.000	1.000	1.000	1.000	1.000	1.000	1.000	1.000
22	1.000	1.000	1.000	1.000	1.000	1.000	1.000	1.000	1.000	1.000

[표 7] 관리도용 계수표

군의 크기	관리 한계를 위한 계수													중심선을 위한 계수			
	A_1	A_2	A_3	A_4	A_9	B_3	B_4	B_5	B_6	D_1	D_2	D_3	D_4	c_4	d_2	d_3	m_3
2	2.121	1.880	2.659	1.880	2.695	-	3.267	-	2.606	-	3.686	-	3.267	0.798	1.128	0.853	1.000
3	1.732	1.023	1.954	1.187	1.826	-	2.568	-	2.276	-	4.358	-	2.575	0.886	1.693	0.888	1.160
4	1.500	0.729	1.628	0.796	1.522	-	2.266	-	2.088	-	4.698	-	2.282	0.921	2.059	0.880	1.092
5	1.342	0.577	1.427	0.691	1.363	-	2.089	-	1.964	-	4.918	-	2.114	0.940	2.326	0.864	1.198
6	1.225	0.483	1.287	0.549	1.263	0.030	1.970	0.029	1.874	-	5.078	-	2.004	0.952	2.534	0.848	1.135
7	1.134	0.419	1.182	0.509	1.194	0.118	1.882	0.113	1.806	0.204	5.204	0.076	1.924	0.959	2.707	0.833	1.214
8	1.061	0.373	1.099	0.432	1.143	0.185	1.815	0.179	1.751	0.388	5.306	0.136	1.864	0.965	2.847	0.820	1.160
9	1.000	0.337	1.032	0.412	1.104	0.239	1.761	0.232	1.707	0.547	5.393	0.184	1.816	0.969	2.970	0.808	1.223
10	0.949	0.308	0.975	0.363	1.072	0.284	1.716	0.276	1.669	0.687	5.469	0.223	1.777	0.973	3.078	0.797	1.176
11	0.905	0.285	0.927	0.350	·	0.321	1.679	0.313	1.637	0.811	5.535	0.256	1.744	0.975	3.173	0.787	1.228
12	0.866	0.266	0.886	0.315	·	0.354	1.646	0.346	1.610	0.922	5.594	0.284	1.717	0.978	3.258	0.778	1.188
13	0.832	0.249	0.850	0.307	·	0.382	1.618	0.374	1.585	1.025	5.647	0.308	1.693	0.979	3.336	0.770	1.232
14	0.802	0.235	0.817	0.280	·	0.406	1.594	0.399	1.563	1.118	5.696	0.329	1.672	0.981	3.407	0.763	1.196
15	0.775	0.223	0.789	0.275	·	0.428	1.572	0.421	1.544	1.203	5.741	0.348	1.653	0.982	3.472	0.756	1.235
16	0.750	0.212	0.763	0.254	·	0.448	1.552	0.440	1.526	1.282	5.782	0.364	1.637	0.983	3.532	0.750	1.203
17	0.782	0.203	0.739	0.251	·	0.466	1.534	0.458	1.511	1.356	5.820	0.379	1.622	0.985	3.588	0.744	1.237
18	0.707	0.194	0.718	0.234	·	0.482	1.518	0.475	1.496	1.424	5.856	0.392	1.609	0.985	3.640	0.739	1.208
19	0.688	0.187	0.698	0.232	·	0.497	1.503	0.490	1.483	1.487	5.891	0.404	1.596	0.986	3.689	0.733	1.239
20	0.671	0.180	0.680	0.218	·	0.510	1.490	0.504	1.470	1.549	5.921	0.414	1.585	0.987	3.735	0.729	1.212
21	0.655	0.173	0.663	0215	·	0.523	1.477	0.516	1.459	1.605	5.951	0.425	1.575	0.988	3.778	0.724	1.240
22	0.640	0.167	0.647	0.203	·	0.534	1.466	0.528	1.448	1.659	5.979	0.435	1.565	0.988	3.819	0.720	1.215
23	0.626	0.162	0.633	0.201	·	0.545	1.455	0.539	1.438	1.710	6.006	0.443	1.557	0.989	3.858	0.716	1.241
24	0.612	0.157	0.619	0.191	·	0.555	1.445	0.549	1.429	1.759	6.031	0.452	1.548	0.989	3.895	0.712	1.218
25	0.600	0.153	0.606	0.190	·	0.565	1.435	0.559	1.420	1.806	6.056	0.459	1.541	0.990	3.931	0.708	1.242

[표 8] 계수규준형 샘플링검사 (KS A 3102)

($\alpha \fallingdotseq 0.05$, $\beta \fallingdotseq 0.10$)

p_1(%) / p_0(%)	0.71 ~ 0.91	0.91 ~ 1.12	1.13 ~ 1.40	1.41 ~ 1.80	1.81 ~ 2.24	2.25 ~ 2.80	2.81 ~ 3.55	3.56 ~ 4.50	4.51 ~ 5.60	5.61 ~ 7.10	7.11 ~ 9.00	9.01 ~ 11.2	11.3 ~ 14.0	14.1 ~ 18.0	18.1 ~ 22.4	22.5 ~ 28.0	28.1 ~ 35.5	p_1(%) / p_0(%)
0.090~0.112	*	400 1	↓	←	↓	→	60 0	50 0	←	↓	↓	←	↓	↓	↓	↓	↓	0.090~0.112
0.113~0.140	*	↓	300 1	↓	→	↓	→	↑	40 1	←	↓	↓	←	↓	↓	↓	↓	0.113~0.140
0.141~0.180	*	500 2	↓	250 1	↓	←	↓	→	↑	30 0	←	↓	↓	→	↓	↓	↓	0.141~0.180
0.181~0.224	*	*	400 2	↓	200 1	↓	←	↓	→	↑	25 0	←	↓	↓	←	↓	↓	0.181~0.224
0.225~0.280	*	*	500 3	300 2	↓	150 1	↓	←	↓	→	↑	20 0	←	↓	↓	←	↓	0.225~0.280
0.281~0.355	*	*	*	400 4	250 2	↓	120 1	↓	←	↓	→	↑	15 0	←	↓	↓	←	0.281~0.355
0.356~0.450	*	*	*	500 6	300 3	200 2	↓	100 1	↓	←	↓	→	↑	15 0	←	↓	↓	0.356~0.450
0.451~0.560	*	*	*	*	400 4	250 2	150 2	↓	80 1	↓	←	↓	→	↑	10 0	←	↓	0.451~0.560
0.561~0.710	*	*	*	*	500 6	300 4	200 3	120 2	↓	60 1	↓	←	↓	→	↑	7 0	→	0.561~0.710
0.711~0.900	*	*	*	*	*	400 6	250 4	150 4	100 2	↓	50 1	↓	←	↓	→	↑	5 0	0.711~0.900
0.901~1.12		*	*	*	*	*	300 6	200 6	120 3	80 2	↓	40 1	↓	←	↓	↑	↑	0.901~1.12
1.13~1.40			*	*	*	*	500 10	250 6	150 4	100 3	60 2	↓	30 1	↓	←	↓	↑	1.13~1.40
1.41~1.80				*	*	*	*	300 10	200 6	120 4	80 3	50 2	↓	25 1	↓	←	↓	1.41~1.80
1.81~2.24					*	*	*	*	250 10	150 6	100 4	60 3	40 2	↓	20 1	↓	←	1.81~2.24
2.25~2.80						*	*	*	*	250 10	120 6	70 4	50 3	30 2	↓	15 1	↓	2.25~2.80
2.81~3.55							*	*	*	*	200 10	100 6	60 4	40 3	25 2	↓	10 1	2.81~3.55
3.56~4.50								*	*	*	*	150 10	80 6	50 4	30 3	20 2	↓	3.56~4.50
4.51~5.60									*	*	*	*	120 10	60 6	40 4	25 3	15 2	4.51~5.60
5.61~7.10										*	*	*	*	100 10	50 6	30 4	20 3	5.61~7.10
7.11~9.00											*	*	*	*	70 10	40 6	25 4	7.11~9.00
9.01~11.2												*	*	*	*	60 10	30 6	9.01~11.2
p_0(%) / p_1(%)	0.71 ~ 0.90	0.91 ~ 1.12	1.13 ~ 1.40	1.41 ~ 1.80	1.81 ~ 2.24	2.25 ~ 2.80	2.81 ~ 3.55	3.56 ~ 4.50	4.51 ~ 5.60	5.61 ~ 7.10	7.11 ~ 9.00	9.01 ~ 11.2	11.3 ~ 14.0	14.1 ~ 18.0	18.1 ~ 22.4	22.5 ~ 28.0	28.1 ~ 35.5	p_0(%) / p_1(%)

[표 9] 계수규준형 샘플링검사 (KS A 3102) 보조표

p_1/p_0	c	n
17 이상	0	$2.56/p_0+115/p_1$
16~7.9	1	$17.8/p_0+194/p_1$
7.8~5.6	2	$40.9/p_0+266/p_1$
5.5~4.4	3	$68.3/p_0+344/p_1$
4.3~3.6	4	$98.5/p_0+400/p_1$
3.5~2.8	6	$164/p_0+527/p_1$
2.7~2.3	10	$308/p_0+700/p_1$
2.2~2.0	15	$502/p_0+1065/p_1$
1.99~1.86	20	$704/p_0+1350/p_1$

■≫ [표 10] 계수 축차 샘플링의 파라메터(부적합품률 검사, 주 샘플링 표)

PRQ	파라미터	CRQ(소비자 위험 품질 수준)							
		2.00	2.50	3.15	4.00	5.00	6.30	8.00	10.00
0.25	h_A	1.074	0.968	0.878	0.801	0.739	0.684	0.635	0.594
	h_R	1.378	1.243	1.128	1.028	0.949	0.879	0.815	0.762
	g	0.00844	0.00981	0.0115	0.0136	0.0160	0.0190	0.0228	0.0271
0.315	h_A	1.207	1.075	0.966	0.873	0.800	0.736	0.679	0.632
	h_R	1.549	1.381	1.240	1.121	1.028	0.945	0.872	0.812
	g	0.00914	0.0106	0.0124	0.0146	0.0171	0.0202	0.0242	0.0287
0.40	h_A	1.385	1.214	1.076	0.962	0.875	0.799	0.732	0.678
	h_R	1.778	1.559	1.382	1.236	1.123	1.026	0.940	0.871
	g	0.00996	0.0115	0.0134	0.0157	0.0184	0.0217	0.0258	0.0305
0.50	h_A	1.606	1.381	1.205	1.064	0.958	0.868	0.790	0.727
	h_R	2.062	1.774	1.548	1.366	1.231	1.114	1.014	0.934
	g	0.0108	0.0125	0.0145	0.0169	0.0197	0.0232	0.0275	0.0324
0.63	h_A	1.926	1.611	1.377	1.196	1.064	0.953	0.860	0.786
	h_R	2.472	2.069	1.768	1.535	1.366	1.224	1.104	1.009
	g	0.0119	0.0136	0.0157	0.0183	0.0212	0.0249	0.0294	0.0346
0.80	h_A	2.425	1.946	1.614	1.371	1.200	1.062	0.947	0.858
	h_R	3.113	2.499	2.073	1.760	1.541	1.363	1.215	1.102
	g	0.0131	0.0149	0.0172	0.0200	0.0231	0.0269	0.0317	0.0371
1.00	h_A	3.201	2.417	1.925	1.589	1.364	1.188	1.046	0.939
	h_R	4.110	3.103	2.472	2.040	1.751	1.525	1.343	1.205
	g	0.0144	0.0164	0.0188	0.0217	0.0250	0.0290	0.0341	0.0397
1.25	h_A	4.713	3.189	2.386	1.890	1.580	1.348	1.168	1.036
	h_R	6.052	4.095	3.063	2.426	2.028	1.731	1.500	1.331
	g	0.0160	0.0180	0.0206	0.0237	0.0272	0.0314	0.0367	0.0427
1.60	h_A	9.908	4.943	3.247	2.392	1.917	1.586	1.343	1.171
	h_R	12.721	6.346	4.169	3.072	2.461	2.036	1.724	1.504
	g	0.0179	0.0202	0.0229	0.0262	0.0299	0.0345	0.0401	0.0464
2.00	h_A		9.863	4.830	3.154	2.376	1.888	1.553	1.329
	h_R		12.663	6.202	4.049	3.051	2.424	1.994	1.706
	g		0.0224	0.0253	0.0289	0.0328	0.0376	0.0436	0.0503
2.50	h_A			9.467	4.637	3.131	2.335	1.843	1.535
	h_R			12.155	5.953	4.019	3.127	2.998	2.367
	g			0.0281	0.0319	0.0361	0.0412	0.0475	0.0546
3.15	h_A				9.089	4.677	3.100	2.289	1.832
	h_R				11.669	6.005	3.980	2.939	2.353
	g				0.0356	0.0401	0.0455	0.0522	0.0597
4.00	h_A					9.637	4.705	3.060	2.295
	h_R					12.372	6.040	3.929	2.947
	g					0.0448	0.0507	0.0578	0.0658
5.00	h_A						9.193	4.484	3.013
	h_R						11.803	5.757	3.868
	g						0.0563	0.0639	0.0724

*단 $\alpha = 0.05$, $\beta = 0.10$인 경우

■≫ [표 11] 시료문자(KS A ISO 2859-1)

로트크기	특별검사수준				통상검사수준		
	S-1	S-2	S-3	S-4	I	II	III
16-25	A	A	B	B	B	C	D
26-50	A	B	B	C	C	D	E
51-90	B	B	C	C	C	E	F
91-150	B	B	C	D	D	F	G
151-280	B	C	D	E	E	G	H
281-500	B	C	D	E	F	H	J
501-1200	C	C	E	F	G	J	K
1201-3200	C	D	E	G	H	K	L
3201-10000	C	D	F	G	J	L	M
10001-35000	C	D	F	H	K	M	N
35001-150000	D	E	G	J	L	N	P
150001-500000	D	E	G	J	M	P	Q

■》 [표 12] 보통검사 1회 샘플링검사(주 샘플링 표)

샘플 문자	샘플 크기	AQL, 부적합품 퍼센트 및 100 아이템 당 부적합수								
		0.25	0.4	0.65	1.0	1.5	2.5	4.0	6.5	10
		Ac Re	Ac Re	Ac Re	Ac Re	Ac Re	Ac Re	Ac Re	Ac Re	Ac Re
A	2	⇩	⇩	⇩	⇩	⇩	⇩	⇩	0 1	⇩
B	3	⇩	⇩	⇩	⇩	⇩	⇩	0 1	⇧	⇩
C	5	⇩	⇩	⇩	⇩	⇩	0 1	⇧	⇩	1 2
D	8	⇩	⇩	⇩	⇩	0 1	⇧	⇩	1 2	2 3
E	13	⇩	⇩	⇩	0 1	⇧	⇩	1 2	2 3	3 4
F	20	⇩	⇩	0 1	⇧	⇩	1 2	2 3	3 4	5 6
G	32	⇩	0 1	⇧	⇩	1 2	2 3	3 4	5 6	7 8
H	50	0 1	⇧	⇩	1 2	2 3	3 4	5 6	7 8	10 11
J	80	⇧	⇩	1 2	2 3	3 4	5 6	7 8	10 11	14 15
K	125	⇩	1 2	2 3	3 4	5 6	7 8	10 11	14 15	21 22
L	200	1 2	2 3	3 4	5 6	7 8	10 11	14 15	21 22	⇧
M	315	2 3	3 4	5 6	7 8	10 11	14 15	21 22	⇧	⇧
N	500	3 4	5 6	7 8	10 11	14 15	21 22	⇧	⇧	⇧

■》 [표 12-1] 보통검사 1회 샘플링검사(보조적 주 샘플링 표)

샘플 문자	샘플 크기	AQL, 부적합품 퍼센트 및 100 아이템 당 부적합수								
		0.25	0.4	0.65	1.0	1.5	2.5	4.0	6.5	10
		Ac Re	Ac Re	Ac Re	Ac Re	Ac Re	Ac Re	Ac Re	Ac Re	Ac Re
A	2	⇩	⇩	⇩	⇩	⇩	⇩	⇩	0 1	1/3
B	3	⇩	⇩	⇩	⇩	⇩	⇩	0 1	1/3	1/2
C	5	⇩	⇩	⇩	⇩	⇩	0 1	1/3	1/2	1 2
D	8	⇩	⇩	⇩	⇩	0 1	1/3	1/2	1 2	2 3
E	13	⇩	⇩	⇩	0 1	1/3	1/2	1 2	2 3	3 4
F	20	⇩	⇩	0 1	1/3	1/2	1 2	2 3	3 4	5 6
G	32	⇩	0 1	1/3	1/2	1 2	2 3	3 4	5 6	7 8
H	50	0 1	1/3	1/2	1 2	2 3	3 4	5 6	7 8	10 11
J	80	1/3	1/2	1 2	2 3	3 4	5 6	7 8	10 11	14 15
K	125	1/2	1 2	2 3	3 4	5 6	7 8	10 11	14 15	21 22
L	200	1 2	2 3	3 4	5 6	7 8	10 11	14 15	21 22	⇧
M	315	2 3	3 4	5 6	7 8	10 11	14 15	21 22	⇧	⇧
N	500	3 4	5 6	7 8	10 11	14 15	21 22	⇧	⇧	⇧

[표 13] 까다로운 검사 1회 샘플링 검사(주 샘플링 표)

샘플 문자	샘플 크기	AQL, 부적합품 퍼센트 및 100 아이템 당 부적합수																	
		0.25		0.4		0.65		1.0		1.5		2.5		4.0		6.5		10	
		Ac	Re	Ac	Re	Ac	Re	Ac	Re	Ac	Re	Ac	Re	Ac	Re	Ac	Re	Ac	Re
A	2	⇩		⇩		⇩		⇩		⇩		⇩		⇩		⇩		0	1
B	3	⇩		⇩		⇩		⇩		⇩		⇩		⇩		0	1	⇩	
C	5	⇩		⇩		⇩		⇩		⇩		⇩		0	1	⇩		⇩	
D	8	⇩		⇩		⇩		⇩		⇩		0	1	⇩		⇩		1	2
E	13	⇩		⇩		⇩		⇩		0	1	⇩		⇩		1	2	2	3
F	20	⇩		⇩		⇩		0	1	⇩		⇩		1	2	2	3	3	4
G	32	⇩		⇩		0	1	⇩		⇩		1	2	2	3	3	4	5	6
H	50	⇩		0	1	⇩		⇩		1	2	2	3	3	4	5	6	8	9
J	80	0	1	⇩		⇩		1	2	2	3	3	4	5	6	8	9	12	13
K	125	⇩		⇩		1	2	2	3	3	4	5	6	8	9	12	13	18	19
L	200	⇩		1	2	2	3	3	4	5	6	8	9	12	13	18	19	⇧	
M	315	1	2	2	3	3	4	5	6	8	9	12	13	18	19	⇧		⇧	
N	500	2	3	3	4	5	6	8	9	12	13	18	19	⇧		⇧		⇧	

[표 13-1] 까다로운 검사 1회 샘플링 검사(보조적 주 샘플링 표)

샘플 문자	샘플 크기	AQL, 부적합품 퍼센트 및 100 아이템 당 부적합수																	
		0.25		0.4		0.65		1.0		1.5		2.5		4.0		6.5		10	
		Ac	Re	Ac	Re	Ac	Re	Ac	Re	Ac	Re	Ac	Re	Ac	Re	Ac	Re	Ac	Re
A	2	⇩		⇩		⇩		⇩		⇩		⇩		⇩		⇩		0	1
B	3	⇩		⇩		⇩		⇩		⇩		⇩		⇩		0	1	1/3	
C	5	⇩		⇩		⇩		⇩		⇩		⇩		0	1	1/3		1/2	
D	8	⇩		⇩		⇩		⇩		⇩		0	1	1/3		1/2		1	2
E	13	⇩		⇩		⇩		⇩		0	1	1/3		1/2		1	2	2	3
F	20	⇩		⇩		⇩		0	1	1/3		1/2		1	2	2	3	3	4
G	32	⇩		⇩		0	1	1/3		1/2		1	2	2	3	3	4	5	6
H	50	⇩		0	1	1/3		1/2		1	2	2	3	3	4	5	6	8	9
J	80	0	1	1/3		1/2		1	2	2	3	3	4	5	6	8	9	12	13
K	125	1/3		1/2		1	2	2	3	3	4	5	6	8	9	12	13	18	19
L	200	1/2		1	2	2	3	3	4	5	6	8	9	12	13	18	19	⇧	
M	315	1	2	2	3	3	4	5	6	8	9	12	13	18	19	⇧		⇧	
N	500	2	3	3	4	5	6	8	9	12	13	18	19	⇧		⇧		⇧	

■≫ [표 14] 축소 검사 1회 샘플링 검사(주 샘플링 표)

샘플 문자	샘플 크기	AQL, 부적합품 퍼센트 및 100 아이템 당 부적합수								
		0.25	0.40	0.65	1.0	1.5	2.5	4.0	6.5	10
		Ac Re	Ac Re	Ac Re	Ac Re	Ac Re	Ac Re	Ac Re	Ac Re	Ac Re
A	2	⇩	⇩	⇩	⇩	⇩	⇩	⇩	0 1	⇩
B	2	⇩	⇩	⇩	⇩	⇩	⇩	0 1	⇧	⇩
C	2	⇩	⇩	⇩	⇩	⇩	0 1	⇧	⇩	⇩
D	3	⇩	⇩	⇩	⇩	0 1	⇧	⇩	⇩	1 2
E	5	⇩	⇩	⇩	0 1	⇧	⇩	⇩	1 2	2 3
F	8	⇩	⇩	0 1	⇧	⇩	⇩	1 2	2 3	3 4
G	13	⇩	0 1	⇧	⇩	⇩	1 2	2 3	3 4	4 5
H	20	0 1	⇧	⇩	⇩	1 2	2 3	3 4	4 5	6 7
J	32	⇧	⇩	⇩	1 2	2 3	3 4	4 5	6 7	8 9
K	50	⇩	⇩	1 2	2 3	3 4	4 5	6 7	8 9	10 11
L	80	⇩	1 2	2 3	3 4	4 5	6 7	8 9	10 11	⇧
M	125	1 2	2 3	3 4	4 5	6 7	8 9	10 11	⇧	⇧
N	200	2 3	3 4	4 5	6 7	8 9	10 11	⇧	⇧	⇧

■≫ [표 14-1] 축소 검사 1회 샘플링 검사(보조적 주 샘플링 표)

샘플 문자	샘플 크기	AQL, 부적합품 퍼센트 및 100 아이템 당 부적합수								
		0.25	0.40	0.65	1.0	1.5	2.5	4.0	6.5	10
		Ac Re	Ac Re	Ac Re	Ac Re	Ac Re	Ac Re	Ac Re	Ac Re	Ac Re
A	2	⇩	⇩	⇩	⇩	⇩	⇩	⇩	0 1	1/5
B	2	⇩	⇩	⇩	⇩	⇩	⇩	0 1	1/5	1/3
C	2	⇩	⇩	⇩	⇩	⇩	0 1	1/5	1/3	1/2
D	3	⇩	⇩	⇩	⇩	0 1	1/5	1/3	1/2	1 2
E	5	⇩	⇩	⇩	0 1	1/5	1/3	1/2	1 2	2 3
F	8	⇩	⇩	0 1	1/5	1/3	1/2	1 2	2 3	3 4
G	13	⇩	0 1	1/5	1/3	1/2	1 2	2 3	3 4	4 5
H	20	0 1	1/5	1/3	1/2	1 2	2 3	3 4	4 5	6 7
J	32	1/5	1/3	1/2	1 2	2 3	3 4	4 5	6 7	8 9
K	50	1/3	1/2	1 2	2 3	3 4	4 5	6 7	8 9	10 11
L	80	1/2	1 2	2 3	3 4	4 5	6 7	8 9	10 11	⇧
M	125	1 2	2 3	3 4	4 5	6 7	8 9	10 11	⇧	⇧
N	200	2 3	3 4	4 5	6 7	8 9	10 11	⇧	⇧	⇧

[표 15] 한계품질(LQ)을 지표로 하는 1회 샘플링방식(절차 A)

로트 크기		한계품질(LQ) (부적합품 퍼센트)							
		0.80	1.25	2.0	3.15	5.0	8.0	12.5	20.0
16~	n	*	*	*	*	*	17(1)	13	9
25	Ac						0	0	0
26~	n	*	*	*	*	28(1)	22	15	10
50	Ac					0	0	0	0
51~	n	*	*	50	44	34	24	16	10
90	Ac			0	0	0	0	0	0
91~	n	*	90	80	55	38	26	18	13
150	Ac		0	0	0	0	0	0	0
151~	n	170(1)	130	95	65	42	28	20	20
280	Ac	0	0	0	0	0	0	0	1
281~	n	220	155	105	80	50	32	32	20
500	Ac	0	0	0	0	0	0	1	1
501~	n	255	170	125	125	80	50	32	32
1200	Ac	0	0	0	1	1	1	1	3
1201~	n	280	200	200	125	125	80	50	50
3200	Ac	0	0	1	1	3	3	3	5
3201~	n	315	315	200	200	200	125	80	80
10000	Ac	0	1	1	3	5	5	5	10
10001~	n	500	315	315	315	315	200	125	125
35000	Ac	1	1	3	5	10	10	10	18
35001~	n	500	500	500	500	500	315	200	125
150000	Ac	1	3	5	10	18	18	18	18
150001~	n	800	800	800	800	500	315	200	125
500000	Ac	3	5	10	18	18	18	18	18
500000	n	1250	1250	1250	800	500	315	200	125
이상	Ac	5	10	18	18	18	18	18	18

[표 16] 한계품질 5.00%에 대한 1회 샘플링 방식(절차 B)

검사 수준에 대한 로트 크기					KS A ISO 2859-1의 1회 샘플링 방식(보통검사)			샘플 문자	합격 확률(%)의 특정값에 대응하는 공정 품질의 값(1)(부적합품 퍼센트)					각 검사 수준에 대한 한계품질(LQ)에서의 소비자 위험(β_{LQ})의 최대값(2)		
S-1~S-3	S-4	I	II	III	AQL	n	Ac		95.0	90.0	50.0	10.0	5.0	S-1~I	II	III
81(3) 이상	81(3)~ 500 000	81(3)~ 10 000	81(3)~ 1 200	81(3)~ 500	0.65	80	1	J	0.446	0.667	2.09	4.78	5.79	8.6	7.9	6.9
	500 001 이상	10 001~ 35 000	1201~ 3 200	501~ 1 200	1.00	125	3	K	1.10	1.40	2.93	5.27	6.09	12.4	11.9	11.0
		35 001~ 150 000	3 201~ 10 000	1 201~ 3 200	1.00	200	5	L	1.31	1.58	2.83	4.59	5.18	6.2	6.2	5.7
		150 001 이상	10 001 이상	3 201 이상	1.50	315	10	M	1.97	2.24	3.38	4.85	5.33	8.1	8.1	8.1

■≫ [표 17] p_0, p_1을 기초로 n, k를 구하는 표 (σ가지: 부적합품률 보증)

좌측은 k, 우측은 n ($\alpha ≒ 0.05$, $\beta ≒ 0.10$)

p_0(%) 대표치	p_0(%) 범위	p_1(%) 대표치 0.80 (범위 0.71~0.90)	1.00 (0.91~1.12)	1.25 (1.13~1.40)	1.60 (1.41~1.80)	2.00 (1.81~2.24)	2.50 (2.25~2.80)	3.15 (2.81~3.55)	4.00 (3.56~4.50)	5.00 (4.51~5.60)	6.30 (5.61~7.10)	8.00 (7.11~9.00)	10.0 (9.01~11.2)
0.100	0.090~0.112	2.71 18	2.66 15	2.61 12	2.56 10	2.51 8	2.45 7	2.40 6	2.34 5	2.28 4	2.21 4	2.14 3	2.08 3
0.125	0.113~0.140	2.68 23	2.63 18	2.58 14	2.53 11	2.48 9	2.43 8	2.37 6	2.31 5	2.25 5	2.19 4	2.11 3	2.05 3
0.160	0.141~0.180	2.64 29	2.60 22	2.55 17	2.50 13	2.45 11	2.39 9	2.35 7	2.28 6	2.22 5	2.15 4	2.09 4	2.01 3
0.200	0.181~0.224	2.61 39	2.57 28	2.52 21	2.47 16	2.42 13	2.36 10	2.30 8	2.25 7	2.19 6	2.12 5	2.05 4	1.98 3
0.250	0.225~0.280	*	2.54 37	2.49 27	2.44 20	3.38 15	2.33 12	2.28 10	2.21 8	2.15 6	2.09 5	2.02 4	1.95 4
0.315	0.281~0.355	*	*	2.46 36	2.40 25	2.35 19	2.30 14	2.24 11	2.18 9	2.12 7	2.06 6	1.99 5	1.92 4
0.400	0.356~0.450	*	*	*	2.37 33	2.32 24	2.26 18	2.21 14	2.15 11	2.08 8	2.02 7	1.95 6	1.89 5
0.500	0.451~0.560	*	*	*	2.33 46	2.28 31	2.23 23	2.17 17	2.11 13	2.05 10	1.99 8	1.92 6	1.85 5
0.630	0.561~0.710	*	*	*	*	2.25 44	2.19 30	2.14 21	2.08 15	2.02 12	1.95 9	1.89 7	1.81 6
0.800	0.711~0.900	*	*	*	*	*	2.16 42	2.10 28	2.04 20	1.98 15	1.91 11	1.84 8	1.78 7
1.00	0.901~1.12		*	*	*	*	*	2.06 39	2.00 26	1.94 18	1.88 14	1.81 10	1.74 8
1.25	1.13~1.40			*	*	*	*	*	1.97 36	1.91 24	1.84 17	1.77 12	1.70 6
1.60	1.41~1.80				*	*	*	*	*	1.86 34	1.80 23	1.73 16	1.66 12
2.00	1.81~2.24					*	*	*	*	*	1.76 31	1.69 20	1.62 14
2.50	2.25~2.80						*	*	*	*	1.72 46	1.65 28	1.58 19
3.16	2.81~3.55							*	*	*	*	2.60 42	1.53 26
4.00	3.56~4.50								*	*	*	*	1.49 39
5.00	4.51~5.60									*	*	*	*
6.30	5.61~7.10										*	*	*
8.00	7.11~9.00											*	*
10.00	9.01~11.2												*

■≫ [표 18] 계량규준형 1회 샘플링 검사표(KS A 3103)

($m_0 m_1$을 근거로 하여 n, G_0를 구하는 표)

($\alpha = 0.05$, $\beta = 0.10$)

$\frac{\lvert m_1 - m_0 \rvert}{\sigma}$	n	G_0
2.069 이상	2	1.163
1.690~2.068	3	0.950
1.463~1.686	4	0.822
1.309~1.462	5	0.736
1.195~1.308	6	0.672
1.106~1.194	7	0.622
1.035~1.105	8	0.582
0.975~1.034	9	0.548
0.925~0.974	10	0.520
0.882~0.924	11	0.469
0.845~0.881	12	0.475
0.812~0.844	13	0.456
0.772~0.811	14	0.440
0.756~0.711	15	0.425
0.732~0.755	16	0.411
0.710~0.731	17	0.399
0.690~0.709	18	0.383
0.671~0.689	19	0.377
0.654~0.670	20	0.368
0.585~0.653	25	0.329
0.534~0.584	30	0.300
0.495~0.533	35	0.278
0.463~0.494	40	0.260
0.436~0.462	45	0.245
0.414~0.435	50	0.233

■≫ [표 19] KS A 3104-n, k를 구하는 표

왼쪽아래의 숫자는 n, 오른쪽 숫자는 k ($\alpha \fallingdotseq 0.05$, $\beta \fallingdotseq 0.10$)

p_0 (%) \ p_1 (%)	대표치	0.80	1.00	1.25	1.60	2.00	2.50	3.15	4.00	5.00	6.30	8.00	10.0	12.50	16.00	20.00	25.00	31.50
	범위	0.71 ~ 0.90	0.91 ~ 1.12	1.13 ~ 1.40	1.41 ~ 1.80	1.81 ~ 2.24	2.25 ~ 2.80	2.81 ~ 3.55	3.56 ~ 4.50	4.51 ~ 5.60	5.61 ~ 7.10	7.11 ~ 9.00	9.01 ~ 11.20	11.30 ~ 14.00	14.10 ~ 18.00	18.10 ~ 22.40	22.50 ~ 28.00	28.10 ~ 35.50
대표치	범위																	
0.100	0.090~0.112	2.71 87	2.67 68	2.62 54	2.57 42	2.52 34	2.47 28	2.42 23	2.36 19	2.31 16	2.24 13	2.19 11	2.11 9	2.07 8	1.95 6	1.87 5	1.87 5	1.77 4
0.125	0.113~0.140		2.64 80	2.59 62	2.54 48	2.49 38	2.44 31	2.39 25	2.32 20	2.28 17	2.21 14	2.16 12	2.10 10	2.02 8	1.97 7	1.90 6	1.82 5	1.72 4
0.160	0.141~0.180		2.60 98	2.56 74	2.50 56	2.46 44	2.40 35	2.35 28	2.30 23	2.23 18	2.18 15	2.10 12	2.04 10	2.00 9	1.91 7	1.85 6	1.77 5	1.67 4
0.200	0.181~0.224			2.53 90	2.47 66	2.43 51	2.37 40	2.32 31	2.26 25	2.20 20	2.14 16	2.08 13	2.02 11	1.95 9	1.86 7	1.80 6	1.72 5	1.63 4
0.250	0.225~0.280				2.44 79	2.39 59	2.34 46	2.28 35	2.23 28	2.17 22	2.12 18	2.04 14	1.99 12	1.93 10	1.86 8	1.75 6	1.67 5	1.53 4
0.315	0.281~0.355				2.41 98	2.36 71	2.31 54	2.25 41	2.19 31	2.14 25	2.07 19	2.00 15	1.94 12	1.88 10	1.80 8	1.75 7	1.62 5	1.53 4
0.400	0.356~0.450					2.32 89	2.27 65	2.22 48	2.16 36	2.10 28	2.04 22	1.98 17	1.92 14	1.85 11	1.78 9	1.69 7	1.64 6	1.47 4
0.500	0.451~0.560						2.23 80	2.18 57	2.12 42	2.07 32	2.00 24	1.94 19	1.88 15	1.81 12	1.72 9	1.64 7	1.58 6	1.51 5
0.630	0.561~0.710							2.14 71	2.08 50	2.03 37	1.97 28	2.90 21	1.83 16	1.77 13	1.69 10	1.62 8	1.52 6	1.45 5
0.800	0.711~0.900							2.10 92	2.05 62	1.99 44	1.92 32	2.86 24	1.79 18	1.72 14	1.66 11	1.56 8	1.51 7	1.39 5
1.000	0.901~1.120								2.01 79	1.95 54	1.89 38	1.83 28	1.76 21	1.69 16	1.62 12	1.53 9	1.45 7	1.33 5
1.250	1.130~1.400									1.91 69	1.85 47	1.78 32	1.72 24	1.65 18	1.57 13	1.50 10	1.39 7	1.33 6
1.600	1.410~1.800									1.87 95	1.80 60	1.74 40	1.67 28	1.60 20	1.35 15	1.45 11	1.35 8	1.26 6
2.000	1.810~2.240										1.76 81	1.69 50	1.63 34	1.56 24	1.48 17	1.40 12	1.32 9	1.19 6
2.500	2.250~2.800											1.65 67	1.59 43	1.52 29	1.43 19	1.36 14	1.27 10	1.17 7
3.150	2.810~3.550											1.61 96	1.54 57	1.47 36	1.39 23	1.31 16	1.22 11	1.13 8
4.000	3.560~4.500												1.49 83	1.42 48	1.34 29	1.25 19	1.17 13	1.08 9
5.000	4.510~5.600													1.37 69	1.29 38	1.20 23	1.11 15	1.02 10
6.300	5.610~7.100														1.23 53	1.15 30	1.07 19	0.97 12
8.000	7.110~9.000														1.18 87	1.10 44	1.00 24	0.89 14
10.000	9.010~11.200															1.04 68	0.95 34	0.84 18

참고문헌

[1] 박성현, 박영현, 통계적 품질관리, 민영사, 1984

[2] 염경철, 품질경영 기사, 성안당, 2008

[3] 박해근, 품질경영실무, 삼성북스, 2008

[4] 배도선, 최신 통계적 품질관리, 영지문화사, 1994

[5] 한국산업규격 : KS A ISO 2859-0, 1, 2, 3

[6] 한국산업규격 : KS A 3101-3111

[7] 한국산업규격 : KS A ISO 8422 계수치 축차샘플링 검사

찾아보기

ㅇ

ㅈ

ㅊ

ㅌ

V

X

기타

Minitab을 이용한

통계적 품질관리

1997년 9월 1일 초 판 발행
2015년 8월 10일 제2판 3쇄 발행

저 자 / 김평구 · 김희철
발행자 / 오판근
발행처 / 교우사

주 소 / 서울특별시 동대문구 약령시로 8 교우빌딩 2층
전 화 / 925-2861(代), 편집부 / 925-2825, 홈쇼핑 / 969-5762
팩 스 / 925-2860

이메일 / kyowoo@kyowoo.co.kr
홈페이지 / http://www.kyowoo.co.kr
북스토어(쇼핑몰) / http://www.kyowoo.co.kr

등록번호 / 1994년 3월 24일 제6-0256호

ISBN 978-89-8172-081-0 (93310)

값 **24,000**원